13.8 billion years ago-near future

知の歴史

哲学と科学で読む138億年

渡部佳延

現代書館

プロローグ

今、あなたはこの文章を、静かな部屋の中で読んでいる。「コトリ」とも音はしないし、窓にかかったカーテンも揺れはしない。机の上のペンも全く動かない。あなたはあたかも、宇宙の真只中の一点に静止し、微動だにしていないように感じている。絶対静止し、微動だに。本当だろうか？　そう。そんなはずはないのである。まず、私たちの足下の地球は赤道付近で、秒速約四六五メートルの速さで自転しているのだから、もしもあなたが赤道直下に佇《たたず》んでいれば、一秒前には約〇・五キロメートル彼方にいたことになる。そればかりではない。地球は自転だけでなく、太陽の周りを秒速、こちらは約三〇キロメートルの速さで公転している。つまり自転による移動とは全く別に、例えば新宿にいたあなたは、次の瞬間には立川の先くらいまで飛び去っているわけだ。さらにそれだけではない。太陽を中心とし、「水金地火木土天海」等々の惑星を従えた太陽系は、総体として天の川銀河内を回転しており、この速度たるや毎秒約二二〇キロメートル、東京にいたあなたは一瞬のちには静岡のかなり先まで吹き飛ばされていることになる。さてその銀河系自体も……。もうやめておこう。私たちの絶対的とも思える研ぎ澄まされた感覚がどれほど信用できないか、そしてこの世の真実には、途方もなく恐ろしいほどのものがあることが、この静けさの中に潜んだカラクリによっても窺《うかが》い知れようというものである。

だが、ため息をつく必要もない。夜空を覆う、美しい星辰《せいしん》の中に隠れたこうしたとんでもない真実を、さまざまな知の力を使ってあぶり出した上、なぜ絶対にそのようにしか感じとれないのかを説明できるのもまた、私たちの実力であるからだ。その知がどれほどのもので、またどこまで及ぶことができたのか、そうした目を見張る人間の知の発展を見つめる旅、そしてそこにどんなドラマが潜んでいたかを尋ねる旅を、これから始めてみたいと思うのである。

万学の祖とされるアリストテレスは、「すべての人間は、生まれつき、知ることを欲する」（出隆訳『形而上学』）と、すでに二三〇〇年の昔、人間の根源的な知への欲求を静かな筆致で記している。

時代は下って十九世紀ドイツ。こちらもまた万学に通じた文学者ゲーテは、畢生《ひっせい》の戯曲『ファウスト』（相良守峯訳）で、知への想いに憑《つ》かれた人間像を描き出した。哲学、法学、医学、神学――中世世界のあらゆる学を動員し、「容易ならぬ苦労をしてどん底まで」捜し抜いたファウスト博士の求めたものは、「世界をその最も奥深いところで統《す》べているもの」の解明だった。ファウスト博士の希《ねが》いはまた、古今東西あらゆる知識人の希いでもある。

二十世紀フランスの象徴主義詩人マラルメもまた、〈世界の秘密を一冊に閉じ込めた〉オルフェウス的真理を湛《たた》えた〈完璧な本〉を書くことを生涯の目標とした――。

世界の一切を知り尽くし、その根源にある真理を摑《つか》むこと、それは人間という種のアイデンティティを成す、果てしない知への希求の奥底にある、怪物的なまでに巨大な欲望であろう。人間の知は、この究極の解明をその活動の中心とし、あらゆる角度からそこに迫るべく、世界、物質、人間にわたるさまざまな真理を追い続けてきた。——世界とは何だろうか。物は何からできているのか。人間とはどのような存在か……。

人類（ヒト族）誕生後七〇〇万年、紀元後二十一世紀が始まって少なからぬ時間が経過した現在、これまでに捉えられた知の大枠は、例えば以下のようになるだろう。一三八億年という歴史を持つ宇宙。一切の物質を構成する一〇〇個内外の元素。数十兆個の細胞によって精妙に組織された人体。そしてその認識形式に従って構成される外界像。自他をいつも見詰め、その総体が不可視の巨大なネットワークとしての「世界」を形成する意識。つねに発生し続ける矛盾を乗り越え、憑かれたように前進を続ける人間という存在。そしてそれら一切を統べてきた理性という人間にとって究極の存在の数奇な運命——。

本書では、現在までに到達した知の展開過程を順に追っていくが、その展望を一三八億年全体に広げると問題も生じる。知を成立させる主体が生まれ、知という行為が成立するまでは、そもそも「知」というものが明確な形では存在していなかった、という矛盾である。したがってその部分、宇宙開闢《かいびゃく》から記録に残る形で知がスタートするまでは、二十一世紀現在までに到達できた知で補わざるを得ない。本書第一―二章の「知の前史」部分がそれであり、この部分については「知の歴史」ではなく、「知による歴史」であることは、お許しをいただきたいと思う。

ところでこの全知への旅には、「偉大なる到達点」というものがあるはずだ。言うまでもなく、この長大なドラマが語られ終わる二十一世紀という現在のことである。それは本書では第二十二章になるのだが、実はそこには恐るべきどんでん返しが待っているのである。それは、数多くの哲学者や科学者たちによる膨大な努力の果ての果て、永い永いトンネル――プラトンのあの暗い洞窟から抜け出たその先は、誰もが夢見た全知の明るみではなく、迷路の真只中だったという身のすくむような現実である。

そしてここからは、私たち自身の問題となる。私たちは今、知と技術とがもたらした豊かさに酔いながら、しかも巨大な不安の中にいる。心地よい暮らし、明るい室内、溢れかえる「モノ」に取り巻かれながら、にも拘らず私たちは不安である。先行きが見えないのだ。何か得体の知れない恐ろしいものが少しずつ、ひたひたと迫ってくるような感触がある。私たちはこうした現実を、この社会を、どうして暗闇から脱出した先の、真理の光輝く目的地だと考えられようか。この世界を自信をもって次の世代に譲り渡すことができようか。いや、子孫への「遺産」どころではない。私たち自身の生のさなかにおいてさえ、この現実の、この地球の崩落がすでにそこここに姿を現しているではないか。しかもこの崩落の原因は、宇宙からの巨大隕石の落下や火山の連続噴火などといった天災ではなく、驚くべきことに、真理と幸福をひたすら追い求めてきたはずの私たち自身の「知」がもたらした、環境悪化を初めとするさまざまな人災によるものなのである。

行き詰っているのは、物質的、環境的な問題にとどまらない。私たちの精神の多くの領域においても、現在のアポリアは明らかである。思えば、私たち人間を支えてきた中心軸こそが「理性」であった。それは透徹した「知」を駆使して自己内外を照らし出し、目の前の一個の石の成り立ちから世界全体の構造までを合理的に理解し、判断し、処理していく、生物として類まれな能力である。この探照灯としての「知」と「思考」の力が、私たちの文化をここまで牽引《けんいん》してきた。一切を知り尽くし、一切を造り変え、地上すべてを人間の王国にしようと努力してきた。その理性にいつしか疑惑の目が向けられるようになり、知のもたらした罪が問われようとしている。

二十一世紀の現在、例えば哲学の知はどうであるか。古来、知の原理論を形成してきた哲学のフィールドは今、焼け野原にも似た状況にある。十九世紀以降の知の衰弱を乗り越えるべく、例えば現象学は知の基礎工事をやり直そうとし、ついに果たし得なかった。その後、二十世紀をにぎわしたものだけでも、実存主義、構造主義、ポスト構造主義など、次々と知のモードが現れては消え、世紀を越したところでどのような思想も残らなかった。

自然科学はどうであるか。哲学が庇《ひさし》を貸して母屋を取られた形の自然諸科学であるが、こちらも事情は多少異なるとはいえ、迷路の中にあることは同じである。自然諸科学は哲学から次々と分派し、各フィールドで知の理論学を形作り、巨大な成果を誇ってきたが、これもまた多くの最前線で困惑を見せている。

私たちのサイズを大きく越えた極大世界を探る宇宙論では、ダークマター、ダークエネルギーの「発見」により、これまでの物質観が根本的に無効にされかねないほどの衝撃を受けている。同様に、私たちのサイズをはるかに縮めた極小世界では、相対性理論や量子論によって、同一物の複数箇所での同時併存、あるいは無から有の出現や有の無への消滅など、こちらもまたギリシア以来のロゴスの根幹が破綻《はたん》してしまうほどの動揺の中にある。

さまざまな科学を応用した知の工学分野では、人間の遺伝子レベルでの改造、人間の知を数的処理によって極限まで高速化したＡＩのもたらす脅威、一生物としての限界を越えた人間の地球蕩尽《とうじん》による環境の劣化、さらには核を初めとする殺人兵器・破壊兵器・電子兵器の氾濫《はんらん》など、知の限りを尽くした先端技術のとめどもない暴走が憂慮《ゆうりょ》されている。

なぜ、知の限りない追究によって出現するはずだった「理想郷」が、紀元後二〇〇〇年余、このような暗黒郷に転落しかねない情勢なのか。人間の知の追究に、何か根本的に誤りがあったのだろうか。目を見張る輝かしい知の発展と、それを物質化した豊かさは間違いなく私たちの手元にあるのだが、その一方で心が凍《こご》えてしまうほどの不安や疑惑をも私たちの現在は抱えている。こうした今、人間のこれまでの気の遠くなるほどに永い〈知の歴史〉を、西洋を中心に一度オーソドックスな全体において振り返り、現実とさまざまに切り結んだ姿を捉え直してみたい。それらの膨大な思索の試みの中に、現在の暗闇を進むための新しい灯を探すことも可能ではないかと思うのである。

筆者がこの仕事を始めたときの意図は、人間が現在までに到達し得た知の全史の一望図の作成であり、それは心楽しい旅になるはずだった。しかし仕事が進むにつれ、現れてきた光景は、時代に翻弄《ほんろう》されながらも、政治、経済、宗教などの怒涛の中を必死に生き抜き、自らをひたすらに拡大させてきた、グロテスクなまでに強靭《きょうじん》な「知」の姿だった。その知の味は、心を溶かす甘美さの中に、それをはるかに越える苦い苦いものを持っていた。筆者は、このような人間の知のエネルギーの「無限性」に驚愕《きょうがく》するとともに、本書の巻頭第二章にすでに現れる、その知が原初より持つ、絶対的な「内部性」の限界に思い至るべきだと考えるようになっている。この点については最終第二十二章でまとめて扱ってみたい。

また、本書の主たる流れの外となった東洋の知についてここで一言しておきたい。インド、中国、日本などの東洋では、歴史的に「輪廻」「業」「天」「道」「無常」など、人間を圧倒する世界とその力に対する畏怖の念が強く、人のわざは、いかにそれに身を処すべきかに力が注がれていたと言えよう。西洋のように、理性が独特の権威をもって立ち上がり、知が世界を睥睨《へいげい》し、ついにはそれを呑み込もうとするまでには至らなかった。さらに東洋は、のちに詳述する「一七世紀科学革命」を経験しなかったため、産業革命を経て「西洋の優位」が固定し、二十一世紀現在の科学技術を初め、諸学の知、また知のベース自体を西欧の伝統が支配しているという現実がある。こうして本書も西洋の知を中心に追うことになったが、東洋の知が、現在の我々の日常をさまざまな形で支えていることもまた否定しがたい。そこで本書でも、必要最小限の範囲でそれらについて触れておきたいと思う。

本書は西洋哲学を中心に、そこから派生していった自然諸科学を併せながら、私たちを取り巻く具体的な現実である、世界・物質・人間のリアルがいかに究明されていったかをそのフロントランナーたちとともに追い、現在の巨大な知の形成を読み解くとともに、そのアポリアを切り拓くための新鮮な知を探る試みである。

ではこれから、人間が築き上げた壮大な知の一望図を手に入れるべく、一三八億年の旅に出掛けることにしよう。

知の歴史——哲学と科学で読む138億年＊目次

渡部 佳延

凡例

一、引用文中の〔　〕は筆者による補足である。

一、引用文中の［　］は翻訳者による補足である。

一、出来事に付記した人物の「年齢」は、正確な日時が不詳の場合、当該年での「満年齢」を充てた。

《序》「知」以前

第一章　宇宙創世から地球形成へ

この章では「知」誕生以前を扱うことになる。宇宙はいつ始まったのか？　あるいは世界は永遠なのか？　子供の口からも発せられるこうした根源的な問いに対し、例えばインドのブッダは、「無記」（経典に記さない）という形が示すように回答しなかった。その問いが、苦の世界からの脱却を目指す修行に役立たないゆえ、とされる。『聖書』には、天地創造は約六〇〇〇年前という答えが用意されているとも言われた一方、ドイツのカントは、世界の時間的な始まりの有無は、いずれとも論証できる二律背反に陥るとして、人間が経験を越えて知を働かせることの不可能を宣言した。二十一世紀現在の科学はしかし、こうした「不可知」を乗り越えようとし、宇宙の始まりは一三八億年前と算定している。

その宇宙は恐らく、極微のたった一点から始まった。ただしその「点」自体がどのように生まれたかとなると、あたかも中国の老子の言説のように、「無」から生まれたという仮説が現在のところ有力視されている。こうして生まれた塵《ちり》のように小さな宇宙の卵は、やはり有力な「インフレーション」説によれば、急激に膨張をしたあと、火の玉となった宇宙が大爆発をする「ビッグバン」へとつながる。この超高温高密度の空間では、あらゆる物質は素粒子という形で飛び交い、「モノ」になれない状態だった。しかし宇宙火球が爆発的に膨張を続け、やがて巨大なスケールにまで拡大すると、温度や密度が下がり素粒子からようやく陽子や中性子が形成され、原子核も生まれていく。

それから永い時間が経ち、物質の濃淡が重力効果でついに星を生み、宇宙開闢以来約一億年、星は凝縮の果てに熱を発し、輝き出す。宇宙最初の星の灯である。こうして次々と星が生まれ、天の川銀河のはずれに太陽とその仲間となる地球を含む八つの惑星が生まれたのは、今から約四六億年前のことであった。

実は私たちの体を構成する物質は、ビッグバンのすぐあとに生まれて宇宙に遍在《へんざい》していた、陽子数の少ない「軽い」元素ではない。ずっとあと、星々が内部の核融合によって生み出し、その後星末期の爆発によって宇宙に散らばった、陽子数の多い「重い」元素なのである。私たちはつまりみな、そうしてやってきた「星の子」たちなのである。

1 無から宇宙が生まれる――ビッグバン以前

宇宙の歴史とは、言わば「無」の中から、さまざまな物質が生まれ出す歴史であった。たとえそれが、本書の中心軸となる西洋哲学の伝統である、「無から有は生じない」という思考からはかけ離れたものであったとしても。物質の滔々《とうとう》たる流れの中からやがて人間が生まれ、万物が人間の知の対象となり、自分たちの目の前に広がる「物と力と構造」として、その本質と関係とが明らかにされていく。ではそもそも、宇宙はどのように生まれ、物質はいかに生成されたのだろうか？　勿論、想像も絶する過去の創世の現場で、「知」はいまだ働きようもなく、ずっとあと、即ち一三八億年ののちに、

「原初の光景」であったはずのものとして、人間の知の力をもって眺めることになる。ここでは、紀元後二十一世紀の現在までに到達できた知見に基づいて、有史以前を大まかに組み立て、〈知の歴史〉の時代へとつなぐことにしよう。

ほぼ原初《はじめ》にビッグバンがあった。今から約一三八億年前のことと想定される。ここまで正確な時間的刻《きざ》みを入れることができるようになったのは、二十一世紀に入ってようやく到達できた知による。しかし、ビッグバンを素直に「原初」と言わず、「ほぼ原初」と表現する意味について少しだけ述べておきたい。

今では「物事の初め」の代名詞にすらなっている「ビッグバン」であるが、これを宇宙の本当のスタート地点として設定してよいかどうかについては、異論が出ているのだ。つまり「ビッグバン理論」は、現在の宇宙が膨張し続けているという観測事実から出発し、そこから逆算して一三八億年前に、現宇宙のすべてがただの一点に収斂《しゅうれん》するという推論を立てたものであり、理論自体は多くの観測証拠から承認されているものの、ではその原初の一点、恐らく超高温高密度の一点がどのようなものであったか、それがいかに生じたかについては、何も語ってくれないからである。

ところで、その「一点」の由来について提出されている仮説は次のようなものである。即ち、原初の一点はとんでもなく小さな場であり、量子論しか扱えない極微の世界であって、そこは存在する「もの」が何もない真空であったとしても、にも拘らず極超短時間にそこで粒子が生まれたり消えたりしている「ゆらぎ」と言われる現象はある。このいわゆる「真空のゆらぎ」論をベースに、「無からの創世」説などが唱えられているのである。

現在の科学では、それを確かめるすべはないのだが、有望視されるその仮説が成り立ったとしよう。すると、無から宇宙の極小の種子（チリにもならない程度の10^{-33}センチメートルほど）が生じ、そしてそのいまだ均質ならず「いびつ」でしかない種子が、「真空の（持つ）エネルギー」によって「インフレーション」と呼ばれる途方もない急膨張を引き起こすことで、極大化＝一様化する。さらにはその「真空のエネルギー」が、インフレーション終了と同時に熱エネルギーとなって、生まれたばかりの宇宙空間が火の玉となるビッグバンにつながるのである。ここまでにかかる時間がいったいどれくらいのものかというと、諸説あるものの例えば10^{-34}秒、即ち、○・○○○○○○○○○○○○○○○○○○○○○○秒。つまり、小数点以下にゼロが三三個並ぶというほどの、これまたとんでもない須臾《しゅゆ》の間であるから、事実上、ビッグバンによって宇宙が始まったと言ってもまず問題ない、ということなのである。

2 ビッグバンから星の灯へ——太陽系と地球の誕生

さて、ともかく、こうしてほぼ原初にビッグバンは始まる。この火の玉としての一点、超高温高密度の宇宙の卵の中では、あらゆる物質は素粒子という原始的な形で存在しており、やがてその素粒子から形成される陽子と中性子も、結びつくことができずに別々に存在し、原子のもととなる原子核は存在することができない。それはいまだ「モノ」がモノとしては存在できず、素粒子が超高温高密度の中を飛び交う、クォーク・スープの状態である。

現在の我々の周囲には、水素、炭素、酸素、鉄など一〇〇ほどの元素があるが、それはそれだけの種類の原子核があるからである。ビッグバンによって宇宙が爆発的に膨張し、それに従って温度や密度が下がり始めると、ようやく陽子と中性子が結びつくことができ、原子核の形成が始まる。これは宇宙誕生後およそ一〇〇秒くらいであって、陽子一個がそのまま原子核となる水素原子、これに中性子が一つ結合した重水素、二つ結合した三重水素、さらには陽子二個結合のヘリウムなどの原子核も形成されていく。

宇宙誕生後、五分ほどまでには、こうした「ビッグバン元素合成」が進展し、水素、ヘリウムのほか、少ないながらも陽子三個結合のリチウム、陽子四個結合のベリリウムも作られるが、宇宙がさらに膨張する間に温度・密度ともに下がり、原子核反応はそれ以上進まなくなってしまう。だから誕生後間もない宇宙には、これらの「軽い」元素しかなかったのである。これらより陽子の数が多い「重い」元素、即ち、我々の体を作る、炭素以上の原子番号の数字の多い元素群は、のちに生じてくる。それは、星の活動を待たねばならない。

宇宙開闢後、秒や分単位だったビッグバン関連史のあと、永い永い時間が経った。光溢れる中、膨張に膨張を重ねていった宇宙だったが、やがて飛び交っていた電子が原子核に捉えられることで、原子はプラスでもマイナスでもない中性となり、逆に自由電子が極端に減って、光が電子に遮《さえぎ》られずに直進できるようになる。このため、宇宙は「晴れ上がった」と言われる。三七万年が経った頃である。

さて宇宙は、全体としては均質な状態を保ちながら膨張を続けていた。しかし、当初は僅かであった場所による物質の濃淡が、やがて少しずつ顕在化していく。つまり、周囲より多少物質の密度が濃かったところが、重力効果で物質を集めるようになり、やがて大きな塊となるとともに、中心に向けて凝縮を始め、熱を発し、ついには輝く星となるのである。これは開闢以来約一億年、今や宇宙は十分に広がり、温度も落ち、暗くなってしまったところへ、最初の星の灯が灯《とも》る瞬間である。

こうして次々と星が誕生するが、これらが集まって銀河が生まれ、それがまた集団となって銀河団となる。天の川銀河のはずれに、太陽とその仲間となる八つの惑星が誕生するのは、宇宙が始まって約九二億年後、今から約四六億年前のことである。地球はその太陽系の中心から三番目の惑星として生まれるが、その地球やその上に乗った私たちを形成する物質は、ビッグバン元素形成以来、宇宙に遍在していた水素やヘリウムが主なものではない。それはすでに述べたように、酸素やマグネシウム、ケイ素、あるいはカルシウム、鉄などの重い元素であり、これらは恒星内部の核融合によって作られ、さらには寿命の尽きたその星の爆発などで生まれる、鉄よりさらに重い元素とともに宇宙空間に放たれたのち、ここにやってきたものなのである。

私たちはみな「星の子」だという言葉があるが、まさしく私たちの体は星屑《ほしくず》から作られている。夜空の星を眺めるとき、私たちがそこはかとない懐《なつ》かしさに満たされるのは、自分のふるさとを見つめているせいもあるのかもしれない。

「星の子」という言葉はまた、時代を遥かに下った紀元後十九世紀の哲学者ニーチェのアフォリズム「星の友情」をも思い出させる。一八八二年、ニーチェ三七歳のときに出版された『悦ばしき知識』の中に現れる箴言《しんげん》である。――宇宙的な時間の中で、究極の奇跡のようにして出会うことができた君と私とであるのに、人は哀しくもついいがみ合う。時には不倶戴天《ふぐたいてん》の敵とさえなってしまう二人であるけれども、宇宙論的なスケールで二人を眺めれば、遠く離れ離れになった星が密かに微妙な力を及ぼし合っているように、やはり親しい友であるのではないか。そんな人間同士の玄妙な関係を、ニーチェは美しい譬《たと》えで語る。自らのワグナーとの破綻してしまった哀しい友情を物語っているであろうアフォリズムである。

《第Ⅰ部》　生命が始まり、知が始まる

第二章　三葉虫革命——眼の誕生

太古の地球上で「知」はどのように発生したのか。約四六億年前に地球が生まれ、約四〇億年前に生命が海底で誕生したとされる。それはたった一個の細胞から成る生命であったにしても、ある空間を細胞膜で覆うことによって、恐らく私たちの宇宙に「自己」というものが誕生した瞬間なのである。勿論「意識」などという立派なものはなかったであろう。しかしながら明らかに細胞膜を境に、その内側には「内部」が、外側には「外部」というものが生じたことになる。そしてそれ以後、内部は内部であることを維持しようとする。それは「自己」という存在でなくて何であろう。

すると次に、生命体である自己——つまり外部と切り離されてしまった自己は、今度は逆に「外部の情報」を取り入れなければならなくなる。自らの生命を維持するためには、外部から栄養を取り入れなければならず、そのための情報を必要とするからである。しかも、よりタフになるために他の遺伝子を混ぜ合わせる雌雄《しゅう》というシステムが生まれると、自らの子孫を残すために、この広い世界で同じ種族の異性との出会いも必要となる。

こうした絶対に必要な外部情報、即ち「知」を得るための器官が「感覚器」であって、その性能の向上が種の繁栄を支えるものとなった。感覚器のうち最も効率のよいものは、地上に溢れる光を利用する「視覚」である。古生代カンブリア紀の三葉虫革命は、外部情報を的確に捉える高性能の眼を三葉虫が備えたことをきっかけとして、この世界が弱肉強食の過酷な修羅場に変わっていったことを示している。

最初期の生物たちは、有害な紫外線を避けてほぼすべてが海の中にいた。やがてオゾン層の形成により紫外線が弱くなり、生物たちは少しずつ上陸を果たしていく。太陽のエネルギーを直接利用できる、すぐれた能力を葉緑素によって獲得した植物を別にすれば、他の生物を捕食することで栄養を得る動物たちの中では、情報収集能力にすぐれた視覚は有力な武器となった。現在ヒトのほか、鳥類、昆虫類など繁栄する動物たちには、外部の知を一挙に捉えられるすぐれた視覚を持つものが多い。

地上で繁栄する動物たちの王となったものが巨軀《きょく》を誇った恐竜である。中生代三畳紀から白亜紀までのおよそ一億八〇〇〇万年以上、彼らの永い覇権が続く。

1 桃源郷《アルカディア》を漂う生命

さて、今からおよそ四六億年前、太陽に引き続いてその引力圏内に生まれた誕生直後の地球は、多くの小天体を吸収して衝突熱で高温化し、さらに原始大気の温室効果もあり、灼熱《しゃくねつ》した岩石が溶融した海、マグマ・オーシャンで覆われた存在であった。やがて熱を宇宙空間に放出し、誕生後一億年ほどののちに、冷却された水蒸気が大量の雨となって降り注ぐことにより、原始大洋が出来上がる。そして今からおよそ四〇億年の昔、高温の岩石からなるマントルのエネルギーが放出される海洋底の熱

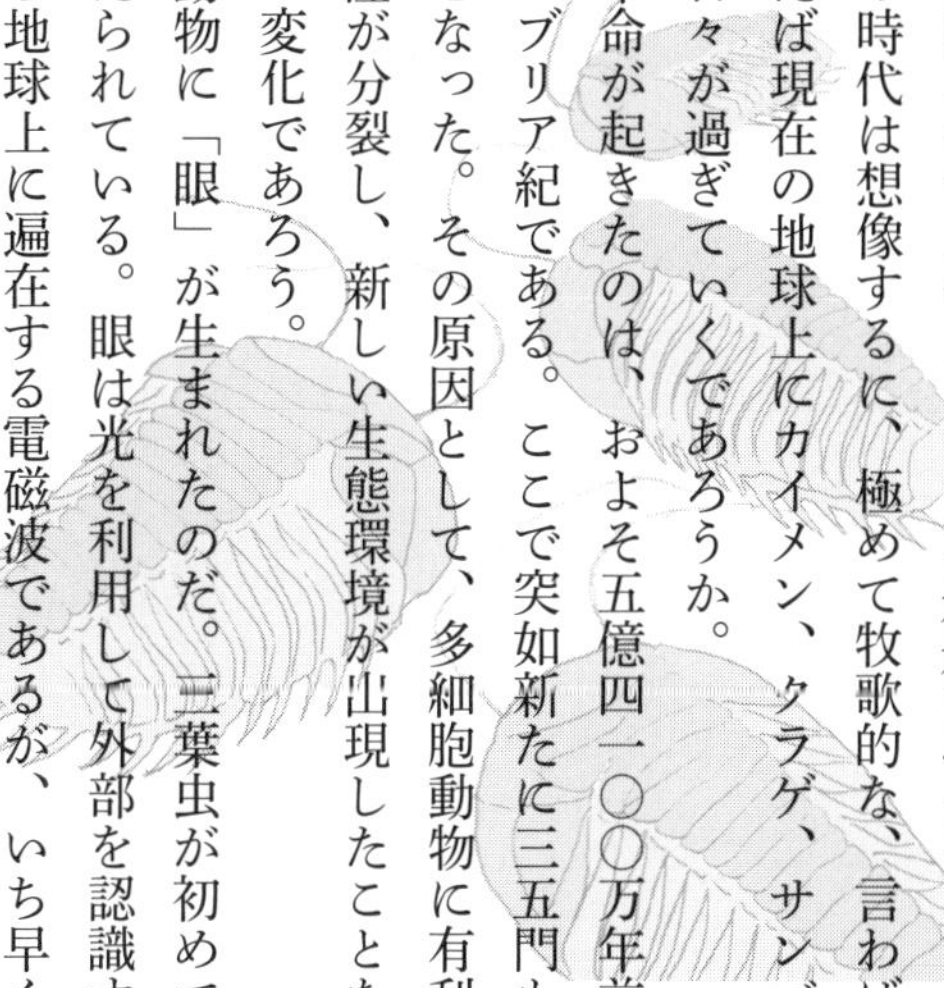

水噴出孔付近で、自己複製する「生命」が恐らくは誕生し、やがてＤＮＡを包み込む核膜を持った真核細胞、さらには多細胞へと進化していった。

多細胞生物の出現はおよそ九億年前と考えられているが、それからさらに数億年ほどは、光合成能力を獲得し進化を進めた植物を別とすれば、動物分野では運動性に乏しい海綿《かいめん》・腔腸《こうちょう》・有櫛《ゆうしつ》などの動物門（グループ）くらいしか存在していなかったとされる。カイメン・クラゲ・サンゴの類である。この時代は想像するに、極めて牧歌的な、言わば古代の楽園アルカディアのような時代であったろう。例えば現在の地球上にカイメン、クラゲ、サンゴしかいなかったとしたなら、どれほどのんびりとした日々が過ぎていくであろうか。

革命が起きたのは、およそ五億四一〇〇万年前から四億八五〇〇万年前にわたる、古生代最初期のカンブリア紀である。ここで突如新たに三五門もの動物グループが出現し、一気に現代につながることとなった。その原因として、多細胞動物に有利な酸素量が当時、現在とほぼ同じになったとか、超大陸が分裂し、新しい生態環境が出現したことなどが挙げられるが、重要なことは、結果としての動物の変化であろう。

動物に「眼」が生まれたのだ。三葉虫が初めて眼を持ち、それから一気に多くの動物に広まったと考えられている。眼は光を利用して外部を認識する器官である。光自体は太陽からやってきて、原初から地球上に遍在する電磁波であるが、いち早くそのエネルギーを葉緑体によって利用してきた植物とは別に、動物が認識に利用できればこれほど有利な手段はない。それは現在も同じである。

2 原始知の前に広がる他者と世界

こうした太古の地球で、「知」はどのように発生し、進化していったのだろうか。眼の情報収集能力が知の形成を支えたことは疑いがない。しかしながら、私たちに親しい「知」は本来、生存に必要なもの、生存に資《し》するものであり、その誕生自体は実は、すでに生命の発生に伴って原理的に始まっていたと言えるのではなかろうか。

そもそも、細胞膜によって一定の空間を覆い、それを境界としてその「内部」に生命という「自己」を発生させたとき、非自己、即ち「外部」もまた生まれたことになる。この場合「生命としての自己」とは、領域を限った特殊な秩序、即ち自らを維持しまた自らを殖《ふ》やそうとする存在である。ところがそうした自己は、あえて自分から切り離したはずの「外部」の情報を、今度は意識的に取り入れなければならなくなる。なぜなら、やがて誕生する植物のような自力で有機化合物を作れる存在は別として、動物など多くの生命は、外部から有機物などを「栄養」として日々摂取しなければ生きていけないからである。

このような生命は、自ら設定した境界の内部でしかその活動を営むことができない。境界の内側に身体を持ち、内側から眺め、内側に外部の何物かを取り込んで、内側で処理する。生命のこの徹底した「内部性」という特性は、最高度にまで進化しているはずの人間の意識においてもそのまま継承され、「意識の絶対的内部性」として知の歴史＝哲学の思考につきまとうことになる。つまり、生命も意識も内側から――「こちら側」からしか見ることも知ることもできないという宿命を持つ。

ところで、「こちら側」からのみ把握された対象像は、本当に正しいのだろうか？　私たちが自分の明澄な眼差しのスクリーンに正確に映し出されていると信じる外界像は、障子に映った影絵さながら、その向こう側には思いもつかぬ異形の存在がうずくまっていはしまいか。やがて、人間による意識的な知の歴史＝哲学が始まって二〇〇〇年ほどで現れるプラトンによりすでに、第六章で述べる「洞窟の神話」において、人は影絵としての虚構の世界を見続けていると批判されている。それから二〇〇〇年余を経たカントに至ってついに、影絵の向こう側の「正体」には、神ならぬ人間は能力的に決して到達できないと理論的に否定されてしまう。この人間の認識の内部性――我々は言わば「影絵」しか見られないという限界は、カントからさらに二五〇年も経た二十一世紀現代哲学の思弁的実在論などにおいてもなお、越えられない人間の壁として問題にされ続けているのである。

さて、原初の知に話を戻そう。「知」とは本来、先に述べたように、外部栄養を絶対的に必要とする生命が、生きんがために外部情報を取り、次の行動につなげることであるが、その原初の姿を、最も原始的な単細胞生物の「世界認識」に探ってみよう。この世に誕生した原始的な生物が持つ「世界観」は、恐らく極めて単純なものであったはずで、次に述べるアメーバや大腸菌などの観察から推定できるように、世界は自己にとって「＋の価値を持つもの」「－の価値を持つもの」「±ゼロの中立なもの」で構成されていたと考えられる。

例えば今、アメーバの行動を観察してみる。アメーバは〇・〇二―〇・五ミリメートルほどの大きさで、水中、土中に棲み、定形を持たない。この、仮足を駆使して移動し、捕食する単細胞動物は、砂糖のような甘味には積極的に近づき、酢のような酸味はこれを避けようとする。この生物には独立した感覚器官などあるはずもないのだが、たった一つの細胞だけですでに、こうした行動がとれるのである。つまり生物は、原始的な単細胞のレベルから、自己の外部世界を価値的に分節し、「好ましいもの」には近づいて栄養として取り込もうとし、「嫌うもの」からは害を避けて逃げようとし、「どちらでもないもの」はそのまま無視をしている。これが単細胞動物の、言わば原始的な「世界認識」とそれに基づいた行動と言えるだろう。大腸菌ほかの単細胞生物でもやはり同様の反応が得られているうえに、さらにこうした「世界認識」の分節に、「(自分と同種または異種の) 他の存在の認知」という「他者意識」を加える考え方もあるようだ。この世界で生き抜くことはシビアな行為であり、知にはこうした単細胞の原始的ステージから、すでにかなりの能力が備わっていると言うべきであろう。

こうした外世界を分節化する味覚＝触覚的な感覚は、やがて多細胞動物になると味覚、触覚、嗅覚、聴覚などの専門器官に分化し、発達していく。この諸感覚器官の進化に従って、動物にとっての世界像はさまざまな姿に形造られていったと思われるが、中でも革命的な変化をもたらしたものが視覚の誕生なのである。

いわゆる五感のうち、味覚と触覚は自己と対象との距離がゼロ、即ち直接の接触を必要とする。嗅覚は対象から空気または水を媒介にして漂ってくる刺激物質の到来を待って作動する。これらの感覚に比べると、聴覚はかなり離れた場所にいる対象の情報も、音波に乗って空気中をおよそ秒速三四〇メートルという高速で得られる有用な感覚である。中間に障害物があっても、音は回折《かいせつ》してくれるから聞き落とすことはない。

しかしその有利さも、視覚の比ではなかった。光の速さはおよそ秒速三〇万キロメートル、一秒で地球を七回り半してしまう。しかも光は日中ほとんど無限に遍在しているから、すぐれた視覚器を持ちさえすれば、それこそ見渡す限りの世界が、近くも遠くも一望できるのである。光はあらゆる方向から反射してくるから、視覚器を動かすだけで、一瞬のうちに自分をとりまく世界の認識が可能となる。動物の根源的な要請たる餌《えさ》を探すためにも、恐ろしい敵から身を守るにも、また種の最大の関心たるつがい相手を見つけて子孫を残すためにも、視覚は圧倒的に有利な感覚なのである。

勿論、現在のヒトの眼のようなすぐれた視覚器は、簡単に出来上がるものではない。まず初めに、光を感知する能力を持つ「視細胞」が、生命の永い歴史の中で形成され、この視細胞が集まって「眼点」が出来上がる。しかしこれらの段階ではまだ、光の有無の判別しかできなかったはずである。この眼点がやがて立体的に構造化されると、光がやってくる方向が判別できるようになり、さらには対象が像として把握できる眼となっていく。

すでに述べたカンブリア紀に現れた三葉虫の眼は、複眼であった。複眼では、現在の昆虫類などに見られるように、中央が膨らんで視野を広くしている上に、おびただしい数に集合している個眼それぞれがレンズを持ち、対象の形とその動きとが的確にキャッチできる。

このクリアな眼差しはまさに感覚器の革命であって、三葉虫に至って鮮明な対象像を、しかも追跡しつつ捉え得る動物が登場したのである。しかしながらそのことが、生物界に与えた影響は衝撃的であった。

動物たちの「狩り」＝食料調達方法は、視覚誕生以前にはほとんど出たとこ勝負であって、偶然自分の口や触手に近づいてきたものを捕まえるに過ぎなかったであろう。せいぜいが、鞭毛《べんもう》などを動かして小さな水流を作り、自分の口に取り込めるようにしたり、好ましい物質の濃度が高い空間を求めて移動する程度である。しかしいったん光を獲物の探知器に利用すれば、状況は一変する。すぐれた視覚器によれば、そもそも自分を取り巻く外部がどのような状況であり、餌となる対象はどこに、どんな形をし、どのような運動をしているかも一瞬のうちに捉えられるようになる。つまり自分の前の世界すべてを一挙に捉えることが可能になったのである。それればかりではない。自分に近づいてくるものの中には、恐ろしいことに逆にこの私を狙っている「敵」がいることも、明らかとなっていく。

こうして「私」の前に＋の価値あるいは－の価値を持った「対象」が明確に成立し、「他者」が生まれ、それらが集積された「世界」がくっきりと誕生する。個別のデータは集まって情報を成し、さらに体系化されれば「知」となる。宇宙に「知」の原型が忽然《こつぜん》と成立するシーンはこうしたものであったと思われる。

「原始知」の前に広がった世界は、有用なものであると同時に、恐ろしいものでもあった。言わば、牧歌的な世界から、食うか食われるかの修羅《しゅら》の世界に変わったのである。事実、三葉虫を初めとする動物たちは、捕食するための攻撃的な触手や口器を発達させる一方、他からの攻撃から身を守るための装甲も備えるようになっていく。

こうして、「世界」及びその中の「他者」に対する認知がスタートする中で、「眼差し」が恐怖を秘めたものであるという認識もまた始まる。知は次の行動を導くためのものである。眼差すことは相手に照準を定めていることを意味し、次の瞬間の攻撃を予告する。今も動物たちは、サルにせよネコにせよクマにせよカラスにせよ、他者から眼差されることを不快に思い、それを攻撃同様のものと捉える。人も同様である。

その理論的構造が、カンブリア紀からはるか五億年を下った紀元後一九四〇年代のフランスの哲学者サルトルによって解明されることになる。

「いかなる瞬間にも、他者は、私にまなざしを向けている」（松浪信三郎訳『存在と無Ⅱ』）

サルトルは、人間関係の本質を「眼差しの相克」であるとし、「メドゥーサの眼差し」によって人間が石化するギリシア神話に譬えている。恐ろしい眼差しが私に向けられるとき、私は捕らえられ、射すくめられ、凝固させられるからである。

「地獄とは他人のことだ」（伊吹武彦訳『出口なし』）

この世は地獄であるが、それは他人がいるからである。サルトルは、眼差しを向け続けることで互いに永遠に傷つけ合う人間同士の戦いを、暗いビジョンをもって描き出している。

ところで人間の眼は、上述の三葉虫よりずっとあとに生まれ、複眼ではなく、明るく鮮明な像が作れる水晶体眼であった。この眼の精度はやがて、サバンナの彼方に獲物や敵を見分け、すぐれた石器を作り、巨石を組み合わせた建築物を建て、さらには精緻な工芸品を生み出し、夜もなお明るい光で自らの社会のすべてを照らし出す明晰な文明を造っていく。そしてそれらを駆動させる人間の知もまた、恐ろしいまでに対象を見つめ、考え抜く、極めて高感度なこの水晶体眼によって、一歩一歩築かれていくことになるのである。

第三章　ホモ・サピエンス革命——知恵ある動物が生まれる

白亜紀末の恐竜絶滅後、代わって繁栄を始めた哺乳類の中に、「眼の動物」にして「手の動物」である霊長類がいた。そして新生代第三期の七〇〇万年前頃にアフリカで生まれたヒト族が、三つの革命を起こすことになる。他の霊長類たちと別れ、直立二足歩行という第一の革命を始めたヒト族は、恐竜のような巨大な身体を持たず、鳥類のような飛翔能力もない。他の哺乳類のような広野を駆け回る脚力も、鋭い爪や歯すらも持たなかった。サバンナの遠くまで届く視力にはすぐれていたが、嗅覚もたかが知れていた。ヒト族はむしろ「陸上のイワシ」であり、猛獣たちに狩られる存在だった。そのヒト族の唯一の卓越した能力が「知」＝「思考」であった。ヒト族の脳は、その誕生直後の約七〇〇万年前には三六〇—三七〇 ccほどで、他の霊長類とそう変わったところはない。しかしやがて発達を重ね、ついに胎児の頭蓋は出産時の女性にダメージを与えるまでに大きくなる。このため彼らの子では、胎児として十分成熟する前に出産させてしまうというアクロバットが行われるに至る。ヒト族にとっては、それほどまでに「知」を生み出す脳が重要だったのだ。

直立二足歩行を始めたヒト族の中で、約二五〇万年前に現れたホモ属がヒト族の第二の革命を起こす。遍在する地上最硬の物質「石」から石器を発明し、二足歩行で解放された「手」によってそれを使いこなす。他の動物には不可能な、物を切り、壊すことができるようになり、また他を巧みに攻撃することが可能となった。これは「技術」の始まりであって、身体以外の外部を利用して自分以上の能力を発揮するスキルがここにスタートしたのである。さらに、知が生んだ石器の使用が、肉食獣の食べ残した死骸の肉や骨髄などを食べる肉食を生み、その高カロリーがまた脳の大型化を支えることになる。脳は異常にエネルギーを必要とする臓器なのである。また、石器に続く「火」の使用によって「料理」が始まり、食物の範囲が大きく広がり高カロリーが保証され、脳はさらに大きくなっていく。

そして第三の革命。約三〇万年前とされるホモ・サピエンス（現生人類）の登場によって、知の革命が起こる。巨大化した脳に駆動され、認識を積算的に高度化していく思考革命。人間間をネットワークでつなぐコミュニケーション革命。さらに外部のさまざまな物を組み合わせ、すぐれた眼と手指によって精巧な製作物に仕上げていく技術革命である。こうして約三万年前にホモ・サピエンスは、現代人とほぼ同じ水準の知的能力に達していたと考えられる。

1　木から降りざるを得なかったサル

前章では、カンブリア紀までを扱っている。このカンブリア紀というのは、およそ五億四一〇〇万年前に始まり、爆発的な動物進化と、「眼」の誕生によって特徴づけられる。カンブリア紀をもって始まる古生代は、オルドビス・シルル・デボン・石炭・ペルム紀と続く。次の中生代は、およそ二億五二〇〇万年前、恐竜の先祖が現れた三畳紀に始まり、恐竜たちの時代であるジュラ紀と白亜紀が続く。

白亜紀末、恐竜たちが絶滅したおよそ六六〇〇万年前以降、代わって繁栄を始めた多くの哺乳類とともに、霊長類（霊長目＝サル目）が進化を始めた。霊長類は、木の上をすみかに選んだ哺乳類である。彼らは「眼の動物」であって、一対の大きな目が顔の前面に集まることで左右の視野が重なり、広い範囲のクリアな立体像が得られるようになった。色覚も、普通の哺乳類が青色と赤色の光に敏感に反応する「二色型」であるのに対し、多くの霊長類では緑色を加えた「三色型」となり、「光の三原色」をカバーして、彩り豊かな世界像を生み出した。大脳の視覚を扱う部分も大きくなっている。

また霊長類は「手の動物」でもあった。樹上生活のために、親指と他の四本の指が向き合うことで枝などを握ることができ、また犬猫のような鋭いカギ爪から平爪に変化しており、指先で物をつまむこともできる。このため、食物である果実や葉を自在に取ることができるようになり、これはのちのヒトの「技術」につながる手先の器用さを準備する。また樹上で飛び跳ねることも多く、そのため重心が後肢の方に移動し、後肢の強さや平衡《へいこう》感覚も養って、これは将来のヒトの二足歩行につながることとなる。別の見方をするなら、四足の役割を分化させ、身体の支持、歩行は後肢の主たる役割とし、前肢二本を採食や物の操作にも使えるように変えたと言ってもよい。やがて地球の相貌を変えることになるヒトの「手」は、このようにして生み出されるのである。

さて、この霊長類の中でもヒトに最も近いゴリラなどの類人猿が、三〇〇〇万—二五〇〇万年前頃に誕生する。そしておよそ七〇〇万年前、ついにチンパンジーとの共通の祖先から、初期ヒト族が分岐するのである。チンパンジーとヒトとのゲノム比較では、せいぜい二パーセントほどしか違いがないと言われる。こうした仲間の類人猿と異なるヒトの特色は、有名な「直立二足歩行」と、チンパンジーよりもさらに小さくなった「犬歯の退化」だった。

ヒトを「木から降りたサル」と言うことがあるが、木から離れなかった他の類人猿たちと異なり、ヒトはなぜ木から降りたのか？　木の上は安全だし、果実などの食べ物もある。だから、「降りた」というより「降りざるを得なかった」原因があるはずであり、その理由として気候変動が挙げられている。

ヒト誕生に先立つ今から五〇〇〇万—四〇〇〇万年前頃、インド亜大陸がプレート運動によって北上し、ユーラシア大陸と衝突した。この結果、ヒマラヤ山脈ができていくが、このため大気循環が変化したことで気候は激変する。一〇〇〇万年前以降になると、全アフリカ規模で進む寒冷化、乾燥化によって、類人猿たちの命綱《いのちづな》である森林が減り始めたのだ。

初期ヒト族誕生の地は、森林でもなければ、その森林に代わって広がり始めた、丈《たけ》の低い草から成るサバンナでもなく、まばらに木が生える疎林《そりん》だったと言われる。点在する林から林へと移動するときは二足歩行をし、眠りを初めとするそれ以外の生活域は安全な樹上だったようだ。初期のヒトは、下半身が二足歩行用に適応していても手指は長く、枝を摑みやすくなっていて、なお木から降りきってはいない。

ヒト族は現在では、サバンナどころか地球の隅々にまで勢力を張り巡らし、あたかも地球全体が自分のものであるかのように振る舞っているが、ここまでヒトが発展したについては、次の第2・3・4節で述べる三つの大きな革命を経てきた、と言われている。

2 二足で立ってはみたけれど——初期ヒト族

まず人類進化の第一段階が、すでに述べたおよそ七〇〇万年前に始まる直立二足歩行する初期ヒト族の誕生である。二足で立ち上がることは、見張りに使える木に乏しいアフリカのサバンナを、遠くまで見晴るかす上で有利であったことは間違いない。しかし、敵を探し、餌を探すためにその都度《つど》立ち上がるのではなく、常時二足歩行の方向に進化していったことは、足が二本減って疾走スピードが落ちることを初め、多くのマイナス面があり理解し難いところがある。これを説明するため、さまざまな学説が提出されているが、いまだ決定的な原因は不明である。

けれども、それが結果として二本の手を解放し、その手から魔法のようにさまざまな文化が生まれたこと、その力を借りて、牙もなく、爪も弱く、足も遅い、稀代《きたい》の弱者に過ぎなかったヒト族が生物界の王者になったことは確かである。

ただし、その「黄金の手」から『技術』という驚くべき魔法が生まれるのはまだずっと先であって、発展の第一段階である初期ヒト族の、約七〇〇万年前から約二五〇万年前まで、四五〇万年というおよそ気の遠くなるような永い永い時間には、初期ヒト族の身には決定的なことはほとんど何も起こらなかったのである。

例えば従来、初期ヒト族の原始的特色と思われていた脳の拡大も、実はこの時期に顕在化したものではない。現在、最初期ヒト族と考えられている約七〇〇万年前のサヘラントロプス・チャデンシス（アフリカ中央部チャドで頭蓋骨が出土）の脳容量は、三六〇―三七〇ccとチンパンジー並みであって、現生人類の平均とされる一三五〇ccの三分の一にも及ばない程度である。この初期人類の最終期頃に現れたと考えられている約二五〇万年前のアウストラロピテクス・ガルヒ（エチオピア出土）で四五〇cc、やはり現生人類の約三分の一にしかならない。この間四五〇万年の脳拡大は、僅かなものと言わざるを得ないのである。

しかしながら、四五〇万年という時間は、全人類史の三分の二を占める永い時間であることは間違いない。僅かとは言っても、脳は二五パーセントほどは拡大しているわけであって、この両者の中間あたりに位置している約三八〇万―三〇〇万年前のアウストラロピテクス・アファレンシスに属する二人のヒト族の足跡の化石（タンザニア出土）を見ると、およそ二七メートルにもわたって真っ直ぐに、しかもしっかりとした足取りで、恐らく肩を並べて歩いている。直立二足歩行は次第に板についてきたのであろう。

この四五〇万年間の終わり頃に現れた特異なヒト族、パラントロプス属の運命は、人類全体の行く末を占うものとして興味深い。彼らは言わば力任せに生きた「肉体派」であって、やがて彼らと競争するホモ属の三倍はある大きな歯と、顎の強力な筋肉とで、根茎などを噛み砕いて食料としていたらしい。顎《あご》の強靱な筋肉を自らの骨にセットするのに頭の横だけでは間に合わず、頭頂にまで及んでいたため、ゴリラのように頭の上部がとがっていたようだ。

アフリカの乾燥化が進み食べ物が減ったとき、新しく現れることになるホモ属は、石器を使って肉などの新しい食べ物を開拓したが、パラントロプス属は根茎などの硬い食べ物にまで食性《しょくせい》を拡げることで生き延びようとした。しかしその結果は、「肉体派」パラントロプス属が亡び、「知性派」ホモ属が生き残って、我々現生人類の祖先となるのである。今からおよそ二五〇万年前、すでに知が肉体に優っていたのだ。

3　石器と火、手が生んだ革命――ホモ属の誕生

ヒト族進化の第二段階は二五〇万年前頃。木から降りきったサルが生まれる。ホモ属の誕生である。足は長くなり、体全体のバランスもとれて、サバンナを駆け回れるようになる。手はそれまでの「猿人」のように物を摑むだけではなく、器用に作業ができるまでになる。それまでの四五〇万年にもわたる超長期の無風状態のあと、ホモ属の起こした革命の最初は「石器」を使いこなすようになったことであった。樹上生活者だった猿人たちの多くには、石は重いだけで無用の長物だったが、サバンナで生き、肉食を始めたホモ属には、地上の何よりも硬く、骨すらも砕くことができる石器は魔法の必需品となった。なお、原始的な道具や簡単な加工をしただけの礫石器《れきせっき》（チョッパー）の使用は、ホモ

属以前のアウストラロピテクス属でスタートしているとする考え方があるが、鋭利で形の整った石器を意図的に生み出し、使いこなしたのはホモ属であろう。

石器の使用は、人間の最初の技術革命と言われる。その意味するところは、ヒト族自らは弱い筋力、小さな歯、おとなしい爪という虚弱な存在にも拘らず、直立二足歩行によって空いた「手」を使い、さまざまな「外部」を利用し始めたことにある。石は遍在する最も硬い物質であるが、鋭利なヘッジを持つものであれば、物を切ること、壊すこと、他の獣を攻撃すること等々が可能となる。やがて始まる人間の文化の歴史とは、この「外部を利用する」ことの多角化、高度化の歴史であった。初期ヒト族がすでに利用していたであろう木の道具に引き続いて、石器の自在な利用が始まったことは、人々に大きな恩恵を与えることになる。

さて、そもそも初期ヒト族を生んだ要因も気候変動であったが、およそ二五〇万年前、全アフリカでさらに一段と進んだ寒冷化、乾燥化がホモ属を生んだとされる。さらに木が減り、サバンナが拡大したことで草食獣が一気に増え、それを狙う肉食獣も増えて、あちこちに草食獣の死骸が点在していたことであろう。新技術としての石器を使い、肉食獣が食べ残した死肉を削《そ》いだり、顎や骨を割って中の舌や骨髄をつつき出して食べる肉食を覚えた者がホモ属だった。死肉漁《あさ》りと揶揄《やゆ》されるが、それは仕方がない。彼らは、樹上生活域の減少というピンチをチャンスに変えたのである。

かくして石器の登場が、類人猿以来の植物食から、高カロリーを生む肉食化を可能にしたのである。さらにこの肉食化が、脳の大型化を招来する。脳は勿論、サバンナでの行動の新しい知恵を授《さず》ける魔法の玉手箱であったが、その運用には非常なエネルギーを必要とした。例えば、現代人の脳は平均一三五〇cc、体重の僅か二パーセントにすぎないが、消費するエネルギーは、人体総消費の二〇パーセント以上に及ぶとされる。最初のホモ属ハビリスの脳容量は六〇〇ccを越えるが、それをバックアップする高カロリー食品として、肉が必要だったのである。

さて、石器は人類初の技術革命として、その後はるか二五〇万年近く時代が下る金属器の時代まで、地上最硬の道具の王者として君臨することになる。しかもその二五〇万年を見ると、初めは自然の石が使われ、やがて生活の必要に応じて望ましい石器が作られたのであろうが、一七〇万年前頃になると、一定の製作方法に従って作られるようになる。これはまさに「石器の生産」であり、知が十分に作動し始めていたといえる。

ホモ属が始めたもう一つの技術革命が、「火」である。恐らく八〇万年ほど前、ないしそれ以降に始められたと推定される火の使用は、大半が木や草を燃料としたものであった。これもまた手が生み出した魔法であるが、それはまたはるか後代の石炭、石油、原子力へと連なる、外部エネルギー利用の始まりでもあった。

火は、恐ろしい肉食獣などの外敵から身を守り、暖を取り照明となる以外にも、物を温め、焼き、煮ることを可能にすることで、「料理」そのものを成立させた。人間が、自分自身の食べ物を製作できるようになったのである。このため、それまで食物ではなかった根菜類などの硬い植物も煮炊きによって食べられるようになり、人間の食料の範囲が大きく広がった。腐敗を防ぎ、消毒の役目も果たしたであろう。

このようにして、広範な食物と高カロリーを保証されて、人間の脳は大きくなり始める。最初期のホモ属である約二四〇万―一七〇万年前のホモ・ハビリスで六〇〇ccを越え、約一八〇万年前以降のいわゆる「原人」ホモ・エレクトスになると、八〇〇ccを越えるのである。

4「世界内存在」するヒト族――ホモ・サピエンスの登場

ヒト族進化の第三の段階、それも間違いなく最大の飛躍が、およそ三〇万年前以降とされるホモ・サピエンス（新人）の登場である。サピエンスは、彼らに先行した「旧人」と呼ばれるホモ・ネアンデルターレンシスと共存、競合したが、ここでもまた、知恵を持つ方が勝利を収めるという、人類史のパターンが繰り返されることになる。例えば、ネアンデルタール人は寒い地域にも進出し、動物の皮をなめして、マントのように身にまとうという術を発明したのだが、あとからやってきたサピエンスではさらに、骨から作った針を使い、縫製《ほうせい》して服にすることまでができたからである。マントと縫製された服とでは、防寒性能は段違いであったろう。仲間同士で連絡し合うコミュニケーション能力などを含め、さまざまな知においてサピエンスはヒト族の他種に優っていたのだ。

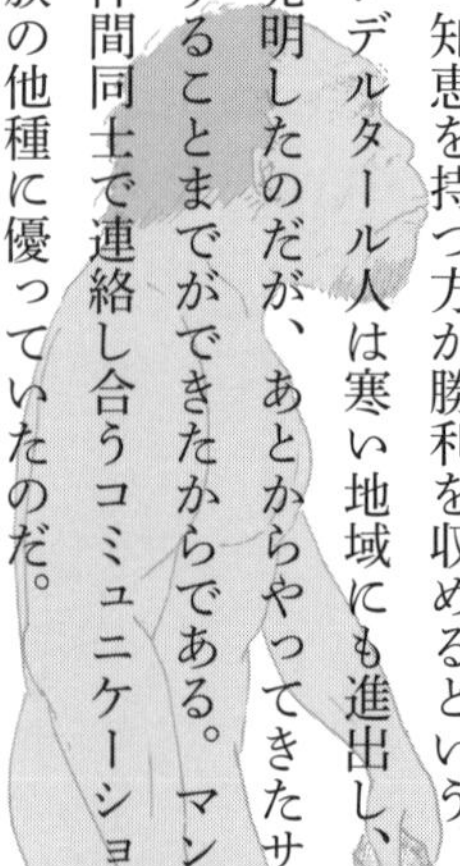

ヒト族はおよそ七〇〇万年前の誕生以来、攻撃的武器を体に備えていなかったため、生態系の中に

あってつねに弱者であり続けた。イワシのように獲物として狩られる立場だったのだ。しかしおよそ四〇万年前になると、武器を使って大型草食動物を攻撃できるようになり、食物連鎖のピラミッドを駆け上ることになる。ここでも、石、火、槍、合図、捕獲作戦などの「知」が役に立った。他動物との戦いのみならず、同じヒト族内の種差間のせめぎ合いにおいても、つねに知が優位をもたらす原動力になっている。

ヒト族の中の最後の新人サピエンスが起こした革命は、巨大化した脳に駆動された「知の革命」である。それは三重の革命であった。——第一は、経験を記憶として保存し、新たな知見を次々と加えて認識を高度化させ続ける「思考革命」、第二は、仲間との共同作業を可能にし、情報の授受もできる「コミュニケーション革命」、第三は、手を器用また自在に使って数々の道具を作り、そこから精巧な生産物を生み出す「技術革命」である。これらがあいまって、他の動物からは考えられないほどの高度な文化が築かれ始める。これらの革命をもう少し詳しく述べてみよう。

【思考革命】

まず第一の知の革命である「思考革命」。他動物に見られる、「今ここ」がすべてという現在への呪縛から身を離す。過去を記憶として保存し、未来を計画し、自己の内部世界を生むとともに、新しい外部環境を作り出す。こうして思考に思考が重なり、次第に複雑で構造化された知が作られていく。現在までの知見では、思考革命の間接的な証拠として、およそ七万五〇〇〇年前の製作物が注目されている。南アフリカのブロンボス洞窟から発見された土片（オーカー＝酸化鉄を含む粘土）に、幾何学的文様が彫られていたのである。斜めや水平に描かれた単純な線で構成された模様ではあるが、顔料（絵の具）用と思われる赤い土片の上に丁寧に描かれているから、実用という観点からは、そのデザイン分だけ明らかに余計なものであり、そこにシンボルを操る能力の投影が示されていると見られる。ここには、文様を描いたサピエンスの内面世界のふくらみが表れていよう。

土片の上にあえて描かれた線に託された「意味」。そのシンプルな線に意味を持たせ、逆にそうした文様に意味を見いだす能力はまた、喉から出てくるただの音に意味を持たせ、意味を見いだす能力にも通底する。同じ頃に、言語の発達が推測されているゆえんでもある。なお、文法を持たない「原言語」については、すでにホモ属の出現と重なる約二〇〇万年前に現れ、複雑な言語はホモ・サピエンスになってから現れたのではないかとも考えられている。

【コミュニケーション革命】

ホモ・サピエンスによる第二の知の革命「コミュニケーション革命」について言えば、すでに触れた言語が決定的な役割を果たしていることは間違いない。勿論、身体から信号としての音や匂いを出すという意味では、多くの動物が「言語」を持っている。セミやコオロギの鳴き声はメスを呼ぶセレナーデであるし、スズメバチが仲間に出す「こいつは敵だ、刺せ」という警告・指令用の音や匂い、あるいはクモザルの仲間が林の中で、互いの位置を確かめるために発する「キキッ」という声も、立派な言語である。「俺はここにいるけど、そっちはどうだ」「おいらはずっと離れた林の端の方だよ」というわけである。しかしながら、サピエンスの言語は、こうした単純な情報のやり取りではない。

赤ん坊の段階でなら、「おなかがすいた」「(うんちで)きもちがわるいよ」といった一メッセージであるが、すぐに主語・動詞・補語・日的語などが入り込み、やがて複文が生まれ、センテンスが時間空間を越えるようになる。実に複雑な情報を授受できるようになるのである。

またヒト族はそのもともとの弱さのゆえに、そしてまた女性が子供を未熟な段階のうちに産むようになり、その世話に過大な労力がかかるために、互いが協力し合う集団行動を余儀なくされた。この背景には、脳が肥大化したヒトの胎児では頭蓋骨も大型化し、難産が運命づけられていたという事情がある。加えて、二足歩行をうまく行うためにヒト族の腰回りはスリム化したから、出産の苦しみはいっそう増した。そこで母体の安全のため、胎児は自立できる以前の小さなうちにこの世に産み出されるようになった、と考えられている。

こうして生まれた無力な子供はまた、つねに集団に囲まれていることになる。幼児は、集団に蓄積された知を授かることで、この世の荒波を乗り越えるすべを手に入れ、さらに集団の中で他に認められることによって地位を確保していくのである。したがって、それからはるかに時代が下った紀元後一九三〇年代になって、ドイツの哲学者ハイデガーが唱えた「世界内存在」(人間は、つねにすでに存在している世界のネットワーク性の中に組み込まれて生きていく存在である)は原理としては、知的に十分発達したホモ・サピエンス誕生の約三〇万年前からの、さらにあえて言えば、ヒト族誕生のおよそ七〇〇万年前にまで遡《さかのぼ》り得る根源的なキーワードであると言えよう。

即ち、人間には根源的に社会性があり、自らの存在においてつねに他が問題となり、他者からの評価の絶対的な優位性——他における真理こそが自己にも真理となるという、これまたはるか紀元後十九世紀ドイツの哲学者ヘーゲルによる卓抜な洞察「自己の真理は他者にある」（真理の成立には他者の存在が不可欠である）という事態が予め成立していたということになる。

このようにしてヒト族は、他者の眼差しの中で、その眼差しに支配されて生きることが運命づけられていたのだが、紀元後二十世紀ドイツの哲学者フッサールは、その眼差し自体、即ち意識の志向性・自発性に着目し、その構造の研究を開始する。その弟子ハイデガーに至ると、つねに外部にこだわり、眼差しを向け続ける個々の意識の動きが、全体として膨大な数の意識が絡み合った統合ネットワークを形成し、その網の目の中で人が終生生きることになることが明示される。——およそ七〇〇万年以来働き続けたヒト族の意識の全歴史は、近来ではＩＴ機器まで動員して、人間存在のネットワーク構造を強化してきたのである。

さて、サピエンスのコミュニケーション革命に話を戻せば、言語によって情報伝達、記憶、思考が磨かれていったサピエンスは、巧みな集団行動がとれるようになる。言語は、サピエンスの獲得した技術の中でも、恐らく最もすぐれたものであったろう。多方面から動物群を追い込んで罠《わな》に陥らせる、逃げ場のないように幾手かに分かれて襲う、などの狩りが巧妙な形で可能となった。サピエンス一人一人は極めて弱い存在でも、シナリオを描いて攻撃することで、どんな動物も人間の軍門《ぐんもん》に下らざるを得なかった。言わばサピエンスは、言語を通じていつでも、生物学のいう「超個体」という巨大な存在になることに成功したのである。

【技術革命】

第三の知の革命、「技術革命」についてはすでに述べたように、知によって自らの外部のモノとエネルギーを巧みに利用することで、人間の進歩の歴史は作られてきたと言ってよい。サピエンスの時代にあっても、思考の高度化とあいまって、三万年前になると技術からさらに「芸術」とも言い得るものが生まれるに至る。そこに描かれるものは、もはや単純な線の重ね合わせではない。恐るべきリアリズムである。二十一世紀に入ってから報告された、約三万年前と推定されるフランスのショーヴェ洞窟の壁画は、すでに有名になっているアルタミラやラスコーより一万年以上古く、しかも極めてリアルに、たてがみを持つウマや角突き合わせるサイが描かれている。

同じく三万年前頃に製作されたと考えられる、ドイツの洞窟から見つかったライオンの頭と人間の体を持つ三〇センチメートルほどの像、いわゆる「ライオン人間」は、リアリズムをさらに越えて、作り手の「力への意志」とも言うべきある「観念」が形象化されていると言ってよい。そこに表れているものは、ライオンという超越的な能力を持った「超人」への関心であり、そのような存在を希求したのか、自らがそうありたいと願ったのか、いずれにせよここには、「ライオン人間」という現実にはあり得ない「観念」を扱う能力が、この像の作り手、このサピエンスの脳にはあったことを証明している。それはサピエンスにおける観念の存在を明確に示すものだと言ってよいであろう。これに言葉が結びつけば、あのシマウマ、このバオバブの木といった個々の物以外に、わが家族やかの敵、大地や友情や宇宙といった多様、多元、無限で、指差しでは表現しようのないものをも言い表し得ることになるだろう。

さらに同じ頃のものと推定される長さ一九センチメートルの象牙《ぞうげ》製の精巧なフルートがドイツ南西部の洞窟から発見されており、その笛の模型を研究者が試作したところ、美しい音色が出たことなどを併せれば、この三万年前頃には、ホモ・サピエンスの知、観念、情動は、現代人とほぼ同じ水準に達していたと推定されよう。約三万年前、ヒトは現代人になったのだ。


以上、巨大な脳に駆動された三つの「知の革命」について述べたが、それに加えてもう一つサピエンスの革命を挙げるとすれば、それは世界進出である。サピエンスによる「出アフリカ」運動は、およそ十数万年前より七万年前以降にわたって複数回あり、アジア・オーストラリア・ヨーロッパへと進出していった。オーストラリアには、航海術を身につけて海を渡ったようだ。アメリカ大陸へはおよそ一万四〇〇〇年前、氷期のため海面が下がってできたベーリング陸橋を渡り、一〇〇〇年ほどをかけて南アメリカ南端に到達したことで、サピエンスの「世界征服」は完成する。

通常の動物では、進出地の環境に合わせて遺伝子が変わり、別の種になり馴化《じゅんか》するが、サピエンスは全く同じ「ホモ・サピエンス」のままで進出した。土地にあった行動をとる、即ち、新しい衣服を作り出し、住居を変え、食べ物を変えて、自らの遺伝子型に全く変更を加えないまま進出したのである。到底生物の常識とは相いれない、恐るべき知による適応力であった。

《第Ⅱ部》

動物を超えて――神話《ストーリー》で覆われる世界

第四章　動植物を育て、文字を発明する

ホモ・サピエンスの現在に至る約三〇万年の歴史のほとんどは、狩猟採集生活であった。彼らが一万二〇〇〇年前以降に起こしたさらなる革命が「農業」である。石などの「物」ではなく、他の生命の「生きる力」を利用する技術である農耕牧畜。ここから得られた最大のものは、巨大な生産力である。結果として人口が増え、やがて組織が生まれ、権力が発生し、国家の誕生へとつながる。

紀元前三五〇〇年頃、最古の国家シュメールがメソポタミアの地に現れる。シュメールは、農業の生命である「水」を管理し、情報管理のために「文字」を生み出す。本来実用ツールであったこの文字が、やがて会話の音声を表す記号に変換され、さらに口承情報を記述するツールとなって、天界の観察や神話、あるいは文学などまでが文字メディアとして定着していく。

シュメール文明が生み出したもう一つの革命は、「金属」の使用である。銅を溶かして「銅器」を創り、さらに錫《すず》を加えて「青銅器」を創り出したことで、ホモ属誕生以来二五〇万年続いた「石」よりはるかに硬い物質が誕生した。薄く鋭い刃が得られたことで道具の精度が格段に上がり、「機械」も作れるようになって、文明活動がここに始まった。

一方、メソポタミア文明を追走するように、ナイル地域でもエジプト文明が生まれ、さらにインド・中国地域など世界各地にさまざまな文明が成立していく。これらの文明が生み出した特色ある「神話」は、世界を合理的に説明する手段として、世界観という人間の知の基本的な枠組みを形成していった。それは超動物としての人間が、世界という「無色」の原野を「人間色」に染める、聖なるストーリーで覆い尽くそうとする努力であった。
★なお同時期の日本では、およそ一万三〇〇〇年前以降、紀元前五〇〇年頃までが「縄文時代」であり、まだ農耕牧畜は始まらず、狩猟採集生活を送っていた。

1 百種の植物と十余種の動物——農業革命

知の幅を大きく広げ、世界征服を遂げたホモ・サピエンス（現生人類）にあっても、狩猟採集生活は実は、現在までのおよそ三〇万年のほとんどを占める基本的な生活形態であった。それは一見不安定そのものの生活のように思われるが、定住生活と比べた場合、現在考えられるほどマイナス面ばかりがあるわけではない。世界征服をしたとはいえ、いまだ全世界で一〇〇〇万に満たない個体数しかいなかったとされる人類にとって、一家族に与えられた活動フィールドは十二分にあったし、獲物をとり尽くして汚物の増えた場所を去り、自由に新たな地に移っていくことは合理的な行動だった。紀元後二〇二〇年の世界を揺るがした新型コロナウイルスのような伝染病一般も、彼らには無縁のものだったのである。

しかしながら、水や食料に富む豊かな特定の土地を見つけ、そこに定住する人々もまた少しずつ現れる。そうした彼らによって発見された知が、「農耕・牧畜」である。手に入れた動植物を直ちに消費してしまわず、一シーズン、一年、あるいはそれ以上「養い」「待つ」ことで、ずっと豊かな恵みを受け取ることができる新しい「知」であった。

こうして一万二〇〇〇年前頃から人間は、新しい技術を実用に移す。多数の植物の中からオオムギ・コムギなど一〇〇種ほど、動物の中からウシ・ヤギ・ヒツジなど一〇種余りを選び出して栽培・家畜化し、効率的に食料やモノやエネルギーを得る方法である。このニューテクノロジーとしての「農業」は、自らが定住化した上で、他の生物を働かせて大きな利を得る巧妙なやり方ではあったが、そのための労苦は並大抵のものではなかった。まず気候、天候に気を遣い、餌を与え、水をやり、他の野生動物から守り、他の草を排除し、他の人間からの襲撃にも警戒するなど、管理のための労働は厳しく、狩猟採集よりもずっとストレスがかかった。

それでもこうして得られる生産物は、以前に比べて格段に多くなり、今からおよそ一万二〇〇〇年前、旧石器時代末の世界人口を一〇〇〇万人として、農耕が行き渡った今から六〇〇〇万年前には、地上の人間は五〇〇〇万人にまで達したと言われる。これは豊かになった生産物で多くの子供が養えるようになり、実際に人口が増えていった結果である。しかし当然の成り行きとして、大きく増した人口を養うために、厳しい農業にさらに深入りするという「定住化の罠」と呼ばれるジレンマを生む。結果として、農耕を一万年以上続けた現在、最初の一〇〇〇万人が八〇億人にまで増え、地球の全表面積の半分が農耕牧畜のために人の手が入っている状態になっているとされる。

このように生産物が増え、人間が増え、集住化した集団内に争いが起きるとともに、生産力をさらにアップさせるための灌漑《かんがい》などの土木工事の必要も生じてくると、調停し、計画・指導する権力が現れる。それは、集落が町となり、都市となり、国家となっていく道程とパラレルである。

2 最古の国家シュメール、水を制し文字を生み出す

メソポタミアで今からおよそ一万一〇〇〇年前、ナイル流域で一万年前、長江・黄河流域で九〇〇〇年前とされる農業革命を起こした人類は、人口を大幅に増やし、集住化は村から町、町から都市へと、人間の引力圏を形成していった。重力効果によって星ができるように、人は人のいるところに次々と集まってくるのである。こうした中で恐らくは紀元前三五〇〇年頃に、最古の都市ウルクがメソポタミアの地ユーフラテス川のほとりに誕生する。このウルクを初めとして、一二ほどの都市から成立した人類最古とされる国家がシュメールである。

シュメールは、オリエント世界に築かれた高度な文明として名高い。存続した年代は、およそ紀元前三五〇〇年から同二〇〇〇年頃まで。そこで得られた知は、さまざまな形で、またさまざまな経路を辿って、やがて西欧世界の原始的な財産となっていく。何よりもシュメール人が文字を発明したため、シュメール以降は、その文字を介して、多くの情報が「粘土板文書」として残されることになったのである。粘土板は乾くと固まるが、重要な情報を持つものは、さらに素焼きにして保存された。

このため、それ以前の時代への考古学的アプローチに比べ、これらの文字を介し格段に鮮明に、人の知を追跡することが可能となった。

先の農業革命に引き続き、その結果として登場し、農業の富を集積しまた消費する「都市」において、単純労働をしない聖職者、知識階級が生まれる。これに伴って芸術・科学などの文化が成立することは「都市革命」とも言われるが、文字を初め、記数法、度量衡《どりょうこう》、暦法などもまた、この都市革命の中から生み出されたものであった。

この文明のもう一つの特色は、「金属」の発見である。人類はホモ属誕生以来二五〇万年もの間、遍在する「石」を絶対的な資材、工具として使いこなしてきた。その技術には相当に高いものがあったであろうが、はるかな年月が経ち、ここについにブレイクスルーが起きたのだ。銅の鉱石を溶かして「銅器」を創ったことから出発したメソポタミア文明は、これに錫を加えて「青銅」とすることで、はるかに硬い物質を手に入れた。従来のように、木や石を利用することに比べ、一〇〇〇℃以上の熱に耐える炉、多くの燃料、成形のための道具を必要としたが、出来上がった「青銅器」は強く美しく、祭祀《さいし》用具のほか、農具、工具、武具としても、木や石よりはるかにすぐれていた。また、薄く鋭い金属の刃が得られたことで、木工作も石工作も精度が格段に上がり、車輪を持つ車や水車など、初期の「機械」も作れるようになるのである。技術をもって自然に働きかけ、自然にないものを創り出す——まさに「文明」の名に値する活動がここに始まる。

さて、この栄光のシュメール文明誕生の地メソポタミアは、ギリシア語で「河の間」を指す。チグリス、ユーフラテスという二つの大河は、トルコ東部の山塊に発した水を二手に分けて、それぞれおよそ一九〇〇キロメートルと二八〇〇キロメートルを流れ、はるかペルシア湾にそそぐ。見渡す限りの砂漠、高低差のない大地をゆったりと流れる水、点在する湿地や沼。豊かな葉を、光霞む空に突き刺すナツメヤシの群れ。耐え難いほど暑い夏を中心に、年の三分の二を占める乾季と、洪水まで生じる冬中心の雨季。

こうした背景から生まれたメソポタミア文明は、泥が生んだ文明である。しばしば起こる大小の洪水は、上流からの肥えたシルト（泥土）を地に広げ、「肥沃な三日月地帯」をつくってきた。無限に得られる泥は、固めて乾かせば、煉瓦《れんが》として住宅、塀のほか、ジグラト（聖塔）までをも形造った。沼地に葉群涼しいナツメヤシは水害、塩害に強く、そのおびただしい果実デーツは、高栄養・美味で人々を養った。水辺に豊かにそよぐ葦《あし》は、敷物のほか、泥を固めた粘土板文書に文字を書き込む葦筆として、文化の担い手ともなったのである。

シュメール人（メソポタミア人）の人類史への最大の貢献は、この水を管理する灌漑技術と書き文字（楔形《くさびがた》文字）の発明であろう。

灌漑とは、農地に人工的に水を引くことを言う。母なるメソポタミアの地は、肥沃な土に覆われていたとはいえ、年間雨量は、現在での比較ではあるが緯度がさほど違わない東京の一割ほどで、しかも夏季乾燥型の砂漠気候だった。ここに大規模な工事を行って水を引き、国家を支えるほど農業生産を高めるためには、人工灌漑は必須の技術であった。

一方、書き文字もまた、上位階層にある者たちが、変化していく人・物・動植物を記録・管理するために、なくてはならぬ外部記憶システムとして誕生させたものである。発見されている最初期の粘土板には、絵文字と数が示されているが、その内容は「どの商品がどれだけ」かを示すものであった。つまり文字は、本来実用のツールであったのだが、やがて文字を音声を表す記号に転換させて、会話を写し取る文字体系として自立する。かくして文字は管理上の記録から始まって、数百に及ぶ神々の名、彼らの関係・階級・記録を記す神話的記述、さらには神々の住み処《か》とされた天界を観察した記録へと記述範囲を広げ、紀元前二一〇〇年にはついに、最古のテキストとして『ギルガメシュ叙事詩』を生み出すに至る。それは、第五代ウルク王とされる半神半人の英雄ギルガメシュの冒険譚《ぼうけんたん》である。こうして文字は、世界という知を写し取る手段となっていく。

しかも、西欧文明の遠い祖先であるシュメールの後代への影響は、これら灌漑と文字だけにとどまらない。シュメールののち、バビロニア、アッシリアへと続くメソポタミア文明は、現在の我々が使う時間や角度に生きている六〇進法を発明している。また、天体観測と数学の応用によって生まれた初期的な天文学は、天体の出没を予測できる人類史上最古の学問の一つとなり、やがて前六〇〇年頃のギリシアで、哲学の祖タレスによる日食予言の基礎をつくったと考えられている。

シュメールを初めとするメソポタミア人たちの宇宙観の中心には、砂漠の民らしく、また泥の文明にふさわしく「水」があった。シュメール神話では、人間は神々によって泥（シルトと水の混合物）から造られたとされ、シュメール宇宙を支配する三神——天の神アン、地の神エンリルに加うるに、地下の神エンキは、知恵の神にして水神である。エンキの支配する地下深淵は、豊かな水に溢れ、生命の源となっている。

シュメールの楽園ではつねに水音が聞こえるとされるが、彼らのこの心性の底を流れる水が、いったん荒れ狂って抑えようもなくなると、不敬な人間どもを根絶やしにしようとする神の怒りの表現たる大洪水神話となる。この神話は、そのまま『旧約聖書』の「ノアの箱舟」挿話に引き継がれ、また現代の我々にまで至る地獄の暗いイメージは、シュメールにまでその源を辿ることができると言われる。一方、水を世界の根源的なものとする発想は、やがて前六世紀の哲学の祖タレスの「万物の根源は水である」というあの哲学の原点にまで及んでいよう。まさしく文明の最古メソポタミアの知は、『旧約聖書』からキリスト教へ、そしてタレスからギリシア哲学へ、ともに西洋思想の背骨へとつながっていくのである。

このシュメールを先頭とするメソポタミア文明を追走するように、数百年遅れてすぐ西のナイル流域でも文明が発生する。エジプト文明である。ヘロドトスによって「ナイルの賜《たまもの》」と呼ばれたエジプト文明は、王朝による支配が紀元前三一〇〇年頃に始まり、盛衰はあったものの、アレクサンドロスによる紀元前三三二年の征服まで、三〇〇〇年近くにわたり存続した。長寿の理由は、（メソポタミアより）穏やかな洪水が土地を肥えさせ富を毎年生み出したこと、四方を海と砂漠に囲まれ、安全が保障された文明だったことによると言われている。

古代エジプト人の宇宙観の中心にあったものも、水と太陽であった。母なるナイルと同様の大河を天空に見た彼らは、太陽と月の運行を、それぞれ太陽神と月神とが天なるナイルを船で渡っていく姿と捉えた。

この文明もまた早くから文字を誕生させ、巨大建築物を造り上げたことによっても知られている。特にクフ王の大ピラミッドは、平均二・三トンもの石灰岩の切り石を二三〇万個も使って造られている。高さは一四六メートル、底辺は二三〇メートルで、四辺は正確に東西南北を向き、その誤差は二〇センチメートルしかないという。発達した数学や天文学がこれらを支え、一年を三六五日とする太陽暦は、後代に貢献するところが大きかった。

その後このほか、インド・中国地域を初め、世界各地で特徴あるさまざまな文明が産声を上げていくが、のちに知の巨大な流れを形成する西欧に大きな影響を与えたものは、やはり、メソポタミアとエジプトの知であった。

こうしたさまざまな初期文明が作り出した神話は、世界の成立と構造を物語の形で説明するものであり、人々が関心をいだく現実の事象に「合理的」な説明を与えることで、統一された世界観を生み出すものであった。永遠の神々や半神半人の英雄と深い関わりを持つ存在として王を正当化するこの神話は、超動物としての人間が、世界という原野を聖なるストーリーで覆い尽くそうとする努力でもあったのである。

《第Ⅲ部》　世界探究への出発——神話から哲学へ

第五章　哲学の誕生

紀元前五〇〇年前後は、人類史における特権的な時代だと言われている。世界各地でこの同時期に、世界と人間とを考え抜く偉大な思想家が現れたのである。ギリシアではヘラクレイトスやプラトン、インドではウパニシャッドの哲人やブッダ、中国では孔子や老子等々である。しかも彼らは互いに知り合うこともなく、それぞれの場所でそれぞれに透徹《とうてつ》した知を磨いた。以後二五〇〇年、人々は歴史の曲がり角で迷うたびに、これらビッグネームたちが築いた古代の知の塔を振り返るのである。

本書の中心軸は西洋であるが、このヨーロッパ半島の東南部に位置するギリシアでも、やがて全世界の知を支配することになる運動の端緒が切り拓かれようとしていた。紀元前六世紀の初め頃、ギリシアの小アジア植民地で、ギリシア七賢人の一人タレスが、前章で述べたように、世界の単一な原物質を「水」であると宣言する。このとき、超自然的な存在が世界を誕生させたというそれまでの神話が崩れ、「哲学」という知の試みが始まるのである。それは、人間が実際に見聞きできる現実世界の内部で、世界全体の形成と展開を理論的に説明しようとする初めての知的努力であった。

世界の本質と展開とを理知的に問う試みは、以降紀元前四世紀初め頃のデモクリトスまで、二〇〇年ほどにわたって続く。物の内部に潜む数量的要素を見抜いたピュタゴラス、世界の本質を万物の流転に見たヘラクレイトス、一切は原子から成るとして現代原子論の先駆となったデモクリトスなど——先駆者の思考をうのみにせず、基礎から批判的に捉えかえして、よりすぐれた理論に進化させていくという考え方は、西欧世界に知の絢爛《けんらん》たる伝統を形成していく。

1　知の光満つる地、ギリシア

二十一世紀に至る世界の知の、最大の流れを形成した西欧。その源は、古代ギリシアであった。「世に最も光満つる地」（エウリピデス）と謳《うた》われ、明るく透明な蒼空、深いコバルトブルーの海、切り立った岩山と、それを和《なご》ませるオリーブやブドウの葉群……。南北四〇〇キロメートルしかない、海岸線の入り組んだバルカン半島南部のこの地から、西欧文明は出発した。

ここで生まれた知の形——極小から極大まで、原子から宇宙までを考え抜く思考の枠組みは、二六〇〇年を経た現在の西欧、いや、世界の知のあらゆるシーンを支えている。ギリシアをさらに同じ年月ほど遡る西アジアの初源の知、初歩的科学などが、エーゲ海の穏やかな波が洗うこの地で、ことごとく鋭い「ロゴス」による洗練を受け、学問の形をとって次々と出発していった。ギリシアを旅すると、観光バスガイド達は、「〇〇ロジー」という語尾のつく諸学を初め、現在存在する学問のほとんどがギリシア起源であると誇らしげだが、確かに、哲学を初め、倫理学、政治学、歴史学、文学、そして数学、天文学、物理学、生物学、さらには、美術、音楽、演劇に至るまで、驚くべく多くのジャンルがギリシアに淵源を持ち、あるいはギリシア的思考の中で育まれたものであることに思い至るのである。

ところで、バルカン半島の地に、すでに旧石器時代より原人（ホモ・エレクトス）や旧人（ホモ・ネアンデルターレンシス）が住んでいたことは、化石から明らかである。しかし勿論、こうした「原住民」が原ギリシア人というわけではない。

恐らくは紀元前七〇〇〇年頃、原ギリシア人と思われる人々が西アジアから、その地の新石器文化、即ち最新鋭の農耕牧畜文化を携《たずさ》えてやってきた。オオムギ・コムギ・ヤギ・ヒツジ・ブタ・ウシ・イヌなどが、バルカン半島に到来したのである。やがて青銅器文化の始まる紀元前三〇〇〇年頃には、オリーブ、ブドウなどの栽培も始まり、エーゲ海を取り巻く各地で交易も盛んになっていく。そして前二〇〇〇年頃には、インド・ヨーロッパ語族の一団が、バルカン半島に流入、南下し、先住の農耕民、つまり原ギリシア人と混交し、文化も統合されて、新しいギリシア人を形成していったものと考えられている。こうしてバルカン半島とその周辺の島々では、すでに紀元前三〇〇〇年頃以降栄えていた、エーゲ海島部のキクラデス文明のほか、紀元前二〇〇〇年前頃以降のクレタ島のミノア文明、紀元前一五〇〇年前頃以降のギリシア本土のミケーネ文明といった文明が次々と花開く。海を抱えた民、ギリシア人たちの文明である。

ギリシア初の文字体系は、ミノア文明の線文字Aで、これを改良したミケーネ文明の線文字Bが、宮殿などの物資の出入りの記録のために考案され、ミケーネ文明はミノア文明をも併せて隆盛を誇る。しかし紀元前一二〇〇年頃、いまだ詳細は不明ながら大きなカタストロフによって文明は崩壊し、文字も忘れ去られたと言われるほどにギリシアは荒廃の中にさらされる。それはギリシアのみならず、東地中海全体の騒乱——ヒッタイト、エジプト新王国なども衰亡していった混迷の時代だった。こののちの三〇〇年ほどは、ギリシアにはいわゆる「暗黒時代」が続くのである。しかしこの混乱の中で、外国からの影響を断ち切られた、新しいギリシアが立ち上がる。混乱が次第に収束し、ようやくギリシア人が独自性を発揮し始める時期が、紀元前八世紀であった。

ギリシアの紀元前八世紀。それは、ギリシア文字ならびに『イリアス』『オデュッセイア』の誕生、都市国家（ポリス）の成立、オリンピックの開始、海外進出という形で、ギリシアの輝きがスタートした世紀である。これに続く四〇〇年間で、ギリシアは言わば後代の人類が必要とした財産を次々と形成していくことになる。

ではギリシアの紀元前八世紀に、具体的に何が起こったのか。最も根源的な事件は、ギリシア文字の誕生であろう。

ギリシア文字は、地中海に雄飛した海商国家フェニキアの文字をベースに作られた。そもそもフェニキア文字は、肥沃な三日月地帯がもたらした文字進化の滔々たる流れの中にあり、片や紀元前三七〇〇年頃、約一〇〇〇個もの「文字」から成立したシュメール文字、また片や紀元前二〇〇〇年頃、エジプトで作られた原始アルファベットの子孫として、紀元前一〇〇〇年頃には、二二個の子音だけを持つアルファベットとして成立していたという。セム系の言語であったフェニキア語では、母音はあまり大切ではなく、子音が重要視され、書き文字としては子音が書かれれば十分であったようだ。

しかし、これを使って母音の多いギリシア語を表記するのは困難だった。このためギリシア人は母音文字を必要とし、フェニキアの二二文字のうち、ギリシア語音表記には不要な文字をあえて母音に転用などして、五つの母音文字を設定したのである。それが、A（アルファ）、E（エプシロン）、O（オミクロン）、Y（ユプシロン）、I（イオタ）であり、最終的に二四個のギリシア文字となる。

こうして紀元前八世紀に成立したギリシア文字は、母音＋子音の組み合わせによって、話し言葉を正確に文字に転写することができ、逆に、書かれた文字を正確に発音することを可能にするすぐれた言語だった。ここにアルファベットは完成し、さらにローマのラテン・アルファベットを介して全世界に流布していくことになる。

このギリシア文字の完成と密接に関係した出来事が、『イリアス』『オデュッセイア』の誕生である。これらの作品は、ギリシア民族の誇らしい記憶として残る、遠いミケーネ時代のトロイ戦争がテーマである。雄渾《ゆうこん》にして美しく、また死すべきものとしての人間の勇気と悲哀とを描く叙事詩である。それまでさまざまな形で口承されていた物語群の中から、作者ホメロスがアキレウスたちのトロイ攻略と、オデュッセウスたちのアテネ帰還とに絞り込んでまとめた、ヨーロッパ最古の文学作品である。ギリシア人たちが宮廷で、また広場で朗読されたこの作品に耳を傾けることで、心の拠《よ》り所とした物語だったわけだが、新しく成立したギリシア文字に定着されて広く行き渡り、「ギリシア民族」というアイデンティティを生み出す大きな要因となったと言われている。

ギリシア文字の誕生はまた、政治・法律を初めとした国家のシステムを明文化という形で支え、さらに哲学以下の文化のあらゆるジャンルを花開かせることとなる。

さらに、文字誕生と同じく前八世紀に起きたギリシア政治上の大きな動きが、ポリスの誕生である。ポリスとは、小高い丘の上に建てた神殿を中心に成立した都市国家で、多くの村が政治連合を結ぶことで形成され、農民を主とする市民たちの共同体によって運営された。ポリスは地理的に複雑な山や谷が形成する、言わば盆地ごとに誕生したような小さな存在だったから、多くは領域が一望でき、人口は市民、その家族、奴隷などを併せて一万人ほどのものが多かった。三〇万人に達することもあったのちのアテネやスパルタは、ポリス中の超大国であったのである。

このポリスを内部から駆動し続けた力こそが、言葉（ロゴス）である。ポリスでは、私的領域はともかく、公的領域においては、そこを支配するものは論理（ロゴス）であった。王がすべてを決定するオリエントの政治体制とは異なり、ギリシアのポリスでは「平等」な構成員による「自由」な討論が行われ、そこで政治的決定がなされた。勿論現実にはさまざまな抵抗があったのではあるが、基本的に平等な市民による自由な討論がポリスの理性（ロゴス）を形成していた。これについては、アリストテレスの次の言葉が有名である。

人間に支配させるのではなく、理《ことわ》り〔ロゴス〕が支配するようにしなければならない――というのも、人間に支配させれば、自分自身に多く配分して、僭主が生まれることになるからである。

（『ニコマコス倫理学』神崎繁訳、『アリストテレス全集15』岩波書店、二〇一四年、二〇六頁）

支配者が、私心を持たずに統治することがどれほど難しいかを、二四〇〇年の昔に喝破《かっぱ》して名高い言葉だが、すでにお気づきのように、ポリスの中心に君臨すべきものと名指されていた「理《ことわ》り」こそ、「言葉」を意味し、「論理」を意味し、「理性」を意味し、「理知」を意味した「ロゴス」であった。こうして私たちは、ギリシア精神の核心たる「ロゴス」に到達することになる。

ギリシア精神の核心は、勿論またギリシア人の知の核心でもあった。ギリシアの知を支配したロゴスに言及するとき、真っ先に思い出されるのは、ギリシア哲学の鼻祖《びそ》とされるタレスが先進国エジプトに赴《おもむ》き、ピラミッドの高さを計ったというあの挿話である。この海洋都市ミレトスの哲人は一冊の著書も残さなかったし、今から二六〇〇年前も昔の彼の姿は、歴史の彼方に霞んでほとんどおぼろげにしか見ることができない。しかしながら、この挿話の意味するところは極めて明晰《めいせき》であると言えよう。

ローマの哲学史家ディオゲネス・ラエルティオス及び同じくローマの著述家プルタルコスなどが伝えるところによれば、挿話は大要次のようになる。――ミレトスの人タレスは、先進文明の地エジプトに渡り測量術を学んだが、その地で彼は恐ろしく簡単にピラミッドの高さを計ってしまったというのである。その方法は、自分の影が自分自身の背丈《せたけ》と等しくなったとき、ピラミッドが落とす影の長さを計って知ったというものであった。砂地に直立させた物の影がそのもの自身の長さと等しくなったとき、という説などもあるようだが、いずれにせよ、私たちはこの初期ギリシア人のロゴス（論理）のたくましさに感動せざるを得ない。それは小さな人間の知が、例えば目の前の一本の棒という極小の既知を羽ばたかせて、彼方の壮大なピラミッドの頂上にまで軽々と駆け上った瞬間だからである。哲学の始祖手元の小さな、しかし絶対に確実な原理を摑んで、それをあらゆるものに適用していく。デカルトに始まるこの言わば「基礎づけ主義」の目の覚めるような展開が、知の歴史全体を通し、デカルトにせよ、ニュートンにせよ、フッサールにせよ、脈々と受け継がれ、人間の営みとして赫々《かくかく》たる成果を挙げていくのである。

ギリシア人は言わば、論理に淫《いん》した人々であった。しつこく、理屈っぽく、どこまでも論理を離れなかった彼らは、いたずらに言辞を弄するソフィストを生み出したり、屁理屈にこだわる弊《へい》もあったが、その知、その論理の到達力には恐るべきものがあった。それは、ピラミッドの高さを計る方法を、言わば一本の棒から考えついただけではない。今から二三〇〇年前、人工衛星どころか望遠鏡もない時代に、万学の祖アリストテレスはすでに、地球が丸いということを見抜いていた。彼の観察眼は、南北方向に移動すると見える星々が変わってしまうことから大地の湾曲に気づき、日食や月食の黒い弧が、地球の丸い影だと知っていたのである。さらにその一〇〇年後に至れば、ギリシア知を後継したアレクサンドリアの天文学者エラトステネスは、ついに地球の大きさを、現代と遜色《そんしょく》ない精度で計測することに成功している。ギリシアにはすでに天動説もあったし、原子論も存在した。まさにギリシアは、ロゴスをどこまでも追究することによって、紀元前の知の沃野《よくや》となっていた。こうしたロゴス尊重の精華《せいか》が、万学の基《もと》となった哲学の誕生と言うことができる。その詳細を、以下に見ていくことにしよう。

なおギリシア哲学は、大まかに二つの時期に分けることができる。

まず第一期は、始祖タレスを先頭とするミレトス学派から自然学の完成者デモクリトスまでの一五〇年あまり。ギリシアの海外植民地である小アジア半島、イタリア半島などで展開した。その仕事は自然学者たちとのちに呼ばれた人々によって担われ、自然世界の原理の把握を求めて思考を重ね、知をあらゆる可能性のもとで追究し続けた。

第二期は、ソクラテス、プラトン、アリストテレスと並ぶ、ギリシア哲学の最盛期である。この間はおよそ一〇〇年。第一期の奔放な思考を踏まえ、哲学史上稀にみる第一級の三師弟による壮大な思考によって、哲学の基礎が固まった。ここで哲学は終わっているという人さえいる。

第三期はそれ以降、ヘレニズム期からローマ期までの延々八〇〇年間である。学派としては、ストア学派、エピクロス学派を中心とする。この時期の哲学は、基本的に先行するアテネ哲学を模倣したが、哲学揺籃《ようらん》の地となったギリシアが戦火の中で没落し、乱れる世界の中で人はどう耐えるかという、実践的な人生論哲学として生き延びざるを得なかった。

この古代末の知の黄昏《たそがれ》の中で、例外的に輝きを放ったものが、アリストテレスの学灯を地中海の対岸に移した、アレクサンドリアの「自然科学」の灯で、これは第九章で詳述する。
さて、タレスの古代に戻らねばならない。

2 空想から哲学へ――ミレトス学派

【タレス】

一八三一年に完成したゲーテ畢生の戯曲『ファウスト』は、哲学を初め、さまざまな学を経巡《へめぐ》ってきた主人公が五十代半ばを過ぎて、なお「この世をその最深部で統べている力」を見いだすことができず、悪魔に魂を売ってでも世界の真実を知りたいと考えるところから始まる。この願いは、ゲーテや多くの碩学《せきがく》たちだけではなく、誰の心にもある絶対知への渇望であろう。どんな人にも幼い日、夜空高く無数に輝く白銀色の星々を眺めながら、不可思議な戦慄に襲われた経験があるに違いない。世界はなぜこのようなのか。どのようにしてできたのか。ついにはどうなっていくのか。そうした疑問は、古代の人々にも共通の問いとしてあったことであろう。

――初めに原初の海があった。この海が、すべてを含む巨大な山を生み、さらにそこから天と地とが分かれ出た……。これは、世界最古の文明シュメールに伝わる天地創造の神話であるが、同様の神話はどの民族にもある。世界の誕生以来、現在に至るまでの来歴を知り、世界の根本的な構造と力とを理解し、未来を予測したいという願いは、人間という生物の最も根源的な欲望なのかもしれない。

この問いに、無数の人々が力を合わせ応えたものが神話だった。ただ、神話のような形、即ち世界を動かす根源的な力を、超自然的で我々には認識できない存在からの意思・指令というストーリーで説明していたのでは、その信憑《しんぴょう》は人々の信仰心に頼るほかはなくなる。それは、人知を越えた検証不可能な物語なのだから、信じないと言われてしまえばそれまでである。こうした「禁じ手」を使わず、世界内部につねにすでに「見られ知られている」存在とその力を使って、この重い問いに応えようとする努力が、今から二六〇〇年前のギリシア圏で始まった。この努力のことを「哲学」と言う。それはプラトンの志したように、「ロゴス（理知）に則《のっと》って、ロゴスの導くところ、どこまでも行こう」とする、果てしのない努力であった。

かくして神話によらず、理知の力で最初にこの答えを提出した人こそが、ミレトスのタレスである。曰《いわ》く「万物の根源は水である」。なぜ水なのかという疑問はひとまず措《お》いて、この革命児タレスについて少し振り返っておこう。

アリストテレスが哲学の祖として指名したタレス（Thalēs, 前五八五頃盛年）は、エーゲ海東岸、ギリシア人の植民都市が並ぶイオニアの地の中でも、最も栄えたミレトスの人である。その学灯は、アナクシマンドロス、アナクシメネスと続く、世界最初の哲学学派であるミレトス学派を形成した。その影響は、同じくイオニアの地に育ったヘラクレイトスなどにも及ぶ。

哲学は普通、「アテネの学」のイメージが強いが、実はギリシア文明の中心アテネで始まったわけではない。エーゲ海をはさんだ対岸、小アジア半島沿岸部のイオニア地方に、ギリシア人たちが紀元前十一—十世紀に築いた植民都市ミレトスで興《おこ》った。ついでに言えば、一元論の流れを作ったミレトス学派に続き、哲学の流れは今度はギリシアの西の植民地である南イタリア及びシチリア島に上陸し、これらの地でピュタゴラス、パルメニデスたちの独創的な哲学を生む。こうした哲学の大きな流れを総合するような形で、のちにギリシア本土に成立したものこそが、ソクラテス、プラトン、アリストテレスと連なる、哲学史上最大と言える三師弟による巨大な哲学山脈だったのである。

さて、タレスを生んだミレトスは、イオニアの植民都市中でも最大の都市として、紀元前六世紀初め以降、外国との貿易で栄えた。商工業の振興、経済の発展、新しい階層の勃興。ギリシア本土の古い因襲にとらわれず、先進のオリエント文明からの風が吹く、自由な貿易都市だった。

この豊かな海洋都市の名門の家にタレスは育つ。タレスの盛年（アクメー、活動最盛期）を、年代誌家のアポロドロスに倣《なら》って彼が日食を予言し、的中させた年に充てれば、紀元前五八五年を四〇歳とすることができる。その前後併せて数十年を生きていたと仮定されるのだが、それ以上のことは想像もできない。しかしながら、断片的な言い伝えによればタレスは、ギリシア七賢人の筆頭に挙げられるほど知にすぐれ、政治や貿易に関わったほか、哲学、天文学、数学、幾何学、技術などにも通暁《つうぎょう》した、万能の人だったようである。むしろその知者ぶりをくさす笑い話として、タレスが天空の観察ばかりしていて井戸に落ちて笑われたというエピソードが伝わっている。

タレスの〈知の歴史〉上の役割は、初めて世界の本質について、理知的な追究を行ったということにある。即ち彼の言説は、単一の原物質を想定し、世界の成り立ちを理論的に説明しようとした、最初の一元論の試みということになる。

タレスから二五〇年ほどのちに活躍したアリストテレスはその主著『形而上学』の中で、哲学の創始者は、万物の元のもの（始原《アルケー》）は水であると述べたタレスであると述べている。一切のものがそこから始まり、またそれへと消滅していく究極の実体を「水」とした、と。

タレスは、日食の予言やピラミッドの高さの計測でも名高いが、彼から始まる哲学史上の業績としては、世界形成の原点を、世界内にある「水」に置き、その転化から一切の多様が生まれ出ると考えたことにある。しばしば空想（神話）から科学（哲学）への分岐点とされるこの「水＝アルケー」論の中心は、この世界を現出させたものが、神意による超自然的要因によるのではなく、自然内部のもの（水）の離合集散によると見据えた点にある。つまりこの世界は、私たちには知覚できない世界の「外部」から説明されるのではなく、すでに存在しており私たちが知覚できる世界の「内部」から説明され得るとしたのである。

ただ、一元論のその原質を、ほかならぬ「水」とした理由は何だったのか。ギリシア人が海を見つめて生きてきた民族であったこともあろう。あるいは、ギリシア人には遠い遠い記憶として残っていたであろう最初の文明シュメールの宇宙観の中心に、水の音が響いていたこともあったかもしれない。さらに、アリストテレスが伝えているように、あらゆる栄養物に湿気が含まれていたこともあり得る。

「水」は現在の私たちから見ると、神秘的なまでに透明ではあるものの、無味無臭、何の変哲もない単なる物質の一つであり、とても根源物質とは思えない。しかし、古代においてはそうではなかったであろう。

シュメールでは、都市国家分立の歴史が長く、神話も多くのバリエーションを持つが、天地創造の初めから、「原初の海」が存在するなり、「闇」と「水」の混沌が存在するなり、水は重要な役割を担った。メソポタミアでは、宇宙を構成する要素として、水が基本物質と考えられていたのである。

エジプトでも同様で、水は原初から存在する物質だった。ナイルの氾濫が、毎年新しくすべてを生み出す、という事実が背景にあったに違いない。天球すらも、水が満ち満ちたドームと考えられていたと伝えられる。

このように、ギリシア文明に大きな影響を与えた先進の二大文明、メソポタミア文明、エジプト文明のいずれもが、水を世界を成り立たせる極めて重要な物質として重視していたことが、タレスの判断の根底にあったことは間違いないであろう。世界の原理を正面切って考えたタレスが、人の生にとって不可欠な水を、世界を構成する根源物質と考えたのには十分な理由があったと言うべきである。

ただしかしながら、一元論を支える根本元素が「水」というのは、確かに論理としては座りの悪いものではある。世の中には乾いたものも多いし、火が水から生じるという理屈には、やはり無理があるであろう。こうしてタレスより一四歳年下と言われる弟子にして、その学灯を継ぐ人物に、同じくミレトスのアナクシマンドロスが現れる。

そしてこの弟子は驚くべきことに、ブッダや孔子あるいはのちのイエス・キリストの弟子たちのように、始祖の知を至高のものとしてひたすら祖述するのではなく、師の説いたところを自分の力でもう一度根本から考え抜き、より真実に迫るよう、理論を組み立て直すのである。こうして、師のすぐれた思考をベースにしながらも、自分自身で考え直し、完全な理論を造り上げようとする、知の府ギリシアならではの伝統がここに始まった。

また知は、第二章でも触れたように、生命誕生の原初の風景からして本来、生存に必要なもの、生存に資するものであった。あらゆる動物たちの「知」同様、次に起こす「行動」のためのものだったのである。しかしながら、タレスの提示した知の学「哲学」は、のちにアリストテレスが明言するように、実用、利得を離れた、知それ自身のためのものであった。それは無用のものでありながら、また世界の真実をどこまでも追究するための試みだった。現代に至る学問の純粋性がここにスタートしたと言うべきである。

【アナクシマンドロス】

アナクシマンドロス（Anaximandros, 前六一〇頃―五四六頃）もまた、ミレトスの人。哲学の始祖タレスの後継者となった。ローマ時代の年代誌家アポロドロスによれば、紀元前五四七年ないし五四六年には六四歳だったという。

彼もまた師同様、多様な才能を持った人として知られる。植民を指導した政治家であり、日時計

（グノーモーン）を作った技術者、世界地図の制作者でもあった。とりわけ大きな仕事は、思想史家としてのそれであり、現代より二五〇〇年以上も前に、宇宙開闢から天体の形成、大地の成立、生物の誕生、人の生誕へと至る、まるで本書のような全体史を描き出したことである。その書は僅かな断片しか残っていないが、生物の進化にも触れ、壮大な宇宙誌を成していたと伝わる。

アナクシマンドロスの〈知の歴史〉上の役割は、師の創始した一元論を、よりリアリティのあるものに一歩進めたことであろう。彼が提出した単一の始原物質（アルケー）は「ト・アペイロン」（限定されないもの）と呼ばれる。アルケーを「水」に限定してしまえば、水らしくないもの、水っぽくないものまでも、水から出来《しゅったい》することになる。そこでそうした反論を封じるために、特定の物質に「限定されない」、しかも自然界にあるどんなものとも異なる「ト・アペイロン」が選ばれたのであろう。

アナクシマンドロスによる世界生成の具体的過程は、宇宙の原物質（アルケー）としての「ト・アペイロン」から「生み出すもの」がまず分離し、そこから「熱いもの」と「冷たいもの」が生み出される。ここで彼が設定した「熱」vs「冷」という「対立する力による運動」という思想は、以降のギリシアの知の理論の有力な方法となっていく。

さらに世界生成は続く。「熱いもの」からは火が、「冷たいもの」からは空気、土、水が生まれる。ご覧のように、師の「水」もこのような形で生き残るのである。また宇宙の構成要素として、「火」「水」「空気」「土」を明確に「四元」として確定させたのは、のちのエンペドクレスであって、彼の四元説が、ギリシア哲学の大成者アリストテレスにあっても世界の根本認識となり、近代元素論の登場まで、以降二〇〇〇年にわたり知の世界をベーシックに支配していく。ただその原型は、このように哲学創始僅かに第二代、アリストテレスを二〇〇〇年以上も遡るアナクシマンドロスにおいてすでに原理的にスタートしていたとも言えるのである。さらに不思議なことには、東洋の仏教が説く「四大」、即ち万物を構成する四つの基本的要素もまた、「地」「水」「火」「風」と全く同じものであった。

【アナクシメネス】

ミレトス学派第三代のアナクシメネス（Anaximenēs, 前五四六頃盛年）の生涯については、アナクシマンドロスの弟子という以外にはほとんど何も分かっていない。その盛年（アクメー）は、紀元前五四六／五四五年とされている。

彼はアルケーを空気（アエール）であるとした。これは一見、単純な一元論で、水一元論のマイナス面をフォローしようとした師アナクシマンドロスの努力を無にし、ミレトス初代のタレスの段階へ逆戻りしたように思える。

しかしながらアナクシメネスは、師がアルケーとして掲げた「ト・アペイロン」説の持つ、我々の知覚を越えた一元の神秘的な検証不可能性を乗り越えるため、無限でありながらも単一、しかも現実的な「空気」に、恐らくは戻ったのである。しかもアナクシメネスは、このただ一つの原物質「空気」から、一切の多様が生まれてくる道筋を初めて具体的に描き出した。それは、原物質の濃淡による変化だという。

即ち、アルケーとしての空気は、濃くなればまず「風」となり、次いで「雲」となり、さらに濃くなれば「水」、そして「土」、ついには「石」となる。一方、薄くなれば「火」になるとした。さらに万物はこれらから生ずるとしたのである。つまり、すべての原物質は空気であり、あらゆる物質の基本形態である。それは、濃密化と希薄化によって変化し、かつて生じたものも、現に生じているものも、これから生じるであろうものも、すべてこのように変化したものなのである。神々すらも、すべて空気から生じた、と。

師アナクシマンドロスのように、原物質から次々と別のものが生み出されていくという理論よりも、同一のものが圧縮・拡張されて密度の差を生じることで別のものに変化し、多様が生まれていくという考え方の方が、はるかにロゴスに対し説得力があると言えるだろう。それは、量の変化が質の変化をもたらすという、近代唯物論の言辞《げんじ》にも似たすぐれた着想だった。こうしてギリシア最初期、ギリシア本土の対岸の植民都市ミレトスで生い育った一元論は、一応の完成期を迎えることになる。

3　哲学、西へ――現代思想として生きるギリシア哲学

【クセノファネス】

哲学者たちもまた、霞を食って生きているわけではない。日々の生活もあるし、政治に激動があれば、その中に巻き込まれざるを得ない。ソクラテスは、自身や弟子筋が政敵から嫌われることになっ

て、服毒死に追い込まれたし、アリストテレスは、アレクサンドロス大王の庇護《ひご》を受けていたとして、大王の死後、反マケドニア色濃厚となったアテネで学園を追われる。近年でもサルトルは、出征した第二次世界大戦でドイツ軍の電撃作戦の前に潰走《かいそう》し、ドイツに送られて捕虜生活を送っている。

ミレトス学派の栄光の向こうで、恐ろしい運命が迫っていた。それまで人類が見たこともないような巨大帝国ペルシアが急速に台頭したのである。アケメネス朝ペルシアはメソポタミア、エジプト、インドまでも征服し、ミレトスを中心とするイオニア沿岸のギリシア植民都市も危機にさらされる。ミレトス学派第三代のアナクシメネスの晩年には暗い影が差していたはずで、世紀が変わった紀元前四九四年には、ついにミレトスは陥落する。戦火はやがてギリシア本土に及び、ペルシア戦争となっていく。ここミレトスでも、学灯の存続はもはや不可能だったであろう。

没落を機に、イオニアのギリシア人たちの多くが西を目指す。それとともに、哲学もまた、南イタリアのギリシア人植民地に移る。その代表が、イオニア生まれのクセノファネスとピュタゴラスである。

クセノファネス（Xenophanēs, 前六世紀頃）は、ミレトスより一〇〇キロメートルほど北の都市コロポンの人。前五四六／四五年頃、コロポンがペルシア帝国の先兵に占領される頃にこの地を離れ、以後主として南伊シケリア島（シチリア島）で暮らしたらしい。

詩人にして賢者の彼が〈知の歴史〉に登場する理由は、イオニア学派自然学のロゴスの立場から、ホメロス、ヘシオドスの伝統的な神観を厳しく攻撃し、思想家のみならず一般人にも大きな影響を与えたことにある。

〈断片一一〉ホメロスとヘシオドスとは人間のもとでは軽蔑と非難の的になる一切のこと――盗むこと、姦通すること、互に騙し合うことを神々に帰した。

（山本光雄訳編『初期ギリシア哲学者断片集』岩波書店、一九五八年、二七頁）

〈断片一五〉もし牛や馬やライオンが手を持ったり、或は人間たちのように、彼等の手で以て絵を描いたり、作品を作ったり出来れば、馬は馬に、牛は牛に似た神々の姿を描き、またそれぞれのものがちょうど自分で持っているような姿の肉体を作ることだろう。

（同書、二八頁）

ドイツの古典学者H・ディールスとW・クランツが編纂《へんさん》した『ソクラテス以前哲学者断片集』の整理番号で示されるクセノファネスの断片一一は、ホメロスの『イリアス』『オデュッセイア』に登場する神々が、ゼウス以下あまりに人間的であるがゆえに、不倫、姦淫、憤怒、嫉《ねた》みなど、諸悪の限りを尽くしていることを断罪したものであり、また断片一五は、「神」とはいうものの、それは人間のこしらえた虚像にすぎないことを喝破している。いずれも強烈な断罪で、神話はお伽噺《とぎばなし》であり、神など存在しようもないことを、私たちの現在からみて、中世をはるかに越えた二五〇〇年の昔に言い切っているところが驚異的である。馬なら馬に似た神を造るように、人間は人間に似た神を捏造《ねつぞう》しているだけだ、と。永い西欧中世信仰社会ののち、ようやく十九世紀になってフォイエルバッハが、『キリスト教の本質』において、神とは理想化された人間の姿にすぎない、神を知るとは、人間が自分の本質を知ることであると、鋭い口調で宣言したところを、はるかな過去に見破っていた。クセノファネスは、ミレトス学派が切り開いた神によらない世界解釈を、さらに一歩進めた人と言える。

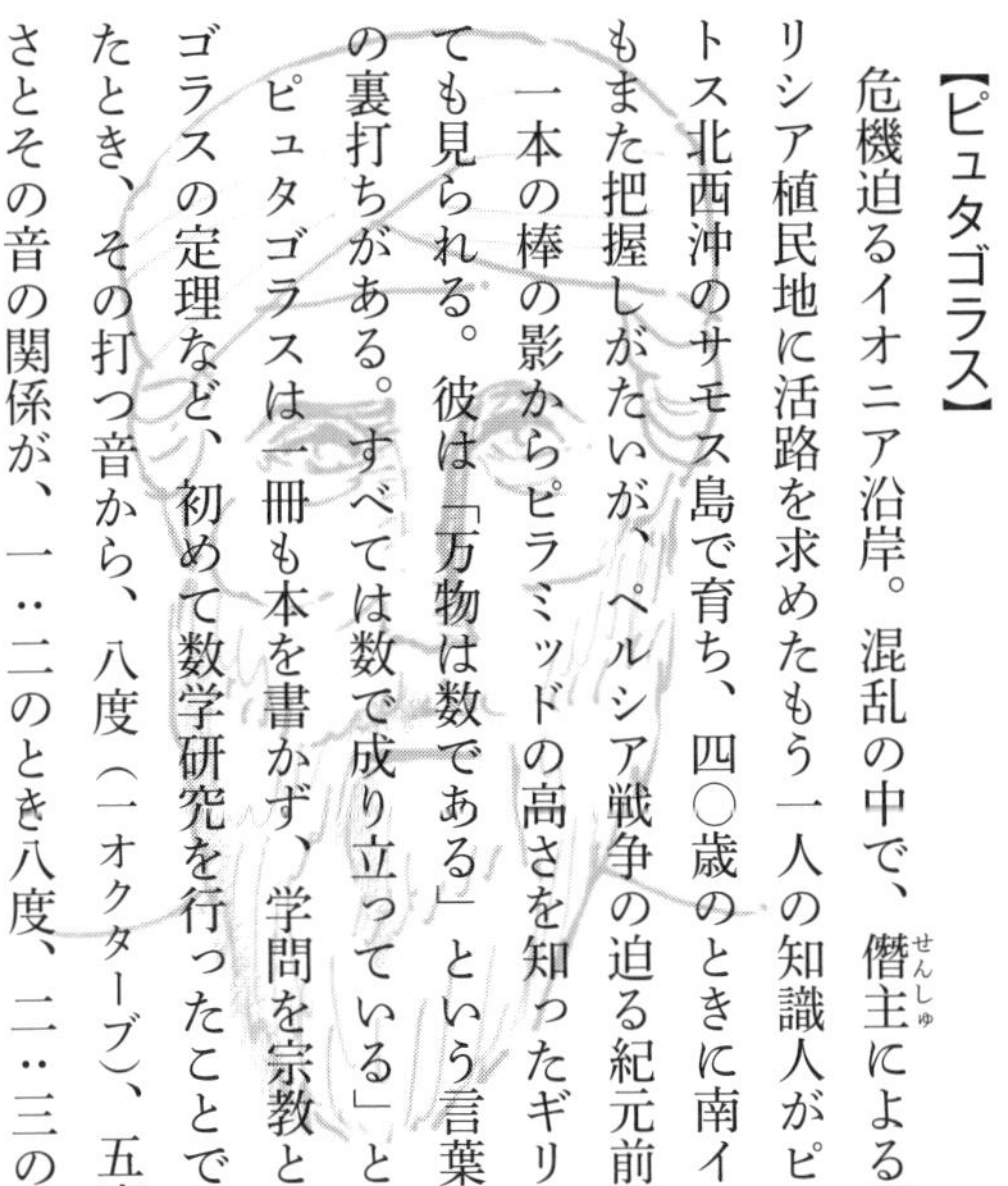

【ピュタゴラス】

危機迫るイオニア沿岸。混乱の中で、僭主《せんしゅ》による専制政治の下で暮らすことを潔《いさぎよ》しとせず、西方ギリシア植民地に活路を求めたもう一人の知識人がピュタゴラス（Pythagoras, 前六世紀頃）である。ミレトス北西沖のサモス島で育ち、四〇歳のときに南イタリアのクロトンに移った。ピュタゴラスの生涯もまた把握しがたいが、ペルシア戦争の迫る紀元前六世紀後半が活動期だったとされる。

一本の棒の影からピラミッドの高さを知ったギリシア人の驚くべき知が、このピュタゴラスにおいても見られる。彼は「万物は数である」という言葉で有名だが、その意味するところは「万物には数の裏打ちがある。すべては数で成り立っている」ということであった。

ピュタゴラスは一冊も本を書かず、学問を宗教と混交させたような一種の教団を組織した。ピュタゴラスの定理など、初めて数学研究を行ったことでも名高い。さらに彼は、鍛冶屋《かじや》の前を通りかかったとき、その打つ音から、八度（一オクターブ）、五度、四度の音程に気づいたとされ、リラの弦の長さとその音の関係が、一：二のとき八度、二：三のとき五度、三：四のとき四度という単純な自然数の比で表せることを発見したと言われている。

最初の自然数である、一、二、三、四の和が、十進法を基礎とする彼らの聖なる数一〇になることなど、ピュタゴラス派は、万物はこうした数の関係の網目《あみめ》で構成されていると考え、あらゆるものの数的意義、数的関係を追究しようとした。この過程で、目に見える天体は水星・金星・地球・火星・木星・土星・月・太陽・恒星天の九個だが、天体は調和ある聖なるものゆえ一〇個あるはずであり、我々の目には隠されている地球の反対側には、「地対星」という星があるはずだと推測した。また天体からは、あらゆる飛行物体同様、音が出ているはずで、にも拘らず「天球のハルモニア」という美しい音楽が聞こえないのは、我々がそれを生まれつき耳にしているためで、理性の耳こそが必要だと説いた。

このように、ここには、感覚に信を置かず、理性（ロゴス）のみに賭けるギリシア人の恐るべきウルトラ・ロゴス主義が表れている。この理知信仰こそが、次の転換点＝パルメニデス革命を生み出すのである。

またその数学至上主義は、のちのアテネの哲学を大成させたプラトンに大きな影響を与え、「幾何学を知らざる者、この門を入るべからず」との文言を彼のアカデメイア学園入り口に掲げさせただけではない。はるか二〇〇〇年を経た、ピュタゴラスの活動地と同じイタリア半島に育ったガリレイが、世界は数学によって構成されており、それを読み解くことが理学者の役割である——として天文学革命を起こしたこと、さらには、二十一世紀現代の科学技術が、徹頭徹尾数に基づいて運行運営されていることを見れば、二五〇〇年前のピュタゴラス主義の実に永い影が見て取れるであろう。

【ヘラクレイトス】

ヘラクレイトス（Hērakleitos, 前五〇〇頃盛年）はミレトスの北西方、またサモス島の対岸エフェソスの人。盛年は紀元前五〇〇年頃とされ、紀元前六世紀終わり頃から、前五世紀初め頃に活動した人であるため、ペルシア戦争を現実に直面し、ミレトス陥落も経験しているはずである。

エフェソスの高貴な生まれで、「暗い人」の名で知られる。晦渋《かいじゅう》ながら示唆に富む多くのアフォリズムが今日まで伝わる。シビュルラ（神巫《いちこ》）を「その声をもって、よく千年の外に達している」（断片九二、『初期ギリシア哲学者断片集』三二頁）と表現したが、ヘラクレイトス自身の暗い声は千年どころか、二五〇〇年あとの今日までも届いている。

最も有名な箴言《しんげん》は、断片三〇だろうか。

〈断片三〇〉この世界は、神にせよ人にせよ、これは誰が作ったのでもない、むしろそれは永遠に生きる火として、きまっただけ燃え、きまっただけ消えながら、つねにあったし、あるし、またあるだろう。

（同書、三三頁）

ヘラクレイトスは、万物《ばんぶつ》流転《るてん》の思想と火の哲学とで知られるが、この断片三〇は、その面目躍如《やくじょ》たるものがある。

「万物流転」（パンタ・レイ）の方は、プラトンが『クラチュロス』で言及して以来、また「火の哲学者」の方はアリストテレスが、ミレトス一元論の流れを汲み「火」をその一元とした哲学者だと捉えて以来、ヘラクレイトスと結びつけられて語られてきた。

確かにヘラクレイトスは、先の断片三〇のほかにも、有名な「河は同じだが、その中に入る者には、後から後から違った水が流れよってくる」「同じ河に二度はいることは出来ない」（断片一二及び九一、同書三三頁）という言葉の通り、この世界を流転の相で捉えている。しかもこの世界は、相対立するものの対抗・闘争で成り立っており、その中から新しいものが生まれるとして、「戦いは万物の父であり、万物の王である」（断片五三、同書三三頁）という言葉も残している。二三〇〇年のちのドイツのヘーゲルが、その哲学の核心である「弁証法」の創始者として、ヘラクレイトスの名を挙げているのも故なしとしない。

一方、火を生成を促し、実現させるものとして、宇宙のダイナミズムの起点と考えることは、確かにミレトス一元論の系譜につながるであろう。

但し、ヘラクレイトスが一貫して、「万物流転」と「火」の向こうに見ていたものがあり、それこそが「ロゴス」だったのである。

〈断片一〉ロゴスは私がここに言う通りのものであるのだが、人間どもはいつもそれを覚らぬものたることを示す、それを聞かされる前にも、また一度それを聞かされた後にも、何故なら万物はこのロゴスに従って生成しているのだけれど、人間どもは、私がそれぞれのものを、その本性に従って分ち、それがどんなものであるかを示しながら述べるような言葉や事柄を絶えずためしていながら、まるでためしてみたことのない者のようなのだから。

（『初期ギリシア哲学者断片集』、三一頁）

万物生成の秘密を明かすロゴス。それは人々の前に明らかな姿を見せているのに、人々はそれを認めようとはしない。哲人の嘆きが聞こえてくる。ロゴスは古代ギリシア人の核であるが、ロゴス（理法）という言葉自体の持つオリジナルなメッセージは、ヘラクレイトスに始まるとされる。ミレトス派は、一元をまず言い当て、そこから万物がいかに生じたかの説明に注力したが、ヘラクレイトスの関心はそこにはない。ロゴスがこの宇宙を支配し、私をも支配している。ロゴスとは、火であり、戦いであり、運動である。この観点から見れば、一つのものが無限に広がり、相対立するものが相互に転換し、一つになると考えられる。

〈断片六〇〉上り道も下り道も一つの同じものだ。

（同書、三二頁）

〈断片五一〉それが食い違いながら、自分自身とどうして一致するのか、彼らは理解しない。そこには弓やリュラ琴のそれのような、逆に向き合った調和があるのだ。

（同書、三二一―三二三頁）

対立するもの、戦うもの、変化するものの中から、新しいものが生まれ出ていく。ロゴスは火となり、戦争となり、運動となって、永遠に宇宙を支配していく。そのロゴスを見つめよと、ヘラクレイトスは説くのである。

神秘的な言辞によって「暗い人」と呼ばれ、超自然的なニュアンスが含まれることは免れないが、十九世紀のヘーゲル以降のような、いやほとんど現代思想、現代最先端科学の言辞と見紛《みまが》うばかりの言葉が連なる、古代の運動の哲学者である。

4 ウルトラ論理主義――パルメニデス革命

【パルメニデス】

紀元前六世紀にタレスによって始まった初期のギリシア哲学は、前五世紀に入って、始原の地ミレトスから移植されたイタリア南部で、知的革命者を迎えて、大きな転換を遂げる。即ちパルメニデスによって、一〇〇年にわたるミレトス一元論が大きく否定される事態が発生するのである。

ポンペイの南、エレアの人パルメニデス（Parmenidēs, 前五一五頃―？）がその革命児であった。ヘラクレイトスより少しあとの人と見なされ、有名な「アキレスと亀」のゼノンを弟子に従え、エレア学派と呼ばれる学統を成立させた。その武器は、驚くほど鋭い論理の切れである。

パルメニデスは、現代の我々に次のような叙事詩断片を遺《のこ》している。真理の女神がパルメニデスの前に現れ、真理をひたすら求める彼にこう告げるのだ。

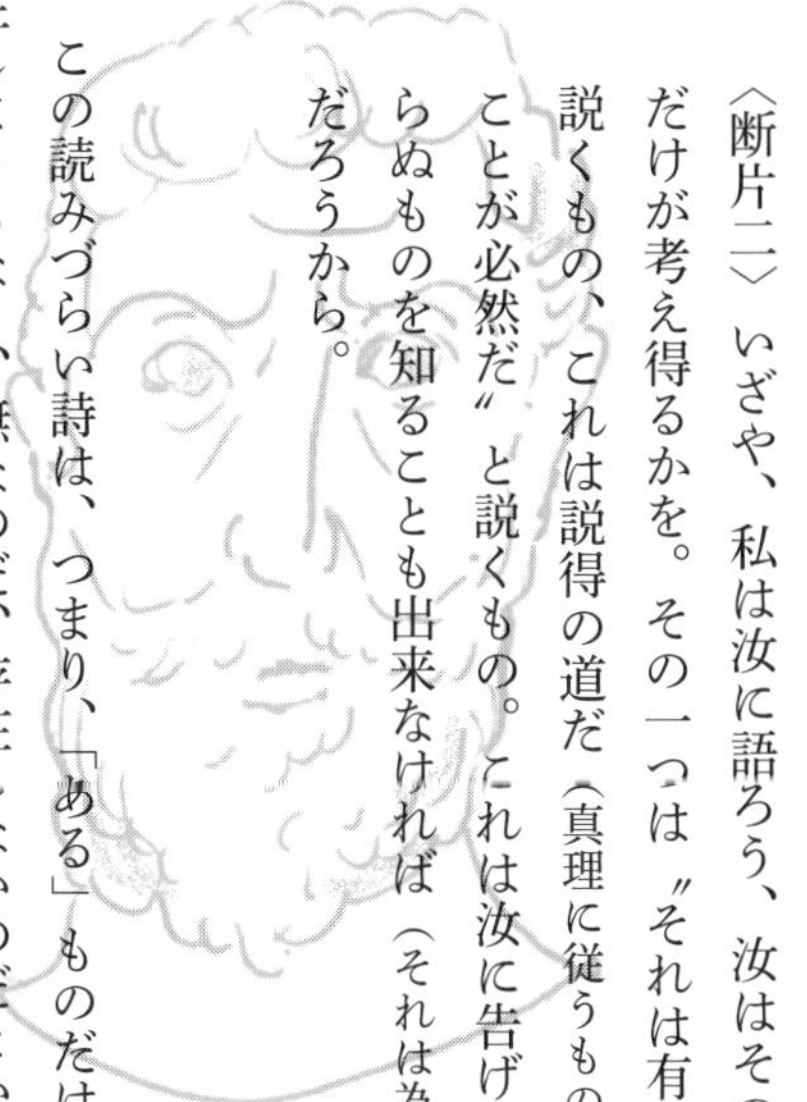

〈断片二〉いざや、私は汝に語ろう、汝はその話を聞きて受入れよ――探究の道は如何なるものだけが考え得るかを。その一つは〝それは有る、そしてそれにとりて有らぬことは不可能だ〟と説くもの、これは説得の道だ（真理に従うものゆえ）。他の一つは〝それは有らぬ、そして有らぬことが必然だ〟と説くもの。これは汝に告げるが、全く探究し得られない道だ。何故なら汝は有らぬものを知ることも出来なければ（それは為し能わぬことゆえ）、また言い現わすことも出来ないだろうから。

（同書、三九頁）

この読みづらい詩は、つまり、「ある」ものだけがあるのであって、「ない」ものは初めから全く存在しようもなく、無なのだ、存在しないのだということである。「存在」か「無」かであって、両者の間には何の関わりもなく、移り行きもない。「あるもの」は存在の充実であって、それが「別のもの」あるいは「無」に移っていくことは許されない。勿論、自己同一である「ある」に「多」などあり得ない。

パルメニデスは考える。すると、ミレトス一元論はどうなるか。「なる」という考え方は、絶対に承認できない。ミレトス学派のように、水や空気や土や火が、何か別のものに「なる」というとき、そこにはAの中にAならざるものを忍び込ませているではないか。AはAであって、どこまで行っても非Aではない。論理に従うならば、本源的にAであるものは、それは徹底的にAでなければならない。

この厳密な論理主義は、まことに強烈であった。それはつまり、アルケーである絶対的一元から、一切のものが生ずるという言い方は、いかにしてその一元が他のものに変ずるのかを説明していないという、考えてみれば当然な問いかけなのであった。変化が生ずるならば、how が示されなければならない。

さてこの率直で単純な問いはしかし、致命的な打撃をミレトス一元論に与え、以後の哲学者はすべて世界の形成を説くに際し、どのようなアルケー（始原）から万物が生じるかという what だけでなく、いかに万物へ変化するかという how を説明する義務を負うことになった。

このウルトラ論理主義の行き着いた先がパルメニデスの弟子のゼノンであろう。彼は「アキレスと亀」のアポリアで有名である。即ち、一歩早くスタートした鈍足の亀のあとから、俊足のアキレスが追いかける。両者の間には小さいとはいえ、ある距離があるわけだから、その間に地点は無限に存在する以上、有限であるアキレスの足では追いつけない、というアポリアで、ウルトラ論理主義の極致と言える。

すでにお気づきのように、パルメニデス派の考え方をとると、AはA以外のものではない、無から有は生じないということで、論理的には正しくとも、運動や変化が否定されてしまい、議論が現実とは乖離《かいり》してしまう。それでは花は実にならず、人は死なないことになるのである。

このように、エレアの鋭い刃は、現実的には空論であったが、しかし、ロゴスの国ギリシアの知を磨く上ではこの上ないヤスリとなった。エレアの厳密な検証に耐えるべく、あまたの哲学が身を焦がし、ここから巣立っていくことになる。

【エンペドクレス】

エンペドクレス（Empedoklēs, 前四九三頃—四三三頃）は、紀元前五世紀初めから後期にかけての人。南伊のシケリア島（シチリア島）南西岸のアクラガスに生まれる。貴族の家系で、父とともに祖国の民主政に尽くす。哲学を初め、政治・宗教・芸術・医学・科学などあらゆる分野に通じ、自らが神であることを証明するために、エトナ火山に投身したと伝えられる。火口には、彼の青銅の靴が片方だけ残っていた。

芥川龍之介の昭和二年の遺稿「或旧友へ送る手記」に、

僕はエムペドクレスの伝を読み、みづから神としたい欲望の如何に古いものかを感じた。……君はあの菩提樹の下に「エトナのエムペドクレス」を論じ合つた二十年前を覚えてゐるであらう。僕はあの時代にはみづから神にしたい一人だつた。

（『芥川龍之介全集　第十六巻』岩波書店、一九九七年、八頁）

と記す。芥川もまた、東西文学・独仏語・西洋美術・音楽・哲学・歴史等々に深い造詣《ぞうけい》を持つ万学の人だった。

エンペドクレスの仕事は、同じ南イタリアのエレア学派パルメニデスから突きつけられた、ウルトラ論理主義の刃を肯定しながらも、それによって生じる現実との乖離を回避、合理的な説明をつけることであった。即ち、

〈断片一二〉何故なら全然有らぬものから何ものかが生じきたることは出来ず、また有るものが全く滅び去ることは不可能であり、また考え得ざることであるゆえ。何故ならば、何処にせよ、ひとがいつでもそれを置くところに、いつでも有らむゆえ。

（『初期ギリシア哲学者断片集』、五六頁）

と、存在の不生不滅、永久不変性、同一性を完全に肯定しながら、その一方で、ミレトス学派の流れ

を汲み四元を設定、さらにそれらの混合・比・分離というメカニズムを取り入れて、世界の無限の多彩を説明しようとしたのである。

〈断片八〉凡て死すべきものども何ものにも［元来］生誕もなく、また呪うべき死の終末もなし。むしろただ混合と混合せられたるもの［元素］の分離とがあるのみ。生誕とは人間どもの間で、それに対してつけられたる名前にすぎぬ。

（同書、五五頁）

即ち、アナクシマンドロス由来の四要素（火・水・土・空気）をアルケーとし、それらを「四つの根」と呼び、これらに「愛」（統合）と「争い」（分離）のメカニズムが働くことで、四根の混合・分離が起こり、現象の多様が発生するとするのである。例えば、土二、水二、火四の比率で混合されると骨が形成される、というように。

これは、エレア学派とミレトス学派の両者を巧みに折衷《せっちゅう》した打開策であったと思われるが、重要なことは、この結果、ミレトス一元論にあったアルケーの物活性＝生命力が失われていることである。つまり、ミレトス学派の水や火は、自ら動いてさまざまなものを生み出し、世界を形成していく力を持っていたが、ここではダイナミズムは「愛」と「争い」の方に移され、アルケーたちには質料的・物体的な役割が割り当てられる結果を生んでいるのである。こうしてエンペドクレスは、ギリシア哲学の極北「原子論」への道を用意することになる。

なお、エンペドクレスより年長ながら、仕事は彼よりのちになる哲学者に、アナクサゴラスがいる。彼は、イオニア・エフェソスの西北の小都市クラゾメナイの名家に生まれた。のちに、なぜあなたは自分の祖国に関心を持たないのかと聞かれると、天界を指差し、大いに心を砕いていると答えたという。アテネに出てペリクレスの師となったが、太陽を赤熱した金属塊だと主張してアテネを追われた。アナクサゴラスは、万物の根源はエンペドクレスのようにたった四つの根ではなく、数限りなくあるとする。つまり、

〈断片六〉凡てのものは凡てのもののうちにあることになろう。

（同書、六六頁）

万物は、「万物の種子」から成る。つまり、あらゆるものにはあらゆる「種子」が含まれており、現象として顕現しているのは、特定の種子の割合が大きいからである。例えば、毛髪には、毛髪の種子が最大に含まれているから毛髪となるのであって、同時に骨や肉の種子も含まれているという。このような要素論的な発想も、やはり原子論につながっていったであろう。

【デモクリトス】

原子論は、ソクラテス以前の初期ギリシア哲学が到達した古代知の極みである。この論は、レウキッポス（Leukippos, 前五世紀後半頃）とデモクリトス（Dēmokritos, 前四六〇頃—三七〇頃）という師弟によって成立したとされるが、師についてはほとんど知られていないことと、論の仕上げの作業を弟子が行っているところから、ここではデモクリトスの論として述べることにする。

古代原子論を成立させたデモクリトスは、紀元前四六〇年頃に、エーゲ海北岸のトラキアのアブデラで生まれた。万学にすぐれ、エジプト、アジアにも旅し、多くの著作を書いたとされるが、伝わっていない。アテネも訪れ、ソクラテスを知ったが、ソクラテスを含め、アテネ人は誰も彼のことを知らなかったという。晩年失明したが、心の目に見えるものの方が真にして美だと語ったとされる。

デモクリトスの達成したものは古代の原子論であり、現代の原子物理学の根本的発想と同じである。原子（アトム）という現代の用語も、「分割できないもの」（アトマ）というデモクリトスの用語に源を持つ。エンペドクレス、アナクサゴラス同様、彼もエレア的不生不滅論理を尊重しつつ、ミレトス一元論的世界形成論との調停をはかったが、エレア派の欠点たる運動の否定を乗り越えるために、あえて空虚（無）の存在を認めるという大胆な策を打ち出した。

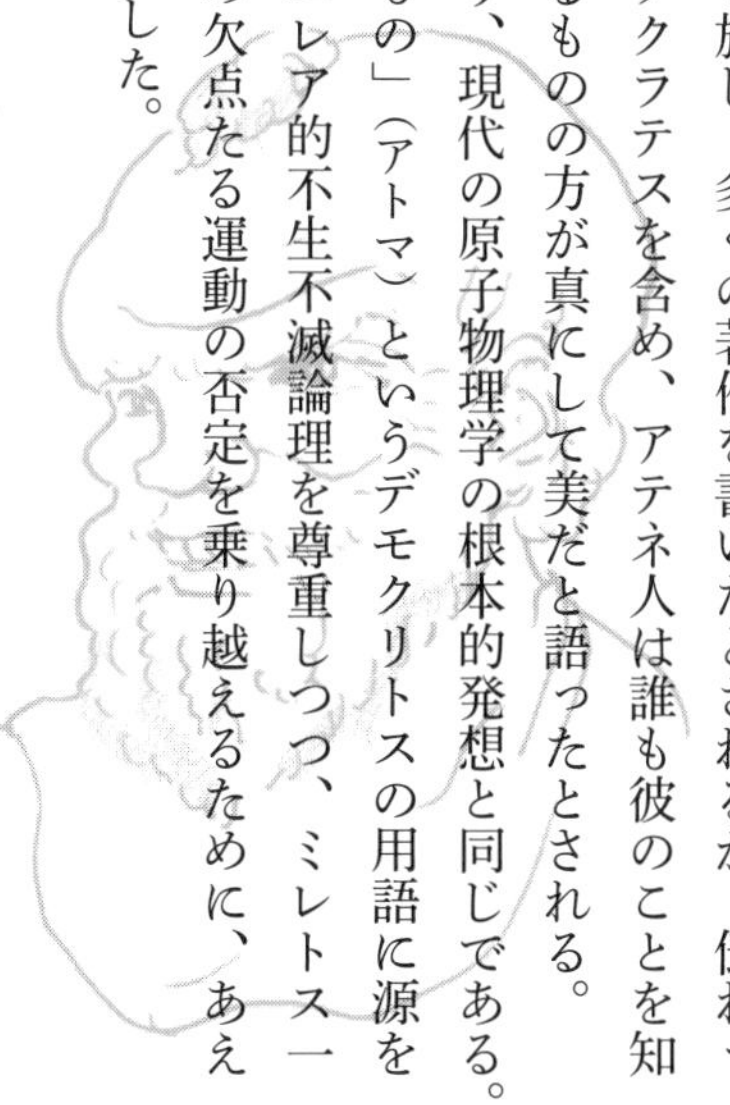

〈レウキッポス関連資料六〉レウキッポスと彼の友人デモクリトスは、要素は充てるものと空なるものであると主張するが、そのさい一方を有るもの、他方を有らぬものと、すなわちそれらの

うちで充ちて堅いものを有るもの、空なるものを有らぬものと呼ぶ（それゆえにまた有るものはいずれも、有らぬものより以上に有ることはない、何故なら物体は空なるものより以上に有るのではないから、と主張する）。

（同書、七一―七二頁）

つまり、無は有と同様に存在するのである。無などない、存在だけが存在すると言ってしまえば、何の矛盾もなくなりはするが、ビリヤード盤上にびっしり一分の隙もなく球が置かれているのと同じで、それでは個々の球は動かせず、運動が一切あり得ない空間になってしまう。球（存在）がないスペース、即ち無も必要なのである。デモクリトスはあえて「無が存在する」と宣言することでこのアポリアを脱出する。

こうして、真にあるものは「分割できないもの（＝原子）」（アトマ）と「空虚」（ケノン）だけになり、その原子は空虚を含まず、もはやそれ以上分割できない充実・単一体であって、不生不滅のものとして集合と離散の主体となる。また原子は、無数の大きさ、無数の形をとり、その無限の組み合わせから万物の差異が説明され、またその結合・分離によって万物の生成消滅も説明された。さらにデモクリトスは、人間に幸不幸をもたらす神々は途方もなく大きく、壊れにくいものではあるが、それでも原子の複合体であり、不壊《ふえ》ではないと考えた。

原子物理学の現代を遡ること二四〇〇年の昔、よくぞここまで考え至ったものと感慨を覚えずには

いられない。デモクリトスはこの原子論にさらに、

何ものもあらぬものから生ずることはないし、あらぬものへと消滅することもない。

（ディオゲネス・ラエルティオス『ギリシア哲学者列伝　下』加来彰俊訳、岩波文庫、一九九四年、一三二頁）

と考えて、エレア学派のメリッソスが初めて定立し、ギリシア哲学の根本思想を伝えると言われる有名な「Ex nihilo nihil fit」（無から有は生じない）を確認する。何もないところから何かが生まれることはない。また、何ものかが無となって消えてしまうこともない。ギリシアのロゴスは、ここに冷厳な法則となって結実する。さらにデモクリトスは、原子から出発して宇宙形成について次のように述べる。

――無限の空虚な空間の中で、バラバラになっていた多種多様で多数の原子が、ある領域に集まっていくと、一つの巨大な渦動が発生する。この渦の中で、微細なものは外側の虚空間へ移動し、ふるい分けられた残りのものが一つにまとまり、球形の塊が生まれてそれが天体となる。無限の時間の中で、無限の空虚に、無限の原子が集合し、いたるところで天体が造られていく。――ほとんど現代の宇宙論ととられかねないような論が続く。

デモクリトスの宇宙論は、神にせよヌース（知性）のようなものにせよ、超自然的なものや「生け

る火」のような物活論《ぶっかつろん》的なものさえも一切否定し、メカニカルな世界生成論を提出したのである。思えば、現代唯物論の祖マルクスが、ベルリン大学の卒業論文のテーマに、一見古めかしい「デモクリトスとエピクロスの唯物論的自然哲学」を選んだことも、蓋《けだ》し不思議ではなかった。

タレスより一世紀半。根源物質《アルケー》の特定に始まり、原理に基づいて世界を解明しようと出発した初期ギリシア哲学は、多くの哲学者（自然学者）たちが、実用や利益を離れ、知それ自身のために、思考に思考を重ねていった。先行者の理論を踏まえながらも、さらに厳密な論理の斧《おの》をふるい続け、デモクリトスにおいてついに完成の時期を迎えていた。

この一五〇年の草創期の哲学の特色は、関心の対象がひたすら自然におけるロゴスの探究だったことであり、哲学者たちは世界を合理的に説明することに全力を傾け続けた。原子論という、現代物理学にも通ずる知の極点を通過した哲学は、海外植民地からやがてギリシア本土へ上陸し、人間それ自身への問題にも知の眼差しを向けることになる。

5 人類の知の曙「枢軸時代」

ギリシアに哲学の華が開いたこの時期は、東洋でもまた新しい知が生まれた時代であった。ドイツの哲学者ヤスパース（Karl Jaspers, 一八八三―一九六九）は『歴史の起原と目標』（一九四九年刊）の中で、紀元前五〇〇年を中心とした数世紀に、世界各地で同時に、決定的な知の黎明期《れいめいき》が訪れたことを告げている。「枢軸時代《すうじくじだい》」と名づけられたこの特権的時代に挙げられた知のビッグネームたちの名は、ギリシアではホメロスのほかパルメニデスからプラトンに至る哲学者たち、インドではウパニシャッドの哲人やブッダ、中国では孔子、老子、荘子等々である。

それは人間がようやく、存在の全体たる宇宙と人間自身を根本から見詰め、深々とした思考を巡らせることで、初めて時間を越える真理を摑み取ろうとした時代だった。その達成された思索の高さと深さのゆえに、以後二五〇〇年を経た現在に至るまで、時代が混迷し人々が再生《ルネサンス》を目指すたびに、つねに立ち戻ることになる原点の時代となったのである。

ここで、東洋の知を代表するインドと中国の知について触れておきたい。

インドでは、すでに紀元前一二〇〇年前、神々への讃歌『リグ・ヴェーダ』が成立していたが、その世界観をベースにした思索の書「ウパニシャッド」（奥義書《おうぎしょ》。「師の近くに座る」の意）文献が、この枢軸時代である紀元前五〇〇年頃に生まれた。ここに表れた「梵我一如《ぼんがいちにょ》」、即ち、宇宙の根本真理「梵」（ブラフマン）と、人間存在の本質「我」（アートマン）の同一性を把握することで解脱《げだつ》が達成され、苦の世界から解放されるという認識が、こののちインドの思想を一貫して流れることになる。インドのどのような知の根源にも、「輪廻の苦しみからの解脱」という目標があり、宗教的なトーンが付きまとった。

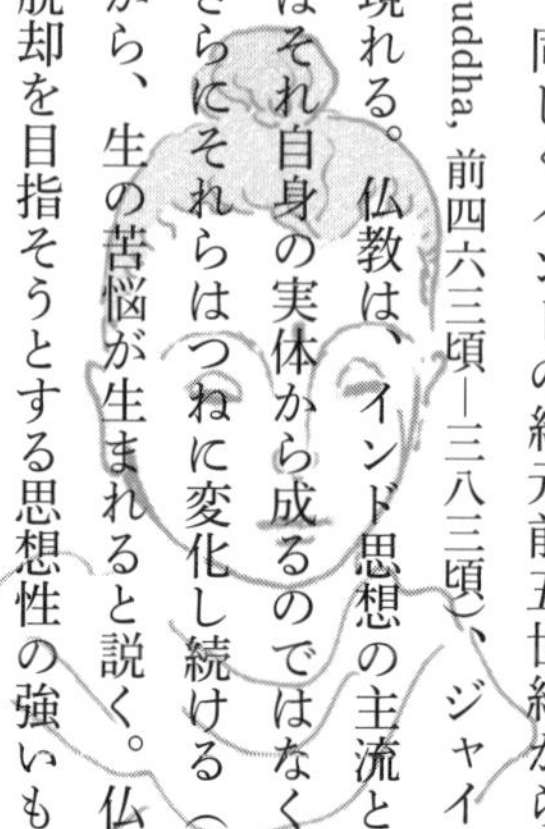

同じくインドの紀元前五世紀から前四世紀にかけては、仏教の開祖ゴータマ・ブッダ（Gotama Buddha, 前四六三頃—三八三頃）、ジャイナ教の開祖マハーヴィーラ（Mahāvīra, 前四四四頃—三七二頃）も現れる。仏教は、インド思想の主流となる梵我一如の思考を排する革新思想であった。すべての存在はそれ自身の実体から成るのではなく（諸法無我）、多数の要素が互いに依存しながら構成され（縁起）、さらにそれらはつねに変化し続ける（諸行無常）。この真理を理解せず、今ある仮の姿に執着することから、生の苦悩が生まれると説く。仏教の知は、世界の真実の姿を知ることにより、苦の世界からの脱却を目指そうとする思想性の強いものだった。

枢軸時代のもう一つの知であるジャイナ教は、「とらわれないものの見方」をすべきという立場から不殺生《ふせっしょう》を標榜し、あらゆる生命の尊重と無所有を実行しようとした。その教えははるか紀元後二十世紀のガンジーの考え方にまで影響を及ぼしていると言われ、現代インドまで存続している。

また同じく紀元前五世紀には、伝統のヴェーダの思考をベースに、民間信仰を吸収したヒンドゥー教も生まれ、現在のインドで圧倒的な宗教的多数派を形成している。

一方中国においても、前五世紀前後の枢軸の時代に、諸子百家《しょしひゃっか》と言われる思想家の群れが陸続として現れ、中国の思惟《しい》が花開いた。その代表的思想家が孔子（前五五一頃—四七九）である。

孔子の基本的な思想は、思いやりの心である「仁《じん》」、親子を重視する「孝」、外面的規範としての「礼」など、主に人間関係を巡るものだった。超越的な「天」のもとにありながらも、徳を身につけた教養人「君子」たるべく修養するよう、人間の力行《りっこう》を説いた。『論語』は門人たちによってまとめられた孔子の言行録であり、その流れを汲む学派「儒家《じゅか》」が、以降の中国の思想的中心となる。

そのアンチテーゼを成した学派が「道家」であり、老子と荘子を代表とする。老子は、孔子よりのちの時代の、複数の人物の思考を合わせた架空の名とされる。儒家の説く「道徳」を自然に反するものとして否定し、宇宙万物の理法たる「道」を尊重した。その書『老子』の有名な宇宙生成論では、原初にひっそりとした「無」の状態があり、これを道と言い、そこから一が生まれ二が生まれ、あらゆる現実が展開していくと説くのである。また荘子は、前四世紀から前三世紀の人。善悪、美醜などの区別は、人間の知が生んだ相対的な差に過ぎず、「道」から見れば等価であると、「万物斉同《ばんぶつせいどう》」を説いた。両者の思想は「老荘思想」と呼ばれ、人為を避け自然に従い、とらわれることのない生をすすめた。

中国の前八世紀から前三世紀に至る春秋戦国時代五〇〇年余は、政治的な不安定期ではあったものの、儒家、道家のほか、墨家、法家等々、知的百花繚乱《ひゃっかりょうらん》の時代であった。こののち前三世紀の初の中国統一国家秦《しん》に至って、法家の説が国政に採用されたことに続き、前三世紀末以降の漢では儒家思想が国家教学となり、「儒教」として体系が整えられて中央政治との関係を深める。中国の知は多彩であったが、いずれも人間関係に大きな関心が払われ、また多く政治とも関わる現実的な知として歴史的に展開していく。

第六章　人間自身の探究へ――ソクラテスとプラトン

小アジア半島やイタリアにあったギリシア植民地には、自由の風が吹いていた。そこで紀元前六世紀前半に哲学が生まれ育った。紀元前五世紀半ばになると、哲学はいよいよギリシア本土にやってくる。上陸地点はやがて知の聖なる都となるアテネだった。

この民主的な都市国家では、力ではなく言葉が、権力ではなく論理が尊重されていた。ここから哲学史上最も有名なキャラクター、ソクラテスが現れる。彼の仕事は、すでに一世紀半の論争を閲《けみ》した哲学の主題を、それまでの人間の外部――世界の探究から、人間の内部――人間自身へと向け変えたことにある。

ソクラテスは朝早くからパルテノン神殿下の広場に立って老若の人々に、人間として大切な問題とは何かを問い続け、率直な対話を繰り返した。その影響力の大きさゆえに政争に巻き込まれて命を落としたが、育《はぐく》んだ弟子の中からプラトンが生まれ、孫弟子のアリストテレスへと連なって、史上空前の輝く三師弟となる。

プラトンは二〇歳のときにソクラテスに出会い、八年後に衆愚政治のために師を失う。その衝撃から政界入りを捨てた「哲学者プラトン」が生まれ、五二年間に書かれた著作三六編のほぼすべてで師ソクラテスは生き続け、雄弁をふるう。「善」「正義」「美」などの観念は実在し、また人はそうした完璧なもの、永遠なものに賭けるべきだとする「イデア論」、哲学者が関わってこそすぐれた政治が成り立つとする『国家』など、独創的な思考から生産量豊かな思想を展開した。世界初の「大学」とも言うべき学園「アカデメイア」の創設者でもある。
★なお、この同時期の日本では、およそ紀元前四世紀から紀元後三世紀頃までが「弥生時代」と呼ばれ、大陸伝来の水稲農耕が行われていた。

1 ソクラテス――哲学のギリシア本土への上陸

知の根源学＝哲学は前六世紀前半、小アジア半島の豊かなギリシア植民地ミレトスに生まれた。そこはギリシア本土から離れ、自由の気風に満ち、また先進のメソポタミア、エジプト文明とも地続きで、それらの知的伝統をも受け継いでいた。

やがてペルシアの圧迫を受けて知の探究は、西のギリシア植民地イタリア南部に移り、精密にまた深く自らを磨《みが》く。そして前五世紀半ばになるといよいよギリシア本土に上陸し、知の巨頭ソクラテスを生むことになるのである。

知の永遠の都となるポリス（都市国家）としてのアテネ（アテナイ）は、諸ポリス中で比較的広い領土と多い人口を持っていたものの、前六世紀までは一地方都市に過ぎなかった。しかし、前五世紀に入る頃から、陶片追放など民主的諸改革を重ねて発展し、時あたかも襲い来た巨大帝国ペルシアとの二〇年以上にわたる熾烈《しれつ》なペルシア戦争では、スパルタとともに全ギリシアの中心となって戦い、名声を確立する。やがてアテネは、エーゲ海を内海とする言わば「アテネ帝国」の首都になるのである。

この都では、民会など公の場所で、人々を説得する弁論が重んじられ、力ではなく言葉が支配した。ポリス市民にとって死活問題となる、この弁論術を教授する師となった者こそがソフィストである。

彼らが現れたのは、紀元前五世紀半ば。自ら市民の教育者をもって任じ、政治、法律から哲学、弁論術まで諸事万般にわたり、知らないことはないと豪語して、さまざまな知識を人々に供給することで報酬を得ていた。最も有名な言葉に、いわゆる「人間尺度命題」、即ち、「人間は万物の尺度である」というプロタゴラスの一句がある。これは、個々の人間の知覚こそが真理の基準であり、絶対的な真理など存在しないという相対主義の主張であるが、ここには神でなく、またロゴスでもなく、人間こそが主役であるという「人間主義」の考え方が色濃い。

弁舌のテクニックによって黒を白と言いくるめ、詭弁《きべん》をほしいままに弄《ろう》すると批判された彼らの姿勢が窺われるエピソードではあり、プラトンからは金のために知識を売ると非難された彼らである。しかし〈知の歴史〉の中にあっては、現実生活の中を泳ぎ続けた「哲学の徒」であった彼らが、それまでの自然学者たちとは袂《たもと》を分かち、知の対象を自然界の究極真理の探究から、あえて人間の生の日常に向けた点が注目に値する。人が生きていく中で、真に大切な知は「自然の中のロゴス」なのかという疑念である。その疑いは、続くソクラテスにもそのまま移行していく。

つまり、金のために知を売り、詭弁術を授けて若者を堕落させたと厳しく非難された彼らではあるが、自分たちの大いなる意義を主張できないわけではない。一五〇〇年にわたって「知のための知」と

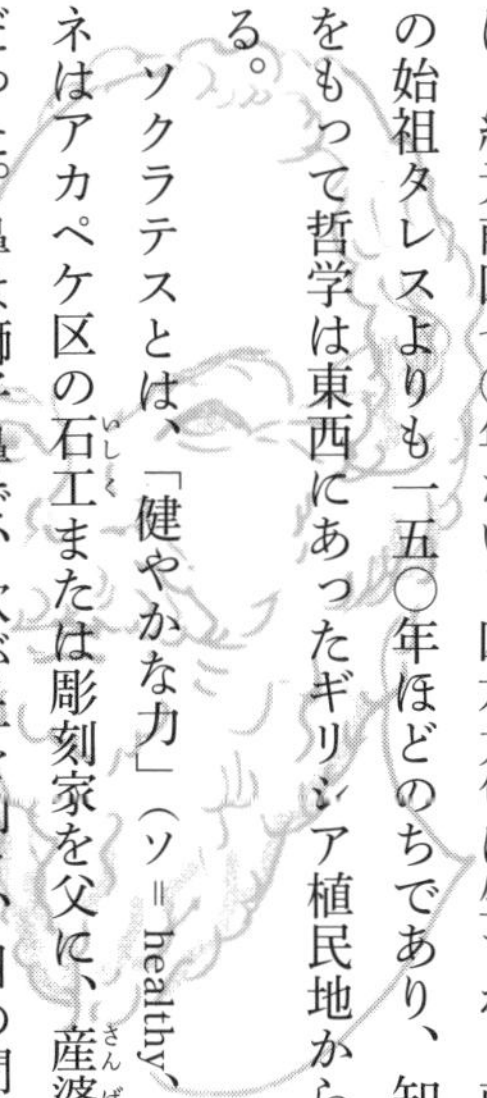

して、自然の中のロゴスの探究に素朴に限られていた哲学の知の対象を、彼らは、教育や徳、価値、あるいは人間社会など、人間に関わる事象の洞察へと広げたからである。こうしたソフィストを通過することで初めて、考察対象を言わば天空に限っていたそれまでの哲学に対し、それを見つめる人間それ自身をも見つめ返し、人間自身の生を問うという幅を与えた、知の巨匠ソクラテスが現れることになる。しかもソクラテスは、ソフィストのような真理相対主義を否定し、私の中——私の思考の中に普遍性があり、客観的なるものがあると信じ、それを求め、また問い続けたのである。

　哲学者として恐らく最も有名なキャラクターであるソクラテス（Sōkratēs, 前四七〇／四六九—三九九）は、紀元前四七〇年ないし四六九年に生まれ、前三九九年、七〇歳で亡くなった。その生年は、哲学の始祖タレスよりも一五〇年ほどのちであり、知識全般を市民に供給したソフィストたちのあと、彼をもって哲学は東西にあったギリシア植民地から本土へ、しかもその中心のアテネに上陸したと言える。

　ソクラテスとは、「健やかな力」（ソ＝healthy、クラテス＝power）を意味するとも言われるが、アテネはアカペケ区の石工《いしく》または彫刻家を父に、産婆《さんば》を母に生まれた、名前の通り身も心もパワフルな男だった。鼻は獅子鼻で、穴が上を向き、目の間が離れた醜男《ぶおとこ》だったが、弁舌にすぐれ、口を開けばユーモアたっぷりの魅力で人を惹《ひ》きつけた。その生涯は、ペルシア戦争の末期からペロポネソス戦争直後にわたり、アテネの興隆期、全盛期、衰退期すべてを味わい尽くした七〇年だった。

ソクラテスの最大の仕事は、すでに一世紀半の伝統のある哲学の流れを、大きく方向転換させたことであろう。即ち、先行していたソフィストたちとともに、哲学の思考の対象を自然から人間へと変えたのである。それまでの哲学の試みは、イオニアの一元論、イタリアを中心とする多元論がせめぎ合ってきたが、いずれにせよ、世界の構造を探究するものだった。宇宙はどのようにして生まれたのか。天体現象はなぜあのように規則的なのか。世界の膨大な多様はどのようにして生じたのか。人間の「外部」に広がる世界の由来と仕組みとを、始原（アルケー）を想定するところから始めて、この現実に至るまでを解き明かすことに、一五〇〇年の知を絞り続けてきたのだ。

しかし、ソクラテスは違った。ソクラテスの若き日には、それまでの哲学に従って、自然の研究に没頭した日々があったようだ。しかし彼はやがてそれに失望する。人間の知の探求は、そうした「外部」にではなく「内部」、人間自身のことに向けられなければならないのではないか。そうして、朝早くからアゴラ（広場）の一角に立ち、老若の人々とやさしい言葉をつかって知を追い続けることはあっても、自然からは何も学ぶものがないとして、散歩に出かけることさえしなかったと言われる。私たちの生、私たち人間同士の関係、そうしたものに求められる、善や美や敬虔《けいけん》や勇気や正義、あるいは疎《うと》まれるべき悪、そのような人間自身の問題についてこそ、哲学の探求は行われるべきである。このように考えて、ソクラテスは探究の対象を一八〇度変えてしまう。まさに、デルフォイのアポロン神殿の入り口に刻まれていた格言「汝自身を知れ」を地で行ったことになる。

やがてアテネは黄金時代を迎え、「ギリシアの学校」として学芸が咲き誇る知の中心地となるのであるが、それを主導するアテネの哲学は、ソクラテス、その弟子プラトン、さらに孫弟子アリストテレスという、哲学史上例のない巨大山脈を生み、宇宙・自然の現象は勿論のこと、政治や道徳、行為や認識などといった社会・人間の現象までも含め、すべてを考え尽くす知の一大実験場となっていく。

ソクラテスは政治には距離を置き、個人として生きようとした人だったが、政治の波に巻き込まれざるを得なかった。彼の前半生はアテネの興隆期であったのだが、四〇歳になろうとする頃始まったペロポネソス戦争は、アテネを衰退させただけでなく、民心を堕落させた。人の心が病んでいく社会にあって、ソクラテスは魂の守り人として、金や名誉に汲々《きゅうきゅう》とする人々を責め、ロゴスに従って誠実に生き、善き心、美しき行為を追求せよと迫った。

ぼくという人間は、今にはじまったことではなく、いつもそうなのだが、筋道を立てて考えていき、最善だと自分に明らかになるような原則〔ロゴス〕でなければ、自分のなかの他のいかなるものにもしたがわないような、そうした人間なのだ。

（『クリトン』朴一功訳、『ェウテュプロン／ソクラテスの弁明／クリトン』京都大学学術出版会、二〇一七年、一五一頁）

ソクラテスが学究生活から人々との関わりに乗り出した転機は明白である。デルフォイの神託が、「ソクラテスより知恵のあるものはいない」と語っているのを知った彼は、なぜそうした神託が出たのかといぶかしく思い、多くの政治家、詩人、職人のところに出かけていっては対話をする。結果として分かったのは、人間の知るところなど所詮《しょせん》は知れているのに、多くの人々は自分の無知を自覚せず、何でも知っているとうぬぼれているということだった。ソクラテスだけが自分の至らなさを知っており、このわずかな点でだけ、自分は彼らよりも知恵がある——というものだった。

こうしたソクラテスは、人間が知るべき勇気や正義や節制などの徳とは、本当はどんなものなのかを尋ね、多くの人々と対話を繰り返す。解答をソクラテスが出すのではなく、対話のうちに相手が自然と答えを生み落とすように、彼が手伝うのである。この「ソクラテス式産婆術」は、プラトンの多くの対話編の中で生き生きと描かれている。

しかしながら、ソクラテスは厳しい政治批判をしたほか、彼からとことん問い詰められて恨みを持つようになった人も少なからずあり、またソクラテスの多くの若い弟子の中から、祖国アテネを裏切った人間が出たことなどもあって、「不敬及び若者を堕落させた罪」という表向きの罪状とは別に、その実、政治的な理由で、紀元前三九九年に死刑に処せられた。

ソクラテスの一生は、死をも賭けてロゴスを追究するものであった。彼の功績として、対話の中で帰納法や概念的な定義に生命を与え、学の基礎をスタートさせたことなどが、アリストテレスによって挙げられている。しかし〈知の歴史〉におけるその最大の功績は、哲学の研究対象に「人間」自身を加えたこと、それに加え、政治ないし文学を目指していたエリート青年プラトンを哲学の道に引き入れたことであったかもしれない。さらに、孫弟子にやがてアリストテレスを連ならせ、古代のうちに、そののち千数百年を優に耐える哲学の伝統を確立させた手腕である。

2 プラトン——夢見る哲学者

プラトン（Platōn, 前四二八／四二七—三四八／三四七）は、二〇歳のときにソクラテスに出会い、二八歳でその師を衆愚政治によって失った。謦咳《けいがい》に接した時間は僅かに八年。しかし師の影は、その後の弟子の人生五二年間を支配する。書かれた著書は三六篇、二四〇〇年前の昔にも拘らず、そのすべてが現存し、そのほぼすべてでソクラテスは生き続け、その対話の中で、宇宙の営みから国家の在り方、人間の生き方までが追究されていく。

師から学んだロゴスを果てしなく追う、哲学的探索法としての弁証法、世界の真理を示すイデア論を中心に、宇宙から人間にまでわたって思索を重ねた。古代哲学を確固たる学として成立させる一方、哲学や数学を初めとする諸学の研究機関、言わば世界初の「大学」たるアカデメイアを開く。この学園では、師弟の上下なく、自説を含む諸論に対する討論を行うことで、自由闊達《かったつ》な研究が進められた。ここからは、古代ギリシア哲学の最高峰にして、哲学史上稀に見る巨人アリストテレスが輩出された。プラトン、アリストテレスの哲学は、ともに中世キリスト教千年の支配的学問となっていく。

プラトンは紀元前四二八ないし四二七年、アテネの名門の家庭に生まれた。ローマの哲学史家ディオゲネス・ラエルティオスによれば、本名は、祖父の名をとってアリストクレス。「プラトン」とは、肩幅の広さ、ないしは額《ひたい》の広さからつけられたあだ名だという。並木のプラタナスは、ギリシア語で「幅の広い葉」を意味するが、これと同語源であり、「広ちゃん」といったところだろうか。

親類を初め、当時の良家の子弟たちの当然のコースだった政治への道を、当初のプラトンは考えていたらしい。しかし、アテネ興隆の中にあったソクラテスの時代は、もはや過去のものとなりつつあった。プラトンの生まれた年は、古代ギリシア史上最大の戦争となったペロポネソス戦争が始まって四年目であり、二七年も続いたこの戦争が終わる紀元前四〇四年には、プラトンは二三歳になっていた。ほとんどすべてのポリスが参戦したこのギリシアの「世界大戦」によって、殺戮《さつりく》と略奪と破壊でギリシア全土は荒れ果て、アテネもすでに名指導者ペリクレスを失ってデマゴーグ政治の渦中にあり、人心も荒廃していた。

こうした中で、文学的才能を示し始めていたプラトンだったが、二〇歳頃ソクラテスに出会い、心酔し、以来弟子となる。しかし、汚濁《おだく》した世の中につねに正しさを求め続けたその師は、政治の貧しさの中で「法の名の下」に死刑判決を受け、無残に殺される。紀元前三九九年、プラトン二八歳のときのことであった。これこそが、「哲学者プラトン」を生んだ衝撃的事件であり、以来彼は公人として行動する道を捨てる。

ここからプラトンのいわゆる遍歴時代が始まる。二八歳から四〇歳までの一二年間、ギリシア国内のみならず、アフリカ北岸のキュレネ、エジプト、さらに北西イタリア、シチリア島にまで足をのばす。この間、彼は自らの哲学的思考と文学的才能を合体させ、真実を求め続けた師の姿を紙上によみがえらせ、ロゴスにのみ従う師の志を、哲学対話作品の形に仕上げることに心血を注ぐ。

これが有名なプラトン対話編全三六編であって、後年になるに従い、師の姿は次第にフェイドアウトしてはいくものの、八〇歳で亡くなったプラトン自身が生前公刊できなかった『法律』を除けば、すべての対話編にソクラテスが登場するという壮観である。それはつまり、プラトン晩年の作品になると、場面設定が半世紀ほど前の、ソクラテス存命の時代に固定されているということになり、どれほどプラトン哲学を師の影が覆っているかを物語っている。

遍歴時代のイタリアで、ピュタゴラスの学園の知見も得ていたらしいプラトンは、紀元前三八七年、四〇歳のとき、アテネ北西郊外のアカデメイアの地に学園を開き、これが師の死に次ぐ、プラトンのもう一つの転機となる。研究者と学生とからなる研究と教育のためのアカデメイア学園には、ギリシア各地から入学者が相次ぎ、中には高名な数学者エウドクソスが一門を連れて入学したほか、北方からはるばるやってきた一七歳のアリストテレスの名もあった。この学園は、代々学頭によって引き継がれ、紀元後五二九年、東ローマ皇帝ユスティニアヌスによって閉鎖されるまで、ギリシアの知の中心として延々九〇〇年以上にわたって存続したのである。学術世界を意味する「アカデミズム」は勿論、この「アカデメイア」がその語源である。

学術研究を生涯の仕事としたプラトンではあるが、師ソクラテスを殺してしまった愚かな「政治」は、ついに乗り越えねばならない課題として残っていたのであろう。五〇歳から六〇歳頃の一〇年をかけて書かれたとされ、彼の代表作と目される『国家』の中で、「哲人王」の思想に到達している。

哲学者たちが国々において王となるのでないかぎり、あるいは、今日王と呼ばれ、権力者と呼ばれている人たちが、真実に、かつじゅうぶんに哲学するのでないかぎり、つまり、政治的権力と哲学的精神とが一体化されて、多くの人々の素質が、現在のようにこの二つのどちらかの方向に別々にすすむことを強制的に禁止されるのでないかぎり、親愛なるグラウコンよ、国々にとって不幸のやむことはないし、また、人類にとっても同様だとぼくは思う。

(『国家』田中美知太郎他訳、『世界の名著7　プラトンⅡ』中央公論社、一九六九年、一七七頁)

実際にのちのローマ皇帝マルクス・アウレリウスが哲人王となって歴史に登場することになるが、このプラトンのアイディアは、彼自身が触れている通り、当然のことながら現実には至難の業《わざ》だった。しかしプラトンは、そうしなければ、またそうならなければ、人々は救われない、悲惨はなくならない、と考えていた。そしてプラトン自身もまた、その思想に現実の中でコミットしている。この作品『国家』が成立するよりも早く、学園を開く前の遍歴時代末の四〇歳頃と、また『国家』が成立したのち六〇歳、さらに六六歳の頃、都合三度にわたって、当時拡大ギリシア世界で強力な国勢を誇っていたシチリア島のポリス、シュラクサイに渡り、政治アドバイザーの役割を果たそうとしたのである。しかしことごとく失敗、政争に巻き込まれ、奴隷に売られようとしたり、生命の危険にさらされる目にもあっている。

六七歳で最後のシチリア行から戻ったプラトンは、再び静かな研究生活に戻り、『法律』を書きながら亡くなったとも伝えられる。静かな中にも波乱に富んだ八〇年の生涯であった。

3 イデア論――観念は実在する

プラトンの中心的な思想は「イデア論」である。師ソクラテスの言葉を借りて語られるプラトンの理論は、ギリシアの過酷な現実のように、移ろいやすく、汚濁した世界とは全く別の世界がある、というものだった。それがイデアの世界である。美しく、永遠で、完璧な世界。傾き行く、暗い修羅の巷《ちまた》であるギリシアの現実に対する強力なアンチテーゼこそが、プラトンのイデア世界であったと考えられる。

「イデア論」では、我々の感覚に捉えられている身の回りの美しい花、美しい瞳といった現実のさまざまな美しい物とは別に、「美」そのものである「美のイデア」があるとされる。この世の個々の美しいものは、この美のイデアに関与する限りで、限定的、相対的、不完全に美しいのであり、それに対して美のイデア自身は完全で、永遠で、絶対的な美なのである。こうしたイデアは、プラトンによれば善を筆頭に正義、勇気等々さまざまなものがあり、それこそが真実在であって、弁証法という、対話と吟味の方法によってそれを明らかにしていくことが、哲学者の仕事だとされた。つまり、永遠不変である正義自体、勇気自体などの実在性が主張され、生成変化する運動の世界からは、真理が締め出されたのである。

プラトンの対話編において、イデアの真髄が象徴的に語られる最も有名な箇所は、『国家』の中の「洞窟の比喩《ひゆ》」であろう。――そこでは、我々人間は生まれつき洞窟の中で手も足も首も縛られ、洞窟の奥の壁しか見ることのできない存在に譬《たと》えられている。後ろには火が燃え、我々にはその前を通るものの影のみが目の前の壁に映って見えるだけなのだが、我々はその影をこそ真実在だと考えて疑わない。一人の人間がいましめを解き、まぶしさに眼をくらませながら、洞窟の外に出て、すべての真実を知る。

そこはイデアの世界であり、中心で輝く太陽こそが善のイデアである。彼は戻って人々に、あなた方がこれまで見てきたものは「影」にすぎないのだと告げるが、人々はそれを信じず、彼を捕らえて殺してしまう。このエピソードに出てくる覚知者《かくちしゃ》こそソクラテスに違いないわけだが、この印象深い挿話の示す通り、私たちの見ている世界は影の世界であり、ただに生きているだけでは決して真実に到達することはできない。すべてを根本的に疑い、移ろう現象を越えて、その背後にある真実在に迫る哲学者の究極の努力が要請されるゆえんである。

イデア論は、別の見方をすれば、観念は実在するという立場である。勿論、「観念」の語源がギリシア語の「イデア」なのだから、ほとんど同義反復のようなものではあるが、それにしても、美しく、完全で、永久不変のイデア界が存在し、それらイデアと関わる限り、分与される限りで、地上の個物も存在するという発想は、タレス以来、ロゴスとリアリズムでひた走ってきたギリシア思想界にとっては、新しい神話が戻ってきたと言っても過言ではなかったろう。

しかしながら、ソクラテス式対話を旨《むね》としたプラトンは、自説を一方的、ドグマティックに主張することはなかった。何より、自らの学園の中で、自説のイデア論も自由に批判させたと伝えられ、また彼の最大の弟子アリストテレスも、イデア論を全面否定することで、自分の哲学体系を作り上げることになるのである。

さらにプラトンは、『パイドン』でのソクラテスの口吻《こうふん》から判断すると、イデア論とその関連（魂不死説、想起説）において、自説を絶対の真理として主張するにはためらいがあったようにも見える。作中のソクラテスは言うのだ。――そう考えることは冒険かもしれないが、それは冒険に値する。このような冒険は美しいから。そしてこういうストーリーを自分自身のために、言わば呪文として唱え続けなければならない、と。

ほとんど末世のようなこの世界、傾き続けるアテネの国運と、それを立て直せない貧しい政治の中で、しかし、イデアに賭けてみようではないか。完全なもの、完璧なもの、永遠のものはあるはずだし、それをひたすらロゴスで求め続ければ、求める限りにおいてそれはある。ロゴスにのっとった、理想主義の誕生である。そして人間の歴史を通じて、観念がどれほど人を衝《つ》き動かしてきたかに思いをはせれば、一見霞を食うようなプラトンの観念論と、アリストテレス流のしっかり地に着いたリアリズムのどちらを採るべきかは、簡単に決められることではない。

イデア論や、そのイデアの秩序に基づいた宇宙の製作者デミウルゴスを含むプラトン観念論は、本来反ギリシア、反ロゴスだったキリスト教神学にやがて取り入れられ、その千年を支える理論的支柱となる。その一方、神の国と地上の国を峻別《しゅんべつ》する二世界論として、不完全な現世を否定し、架空世界に逃避したとして二二〇〇年後、ニーチェの攻撃を受けることになる。ツァラトゥストラは、神の国などない、この世界こそが唯一の国だ、ここでこそ、自らの力によって強く生きよ、と説くことになるのである。

ソクラテスによって、自然から人間の考察へと大きく舵《かじ》を切ったギリシア哲学は、その愛弟子《まなでし》のプラトンによって大きく相貌を変え、学園システムという哲学研究のハードとソフトを生み出すとともに、理論的には、リアリズムから距離を置く観念の殿堂を作り上げる。ところが、プラトンよりさらに巨大な後継者となったアリストテレスによって、その殿堂は根本的な改変を受け、再び現実世界に目を向け直した新しい哲学体系が築かれるのである。

第七章　千年を生きる哲学体系の成立——アリストテレス

アリストテレスは「万学の祖」の名にふさわしく、すべてを見つめ、すべてを考え尽くそうとした哲学者である。タレスに発するギリシア哲学二五〇年を集大成し、〈知の歴史〉全体に聳《そび》え立つ存在の大きさを持つ。医科系の両親のもとに育ち、プラトンのアカデメイアに入学し、学園の知性と謳《うた》われるが、師の文学的資質とは正反対の自然科学的手法で自らの学を築く。

不運に見舞われ通しの六二年の生涯だったが、それらの障害を乗り越え、多産の師をさらに凌《しの》ぐ膨大な著述を生み出した。驚くべき観察眼で二三〇〇年の昔、地球が丸いことをすでに見抜いている。綿密な観察の上に思考に思考を重ねることで、エーゲ海のウニの口器から宇宙全体の超越者まで、また哲学、論理学に始まり、動植物学から天文学、力学、物理学、さらには詩学、政治学、倫理学などまで、世界のすべてを知り、説明し尽くそうとする壮大な知の体系を築いた。

またプラトンの学園に対抗するかのように、アテネ郊外に開いた学園「リュケイオン」は、膨大な文献や標本を備えた図書館や博物館を擁し、その知はやがて地中海の彼方、プトレマイオス朝のアレクサンドリアにまで移出されて、この新しい知の都に学問の灯をともした。

史上最も偉大なアテネの三師弟、ソクラテス・プラトン・アリストテレスの仕事は、古代における学問の方法、学問体系の構築から世界の構造解明、人間のあるべき姿の提示にまで及び、知のスタンダードを作り上げた。その質の高さは、ギリシアの知を嫌悪したキリスト教世界の知をも事実上支配し、この後優に千年以上を生きることになる。

1 万学の祖、その悲運の生涯

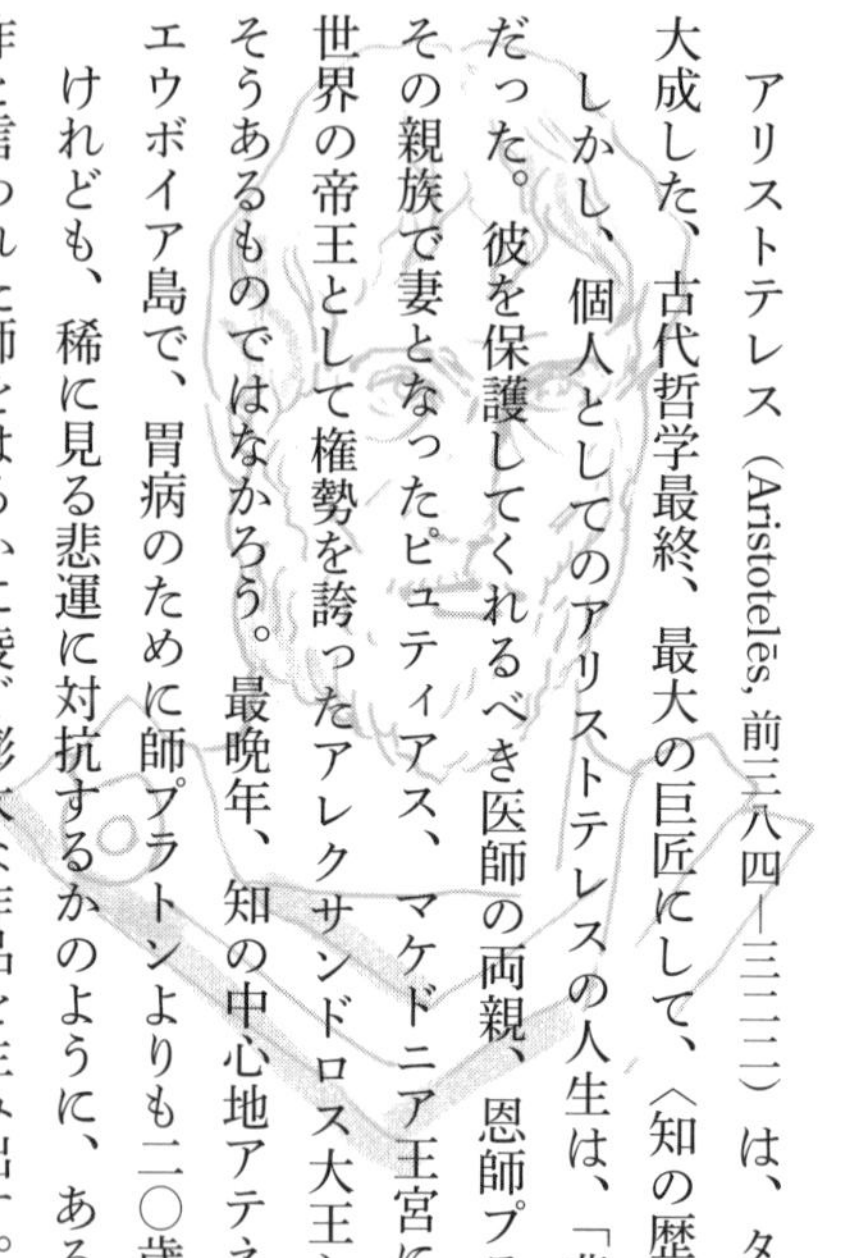

アリストテレス（Aristotelēs, 前三八四―三二二）は、タレス以来二五〇年近い古代ギリシア哲学を集大成した、古代哲学最終、最大の巨匠にして、〈知の歴史〉全体に聳え立つ巨人である。

しかし、個人としてのアリストテレスの人生は、「悲運の哲学者」とさえ言えるほど不運の連続だった。彼を保護してくれるべき医師の両親、恩師プラトン、移住先の小アジアの僭主ヘルミアス、その親族で妻となったピュティアス、マケドニア王宮に招いてくれたフィリッポス二世、そして古代世界の帝王として権勢を誇ったアレクサンドロス大王らを、次々と失う。これほどに重なる不幸は、そうあるものではなかろう。最晩年、知の中心地アテネから石もて追われるように移った、母の生地エウボイア島で、胃病のために師プラトンよりも二〇歳近く若い六二歳で亡くなる。

けれども、稀に見る悲運に対抗するかのように、あるいはそうした俗事を超越するかのように、多作と言われた師をはるかに凌ぐ膨大な作品を生み出す。主要著作も、著者の逝去とともに眠りにつくが、数奇な運命を辿って三〇〇年ののちに劇的に復活。中世においては「哲学者」と言えばアリストテレスを指すまでになった。宇宙を統べる超越者から、エーゲ海の浅瀬に棲む小さなウニの口器に至るまで、世界の一切を知ろうとする壮大な知の体系を築き、万学の祖と言われる。

アリストテレスは紀元前三八四年、エーゲ海北端のギリシア植民都市スタゲイロスで生まれた。のちに師となるプラトンとは四三ないし四四歳差。これは、奇しくもプラトンのその師ソクラテスとの年齢差とほぼ同じである。

父は家業を継いだ医師であり、ギリシアの隣国マケドニアの王の侍医《じい》を務めていた。母もまた医師の家系であったことから、少年アリストテレスは自然科学的家風の中で育てられたと言え、のちの彼の科学的、経験主義的思考を予言しているものと思われる。

ところが、少年時に父を、次いで母を失い、後見となった姉夫妻の住む小アジア北部の地、アタルネウスに移る。後見人は少年の才を認め、アリストテレスが一七歳のとき彼を、はるばるアテネの地の最高学府、プラトンのアカデメイアに入学させる。紀元前三六七年のことであった。ここから、前三四七年、三七歳までの二〇年間が、アリストテレスの学問修業の時代となる。

当時のアカデメイアは創立後二〇年、全ギリシアのみならず、全欧随一の研究教育機関であった。創立者プラトンも六〇歳、シチリア島から戻ってからはなお自ら教壇に立ち、その教えのもとでアリストテレスは頭角を現した。途方もない読書家として知られ、学園の知性と謳われ、プラトンをして

「アリストテレスには手綱《たづな》が必要だ」と言わしめるほどの勉学ぶりだったと伝えられている。

彼の第二の転機は、紀元前三四七年に起こる。学園の創立者にして学頭のプラトンが亡くなったのである。アカデメイア学園の後継者を誰にするか？　アリストテレスは当時、学園内随一の才能であったろうが、プラトンの甥《おい》、数理哲学のスペウシッポスが継ぐことになる。それと同時に、学園内の知性、アリストテレス、クセノクラテスらが揃って、エーゲ海対岸、小アジアやや北方のアッソスに移る。学園分校開校の準備という名目だったようだが、創立者亡きあとの混乱状況で、学園の屋台骨を支えるべき高弟を、遠隔地の分校開設に派遣するというのは不思議である。実は、プラトンの亡くなる以前にアリストテレスが出発したという説や、当時反マケドニアの気運が高まり、マケドニアに縁のあるアリストテレスには居心地がよくなかった、という説もある。しかしいずれにせよ、スペウシッポスの数理哲学に批判的だったアリストテレスがいない方が、新学園には都合がよかったことは確かであろう。

かくしてアリストテレスは、二〇年を過ごした全ギリシアの知の中心地を去るのである。ところで、エーゲ海の彼方、アッソスの僭主ヘルミアスは、はるばるやってきた彼らを歓待した。アリストテレスはそのヘルミアスの親族ピュティアスと結婚、沿岸の魚介類の採集・研究にいそしむ。四〇歳近くなってからの遅い結婚だったが、結婚生活もうまくいき、アリストテレスは幸せな日々を送ったようだ。しかし、それは長くは続かなかった。

紀元前三四五年、ペルシア王アルタクセルクセス三世の謀略によってヘルミアス王が捕縛、のち処刑される。急遽《きゅうきょ》アリストテレスは妻を伴い、アカデメイア出身とされる友人テオフラストスの故郷、アッソス対岸レスボス島のミュティレネへ移る。妻は結婚後数年で亡くなったと伝えられるが、アッソス及びこのミュティレネでの合計五年ほどの滞在中に、アリストテレスの膨大な生物学研究の多くが成し遂げられることになる。波穏やかな海岸で、来る日も来る日も魚介類を手に取り、緻密《ちみつ》な研究に明け暮れたこの大哲学者の幸せな表情が思い浮かぶようだ。

紀元前三四二年、アリストテレスはマケドニア王フィリッポス二世から、一三歳の王子アレクサンドロスの師傅《しふ》を務めるよう招聘《しょうへい》を受け、七年にわたりマケドニア宮廷で過ごすことになる。ところが、前三三六年、フィリッポス二世は暗殺され、二〇歳のアレクサンドロスが王位を継ぐに及び、アリストテレスはアテネに戻る決心をする。

紀元前三三六年ないし三三五年、アリストテレスは一二年ほどの留守ののち、懐かしいアテネに戻ってきた。しかし、アカデメイア学園には戻らなかった。ギリシアはそれ以前、すでに前三三八年のカイロネアの戦いでマケドニアに敗れ、当時のアテネもアレクサンドロス帝国の支配下にあった。その栄光をバックに戻ってきた五〇歳に近いアリストテレスは、あたかもアテネ西郊のアカデメイアに対抗するかの如く、アテネ東郊に新しい学園リュケイオンを開くのである。アカデメイアが「アカデミズム」の語源になっているように、リュケイオンもまた、フランスの高等中学校の名称「リセ」の語源となっている。

この学園は、アレクサンドロス帝国の後援を得ていたのであろう。膨大な文献や標本を蔵する図書館、博物館を備え、ギリシア全土から学生を集めた。アレクサンドロス大王も、東方征服の先々から、様々な動植物の資料を送ってきたと伝えられる。創立者アリストテレスも教壇に立ったが、現在アリストテレス全集を構成する原稿の多くが、ここでの講義原稿・メモ類だと考えられている。

しかし、悲劇が再びアリストテレスを襲う。開校一二年ののち、想像もしなかったアレクサンドロス大王の、僅か三二歳での急死。世界帝国はたちまち動揺し、アテネでも反乱が起こる。大王をバックにしていたアリストテレスに対する反感も燃え上がり、先師ソクラテスのときと同様に裁判が始まることを見てとった彼は、手塩にかけた学園と自らの草稿を、アッソス、ミュティレネ以来の盟友にして弟子のテオフラストスに託し、「再びアテネが哲学を汚す罪を犯すことのないように」という言葉とともに紀元前三二三年、アテネ北東方、母の故郷エウボイア島に渡った。翌三二二年、胃病のため世を去る。六二歳であった。

大王の若死がなければ、せめてあと一〇年生きていたならば、アリストテレスの哲学はさらに大きくなり、草稿も完成し、プラトン同様、完全な形で現代まで伝えられていたことであろう。

ここで、アテネを悄然《しょうぜん》として去ったアリストテレスのあとに残された草稿について触れておく。ほとんど小説じみた、数奇な運命を辿ったとされる原稿のことである。テオフラストスに託された膨大な草稿は、その後、その弟子のネレウスに渡ったが、ネレウスはこれをトロイア近くの故郷スケプシスに持ち帰った。ところがネレウス亡きあとその相続者が、これを地下の穴倉に放置してしまったのである。それから一五〇年以上、この膨大な草稿は、人に知られることもなく湿気と闇の中で眠り続けた。前一世紀初め、アテネの愛書家が噂を聞いてこれを買い取り、アテネに持ち帰る。しかし、対ローマ戦でアテネは敗れたため、この草稿はローマに送られた。やがてアリストテレス復興の気運の中で、ロドス出身のリュケイオン学頭アンドロニコスの手によって編集、前三〇年頃公刊されるに至るのである。

このあまりに不幸な著作集の転々とした運命は、その著者の生涯に対するものと同様の感慨を覚えさせるが、この伝承に大なり小なりの誤謬《ごびゅう》があるとしても、人類の知を形成した一つの大きな柱として、どんな運命にもめげず、たくましく生き抜き、ついには晴れて日の目を見たその生命力にもまた、深い感慨を覚えずにはいられない。

2 思想二大潮流の誕生――アリストテレス vs プラトン

ラファエロによって描かれた名画『アテネの学堂』では、並み居る学匠たちの中で、中央の二人に焦点が当てられている。画面中央左、天を指さすプラトンと、同じく中央右、掌《てのひら》で地をさすアリストテレスとである。これは見事に両者の哲学を象徴した絵であって、イデアの園である天上世界を恋い求めるプラトンと、地上に着実なリアリズムを求め続けるアリストテレスの姿勢を描き出しているのだ。

アリストテレスの哲学は、四三歳ほど年長のその師プラトンから全面的に学び、また対決するところから生み出された。プラトンの想像力豊かで雄大な哲学、地上の汚濁を嫌悪し、そこから身を引き離し、ひたすら天上の真と美と善を求める哲学に対して、アリストテレスの武器は、その緻密な頭脳と、それを駆使して現象世界をひたすらリアルに追究し続ける徹底性である。

ところでこの対比を文芸の世界に移してみれば、かくある現実に耐え難いものを感じ、いまだあらぬ現実、いまだ見ぬ対象に激しく憧《あこが》れて、この世ならぬ何処かへ身を移したいと願う心性は「ロマン主義」（ロマンティシズム）と言われる。これに対し、かくある現実をまずそのまま認め、それを真実であると受け入れた上で、そこに働く力やそれらが織り成す構造を見通そうとする姿勢は「リアリズム」と呼ばれる。翻《ひるがえ》ってこれを二人の哲学者に当てはめれば、プラトンはまさしくロマン主義者であり、アリストテレスはリアリストそのものであった。しばしば、対照的な人間性の類型としても成り立つロマン主義とリアリズムの対立が、観念論的傾向と経験科学的傾向の二大潮流として、これ以降の哲学の世界をも二分していくのである。

さて、プラトンがオリジナルに考え出した、世界の範型としてのイデアは、感覚を超越し、永遠の自己同一を保つ存在であるから、ここから世界のさまざまな運動は説明しづらい。これに対しアリストテレスは、形相《けいそう》と質料、可能と現実という対概念《ついがいねん》で、運動の構造を説明しようと考えた。

まずアリストテレスは、現実の運動変化を分析し、そこには四つの原因――質料因（ヒュレー、素材）、形相因（エイドス、本質）、作用因（アルケー、始動）、目的因（テロス）――があると考えた。例えば、大工に家を作ってもらうという「運動変化」があった場合、質料は材木であり、形相は家の設計図、作用は大工で、目的は完成した家、ということになるだろう。四因のうち、特に質料（何からできているか）と形相（何であるか）が本質的なものであり、アリストテレスは、自然物にせよ人工物にせよ、あらゆるものは質料と形相とから成立している、と考えた。しかも、この場合の「材木」は、「木」という質料から見れば、形相になっているわけで、その「材木」が、「家」という形相に対しては「質料」になる。つまり、運動変化の過程では、形相はそれが実現する次の段階ではそのまま質料となることになり、両者は相対的なものとして、次々に意味を変えて連なっていく。この関係はまた、質料は未完成の形相という意味で「可能性」（デュナミス）であると言え、完成した形相は「現実性」（エネルゲイア）を実現したと言える。これを言い換えれば、あらゆる生成変化は、質料のうちに形相が自らを実現していく過程、可能性が現実性に転化していくことなのだと言える。こうした質料と形相、可能性と現実性のダイナミックな連関関係で結ばれた「月下の世界」である地上の万物は、さらに「月より上の世界」の永遠不変の運動を反復する諸天体に連なり、最終的には無始無終たる世界の万物を動かす第一原因、自らは動かず他を動かす「不動の動者」たる神に行き着くのである。このように、アリストテレスは、万物は形相と質料とから成立していると考え、各々が形相となり質料となる無限の連鎖の果てに、世界原因としての不動の動者である神を認める形而上学によって世界構造を説明した。

プラトンは普遍としてのイデアが個物を超越して存在すると考えたが、アリストテレスは普遍的なものが個物に内在すると考える。そうであればこそ、個物は真に具体的な存在となり、目的因を通じてついには天上の一者を目指すことになる。一切のものが、神へ神へとなびいていくこの壮大な目的論的世界観は、プラトンがおよそ想像だにしなかった世界構造・世界力学である。個物の中に究極への志向を認めるアリストテレスであるがゆえに、海辺のウニの一片の口器までもが重要な問題となるのであり、彼をして、数多い動植物を初めとする、個物の構造と力学の解明を目指す巨人的な努力に駆り立てたものであった。

徹底したリアリストであったアリストテレスだが、顕微鏡も望遠鏡もない時代のことであり、知覚の及ばない物質組成のレベルになるとプラトンと同じく、アナクシマンドロスに源を発する、エンペドクレス以来の四元（火・水・土・空気）を元素とする立場をとる。同様に知覚を越えた世界の第一原因には、プラトンの世界創造神デミウルゴスに似た不動の動者を充てたことは、勿論今から見れば、いかにも時代を感じさせるものではあった。

3 壮大な体系性

アリストテレスの真骨頂は、その壮大な体系性にある。哲学史全体を見渡しても、世界全体を対象として、そのすべてを、独創的な方法を使って説明し尽くそうとした哲学者は、アリストテレスとヘーゲルの二人をもって代表とする。こうした巨大な哲学が成立したあとでは、後継が不振を極めてしまうことも、両者に共通のことである。

アリストテレスの哲学的主著『形而上学』では、すでに触れた世界連環のダイナミズムとしての四因論のほか、万物をさまざまな属性から研究する諸学とは異なり、「存在」一般が「存在する」限りでいかなる性質を持つか、またその「存在」を成立させる究極原因である神を探究する学への言及がなされる。このように、アリストテレスの哲学では、言わば垂直の体系性が提示される一方、それとともにすでに述べたように、水平に広く並列する体系的探究も精力的に行われている。

アンドロニコスが整序したアリストテレス哲学の著作体系によれば、まず論理学では、あらゆる学問の基本ツールを提供すべく、命題・主語・述語などのターム、同一律・矛盾律・排中律などの公理、三段論法の定式化などの整備が行われ、十九世紀までは、論理学はアリストテレスで終わった、とまで考えられてきた。

自然科学関係の著作は、現存するアリストテレス著作集中の最大量を占めるほど膨大なものであり、医家の家系に生まれ、多分本来自然科学畑だった彼が、いかにこの分野に熱心に取り組んだかを示している。『自然学』の冒頭では、学的認識は、対象の原理・原因・構造を知悉《ちしつ》することが必須である、との宣言がなされたのち、宇宙の構造から天文学、気象学、力学、物理学、数学、さらには動植物学などに至るまでが扱われている。

これらのうち、例えば『天界について』では、月食が、太陽の光を地球が遮ることによって引き起こされ、しかも月面を動く地球の影はつねに丸いことから、地球の形が球状であることが推理されている。さらに次のような推理が続く。

幾つかの星々はエジプトやキュプロス島周辺では見られるが、北方の国々では見られず、星々のうち北方の国々では終始すがたを現わしているものがかの地方では沈んでしまうのである。したがってそれらの事象からは大地の形が円形であるのみならず、その球が巨大なものではないことも明らかである。……

数学者たちのうち大地の周囲の大きさを算出しようと試みた人々もそれは四〇万スタディオンに及ぶと言っている。

以上のことから推定すれば、大地の塊体は球形であるのみならず、他の星々の大きさと比較して大きいものではないのが必然である。

（『天界について』山田道夫訳、『アリストテレス全集　5』岩波書店、二〇一三年、一三八―一三九頁）

二三〇〇年以上昔のアリストテレスが、すでに地球が丸いことを認識し、しかもその大きさは天界の中で、他の星々と変わらないと考えていたことに驚かされる。

さらに動物学では、ゾウ・ラクダ・ウシ・ウマから始まって、ツバメ・ドバト・ツル・キツツキ、またサメ・コイ・ナマズ・ウナギ、そしてクモ・ハチ・アリなどに至るまで、五〇〇種以上の動物を、徹底した観察、解剖などによってその体制、生態、生殖、性格を記述し、合理的な分類を行ったことで、動物学の祖と言われる。数多くの対象を、一つひとつ丹念に分析、記述し尽くすその緻密さは、読んでいて気が遠くなるほどである。その観察は、あまりの精度ゆえに、生物学者によってその事実が確認されるまでに二〇〇〇年以上かかった例がいくつもあると言われる。有名なものでは、サメには卵生や卵胎生（胎内で産卵し、孵化《ふか》後に産み落とす）があることが知られるが、アリストテレスは、サメの一部の種には胎生のものがあって、へその緒が胎児と母胎とを結んでいる旨を記述しており、この事実は十九世紀の発生学者によってようやく確認されたものである。

さらにアリストテレスは、政治学や、その一部を構成すると考えた倫理学にも研究の範囲を拡げ、弟子たちの協力を得て、一五八にも上るギリシア諸ポリスの国制とその歴史を調査し、よりすぐれた政治を追究している。

一方『詩学』では、芸術論も展開しており、そのキーターム「カタルシス」は、ソクラテス以来の「魂の浄化」という意味を「芸術による心の解放」に変え、今日の日本でもなお、一般に使われる用語となっている。

こうしてアリストテレスの研究は、今日では考えられないほどの広さを持つ、人文・社会・自然科学のあらゆる分野に及び、およそこの世界のすべての知を手に入れようとする巨人的努力であった。

アリストテレスの研究方法は、すでに述べたように、師プラトンのように、世の現実の現象に信頼を置かず、むしろこれを嫌ったやり方とは正反対に、この世界のリアルをまず前提として認め、人間の知の力に信を置いて、現象を徹底的に分析し尽くすことで、真の知に到達しようとする経験科学的なリアリズムであった。この事情は、千古《せんこ》の名文と言われる『形而上学』冒頭にもよく表れている。

すべての人間は、生まれつき、知ることを欲する。その証拠としては感官知覚［感覚］への愛好があげられる。というのは、感覚は、その効用をぬきにしても、すでに感覚することそれ自らのゆえにさえ愛好されるものだからである。しかし、ことにそのうちでも最も愛好されるのは、眼によるそれ［すなわち視覚］である。けだし我々は、ただたんに行為しようとしてだけでなく全くなにごとを行為しようともしていない場合にも、見ることを、言わば他のすべての感覚にまさって選び好むものである。その理由は、この見ることが、他のいずれの感覚よりも最もよく我々に物事を認知させ、その種々の差別相を明らかにしてくれるからである。

（『形而上学　上』出隆訳、岩波文庫、一九五九年、二一頁）

ここには人間における、知への絶対的な志向と、五億年前のカンブリア紀の眼の誕生以来、恐らく最も眼を発達させた種の代表であるヒト族の繁栄の現実と、そしてもう一つ、その視覚を中心とするヒトの感覚を尊重し、その分析力に賭ける哲学者アリストテレスの姿勢がよく表れているであろう。

4 〈知の歴史〉に落とす長い影

こうして、世界の頂点たる不動の動者（神）以下、天体、人間、動物、植物、無生物という、およそ存在する万物が一つの論理で説明され、壮大な体系性をもって人々の上に聳え立つことになった。このアリストテレスの広範な超人的努力は、古代の知をここに集大成させるとともに、圧倒的な威力でそれ以降の人類の〈知の歴史〉を支配した。

まず、彼が創始し、一二年間手塩にかけたリュケイオンだけをとっても、資料を収集し、分類し、分析していく学問的方法、その有機的手段としての図書館と博物館の設立という手法は、やがてリュケイオンの学者たちとともに海を渡り、プトレマイオス朝エジプトで、古代世界最大の図書館、アレクサンドリア大図書館とその高度な学問となって結実することになる。

その膨大な著作について言えば、主要部分が、悲運によっておよそ三〇〇年もの間雲隠れしてしまったという「事故」に遭《あ》ったとはいえ、やがて不死鳥のようにローマ帝国の知の空に復活する。キリスト教千年の支配下においては永く、神の世界創造を認めないギリシアの理に偏した知として排斥された。しかし、トマス・アクィナスによって巧みにキリスト教に接合されるや、それ以前からデミウルゴス創造神神話によって受け入れられていたプラトンと並び、さらにはそれを凌いで、キリスト教神学の理論的支柱となるのである。

したがって、やがて来るヨーロッパ近代は、キリスト教千年と結びついたアリストテレスの重圧からいかにして逃れるか、万学の分野で死闘を繰り返すことになる。

先学の研究も含めて資料を収集し、それらを分析、評価しながら、自説を結論として提示していくという、現代に至る学問の基本的方法もアリストテレスに発するものであり、彼が飽くなき好奇心をもって世界のあらゆる相を知り尽くそうとしたことと併せ、まさに「万学の祖」と言われるにふさわしい存在であった。

第八章　嵐の中を生きる哲学——エピクロス学派とストア学派

紀元前四世紀後半、マケドニアの大王アレクサンドロスは、僅か一〇年で世界帝国を築く。ギリシアからインドに至る東西五〇〇〇キロメートルのグローバル国家はしかし、大王の突然の死とともに崩壊し、分裂と戦乱が渦巻く混迷の時代へと突入する。「ヘレニズム期」とは、以後ローマ帝国の世界制覇までの約三〇〇年を指す。この間の知を担った哲学が、「快」を求めたエピクロス学派、禁欲の代名詞となったストア学派などであった。

人々がポリスの落日に立ち会い、過酷な運命に翻弄される中で、「知」は真理の探究を離れ、襲いかかる運命に耐える「不動心」や、幸福を見いだすべき「心の平静」の追求へと関心を移す。求められた人間像は「賢者」であったが、そのモットーは「隠れて生きよ」「耐えよ、控えよ」であり、「隠者」と変わりがなかった。

ヘレニズム期に続くローマ期約五〇〇年と併せ延々八〇〇年にも及ぶ時間に、卓越した知が生まれることはなかった。こうした中、東方から「人の魂を救う」キリスト教が出現するのである。

★この時期の東洋——紀元前後のインドでは、大乗仏教が興隆していた。この学派は自らの運動を、あらゆる人々を救うための「大きな乗り物」であるとし、従来の「正統派」仏教を、厳しい修行によって自らの救済のみを求める「小乗」と批判した。この系統から、紀元後三世紀に龍樹《りゅうじゅ》が現れ、主著『中論』などで、あらゆる存在が固有の本質を欠くことを実証して「空の思想」を哲学的に基礎づけ、後代に大きな影響を与えた。この系統を「中観派」と呼ぶ。中国経由で六世紀の日本に伝えられた仏教は大乗仏教であって、やがて龍樹は日本で南都六宗のほか天台・真言宗を合わせ、「八宗の祖師」と称えられることになる。なお、従来の「正統派」仏教（小乗仏教）は、スリランカ経由で東南アジアに広まっていく。

また、同時期の日本では「魏志《ぎし》」倭人伝《わじんでん》によれば、邪馬台国《やまたいこく》の卑弥呼《ひみこ》が紀元後二三九年に中国・三国時代の魏に遣使している。

1 古代グローバル化の中の哲学

紀元前三二三年、アリストテレスの死に先立つこと一年、彼の後ろ盾ともなっていたアレクサンドロス世界帝国は、自らを神に擬した若き大王をバビロンに失って震撼《しんかん》する。しかし、約一〇年間のアレクサンドロス東征によって、ギリシアからインドに至る東西実に五〇〇〇キロメートルもの広大な地域が一つに結ばれた世界史的意義は大きい。大王は各地の文化を尊重しつつも、征服者の文化としてギリシア文化をこの地域全体に広めた。これが、「ギリシア風」を意味する「ヘレニズム」文化と言われたゆえんであり、それは二一世紀の我々を遡《さかのぼ》ること二三〇〇年の昔に現実化した、古代におけるグローバル化だった。

歴史上「ヘレニズム時代」とは、大王東征開始の紀元前三三四年頃から、紀元前三〇年のエジプト・プトレマイオス朝滅亡により、ローマ帝国の支配が東地中海に及ぶまでの、およそ三〇〇年間をさす。しかし、言語・文化を初め、さまざまなものをヘレニックに染めたこの古代のグローバル時代は、決して穏やかな三世紀とは言えなかった。

まず紀元前三二三年以降、アレクサンドロス世界帝国は直ちに解体が始まり、大王の部下たちによって跡目争いが延々と繰り返される。その後、本国を中心とするマケドニア王国、セレウコス朝シリア王国、プトレマイオス朝エジプト王国に分割されるが、なおしばしば内部抗争、外部闘争が続いた。

しかしその頃西地中海では、新しい台風の目が着実に実力を蓄《たくわ》えていたのだ。紀元前二七二年にイタリア半島を統一したローマ共和国は、前二六四年から始まる第一次ポエニ戦争で初めて海外領土を獲得し、味をしめたかのように前一四六年にはカルタゴを完全破壊、西地中海の覇権を握る。

その一方ローマは、旧アレクサンドロス世界帝国領への干渉も開始する。まず、「マケドニア支配からのギリシア解放」を名目にマケドニア戦争に勝利すると、掌を返すように解放するどころかギリシアを属州化し、さらにシリア王国、エジプト王国を相次いで滅ぼして、ここに全地中海の覇権を握るのである。

このように、ヘレニズム時代三〇〇年は戦乱の時代でもあり、ギリシア人が知の揺籃、心の拠り所としたポリスは、グローバル化の中で一弱小地方都市に貶《おとし》められ、存在意義を全く失ってしまう。ではこうした動乱の三〇〇年の中で、知はどのように変貌していっただろうか。

2 新興哲学三学派——ヘレニズム期の知

アテネの巨大な哲学的伝統は、プラトンが育てたアカデメイア学園、アリストテレスが愛《いつく》しんだリュケイオン学園としてなお命脈を保ってはいたが、新しい時代をヘレニズム哲学として牽引した知は、エピクロス学派とストア学派、さらにはスケプシス学派の三派であった。ただこの三派とも、アテネの哲学三高峰、さらにはタレス以来二五〇年にわたるギリシア哲学全体のさまざまな思考から強い影響を受けていた。その上で乱世の中にあって、心の安寧《あんねい》と幸福を求めるために自らの理説を組み立てはしたのであるが、これらの長い伝統を一歩先に進める新しい知を形成するまでには至らなかった。

それはこの後に引き続くローマ期も同じであり、結局、タレスからアリストテレスに至るギリシア哲学前古典期、及び古典期二五〇年で到達した高みが、その後ヘレニズム期三〇〇年、ローマ期五〇〇年の合計約八〇〇年の年月をもってしても、哲学的に乗り越えられなかったということになる。ただ例外は科学である。一切の学を含んでいたギリシア古典哲学から、この時期に科学（自然哲学）がはっきりと分流していき、知の都アテネからアレクサンドリアへ移植されて大きく発展し、さらにローマへと移るのだが、これについては次章に譲ることにしよう。

さて、戦乱相次ぐ荒涼たる世界の中で生い育ったヘレニズム期の哲学とはどのようなものであったか。

紀元前三二三年以降、早々に大王の後継者争いが始まるが、一七年後の紀元前三〇六年夏、小アジア半島北部のランプサコスから少数の弟子を連れて、なお知の都であったアテネを目指した一人の男がいた。やがて「快楽主義」で名を知られることになる三五歳のエピクロスである。彼はアテネ郊外に廉価な庭つきの家を買い、学園を開く。この「エピクロスの園」では、弟子や親類、その家族たちとの共同生活の中で哲学研究や講義が行われ、女性や奴隷までもが温かく迎えられて、平等の扱いを受けたと言われている。ここにエピクロス学派が始まるのである。

さらに、エピクロス学園がスタートした五年後の紀元前三〇一年、同じアテネのヘパイストス神殿近くの柱廊《ちゅうろう》（ストア）で、人々に講義を始めた男がいた。瘠《や》せて背が高く風采《ふうさい》も上がらず、キプロス生まれの訛《なま》りのあるギリシア語を話す色の黒い男だったが、その説く教えと人柄とが聞く者に深い感銘を与え、多くの人々の取り巻くところとなった。三四歳のゼノンで、ここにストア学派が始まるのである。

これら二派に、ピュロンのスケプシス学派（懐疑派）を加えた三つの学派が、ヘレニズム期の新しい哲学学派である。これらの学派の創始者たちはいずれも、アレクサンドロス世界帝国の奇跡のような成立と、その無残な崩壊とをリアルタイムに体験した人々であり、人の力を越えた宇宙の意思のようなものを、恐らくは感じていたであろう。「運命」という観念が彼らの哲学には大きくのしかかり、それにいかに対処するかを、彼らは真剣に考えざるを得なかった。

新しい学派に共通する特徴は、哲学の目的がもはや真理の探究を離れ、幸福の追求に代わったことである。「真理の導くところ、どこへでも行こうではないか」と志したプラトンの立場からすれば、信じられないほどの哲学の変貌ではあったが、それは時代の要請であったとしか言えないであろう。この傾向は、新しく生まれた学派のみならず、旧来のアカデメイア学派にも及んでいく。

この点の例外が、アリストテレスの衣鉢《いはつ》を継ぐリュケイオンのペリパトス学派であって、彼らのみは始祖の科学志向を受け継ぎ、その厳密な学のハードとソフトを、プトレマイオス朝エジプトの首都アレクサンドリアに移出、知がアテネからアレクサンドリアへ移るきっかけを作った。またのちに始祖の著作集を編纂するなど文献学の基礎をも築き、後世の学問研究に資するところが大きかった。

いずれにせよ人々は、人間の顔をした共同体であったポリスの落日に立ち会い、決してロゴスが支配しない広大な帝国の争乱に巻き込まれ、心の安寧を失っていた。こうした時代に知を尽くす哲学に求められたものは、知それ自身のための知、あるいは真理そのものではなく、荒涼たる世界に放り出された人間が、いかに身を処すべきかという言わば「ハウツー」であった。この場合、世界の真理の探究は、それを行うならばその成果を通じて、人々の「心の平静」に資するものでなければならない。

ロゴスに代わって押し寄せてくる、苛酷で剝《む》き出しの、そしてまた偶然だらけの運命に対しても、断固として「不動心」を保たせ、「幸福」をもたらしてくれるものでなければならなかった。

こうして新しい哲学は、等しく「心の平静」(アタラクシア)、「不動心」(アパテイア)を目標とし、それが得られた状態に「幸福」を見いだそうとした。そこで実現すべき理想像こそが「賢者」である。新しく説かれた論旨は、今振り返れば痛々しいまでに内向的である。それは人間関係が問題であるから、哲学中の、プラトン・アリストテレス以来の倫理学のテーマと言えないことはないが、彼らにあった社会への積極的な関わり、理論によって社会を変革させたいという意志は消え去っている。求められた賢者とは、恐ろしい外部とつながりを断ち、孤立した小空間で生きていこうとする隠者と変わりがなかった。

3 創始者たちの群像と思想

この時代の新しい哲学の創始者たちには、そのキャラクターがユニークな者が多い。

魂の医師と呼ばれるエピクロス(Epikouros, 前三四一頃―二七〇頃)は、紀元前三四一年頃、小アジア・イオニア地方、ミレトス北西沖のサモス島で生まれた。父はアテネから屯田兵《とんでんへい》として移住してきた貧しい植民者で、エピクロスはその次男。紀元前三二三年、一八歳のときアテネで二年の兵役につくが、時あたかもアレクサンドロス大王の死去と、それに続くアテネの反マケドニア蜂起《ほうき》、そしてみじめなその失敗、弾圧とが重なった。二〇歳でイオニアに戻り、以後一〇年間諸派の哲学を学び、自己の学説を成立させる。三〇歳からレスボス島及び小アジア北西部のランプサコスで教え、熱烈な支持者を得る。

こうして自信を深めたエピクロスは、紀元前三〇六年夏、三五歳にして一部の弟子たちとともに知の都アテネに上陸し、庭のある小さな家を買って学園を開く。その哲学は「快楽主義」という名で知られる。「エピキュリアン」と言えば現在、性と食にのめり込む人物と目されるが、エピクロスの説いた「快楽主義」とは、人が苦を去って快を求めるのは自然であり、それを否定してはならない、というほどの意味であった。

肉体に苦がなく、魂にわずらいのないことが、エピクロスの目指す「快」である。肉体については、その最小限の欲求は「飢え、渇き、寒さのないこと」であり、それらが満たされさえすれば、ゼウスに匹敵する幸福を得ることさえできるとした。快楽は、味覚、性愛、音楽、美など、大いに味わうべきだが、むなしい欲望に駆られればかえって苦痛を招くことになる。「水と一切れのパンがあれば、私は十分だ」という彼の言葉を見れば、エピクロスの快楽主義は、ストア派の禁欲主義とそれほど差のあるものとは思えない。

魂については、死への恐れと神々への恐れとが、それを脅《おびや》かす最大のものと彼は考える。また死とは、我々を構成している原子が分離するだけの現象である。

死は、もろもろの厄災のなかでも最も恐ろしいものとされてはいるが、実は、われわれにとっては何ものでもないのである、なぜなら、われわれが現に生きて存在しているときには、死はわれわれのところにはないし、死が実際にわれわれのところにやってきたときには、われわれはもはや存在していないからである。

（ディオゲネス・ラエルティオス『ギリシア哲学者列伝　下』加来彰俊訳、岩波文庫、一九九四年、三〇一頁）

つまり死は、生者にも死者にも関わりのないものだから、何も恐れることはないというのである。また一方、神々の呪詛《じゅそ》が我々に厄災《やくさい》をもたらすとした当時の信仰も、神々がそうしてきたのなら、他を呪う者だらけの人類などとっくに亡びていたはずだと一蹴《いっしゅう》する。

エピクロスの考え方は、デモクリトスの原子論を中心にそれまでのギリシア哲学の成果を学び、宇宙の合理的な構造と力を理解することで知を磨き、もって過《あやま》てる煩《わずら》いを魂にもたらさないようにせよ、ということであった。

こうしてエピクロスは、「魂の癒《い》やし人」としての役割を、エピクロスの園で三六年にわたって果たし続け、紀元前二七〇年、七一歳のとき、浴槽の熱い湯につかりながら強いブドウ酒を飲み干し、人々に看取られながら息を引き取ったと言われる。その日ランプサコス以来の弟子イドメネウスに宛てた手紙には、腹部の痛みは激しいが、君との対話の思い出で、魂は喜びに溢れている、と書かれていた。
エピクロスの園は、世の荒波から弟子たちを守ってくれるシェルターであり、彼もまた若いときから公的生活を忌避《きひ》し、「隠れて生きよ」をモットーとした。求めるものは「心の平静」（アタラクシア）、持つべきは「不動心」（アパテイア）であって、哲学知はそれらをもたらすバックボーンとして学び続けるべきものであった。

一方、「ストイック」即ち「禁欲的」の意味で名高いストア派の開祖ゼノン（Zēnōn, 前三三五頃―二六三頃）は、紀元前三三五年頃、キプロス島のギリシア植民地キティオンで生まれた。貿易商の息子で、二二歳頃アテネにやってきて犬儒派（シニック）、論理学で有名なメガラ学派、アカデメイア学派などに学び、自己の学説を成立させる。紀元前三〇一年頃、三四歳にして公共の柱廊（ストア）で講義を始めた。飾らない身なり、質素な生活、熱心な講義で、やがて多くの人から慕《した》われる。紀元前二六三年頃の最期の日も、柱廊で講義を終えた帰りに道で倒れ、拳《こぶし》で地を打って、「これから行くところだ、なぜそんなに急がせるのか」とギリシア悲劇の一文を口にし、息を止めて亡くなったと伝えられる。

エピクロス派が始祖のみの哲学であったのに対し、ストア派ではゼノン以下数々の後継者が現れ、学派全体で成立させる哲学となっていった。またエピクロス派では、始祖の教えがそのまま保たれたものの、その活動は紀元前一世紀に入ると衰えていったのに対し、ストア派ではヘレニズム期を越えて、紀元後のローマ期で有力な哲学となり、マルクス・アウレリウス（在位後一六一―一八〇）に至っては、有力なストア哲学者がローマ皇帝を兼ねるという事態が起こった。ストア派を代表する言葉「耐えよ、控えよ」も、ローマ期のストア派の奴隷哲人エピクテトス（後五五頃―一三五頃）によるものである。

ストア思想では、宇宙は神的な理性（ロゴス）によって支配されており、人はその摂理に従って生きねばならないとする。この自然の理法と和合した人間の状態こそが徳であり、徳のみが善であり、この徳だけで人間は十分であり、幸福なのであるとされた。すると、徳以外のすべて、例えば一般に好ましいとされる地位や名誉や富、また一般に悪しきものとされる死や貧困や病なども、ことごとくが意に介すべきではないもの、どうでもよいものとなる。

こうしたストア学派にとっては、人がこれらの「どうでもよいもの」に心を動かされることが由々《ゆゆ》しきことであり、大切なことは決して感情に動かされないことである。したがって、徳のある人間、即ち賢者とは、恐怖、欲望、快、苦などの情念を持たない、アパテイア（無感動）の境地にある人間だとされた。特にローマ期に入ったストア派後期では理論面が弱まり、拷問《ごうもん》にかけられても心の平静を保ち、奴隷となっても幸福であることを目指すような、実践倫理面が前面に出ることになった。

ヘレニズム期に勃興した哲学学派には、以上の二派のほか、スケプシス学派（懐疑派）がある。始祖ピュロンは、ペロポネソス半島北西部エリスの人。紀元前三六〇年頃の生まれで、アレクサンドロス東征に従った。ペルシアではゾロアスター教の賢者に、またインドでは、一糸もまとわず何も所有せず、修行を続けるジャイナ教の行者に出会って衝撃を受け、故国に戻って隠遁《いんとん》する。孤独と貧困の中で一切に無頓着を貫いて「心の平静」（アタラクシア）を実現、神のような生涯を送ったとされる。その弟子以下のこの系列の人々は、事物の本質を認識することは不可能と考え、真偽善悪の判断を回避（エポケー）することで「心の平静」を得られると考えたのである。

ヘレニズム期の哲学は、以上のような新興の三派のほか、古典哲学期以来のアカデメイア学派とペリパトス学派も存続したが、ともに大きな知的生産を成し遂げることはなかった。ただし、アカデメイア学派に数学研究で業績があったことを別とすれば、〈知の歴史〉の上で一言しておかなければならないのは、すでに触れたペリパトス学派の行方である。

アリストテレス亡きあと、植物学の始祖となって業績を上げたテオフラストス以下の弟子たちは、師の哲学面ではなく科学面を受け継ぎ、厳密な学問的方法に関心を持った。弟子の一人デメトリオスは、大王没後の混乱期にマケドニア王国から委託されてアテネの統治者を務めたのち、アレクサンドリアに亡命、エジプト王国のプトレマイオス一世に仕えたという。ここで、学術研究所であるムセイオンとその付属機関の図書館の建設を王に進言したとされ、これが実現するに至って、リュケイオンの学者たちの派遣が行われて、ペリパトス学派などの知がアレクサンドリアに流れ込むことになったと言われる。アレクサンドリアが、その大図書館で数十万巻のパピルス巻子本《かんすぼん》を擁し、地中海全体から有能な学者を集め、新しい知の都として君臨したことを思えば、結果として、プラトンの想像力豊かな学よりも、アリストテレスの圧倒的に緻密な学の方が、〈知の歴史〉には大きく貢献したことになるのかもしれない。この学術都市アレクサンドリアに花開いた科学知については、次章で扱うことになる。

4 ローマ期の知、そして古代の終焉

ヘレニズム期は、アレクサンドリアを首都とするエジプト王国の滅亡をもって終わる。この直前に、エジプトに上陸したカエサルの放った火によって、アレクサンドリア大図書館が燃えたとも伝えられる。万巻の書も失われ、知の都アレクサンドリアも落日を迎えた。

紀元前後から、ローマ帝国の地中海制覇によって「ローマの平和」が訪れるが、なお愚帝の弊や陰謀、内乱は収まることなく、二世紀後半のマルクス・アウレリウス帝は、辺境の防衛に奔走せざるを得なかった。紀元後一八〇年の帝の死後、次第に高まる緊張の中で、キリスト教が勃興してくる。

キリスト教は、六四年のネロによる迫害を皮切りに、三〇四年まで数々の大弾圧をうけるが、帝権の弱体化とともにキリスト教容認への道が開け、三一三年にはその信仰の承認、三九二年にはついに国教となる。さらに、三九五年のローマ帝国の東西分裂をはさんで、五二七年に即位した東ローマ帝国のユスティニアヌス帝によって、ギリシア異教哲学の禁止が発令された。この結果、五二九年には

九〇〇年以上存続したアカデメイア学園も閉鎖され、ギリシア哲学の研究はここに終焉《しゅうえん》の時を迎えるのである。

このようにして、ヘレニズム・ローマ期の哲学は、大まかに言って、およそ三〇〇年のヘレニズム期と、五〇〇年のローマ期とに分かれるのだが、知的生産力がそれなりにあったのはヘレニズム期、それも前半のアテネやアレクサンドリアにおいてであったろう。この時期の哲学の新興三派は、それまでのギリシア哲学二五〇年の道具箱から、さまざまな利器を取り出して自前の理説を組み立てた。エピクロス、ゼノンらの、人の心を見つめながら説く情熱と、その人間的魅力とが、多くの人々を引きつけた。世界の構造から説き出して、それに逆らわず生き、嵐の世をしのいで幸福になろうとする哲学が受容されたのである。

しかし、この合計八〇〇年にもわたる長い時間の間では、すでに述べたように新しい知が生まれたとは言えない。例外はせいぜい、三世紀のローマで活動したプロティノスによる新プラトン主義であろう。世界は至高の一者からの流出で形成されたと説くその思想は、ギリシア哲学の決算の色合いもあり、また来るべきキリスト教神学への架橋ともなっているが、なお〈知の歴史〉に新しい局面を拓いたとまでは言い難いであろう。

こうしてローマ期の五〇〇年も、後期ストア派として著名なセネカ（前四頃―後六五）、エピクテトス（後五五頃―一三五頃）、マルクス・アウレリウス（後一二一―一八〇）、さらにはプロティノス（後二〇五頃―二七〇）などを生み出すものの、知を前進させる新しい契機には乏しかった。こうした中、東方から現れたキリスト教は、「愚かになって信ぜよ」と、ギリシア的なロゴスによる知を排撃し、代わりに「人の魂を救う」宗教思想を提出するのである。

第九章　勃興する科学知が古代を照らす——科学の都アレクサンドリア

最初の哲学者タレスはまた、世界形成の原理を超自然的な力を排除して追究した最初の科学者でもあった。古代ギリシアには「実験的手法」こそなかったとはいえ、自然に潜む「数」の原理が発見され、「地動説」「地球球体説」も提出されていた。医学では、患者を慎重に観察して治療は控え目にし、自然な回復力を待つ考え方まで持っていた。はるか十七世紀にようやく自立する「科学」と「科学者」の原型は、すでにギリシアが育んでいたのである。

こうしたギリシアの知がヘレニズム期以降失われていく中で、ギリシア哲学の自然科学的部門が地中海対岸のエジプト王国に移出され、学術研究機関ムセイオン、蔵書七〇万巻を誇った大図書館を中心に、アレクサンドリア科学が花開く。

数学の巨人エウクレイデス（ユークリッド）、物理学史の巻頭を飾るアルキメデス、地球の大きさを算出したエラトステネス、天文学の大成者プトレマイオス（クラウディオス）、ギリシア医学を総合したガレノスらがこの伝統の中で育ち、学問の低迷した中世千年を越えて、はるか近代にまで名を轟《とどろ》かせた。

★この時期の東洋——中国では前漢、武帝の紀元前二世紀以降、儒教が国政に接近し、国教化されていく。紀元後一世紀以降の後漢では、儒教が支える国家システムが完成、以後の学は、儒教経典を正しく理解する「訓詁学《くんこがく》」が中心となっていく。またこの後漢の紀元後一世紀頃に、仏教がインドから伝来したとされる。

一方、紀元後四世紀のインドにはグプタ朝が興り、その時代（四―五世紀頃）に「ゼロの発見」があったと言われる。インド起源の十進法数字（アラビア数字）を使った位取り表記法やゼロの概念は、この後イスラム世界を経て西欧に移出され、やがて西欧自然科学を大きく発展させることになる。

1 ギリシア科学を育てた知の共同空間

前章までで古代の知の終焉を述べてきたが、そこでは詳しく扱われなかった科学的な知は、古代全体でどのように発展してきたのだろうか。勿論、「科学」というカテゴリーは古代にはなく、自然現象の探究は、哲学の一部門で「自然学」ないし「自然哲学」と呼ばれた。これは近代に成立した「自然科学」のような、定量的な実験に基づく数理科学の前身で、思弁的、定性的なものであったが、両者の差については、近代科学を扱う第一一章以降で述べることにする。ここでは便宜上、自然学を「科学」と呼ぶが、こうした世界と人間に関する科学的な知を、「世界知」「人間知」さらには「技術知」などの面から考えてみよう。

古代オリエントの科学は、天文学や医学を先頭に、メソポタミアとエジプトで発達し、これが古代ギリシアに引き継がれることになる。オリエント各地で形成された自然観は一様ではないが、それにしてもギリシア以降と比べると、自然を「意思を持つ主体」と捉える点で共通するところがある。つまり、「誰が（who）この世界を造ったか」が問題になるのであって、「どのように（how）この世界は造られたか」を理解しようとするのではない。

ギリシア最初の哲学者タレスは、同じくギリシア最初の「科学者」とも言えるが、彼の姿勢に特徴的に表れているものは、世界の形成を「超自然」的な力によるものとはせず、「自然」それ自身の中に原因を求めていることである。ここに自然を主体ではなく対象とし、その始原から形成・発展を探究する道が開け、はるか十七世紀に至って自立する「科学者」としての立場がスタートすることになる。

また、オリエントと比較してしばしば言及されるもう一つの古代ギリシアの特色は、生産的で継続的な「論争」の存在である。ミレトス学派のタレス、アナクシマンドロス以下、アリストテレスへ、さらにはヘレニズムの学者に至るまで、数々の哲学者（「科学者」）たちが登場するが、後継の人々は極めてよく先人、同僚の説くところを理解していた。アリストテレスの『形而上学』などに典型的にみられる先行学説の紹介、批判、それらを踏まえた自説の主張というパターンは、現在の学問の方法の基本であり、このような知の場で鍛《きた》えられて理論が次々とブラッシュアップされていくというシステムは、オリエントと比べギリシアの学の極めて斬新《ざんしん》な特色である。この地には、このような古代から「知の共同空間」が成立していたのだ。

その正反対とも言える例が日本に見られる。例えば「秘術としての医術」は、ギリシアではせいぜい、この後述べるヒポクラテスなどの古い時代までの典型であったが、日本では平安期の総合医書『医心方《いしんほう》』全三〇巻が秘本とされたのを初め、近世に至ってもなお華岡青洲《はなおかせいしゅう》がその卓越した外科手術の詳細を秘すなど、「一子相伝《いっしそうでん》」「門外不出」などという考え方に固執した。このほか「古今伝授《こきんでんじゅ》」では『古今和歌集』の解釈や読み方などが秘伝とされるなど、日本では学芸的知の中枢部分が隠されることが多く、すぐれた方法を秘密にし、その誇りと利益とを独占しようとしてきた慣行があり、ギリシア・ヨーロッパと著しい対照を成すと言える。

さて、科学の面からギリシア思想の流れを眺めたとき、最初の哲学者タレスが日食を予言した科学者でもあったことなどを別にすれば、最初に大きく浮かび上がってくるものは、紀元前六世紀後半以降のピュタゴラス学派の先進性であろう。ピュタゴラスの定理で知られるこの学派は、すでに第五章で触れた通り、「万物は数である」と宣言し、あらゆるものの原理として「数」を見出した。これは思えば驚くべき卓見であって、すでに述べたように二〇〇〇年以上のちに同じイタリアで、ガリレイが「自然という書物は数学の言葉で書かれている」と喝破したとき、それは全く同じことを言っていたからである。たとえ、はるかな昔に「数の原理」を発見したハンディとして、「男は三、女は二で、結婚は五」といった無理なこじつけをしてしまったとしても。

ピュタゴラス学派の革新性は、理論優先が徹底しており、想像をはるかに越える主張すらもあえて行うところにある。彼らの考えた宇宙構造によれば、宇宙は中心火のまわりを、各天体が西から東へ廻っている。地球は一日一回、月は一カ月、太陽は一年に一回廻るのである。この学派の中には、地球が球体であり、自転をしていると論ずる者まであって、コペルニクスを二〇〇〇年も遡る「地動説」の主張にはただ驚くほかはない。

紀元前四〇〇年頃の人デモクリトスも、タレス以来のギリシア自然学の総決算として、理論的に現代でも通用する原子論を考え出したことは、すでに第五章で述べた。原子論では、一切の現象を原子の離合集散による物理的な運動に帰し、神を全く排除した革新性を持つ。この論では、原子に運動を保証するために真空を必要としたが、アリストテレスは「自然は真空を嫌う」として認めなかった。何も存在しない空間が存在することは矛盾だというのである。このためもあったであろう、以後原子論はすたれ、近代になって真空の存在が証明されるのを待たねばならなかった。

さらに、科学的人間知・技術知の代表者として、医学の祖ヒポクラテス（Hippokratēs, 前四六〇頃—？）を挙げなければならない。ヒポクラテスは紀元前四六〇年頃、小アジア半島南西部の沖、またミレトス南方にあるコス島で生まれた医師である。彼の名を冠する『ヒポクラテス全集』は、個人というよりヒポクラテス学派の業績の集大成であり、全二七〇編、外科手術、投薬、養生法などの治療法が記述されている。いまだ病気が神の祟《たた》りによると考えられていた時代に、病いは自然現象であるとし、医師は観念的な要素を排して患者を慎重に観察しなければならないとする。例えば、患者の顔色、眼、体温、呼吸、姿勢。あるいは問診で分かる食欲、睡眠、排出する便や吐瀉物《としゃぶつ》等々に、観察を行き届かせる。医師はまた、経験を生かしながら控え目な治療を行い、患者の自然な回復力に待つことが説かれている。病気の発生因として示される四体液説（黒胆汁・黄胆汁・血液・粘液の四体液の調和の乱れが病因となる）は現在では受け入れ難いが、観念的、魔術的なものを否定し、リアリズムに徹した治療方針や「医術は苦しむ患者への癒やしの術である」という考え方など、現代にも生きる視点の高さが目立つ。

当時は医師免許というようなものはなかったから、誰もが医者になれた。しかし実際には組合があり、希望者は開業医の下で見習いをし、また各地を巡って修業をした。新しい土地に移ったら、まずその土地の気候や風土を研究するようにと、文献からも具体的にアドバイスされている。

古代最大の哲学者にして、最大の科学者であった者こそアリストテレスである。哲学は言うに及ばず、科学分野でも前四世紀から十七世紀まで、延々二〇〇〇年を越える歴史の中で、アリストテレスは空前絶後の圧倒的な権威であった。〈知の歴史〉の中では、彼が提出した「エピステーメー」（知）という概念が重要であろう。『分析論後書』第一巻第二章冒頭でアリストテレスは、エピステーメーとはある事柄が、他ではなくまさにそれによって生じていると考えられるある原因を、我々が認識している場合の知識である、としている。つまり知（エピステーメー）とは、根拠に基づいた確実な知識、学的厳密知のことを指すのだが、プラトンにおいてはこうした知は現象・経験という不確実なものからは決して得られず、思惟からのみ得られるとした。しかしアリストテレスは経験と観察の役割を重視し、それに基づいて自ら一大体系を組み上げていったのである。エピステーメーは、目の前の現象を綿密に観察し、分析・比較・総合することで得られる。これはまさに、アリストテレスにおいて自然科学の原型が出発したことを意味しているであろう。確かに、しばしば指摘されるように、アリストテレスを含めたギリシア科学は、ほとんど実験を行わなかったという欠点はあったが、それはロゴス（論理）をひたすら追跡し続けた人々ゆえの限界であったと思われる。そればかりは近代を待たねばならなかったのである。

しかしながらその代わりに、裸眼、素手、注意深い考察のみを駆使して、アリストテレスはすでに述べたように今から二三〇〇年以上も昔、地球が丸いことを見抜いたのである。アリストテレス以前に地球球体説を唱えた学者はいたが、彼のように地理的移動による星座の変化、あるいは月食時の月面の地球の影の丸さなど、整然とした根拠に基づいて主張した者はいなかった。

諸学の源たるギリシア自然学は、タレスに始まりアリストテレスにおいてその学問性を確立した。「自然学」はまた「自然哲学」とも呼ばれ、自然の根本原理を思弁によって追究する学問であり、主に哲学面にスポットライトが当たるが、実際には数学、幾何学を初め、天文学、気象学、地学、物理学、動物学、植物学等々、科学面の要素も大きい。これらはアレクサンドリアを経てイスラム圏に流入し、さらにヨーロッパに還流して、万学として細分化された西欧近代科学へとつながっていくのである。

2　夢の学術都市アレクサンドリアの科学

前章ですでに述べたように、アレクサンドロス世界帝国の成立、解体とともに、時代はヘレニズム期へと移行する。世界帝国が生み落とした三つの王国は互いに競い合うが、その戦いの中には文化戦略も含まれていた。つまり各国とも、軍事力のみならず学芸の栄光によっても競い続けたのである。このため、まだ数少なかった図書が「宝」としてさまざまなルートを経て集められ、また学者も招聘《しょうへい》された。

とりわけ、東西貿易の接点となったエジプト王国の首都アレクサンドリア（アレクサンドレイア）は、強力な文化政策を進めるプトレマイオス一世（在位前三二七―二八三）の庇護のもとに、知の繁栄を謳歌《おうか》した。プラトンのアカデメイアの影響もあったであろうが、恐らくは主としてアリストテレスのリュケイオンに倣《なら》い、またこの学園から人的援助を得て、ムセイオン（学術研究機関）と図書館が設置・建設された。プトレマイオス二世（在位前二八五―二四六）の時代には、ムセイオンの教授は一〇〇人を越え、図書館の蔵書は七〇万巻に達したという。ギリシアのアカデメイアもリュケイオンも言わば「私立大学」であったから、授業料なり寄付なりで収入を確保する必要があったが、ここは広大な国土を持つ国王から学者に研究費が支給され、さまざまな援助も与えられる、夢のような学術都市であった。これによってアレクサンドリアは、アレクサンドロス大王によって紀元前三三一年に建設されて半世紀、紀元前三世紀における「人文・自然系」を併せた学芸の都として光輝《こうき》を放つことになる。なおアテネは、エピクロス派、ストア派を擁し、哲学の都としての権威を保ち続けたから、アレクサンドリアはいわば世界の科学の首都として、数学、天文学、生物学（医学）などの分野で大きな成果を生むことになるのである。では以下に、そのハイライトを見てみることにしよう。

　この時代の数学で最も著名な人物はエウクレイデスとアルキメデスである。エウクレイデス（Eukleidēs, ユークリッド、前三〇〇頃）は、プトレマイオス一世時代の数学者。『原論』という数学体系を著した。これは定義・公理（共通概念）・公準（要請）からスタートし、次々と定理を証明して、演繹《えんえき》的に一大体系を作り上げる。全一三巻、近代に至るまで論証数学のバイブルとなり、また科学体系のモデルともなった。哲学の分野でも、スピノザの『エチカ』がこの形式に従って書かれている。プトレマイオス王から『原論』を読むよりも手っ取り早く理解できる方法はないかと尋ねられ、「幾何学に王道なし」と答えたのは有名な話である。

　また、物理学史の巻頭を飾るアルキメデス（Archimēdēs, 前二八七頃―二一二）は、シチリアのシラクサの人。アレクサンドリアに留学し、エウクレイデスの数学を知り、力学と幾何学を学問的に重ね合わせることで天才を発揮した。王冠が純金で作られていないと疑った王から、それを証明するよう命ぜられたアルキメデスは、王冠と同じ重さの金銀の塊を用意し、各々水で満たされた器に浸し、溢れた水の量を計ることで解決したと言われる。そのアイディアを浴場で思いついた彼が、「エウレカ」

（分かった）と叫びながら裸のまま町に飛び出したことが伝えられている。ここから、「流体（液体）中の物体は、その体積分の流体の重さだけ軽くなる」というアルキメデスの原理が生まれた。

この時代は、天文学の分野で大きく知をリードした人々が多くいる。アリスタルコス、エラトステネス、ヒッパルコス、プトレマイオス（クラウディオス）などである。

まず、アリスタルコス（Aristarchos, 前三一〇頃—二三〇頃）は、サモス島の出身。太陽中心説（地動説）を唱えたが、その著書名の通り、幾何学を応用して「太陽と月の大きさと距離」を今から二二〇〇年以上も前に考えたことで名高い。

彼は月が半月のときには、太陽と月と地球とは直角三角形を成すと考えた。ここから、地球から見た太陽と月への距離の比は、それらへの二直線が成す角度を測れば決定できるとし、その角度は彼によれば八七度であった。そこで距離の比は約二〇倍とされたのである。得られた値は正確ではなかったが、この着想のすばらしさは驚嘆に値する。

さらに驚くべきは、エラトステネス（Eratosthenēs, 前二七六頃—一九六頃）であった。彼に至ってついに地球の大きさが、それもかなりの精度で得られたからである。エラトステネスは北アフリカ、キュレネの人。天文学、数学、地理学、哲学、文学、文献学など多くの学に通じ、プトレマイオス三世の招きでアレクサンドリア図書館の館長を務めた。彼はこの図書館で次のことを知った。即ち、現在のアスワン近くにあるシエネという町では、夏至《げし》の日の正午に、深い井戸の底にまで陽光が届くことから、太陽が真上に来るのである。そこで彼は、シエネとほぼ同じ子午線《しごせん》上にあるアレクサンドリアで同じ夏至の正午に太陽高度を計り、そこで得た太陽高度と垂直線が作る角度は、両地点を結ぶ円弧が地球の中心で作る角度と等しいと考えた。両地点間の距離は五〇〇〇スタジアとされていたから、一般に言われたように一スタジア＝一五七・五メートルとすれば、地球の円周は三万九六九〇キロメートルとなり、現在の値四万〇〇〇九キロメートルとほんの僅かしか違っていない。驚くべき精度であった。エラトステネスの、地理学に幾何学、天文学を重ね、巨大な地球を図面の上で対象化した手際《てぎわ》は、二二〇〇年前のアレクサンドリア科学の白眉《はくび》と言えるであろう。

アレクサンドリア科学の繁栄にかげりが出た紀元前二世紀半ば以降、アレクサンドリア市に属し、小アジア半島南西沖にあるロドス島で、四〇年もの間精密な天体観測を続けた天文学者がヒッパルコス（Hipparchos, 前一九〇頃—一二五頃）である。アレクサンドリア科学が生んだ最後の天文学者と言われた彼は、一〇〇〇に及ぶ恒星の位置を決定した星表《せいひょう》を作り、それぞれに一等から六等までの光度等級を与えたことで名高い。一等は最も明るい星、六等は肉眼でやっと見える明るさで、現在の私たちが用いているものの原型である。

なお、このアレクサンドリア時代ののち、ローマ期に入ってからの科学者であるが、それまでのアレクサンドリア天文学を集大成した者が、プトレマイオス（Ptolemaios Klaudios, 後二世紀頃）である。生没年は不明だが、紀元後一二七年から一四一年にかけて、アレクサンドリアで天文観測をしていたことが分かっており、紀元後二世紀半ばに著した『アルマゲスト』全一三巻で、科学史上最も有名な学者の一人になった。数学的天文学の立場から過去の天文学を総点検し、さまざまなモデルの提示、徹底した論証、精密な計算で、天動説ゆえの矛盾を最小限にしようと努力した。その完成度の高さから、アラビア語圏に移入されたのち、さらにラテン語圏に翻訳し直されて戻り、コペルニクスが現れる一六世紀までの天文学を一四〇〇年にわたって支配し続けることになる。

アレクサンドリア科学ならではの生物学・医学分野での知の動きも挙げておこう。ヘロフィロス（Hērophilos, 前三〇〇頃）とエラシストラトス（Erasistratos, 前三一五頃—二四〇頃）は、代々の国王の許可を得て、刑務所から遺体を確保して解剖をしたのみならず、罪人の生体解剖も行い、臓器の位置や機能なども徹底して調べたのである。日本の『解体新書』の動きを遡ること二〇〇〇年の昔であった。

ヘロフィロスは、こうした解剖を基礎に、脳を中心とする神経系と、心臓・動脈・静脈などの脈管系を区別し、アリストテレスの心臓中枢説に対し、脳を人間の中枢と認めた。また現在も使われる身体部位の語源として、網膜（「網のような」から）や十二指腸（「指の幅一二本分」から）の名づけ親としても名高い。エラシストラトスも解剖を基礎に、運動神経と交感神経、大脳と小脳を区別した。

両者は、アリストテレスもできなかった人体解剖を通して医学を精密化し、それまでの単なる疾病《しっぺい》術《じゅつ》から、人間の科学への道を切り開いたと言うべきである。このように数々の発明発見で古代に輝かしい光を放ったアレクサンドリア科学ではあったが、やがて落日の時がやってくる。

3 アレクサンドリアの落日とローマの科学

アレクサンドリアという歴史上も稀な学術都市が繁栄し、大科学者が輩出したのは主に紀元前三世紀のことであった。前二世紀に入ると、ローマの軍事力が東地中海を圧迫し始め、エジプトへの干渉も始まった。シリア王国からの圧迫もあり、紀元前一四五年に即位したプトレマイオス七世は、戦費調達のためムセイオンの予算削減を断行、反対した学者たちを追放した。こうしてアレクサンドリアの知的生産力は、前二世紀後半以降急速に落ちる。やがて世界の道が通じるローマに取って代わられることになるのである。

世界帝国の首都となるローマには、マケドニア王立図書館の蔵書が移され、第七章で触れたアリストテレスの原稿が届くなど、ギリシア文化の吸収が進められた。ローマは巨大建築やローマ法という実用本位の文化を特徴とすると言われるが、科学面でも技術・応用が重視され、新しいものを生み出すというより、アレクサンドリア科学を通して古代社会全体の精華を集大成することになる。

ローマ科学を代表する一人が、紀元前一世紀の建築家ウィトルウィウス（Marcus Vitruvius Pollio, 前一世紀頃）である。その書『建築書』は、建築家は科学・技術は勿論、幾何学・天文学・哲学・歴史学・生物学・音楽・医学等々もマスターしなければならないとし、全一〇巻にさまざまな知識を展開している。

こうした広範なローマ的知を代表する者に、博物学者プリニウス（Gaius Plinius Secundus, 後二三頃―七九）がいる。その書『博物誌』は全三七巻、三万四〇〇〇項目余の膨大な著述で、宇宙・地球・地理・人間・動植物・薬剤・鉱物・絵画・彫刻・建築などにつき、ギリシア以来の知を総合した「百科全書」となっている。多くの項目で利用法などの実用面が意識されているのも特色と言える。軍人でもあったプリニウスは、ベスビオ火山の噴火の調査に赴き、有毒ガスにより中毒死したと伝えられる。

ローマ医学を代表する者が、ガレノス（Galēnos, 後一三〇頃―二〇〇頃）である。小アジア半島北西部のペルガモンに生まれ、アレクサンドリアに留学、一六二年ローマに渡って名声を得、マルクス・アウレリウス帝の侍医となる。ヒポクラテス医学を初め、それまでの医学を継承する一方、サルを初め多くの動物の解剖を行い、観察を積み重ねて、生体の機能を徹底的に研究した。解剖はゾウにまで及び、書物のみで解剖を講ずる「アームチェア・スカラー」を酷評したという。膨大な著書を持つガレノス医学は、ギリシア医学を体系的に記述していることで、九世紀には東ローマ帝国の医学者からイスラム世界へ伝えられ、十一世紀以降、再びヨーロッパに戻って復活することになる。

4　古代科学のたそがれ――知の危機

紀元後一八〇年にローマ・ストア派の哲学者皇帝マルクス・アウレリウスが亡くなり、医学者ガレノスが世を去った紀元後二〇〇年頃以降、ローマ帝国の科学知の空は暮れていくばかりだった。国境の絶え間ない騒擾《そうじょう》やローマ帝国の分裂による混乱と破壊が、知を圧迫した。さらに、ローマ帝国の版図《はんと》の上に広まったキリスト教は、知に対しどのようなスタンスを取ったか。教父哲学の完成者アウグスティヌス（三五四―四三〇）はプラトンに好意を寄せながらも、宗教にとっての知的欲求の危険性をあえて指摘し、自然科学的な知識に重要性を見出そうとはしなかった。――キリスト者は、知識が足りないことを恐れる必要はない、あらゆる存在が神によって造られていることを信ずればそれで十分だ。それがアウグスティヌスの結論だった。

キリスト教の勢力伸長は、科学を取り巻く状況を悪くする一方であった。有名な五二九年のユスティニアヌス勅令《ちょくれい》によって、異教徒による教育が禁じられ、九〇〇年の伝統を誇ったアカデメイア学園すらも廃学に追い込まれたのである。神の啓示こそが真理であるという考えの下では、科学のような経験的な探究など無意味なものとなる。ここに知の危機が到来し、これまでの科学的な知のストックさえも無用扱いされていく。知識とは、決して普通信じられているように一方的に、加速度的に増えていくだけではない。その継承が阻害され、貴重なストックまで失ってしまう時代もあるのである。

知識水準の低下は、ローマを首都としていた西ローマ帝国が失われたあとの西ヨーロッパで特に著しく、町が至るところで崩壊し、古典文化が死滅していく中で、西方教会では神学論争も振るわず、組織や生活などの実用問題ばかりが論ぜられた。三二五年にニカイア（小アジア北西部）で第一回の世界教会会議が開かれても、参加した者はほとんどが東方教会の司教たちだった。七世紀当時の西ヨーロッパ最高の知識人とされた学者が、太陽が星の光を灯していると考えていたことが伝えられている。

但し、コンスタンチノープルを首都とした東ローマ帝国には、科学的知もはるかに多く保たれ、ここを通してそのストックがイスラム世界に伝えられ、やがて再翻訳されてヨーロッパに戻ってくることになる。それにしても、医学という一分野をとっても、荒涼とした世界で、本来、知の担い手たるべきキリスト教の制覇のもと、ガレノス以後一三〇〇年以上もの間、ほとんど進歩が止まってしまったと言われる。キリスト教が、ヨーロッパのさまざまな文化の揺籃となったことは確かであるが、この間、どれほどの数の人々の病苦や生命を救えなかったかを考えれば、その弊は思うべきであろう。

こうして西欧の人々は、タレス以来一〇〇〇年の知の伝統を放棄し、再び神話の世界に入っていくことになるのである。

《第Ⅳ部》 再び神話の世界へ——キリスト教の制覇

第十章　中世千年の知——神学の侍女

四世紀後半に起こったゲルマン民族大移動。その動乱の二〇〇年から現れた保守的な時代が「中世」である。各地に領主が乱立し、ローマ帝権に代わってキリスト教会による超国家システムが統一的権威を持った。一切の知の上に神が君臨し、タレス以来の脱神話時代千年ののち、再び神話に戻った千年という時間が流れる。

中世の知は、五―八世紀の教父哲学と、九世紀以降のスコラ哲学とに分かれる。アウグスティヌスらの教父哲学によってキリスト教の教義が固まり、トマス・アクィナスらのスコラ哲学でその体系化が完成する。

この間、ヨーロッパでは生産力が高まり、十字軍などの形で力を外世界に溢れさせる。イスラムとの和戦の交流で、かつて西欧が捨てイスラムが拾ったギリシアの知が西欧に還流し、アリストテレス再出現などにより、西欧の知の世界は激しい衝撃を受ける。都市に大学が並び立ち、自由な研究が進展して、厳しかった中世にも秋風が吹き始めるのである。

★本章の時間幅は広いが、東洋ではどうであったか。四―五世紀のインドでは、大乗仏教の系統から万有は精神作用（識）により仮に作られたものとする「唯識」の理論が提出され、唯識派は、中観派と並ぶ大乗仏教の二大学派となる。一方、二―七世紀、ヴェーダ聖典を基礎に、輪廻からの解脱を求めて哲学的思索を深めた正統バラモン教の「六派哲学」が、学派ごとにスートラ（根本経典）を整備する。

しかし十一世紀になると、イスラム勢力が本格的にインドに侵入し始め、十三世紀初めには仏教の拠点だったヴィクラマシーラ寺院を破壊、仏教はインドから姿を消した。ただヒンドゥー教はイスラム治下でも生き残り、現在に至っている。

一方中国では、訓詁学が後漢衰退とともに退潮し、三―十世紀の魏晋南北朝及び隋唐帝国では、代わって道教と、新たに中国の知に加わった仏教が力を持つ。『法華経』などの名訳を残した鳩摩羅什《くまらじゅう》、禅宗の祖となった菩提達磨《ぼだいだるま》、「三蔵法師」として知られる玄奘《げんじょう》などの国を越えた精力的な活動もあり、仏教は儒教、道教と並び、中国の「三教」となる。

また本章と同時期の日本は、古墳時代から古代統一国家、さらに奈良・平安・鎌倉時代にあたる。まず八世紀初めには、「大宝律令」が完成し、律令国家がスタートする。六世紀に伝来した仏教が、国家の保護を受けて日本の思想的知の中心となっていく。また八世紀には、『古事記』『日本書紀』『万葉集』も成立した。平安期九世紀には、入唐した最澄・空海により天台宗・真言宗が開かれ、仏教は南都六宗に加えて八宗体制となる。十―十一世紀には、『古今和歌集』『源氏物語』も成立した。十二―十三世紀に入ると、信仰者をエリート層から民衆・武士に移した鎌倉仏教が誕生し、法然（浄土宗）、栄西（臨済宗）、親鸞（浄土真宗）、道元（曹洞宗）、日蓮（法華宗）らが活躍し、仏教はますます深く日本に浸透していく。

1 神が知の上に立つ

たそがれゆく古代。ポスト・ローマ時代は、ゲルマン民族の大移動によって幕を開く。四世紀後半、遊牧騎馬民族のフン人が、中央アジアからドン川を越えて西進、ゲルマン諸族を圧迫したため、以降二〇〇年にも及ぶゲルマン民族の大移動が始まったのである。

その全ヨーロッパにわたる移動のすさまじさは、ヴァンダル人の漂泊を追っただけでもよく分かる。本来、現在のポーランド付近に定住していた彼らだったが、圧迫されてローマ帝国内に侵入したのち、ヨーロッパ大陸をはるか西へ横断、イベリア半島に入る。しかしここにもとどまれずジブラルタル海峡を渡りアフリカへ上陸。ここから東進してカルタゴの地に至り、ようやくここで建国するのである。死に近いアウグスティヌスの住む北アフリカ・ヒッポの町を攻囲していたのは彼らであった。この混乱の中で、三九五年、ローマ帝国は東西に分裂、さらに力の弱かった西ローマ帝国は四七六年に滅亡する。混乱は、六世紀後半まで続いたのである。

混乱の中から代わって現れた時代は、ルネサンス以降、「中世」と呼ばれた保守的な時代であった。中世とは普通、西ローマ帝国崩壊の四七六年から、東ローマ帝国崩壊の一四五三年まで、つまり五世紀から十五世紀にかけての約千年を指す。

ではこの千年の初めの方、パクス・ロマーナが失われた動乱の時代、社会ではどんなことが起きていたのか。民族大移動後の長い混乱期に、外部からの侵入に悩まされた弱者は身近な強者に保護を求め、結果として、土地を媒介とした安堵《あんど》と忠誠という封建的な主従関係が生まれ、中世特有の秩序が形成されていく。こうした関係では各地に領主が乱立することになり、巨大な王権は生まれにくく、代わって権威を持ったものが、領地を越えた宗教であったキリスト教だった。中世は、封建特有の騎士道とともに、各地に教会堂が林立していく宗教の時代でもあったのである。

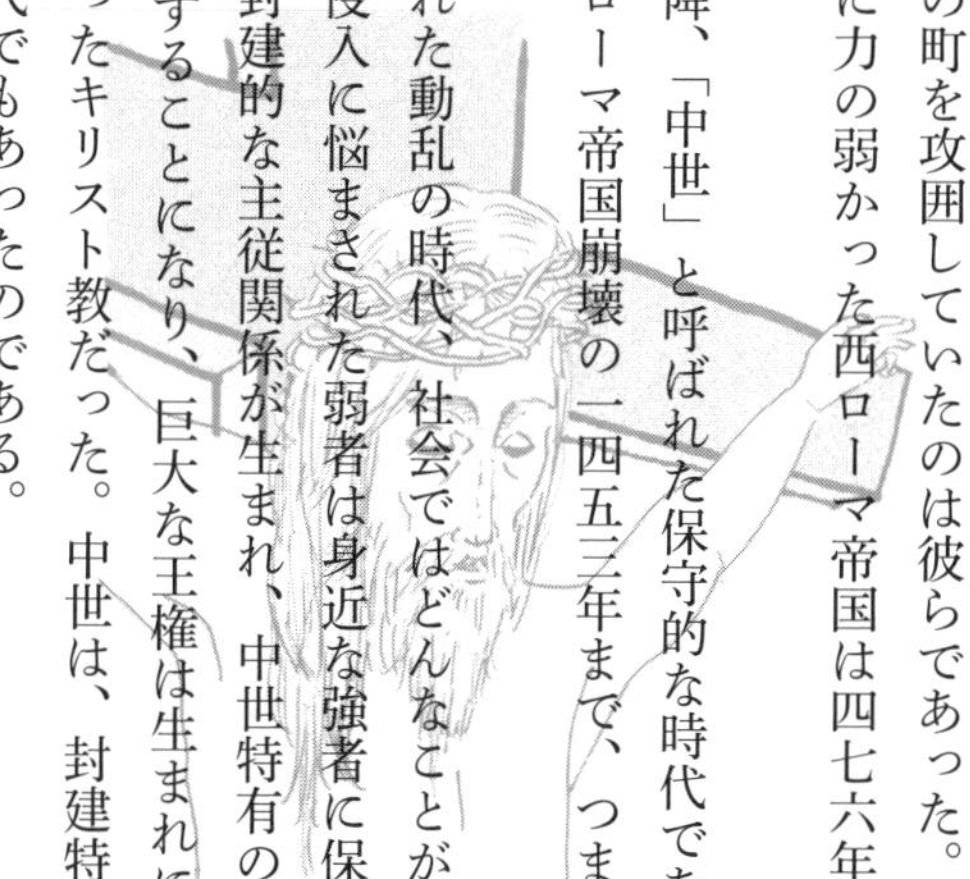

ローマ・カトリック教会は、多くの部族国家を越え、教皇をトップに大司教・司教・司祭・修道院長などの位階制度を整備し、各地に教会と修道院を設立していった。この超国家的なシステムが、中世世界を精神面から統合するのである。この結果、中世の知はキリスト教の知となり、中世哲学は「神学の侍女」とならざるを得なかった。

〈知の歴史〉全体から見れば、中世千年は、タレス以来約千年、脱神話の時代を生きてきたヨーロッパが再び神話の時代へ戻り、神のパラダイムに浸った時代とも言い得る。即ち、全知全能の神が、知の一切の上に立つ千年だったのだ。

こうした中世では、古代ギリシアのように、自由に自説を主張する風土は失われていく。教義の絶対性に対する執着が目立ち、これに疑義をはさむ者は、時代によって圧力の強弱はあったにせよ、「異端」「瀆神《とくしん》」の汚名の下に排除されることが多かった。例えば、「地動説」を例にとってみよう。中世はすでに過ぎてしまった十六世紀のことであるが、コペルニクス（一四七三―一五四三）は、異端糾弾《きゅうだん》を恐れてなかなか自説を公刊しようとはしなかった。弟子筋の数学教授の熱心な懇請《こんせい》と説得によってやっと重い腰を上げたが、その初版本が辛《かろ》うじて彼の死の枕元に届けられるというありさまであった。このコペルニクスの地動説を断固として支持したイタリアの司祭ジョルダノ・ブルーノ（一五四八―一六〇〇）は、七年の投獄の末、火あぶりの刑に処せられる。一六〇〇年のことであった。ガリレオ・ガリレイ（一五六四―一六四二）は、教皇庁とのつながりを持ち、自説の安全を確認してから地動説を含む自著を出版したのであったが、一六三三年有罪判決が下され、軟禁された。事はイタリアを越え、ガリレイへの指弾を聞いたデカルトが、宇宙論の出版を思いとどまるという事態にまで発展する。

こうした、聖書やその公的解釈への異説を公表することすら一切許さないという狭量さは、ドグマを持つ組織独特のものであり、現代では共産主義理論を巡る、共産権力側の弾圧、追放、処刑、暗殺などによく表れていよう。加えて言えば、キリスト教会と共産党組織とは、人間の弱点そのものである、自分の子への権力継承を否定し、非世襲有能者に引き継ぐことで強固な組織を永続させ得ている、古今の二大組織であろう。

さて、ドグマの弊を持つキリスト教による知の支配ではあったが、この教義がローマ帝国内に広まっていった初期、すさんだ社会の中で、極めて清新な魅力を持っていたであろうこともまた否定し難い。愚かな者も多かったローマ皇帝に対し、超自然的で巨大な存在が無から一切を創り出し、また支配しているという鮮烈な理論であり、唯一神というたった一つの原理で世界を説明し尽くし、倫理も提供するという、世界を解釈し直すイデオロギーでもあった。それは不安な日々を送る人々にとっては、斬新な魅力を持っていたであろう。しかも、貧しく無力な人々こそ、やがて最後の審判を経て永遠の国に赴ける資格を持つという教えが、多くの人々を魅了したことは想像に難くない。

ところで、キリスト教を冠にいただく中世の知は、普通、五世紀から八世紀頃までの初期の教父哲学と、九世紀以降のスコラ哲学とに大別される。

その初期、ローマ帝国全土に広まっていったキリスト教は、異教の文化、特にギリシア哲学に対してことさら攻撃的な態度をとった。最も深い真理は神の啓示に由来する、と考えた初期のキリスト教思想家たちは、ロゴスに淫したギリシア哲学を、信仰に対する重大な脅威と考えたのだ。教父の一人、「不合理ゆえに我信ず」という言葉で名高い二世紀のテルトゥリアヌス（Quintus Septimius Florens Tertullianus, 一六〇頃―二二〇頃）は、ギリシア哲学者たちの思想は『旧約聖書』から盗み取ったものを歪《ゆが》めただけだと酷評した。

三九二年のキリスト教国教化を経て、五二九年のユスティニアヌス帝勅令に至ると、異教の禁止のみならず、異教徒による教育までもが禁止される。結果、それまで命脈を保っていた古代オリンピックも禁止され、プラトンのアカデメイア学園も閉鎖に追い込まれ、キリスト教徒以外は教えてはならないという、知の独占が果たされる。アリストテレスが、知はそれ自体のために求められるとした人間の本性が、宗教の圧力で抑圧される社会が現出したのである。

この結果中世の知は、技術も含めて全体として進歩への拍車《アクセル》を失った、極めて保守的な千年となった。但し、ギリシア・ローマの知が、完全に消えたわけではない。それは、広大なローマ帝国の版図をキリスト教が上書きしていったとき、少なからぬ知識人を信者にしなければならなかったこと、また他宗教や同門内の「異端」から「普遍・正統」（カトリック）たるキリスト教を守るために、キリスト教自身の知的武装が必要となったからである。このとき知の道具箱として使用されたものが、あの憎むべきギリシア・ローマの知であり、論理であった。中世キリスト教千年は、神の存在とその天地人の創造という巨大な物語《ストーリー》を断固として守り、そこから発生する論理矛盾を、ギリシア・ローマの知を使いこなしながら排除することに充てられた。そしてまた生体が、絶え間なく襲来するウイルスをその都度免疫作用を更新して撃退し続けるように、自らの教義を鍛え上げる歴史でもあった。

思えば哲学者の役割は、その始祖タレス以来、この驚くべき世界の原点を探り、世界内のどのような物質により、またどのような作用によってそれが作動しているかを、論理に則って一歩一歩確かめていくことであった。しかしながら、六世紀以降のキリスト教世界では、その目くるめく「究極の秘密」が一挙に与えられてしまう。曰く、神である。永遠にして無始無終の神が、世界の唯一の真実であり、真理であり、究極のロゴスとなる。すると哲学者（神学者）の役割は、その大前提を確認し、人々の腑に落ちるように神の存在を人間の論理によって証明し、またその論理と神のパラダイムとの整合を図ることとなった。彼らは千年にわたって論理を追い続け、神と人間の論理との和合を、微に入り細を穿《うが》って工夫し続けたのである。ここに煩瑣《はんさ》哲学と揶揄されたスコラ哲学、神を正当化するための巨大な観念の城が築かれる。そしてまた彼らの膨大な努力が、哲学の歴史に鋭い知の刃を提供したことも事実であった。

中世の知を担った者は、ほとんどが教会・修道院関係者だったが、特に修道院は、かろうじて残る古代の知のストック場所であり、知の拠点だった。やがて十三世紀になると、護教のための研究機関として大学が創立され、新しい知の中心となる。以下では、教会から現れた教父哲学の代表としてアウグスティヌスを取り上げ、またやがて中世の知の世界を支配するスコラ哲学の代表者として、大学から現れたトマス・アクィナスについて述べることにする。彼らの主な知的努力もやはり、普通人の常識を逸脱するキリスト教の聖なるストーリー・主張と、厳密なロゴスとの矛盾をいかに調停するかに費やされた。

2 アウグスティヌス——教父哲学の代表者

紀元後三〇年頃、三五歳ほどの若さで亡くなったイエス。その弟子たちによって、一世紀半ばに成立したキリスト教は、貧しい者たちの支持を獲得していく。帝国によるさまざまなすさまじい迫害にも屈せず、この宗教は誕生から三五〇年ほどを経て、ついに巨大なローマ帝国の国教となる。帝国の版図の上に、その保護のもとに世界宗教として進出したキリスト教は、さまざまな理論武装を重ねていったが、初期教会で内外の要求から教義を固めていった思想家たちを、教会の父——教父と呼んでいる。その最も大きな存在がアウグスティヌスである。彼の時代は、「中世」の定義からするならむしろそれに先立つ古代末、四世紀から五世紀にかけてであって、民族大移動の時代を生きた人である。

アウグスティヌス（Aurelius Augustinus, 三五四—四三〇）は三五四年、北アフリカのローマの属州ヌミディア（現アルジェリア）にある小都市タガステで生まれた。中産地主の長男で、カルタゴに遊学する。一六歳の青年は都会の誘惑に負け、身分の低い女性と同棲、翌年には父親となる。しかし、一九歳のとき、キケロを読んで知への愛に目覚めたという。九年間のマニ教徒時代を経て、新プラトン派の書に啓発され、さらに『聖書』を読むことで三八六年、三二歳にして回心、翌三八七年受洗する。三九一年、カルタゴの西にあるヒッポ・レギウスの司祭、三九六年同司教、以来三四年、この地から多くの著作と手紙とを世に送り出し、カトリックの教義の確立に尽くす。四三〇年、北アフリカへ侵入したヴァンダル人に取り囲まれた町からあえて去らず、七六歳で没。戦いの一生であった。

アウグスティヌスの時代に起きた重大な事件は、三七五年、二一歳のときのゲルマン民族大移動の開始、三九五年、四一歳のときのローマ帝国の東西分裂、そして四一〇年、五六歳のときの、西ゴート王アラリックのローマ侵入である。まさに、嵐の中の人生だったが、ことにアラリックがローマを陥れ、略奪をほしいままにしたとき、この永遠の都の劫掠《ごうりゃく》は、大きな衝撃となって帝国全土を揺るがした。

すでにキリスト教の国教化が行われていた帝国で、なぜこんな末世的なことが起こったのか。むしろローマ古来の神々をないがしろにし、キリスト教を信じたことがこのような悲劇を生んだのではないか。——こうした激しい非難が渦巻き、これに対抗するためにアウグスティヌスが四一三年から四二六年まで、一四年にわたって書き継いだ大著こそが『神の国』なのである。

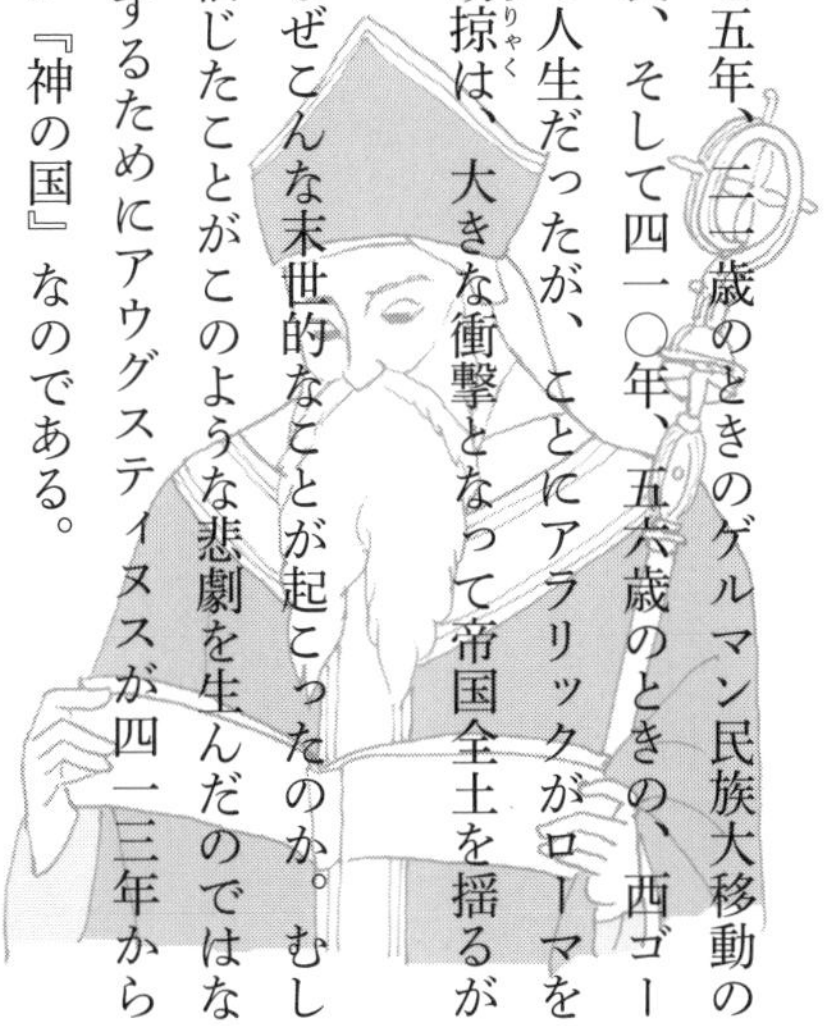

本書は、キリスト教が生んだヨーロッパ初の歴史哲学であると言われる。本書によれば、世界の歴

史は無からの天地創造に始まり、栄光の神の国と支配欲につながれた地上の国の誕生、闘争、そして神の国の最終勝利と最後の審判に至る壮大なドラマを成す。ここに描き出された歴史は、単なる出来事の連続ではなく、意味のある終末へ向けての展開であって、人は神の国につくか、地上の国につくのかの選択を迫られる。――ローマ帝国は驕《おご》ったから傾いている。問題は、一国の盛衰ではない。亡びるものは亡びればよい。神の言葉を受けいれた新しい民族が現れ、新しい健全な国家を建てるであろう。アウグスティヌスが提出した、さまざまな対立を含む発展的な歴史観は、中世以降にまでわたりヨーロッパの歴史思想に大きな影響を与えることになった。

アウグスティヌスにとって、教会は神の国の出先機関ではあるが、そっくり神の国ということではない。地上の国に生きる人にも神の国の住民はおり、逆に教会で働く人の中にも悪魔の国の住民がいる。理論に乏しかったはずの西方教会に属したアウグスティヌスの冷徹な目は、のちに免罪符を乱発し、ついに宗教改革まで招いてしまった教皇たちに比べれば、ずっと厳しいものであった。

また、アウグスティヌスがその学説中、懐疑するからこそ、懐疑しようもない「われ」がいることが確実であるとして、懐疑論の反駁《はんばく》を行っていることは名高い。「ドゥビト・エルゴ・スム」（われ疑う、ゆえにわれあり）として、デカルトの「コギト・エルゴ・スム」の源となったと言われており、自己を凝視した哲学上の原点と言える。

3 安定する中世社会

アウグスティヌスらの教父によって、キリスト教の教義は固まっていく。あとを引き継ぐのは、それを整然と体系化する仕事であり、担ったのは学校の教師たちであった。スコラ（学校）哲学と呼ばれるゆえんである。

では、スコラ哲学形成期の九世紀以降のヨーロッパはどうなっていたのか。フン人に追われたゲルマン諸民族が、大移動の中で次々と建てた国のほとんどは、はかなく亡びていった。しかしその中で、ライン川北岸にいたフランク族が、ガリア北部に移動して建てたフランク王国だけは強力で、やがて全ガリアを統一する。七一一年にはイベリア半島の西ゴート王国も滅ぼし、またピレネー山脈を越えてヨーロッパに侵攻してきたイスラム軍をも七三二年、トゥール・ポワティエの戦いで撃退、結果として西ヨーロッパ世界をイスラムの刃から守ったことになる。

このフランク王国を注視していたのが、ローマ・カトリックであった。東ローマ帝国（ビザンツ帝国）を強力な後ろ盾にしたコンスタンチノープル教会に対抗するため、ローマ教会はフランク王国に接近、八〇〇年に教皇レオ三世はカール大帝（シャルルマーニュ、在位七六八―八一四）に戴冠《たいかん》し、西ローマ帝国を復活させる。カールは荒れ果てた西ヨーロッパの地に文化を復活させるべく、文教政策を開始する。即ち、各地修道院の学芸を自らの宮廷を中心にして組織化する一方、各地に学校を創設したのである。宮廷学校のほか、各修道院と各司教区にも、付属学校をつくる指示を出している。

こうした学校で教えられた知は、ギリシア・ローマに淵源《えんげん》し、教父時代を経た「自由七科」（リベラル・アーツ）であって、言語に関係する「三科」（文法・修辞学・弁証法〔論理学〕）と、数学に関係する「四科」（数学・幾何・天文・音楽）から成る。自由七科の上に聳えるものが究極の学問「神学」であって、自由七科は「世俗の学問」として神学を修める準備段階とされた。その神学と哲学の関係については、すでに述べた「哲学は神学の侍女」という言葉が有名である。

この厳しい言葉は、教皇権を巨大化させたグレゴリウス七世（在位一〇七三―八五）と協力して、教会改革に奔走したペトルス・ダミアニ（Petrus Damiani, 一〇〇七―七二）に由来するが、この場合の「哲学」はギリシア以来の狭義の「哲学」のみならず、自由七科をも指している。ただ、厳格な修道院精神を鼓吹《こすい》する彼の言葉は苛烈である。――悪魔がこの世に害悪を送り込むために使ったものこそ「知識欲」である。これをすべて放棄した「聖なる無知」にしか真の知は得られないとし、『聖書』研究に三段論法を持ち込むようなことはもってのほかで、哲学は『聖書』に奉仕するどころか隷属すべきことを要求した。

スコラ学は、アンセルムス（Anselmus Cantuariensis, 一〇三三―一一〇九）から始まったとされるが、彼も「信じるために理解するのではなく、理解するために信じる」べきだとして、『聖書』を弁証論（哲学）に従属させることを拒否した。但し、アンセルムスにあっては、信仰を優先させない者は傲慢《ごうまん》だが、理性に訴えない者も怠慢だとして、理性を擁護している。ここに、信仰と理性の調和の試みが始まったと言えよう。神は究極的に大きなものであるから、心の中だけに存在するはずがなく、その外に実在しなくてはならないとした彼の「神の本体論的（存在論的）証明」もまた、そうした試みの一つであろう。

このアンセルムスたちによるスコラ哲学形成期（九―十二世紀）に始まり、多くの神学者を巻き込んだ論争が、「普遍論争」である。論争の中心は、類や種といった概念は、個々の物から独立して実在するのか、それとも、単に人間の心の中だけにある観念にすぎないのかという問題であった。「類や種は実在するか」という設問が、「類や種のような普遍は、事物か音声か」と言い換えられ、事物だとする実在論と、音声にすぎないとする唯名論に分かれる。

今から見れば言葉遊びのように思われるこの議論は、そもそもプラトンが、個物からは独立して永遠、また真なる存在としての天上のイデアを想定し、これに対して、アリストテレスが真に存在するものは個物のみであり、イデアは形相としてのみ個物の中にある、と考えたことが背景にある。つまり、普遍が実在するか否かは、プラトン対アリストテレスの、観念論対リアリズムの代理戦争にもなっていた。さらに普遍が否定されることは、人類という普遍者の存在、教会の権威など、キリスト教のさまざまな存立基盤にも影響を与えることになり、大論争に発展したのである。

十二世紀は、普遍論争が盛んに行われた論争の世紀であったが、それはまた西欧が、一〇〇〇年頃から三世紀をかけて安定成長をし続けたさなかのヴィヴィッドな世紀でもあった。満ちる力は農業生産を拡大させ、都市や商業を発展させ、さらには十字軍となって、十一世紀末から十二世紀にかけてだけでも合計三回、イスラム世界を攻撃する。

これらの社会の変化は、知の世界にもさまざまに影響する。すでに自由七科を教えた二種の付属学校について触れたが、十一世紀から十二世紀にかけての知的活動は、それまで知の中心であった田園の修道院付属学校から、次第に経済活動を活発化させた都会の司教区付属学校（都市学校）の方へと移っていき、十三世紀になるとこうした都市学校が合併して大学を形成するに至るのである。

一方、十字軍による巨大なエネルギー移動は、思いもかけない副産物を知の世界にもたらす。即ち、イスラム世界との戦闘、占領、あるいは交易などによって、西欧よりはるかに進んだ「自然科学」を中心とするイスラム文化、そしてまた、それまで六〇〇年以上にわたってほとんど封じられてきたアリストテレスの哲学体系を初めとするギリシアの知が、西欧社会に逆輸入され始めたからである。

4 知の大迂回とアリストテレス再出現の衝撃

ここで、西アジア地域を経路とした、知の大迂回について語らねばならない。アリストテレスの知の体系を含む、ギリシアの巨大にして緻密な知は、キリスト教世界の不寛容な壁に阻まれてつまみ食いされ、キリスト教思想と適合するもの以外は冷酷に排除され、捨てられていた。それを象徴するものが、本章第1節でも触れた、アテネのアカデメイア学園の閉鎖である。このため、前章末で述べたように、西欧の知的水準は、荒れ狂う民族移動と帝国秩序崩壊のカオスの中で、その多くが三世紀の水準を保つこともかなわず、長く低迷したのである。

このとき、西欧の学統を守ったものこそが西アジアであった。アレクサンドリア科学を引き継いだセレウコス朝シリアの知的ストックはやがてササン朝ペルシアに渡り、特にホスロー一世（在位五三一—五七九年）がギリシア・ローマの知を尊んだ。彼は現イラン南西部のジュンディーシャープールに学術機関を開き、アリストテレスの哲学書やガレノス、ヒポクラテスの医学書などをシリア語に翻訳させただけでなく、ローマ帝国によってアカデメイア学園が閉鎖されるや、失職した七人の学者をペルシアに招くことまでしている。まさに西欧が知を捨て、西アジアがそれを拾ったのである。

やがてこの王朝にとって代わったイスラム帝国もまた、ギリシア・ローマの知を尊重する。九世紀のアッバース朝では、バクダードに「知恵の館」という図書館が建設され、このムセイオン以来とされる研究機関では、ギリシア・ローマ文献を大規模、組織的にアラビア語へ移す作業が始まった。それまでの国際学術語たるシリア語の翻訳と注釈に頼る研究から、原典から直接アラビア語に多くのテクストが翻訳され、本格的にギリシアの知が研究されるようになるのである。翻訳の対象は哲学、幾何学、医学、天文学、地理学などに及び、アリストテレスでは主要な著書はことごとく翻訳された。

こうした知的ストックが、延々六〇〇年以上もの気の遠くなるような大迂回を経て、西欧に還流してきたのである。これを、次章で述べる十四—十五世紀の「イタリア・ルネサンス」の前哨《ぜんしょう》としての「十二世紀ルネサンス」とも呼ぶが、十二世紀から十三世紀に、ヒポクラテス以下のギリシアの知が、プトレマイオス、ガレノス、そして何よりアリストテレスと、次々と西欧に移入されていった。とりわけ注目されたのが、アリストテレスの壮大な体系であった。西アジア世界で永年温められ、アラビア語にそっくり翻訳された上、多くの注釈書まで揃ったアリストテレスの著作群は、「初めて」見る中世西ヨーロッパの知識人たちにとって、まさに驚天動地の体系であった。精密な観察と緻密な方法に基づき、万物を綿密に研究、分類、総合した上、そのピラミッドの頂点に第一原因としての神を据えた壮大なシステムとして、それは姿を現したのである。それはまた、論理学に始まり、自然学、形而上学、政治学、倫理学等々あらゆる学問分野を総合しており、しかもキリスト教成立を遡ること三〇〇年以前に成立していた、キリスト教に基づかずに築かれた知の体系であった。

アリストテレス出現の衝撃は、西欧の知の世界に静かに、しかし深く広がっていった。ローマ教皇の肝入りで一二一五年に誕生したパリ大学は、護教の知的中心として設立されたものであるが、その規則書の中で、あえて『オルガノン』（論理学書）を除き、アリストテレスの『形而上学』と『自然学』関係の研究を禁じている。しかし、知の水準の高さは決して欺《あざむ》き通せるものではなかった。それまでキリスト教から公認されていたプラトンの観念論的な体系と比べ、著しくリアリスティックな視点・方法で貫かれた、全く新しい世界解釈の魅力は知識人たちの心を奪い、読むだけで破門の脅しを繰り返しても、ついに十三世紀半ばには、その主要著作の大半は、アラビア語からの重訳のほか、ギリシア語からの直接訳を通してラテン語に移されることになる。

それは、キリスト教世界の重大な知的危機と言えた。その原因の一つは、アリストテレスの体系が、世界の永遠性を前提にして成り立っていたからである。キリスト教の根本思想では、世界はある時点で神によって無から創造されたとされ、世界を無始無終とするアリストテレスとは当然相容れない。今一つは、アリストテレスがイデア論を否定したことである。アウグスティヌス以来キリスト教では、イデアは神の内部に予め存在し、それに従ってこの世界が創造されたと説く以上、イデアの否定は重大な問題を生じさせたからである。

しかしながら、水が高きから低きに流れるように、文化もまたその流れを止めることはできなかった。一二五五年、パリ大学の学芸学部、神学部では、アリストテレスが全面的に解禁されるのである。なお、ここで言う中世の大学の学芸学部とは「教養課程」のことであり、この課程を経た者が、上級の法・医・神学部に進級するシステムが基本であった。

5 トマス・アクィナス——知と神との整合

さて、滔々たるアリストテレス哲学の満ち来たる潮に逆らわず、その知とキリスト教神学を巧みに組み合わせて、見事な神学体系に仕上げた大学人が、「天使の如き博士」トマス・アクィナス（Thomas Aquinas, 一二二五頃—七四）である。

トマス・アクィナスは、一二二五年頃、南イタリア、アクィノの領主と、ナポリ出身の貴婦人の子として、ナポリ近くの城で生まれた。七ないし九人兄弟の末子。六歳のトマスはベネディクト会の修道院に送られたが、一二三九年秋、ナポリ大学に入り、一二四三年一八歳のときドミニコ会に入会、翌年ドミニコ会の指示でパリに向かおうとする。ところが、ドミニコ会入会に反対した母の命を受けた兄たちによって拉致《らち》され、生地の城に幽閉されてしまう。還俗させようとする家族は、トマスを誘惑しようと、美女を部屋に送り込み、挑発させることまでした。伝によれば、彼は情念のわくのを感じたが、燃える薪《まき》をもって彼女を追い出し、同じ薪で壁に十字を記して、伏して祈ったという。一年後、あきらめた家族から幽閉を解かれ、パリに行き、博学をもって知られたアルベルトゥス・マグヌス（Albertus Magnus, 一二〇〇頃―八〇）のもとで学ぶ。一二五六年、三一歳頃にパリ大学神学部教授。一二六五年、四〇歳頃より『神学大全』に着手する。一二七四年、主著未完のまま没、四九歳だった。

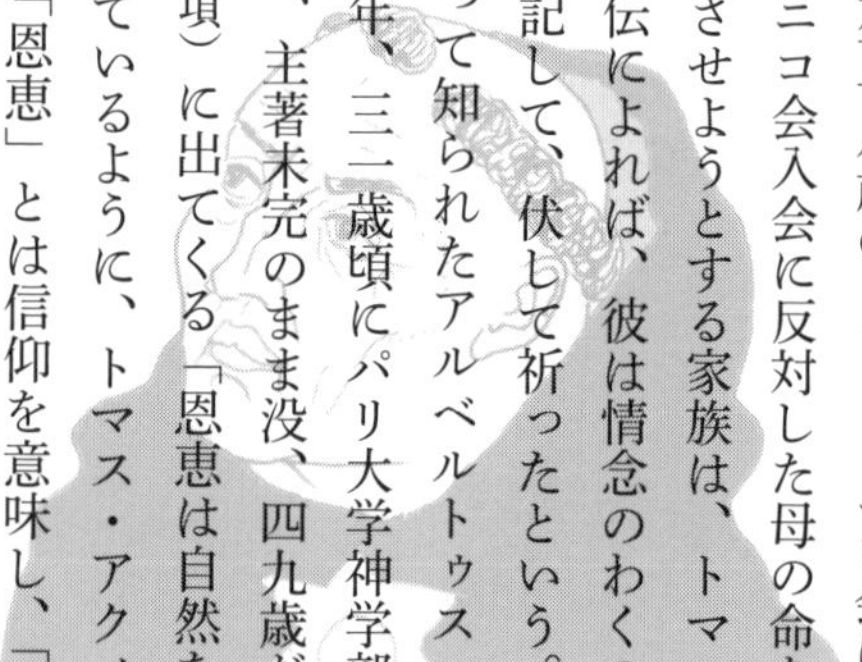

大著『神学大全』（一二六五―一二七三年刊）の初め（第一問第八項）に出てくる「恩恵は自然を廃することなく却ってこれを完成する」（山田晶訳）という言葉に表れているように、トマス・アクィナスの学説は、人間理性と神との整合を目指すものであった。この「恩恵」とは信仰を意味し、「自然」とは人間理性を示す。信仰は決して理性と矛盾はせず、かえって理性を完成させるという立場である。

中世スコラ学を大成したと言われる『神学大全』は、難解な書という評価とは逆に、むしろ初学者の入門書を目指している。第一部は神自身の考察、第二部は理性的被造物である人間の考察、第三部は人間を神へと導くキリストの考察が展開され、第三部を完成させずに著者は没した。三部全体で五一二の問題が立てられ、さらにその下にそれぞれ何項かずつの問題に分けられる。各項は、例えば「神は存在するか」という問いで始まり、まず「神は存在しない」という異論を提出、さらにその異論への反論を紹介したのち、著者の主張とその理由を展開するという、整然とした形式が全編を貫いている。

内容的には、神・人・キリストを中心に、神学上のあらゆる問題を、教父哲学とギリシア哲学を調和させた立場で、石を一つ、また一つと積み上げ、壮麗なゴシック建築を建てるように築き上げている。

トマス・アクィナスもまた神の存在証明を行っているが、彼は世に運動がある以上、あるいは作用がある以上、存在者がある以上、その因果の最初のものが存在しなければならないなどとして、経験的事実から発して、第一のもの、完全なもの、正しいものの存在が証明されるとしている。

6 中世の秋

延々千年も続いた中世にも、秋がやってくる。トマス・アクィナスが『神学大全』を書き継いでいる頃、教皇権はすでに絶頂期を過ぎつつあった。十字軍(一〇九六―一二七〇年)の失敗や王権の伸長により、教皇権の衰退は少しずつ明らかになっていく。

トマス・アクィナス以降のスコラ哲学においても、新しい考え方をする人々が現れ始める。例えば、オクスフォード大学。パリ大学と同じ頃に創立されながらも、教皇の肝入りで設立されたパリ大学とは異なり、自由な学風を持っていた。このオクスフォードで数学の重要性を学び、またパリ大学で経験の重要性を学んだ哲学者に、ロジャー・ベーコン（Roger Bacon, 一二二〇頃―九二頃）がいる。「理論は何物をも証明せず、すべてが経験に依存する」と考え、推理や論証よりも観察や実験を重んじた。彼は異端宣告と投獄に苦しんだが、「信仰の光」はなお大切にしていた。ベーコンによって、アリストテレスから離れ、数学と実験科学を重視した学問手法の斬新な光が、〈知の歴史〉に投げかけられる。新しい思考、新しい手法に対し、極端に警戒的だった永い永い中世。千年ののちにやってきた「中世の秋」に至り、ようやく新しい自由な風が知の世界に吹き込もうとしていた。

《第Ⅴ部》　近代知が世界を睥睨する——人間の力の自覚

第十一章　ルネサンスの輝き——神話世界からの再脱出

ルネサンスは、中世千年の世界観、価値観が転覆した時代である。人々の目は守旧の千年を越えて、はるか古代に注がれ、そこに生き生きとした人間像、驚くべき壮大な知を発見する。こうして十四—十六世紀は、ニュー・アカデミズム（人文主義）、ニュー・メディア（活版印刷術）、ニュー・サイエンス（天文学）、ニュー・エコノミクス（大航海時代）それにリフォーメイション（宗教改革）という全く新しいものが、それも数珠《じゅず》つなぎに現れる、まさに激動期となった。

人々の関心は神から人へと移り、人文主義者が法王となり、世界がたった一枚の地図に収められ、地球は特権的な聖地ではなく、太陽の周りを廻り続けるただの星となった。時代を切り拓く人間が次々と生まれ、世界は新鮮な欲望の対象となる。世界の根底に「数学」が存在することが発見され、現在に至る科学的世界観がスタートする。知は力となる。

★同じ時期の中国でも、近世への動きが始まる。南宋、十二世紀の朱子が、従来の儒教にはない形而上学的思索によって、衰えていた儒教を賦活《ふかつ》させる。朱子は、万物を貫く超越的な原理「理」と、存在を成立させる物質的、エネルギー的な要素「気」によって世界を説明（「理気二元論」）する。理は論理、倫理、天理なども含み、この理を尊重し、徹底して知的追究をすることが求められた。朱子学は以降の中国知識界を支配し、朝鮮、日本などにも大きな影響を与えていく。これを引き継いだ明代十六世紀の王陽明《おうようめい》では、理は朱子のように外部にあるのではなく、人の内部、「心」そのものが理を生む根源であるとし、心を磨き輝かせるよう説いた。

この時期の日本は、室町期から江戸初期にあたる。十四世紀前半に足利尊氏が京都に開いた幕府は、第三代将軍足利義満が「花の御所」を造営する頃には安定し、十五世紀に入ると世阿弥『風姿花伝』の成立、茶の湯・生花の流行などで中世文化が花開く。十五世紀半ばからは、応仁の乱以降戦国時代に入り、十七世紀初めの江戸幕府開府まで混乱が続くが、この間十六世紀半ばには、鉄砲伝来とザビエルのキリスト教布教があり、西欧の足音が聞こえ始める。

1 神から人へ——人文主義：ニュー・アカデミズムが始まる

イタリア自由都市の空を圧する華麗なドーム。万里の波濤《はとう》を乗り越え、アジア・アフリカ・ヨーロッパの三大陸を雄飛して、王侯貴族も見たことのない物品をもたらす豪商たち。外部からの敵に鋭い眼差しを向ける、若くたくましい体軀《たいく》のダビデ像。ルネサンスは今も人類文化の華と讃えられる。このエネルギーはそれまでおよそ千年もの間、薄明の世界に閉じ込められてきた人々の心の炸裂《さくれつ》だったのかもしれない。

ルネサンスは十四世紀から十六世紀にかけて、ニュー・アカデミズム（人文主義）、ニュー・メディア（活版印刷術）、ニュー・サイエンス（天文学）、それにニュー・エコノミクス（大航海時代）やリフォーメイション（宗教改革）など、それまで人々が想像もできなかった全く新しいものが、数珠つなぎに登場した知の変革期だった。

ここで、ルネサンスを浮き立たせるために、それまでの中世千年を振り返ってみよう。それは〈知の歴史〉にとっては、間違いなく抑圧の千年だった。当然であったろう、それは神に従い、神を讃えるために存在した時間だったのだから。神から示された啓示以外は、基本的に知る必要のないことであった。その時間と空間では、世界の創造主であり、世界の最終審判者である神のみが、一切の真理と価値の源泉であったのだ。

村々の空にそそり立つ鋭利な尖塔《せんとう》は、神の在所である天上を目指し、その下の野で、畑で、町で、修道士も農民も職人も、働きかつ祈った。ミレーの『晩鐘《ばんしょう》』は十九世紀の作品ではあるが、田園に佇《たたず》む若い夫婦の敬虔な姿を、中世以来の素朴な情景とともに眺める思いにさせられる。このような中世のパラダイムの中では、この世は仮初《かりそ》めのものでしかなかった。彼岸が、永遠の世界が、そのあとに用意されていたからだ。

こうしてひたすら神の教えに従って日々を送り、余分なことには関心を向けず、永遠の生を待ち望むという、従順で、静かで、保守的な生が、延々千年も続く。千年。それは現在の我々からは、ほとんど奇跡のように思える。しかしながら、それが人間という種族に特有な「観念」の強靭《きょうじん》さなのであって、それは「石」よりも硬く、「死」よりも強く、また時に「千年」という時間をも越えることを可能にする。

中世はまさに観念の世界であった。真理はすでに『聖書』を初めとする数少ない書物の中に書かれていた。人々がしなければならないこととは、それを学び、せいぜいが討論をしてその正しさを確信することであった。一般の人々だけではない。知の専門家たる学者たちもまた、アラビアにせよ、それを引き継いだ西欧にせよ、その達成のことごとくが、紀元前三〇〇年より前にアリストテレスが到達した水準を越えることはなかった。

かくしてこの中世千年、新しいことはほとんど何も起こらなかった。起こそうとする人々はいたが、抑圧された。多くの分野で進歩は滞《とどこお》った。例えば哲学分野では、さまざまな覇権の交替があったとはいえ、結局、二〇〇〇年近く前のプラトンとアリストテレスとが至高の存在として鎮座《ちんざ》していたし、天文学では、これもまたアリストテレスに続き、一〇〇〇年以上前のプトレマイオスの宇宙論が、教皇庁の教義にも入り込んでいた。医学・生理学・解剖学分野では、ガレノスのこれもまた一〇〇〇年以上前の権威が、圧倒的な力をふるっていた。

こうした永い永い中世にも、しかしついに秋がやってくる。ルネサンスがスタートした十四世紀は、飢餓《きが》やペストが蔓延《まんえん》した悲惨な世紀だった。こうした苦境にも拘らず、権威の上に眠る教会勢力を批判し、さまざまな抑圧をはねのけ、自由と活力によって自らの道を切り開こうとするルネサンスの運動が始まるのである。それは、遠隔地貿易で巨富を積み上げたイタリア商人の支配する自由都市を出発点に、次々とヨーロッパ全土に広がっていった。

発火点はニュー・アカデミズム、人文主義だった。その鼻祖とされるのが、イタリアの詩人ペトラルカ（Francesco Petrarca, 一三〇四—七四）である。決して結ばれることのない永遠の女性ラウラを謳い続けたこの抒情詩人はまた、文献学者、考古学者、地理学者、造園家であり、リュートの演奏者でもあって、ルネサンス特有の「万能の人」の一人だった。古代狂と揶揄されるほどにキケロ以下のローマ古典を愛し、古代ローマの遺跡を実地に調査、また膨大な古文書中からキケロの真筆《しんぴつ》を発見して史料とするなど、学者としての実績も上げている。彼は、人間の本質を追究せず、人間の過去・現在・未来に関心を持たない学問などに意味はないと述べて、人間それ自体への関心を鼓吹する。

神ではなく、問題は人間ではないか。私たちが生きるべきはこの生ではないか。ペトラルカを源流に、神一色の千年を遡り、ギリシア・ローマの古典文化に直接辿り着いた人文主義は、そこにこれまで忘れ去られていた「人間」というものと、豊かで生き生きとした人間たちが作り上げた驚くべく壮大な「知」を見出したのである。

それを一枚の絵にしたものがある。すでに第七章でも触れた『アテネの学堂』である。ラファエロ（一四八三—一五二〇）によって十六世紀初頭に描かれた、縦五メートル、横七・七メートルもある巨大な絵である。描かれているキャラクターたちは、いずれも推定ではあるが、中央にはプラトンとアリストテレス。その左にソクラテス、さらにその左下にピュタゴラス、一方前にはヘラクレイトス、ディオゲネス、右の方にエウクレイデス（ユークリッド）等々、古代ギリシアを中心としたおびただ

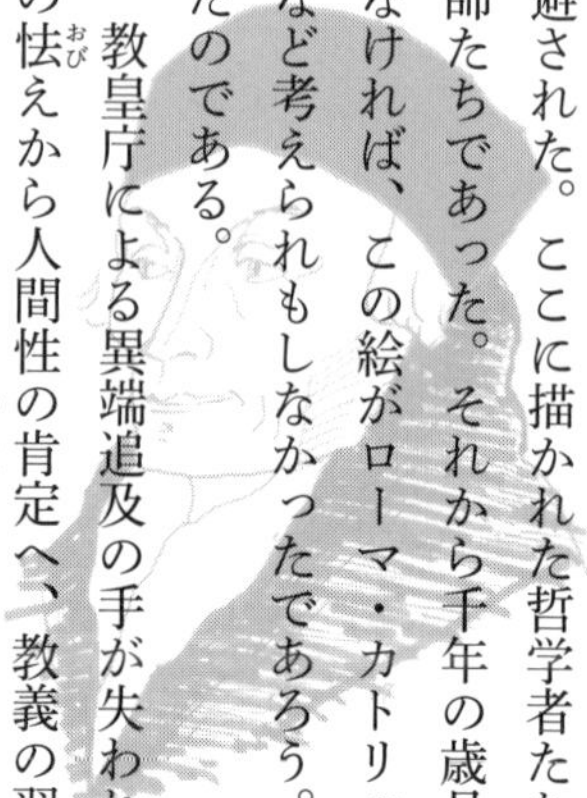

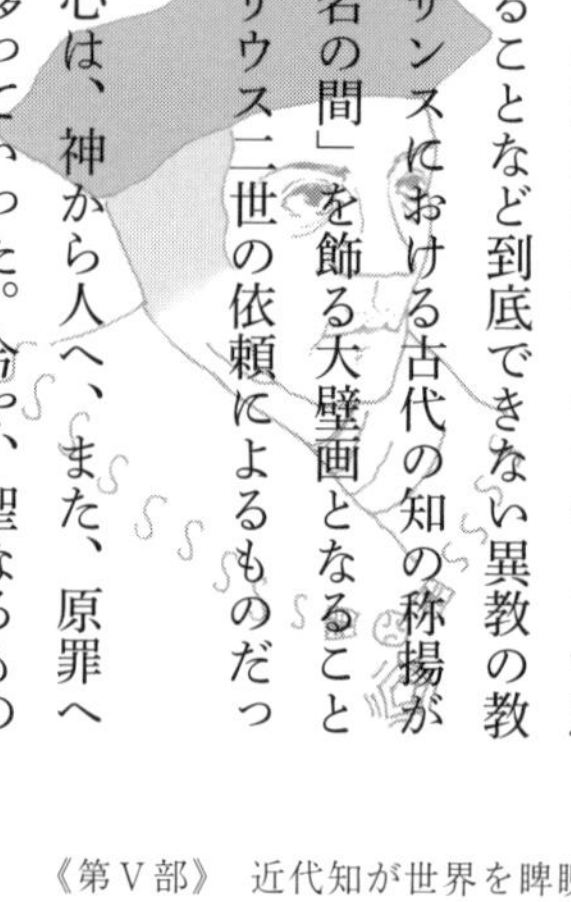

しい哲学者・科学者たちの群像が描かれている。とりわけ驚くべきキャラクターとして、ピュタゴラスの後ろにイスラム思想家のアヴェロエス（イブン・ルシュド、アリストテレス研究者）や、その横にあろうことか、キリスト教徒に惨殺された女性哲学者ヒュパティアまでが描かれているのである。哲学者たちを覆う石造りのクラシカルなドーム、さらにその背景の青く美しい空。その下で彼らは、何と雄弁に、何と親しげに語らっていることか。その自由闊達さこそ、この絵の訴えかけてくる最大のものであろう。

あの五二九年、ユスティニアヌス帝による異学の禁以来、ギリシアの知はおぞましいものとして忌避された。ここに描かれた哲学者たちは、キリスト教世界では教えることなど到底できない異教の教師たちであった。それから千年の歳月を閲《けみ》しているとはいえ、ルネサンスにおける古代の知の称揚がなければ、この絵がローマ・カトリックの心臓部、ヴァチカン「署名の間」を飾る大壁画となることなど考えられもしなかったであろう。しかもこの絵は、時の教皇ユリウス二世の依頼によるものだったのである。

教皇庁による異端追及の手が失われたわけではないが、人々の関心は、神から人へ、また、原罪への怯《おび》えから人間性の肯定へ、教義の習熟から自由な思考へと着実に移っていった。今や、聖なるものの探究ではなく、卑小《ひしょう》にして偉大な人間という存在の探究が、新しい時代の流行となる。人文主義者が法王になる時代だったのである。

人文主義は、哲学的に大きな作品こそ残さなかったものの、イタリアにとどまらず、中世に晩鐘を打ち鳴らす巨大な自由の思潮として、ヨーロッパ全土に広まっていった。オランダのエラスムス(Desiderius Erasmus, 一四六九頃―一五三六)、イギリスのトマス・モア(Thomas More, 一四七七/七八―一五三五)がその代表であるが、この思潮は活版印刷術(ニュー・メディア)や宗教改革(リフォーメイション)を巻き込んで、やがて十八世紀の啓蒙主義への大きな流れとなっていく。

2 世界が一枚の地図になる――大航海時代とニュー・エコノミクス

ルネサンス期における知の変貌として忘れてならないのは、大航海時代がもたらした世界像の変化である。もともとヨーロッパの船は、漕《こ》ぎ手を多数使うガレー船で、命令一下、自在な操作が可能なため、軍用を初め地中海の沿岸航海に使われていた。しかしこれでは、人員・食料などコストがかかりすぎ、長距離航海には向いていない。十字軍を通じて中国伝来の羅針盤《らしんばん》が輸入されたのち、ポルトガルのエンリケ航海王子(一三九四―一四六〇)が、帆を増やし、代わりに人間・食料・物資を減らして省エネ化を図った外洋船を建造し、西アフリカ沿岸南下に成功する。

中近東を通らず、つまりイスラム商人を介在させずに、アジアの富や特産品、特に香辛料《こうしんりょう》を獲得しようとする試みには、上述のアフリカ西岸を南下するコースと、もう一つ、大西洋を横断して、直接アジアに至るコースの二つがあった。いずれも先例はなく、リスクは限りなく大きく、恐るべき冒険心の持ち主にしかできない相談であった。巨利が見込めるにしても、成功の確率はこれまた恐るべく

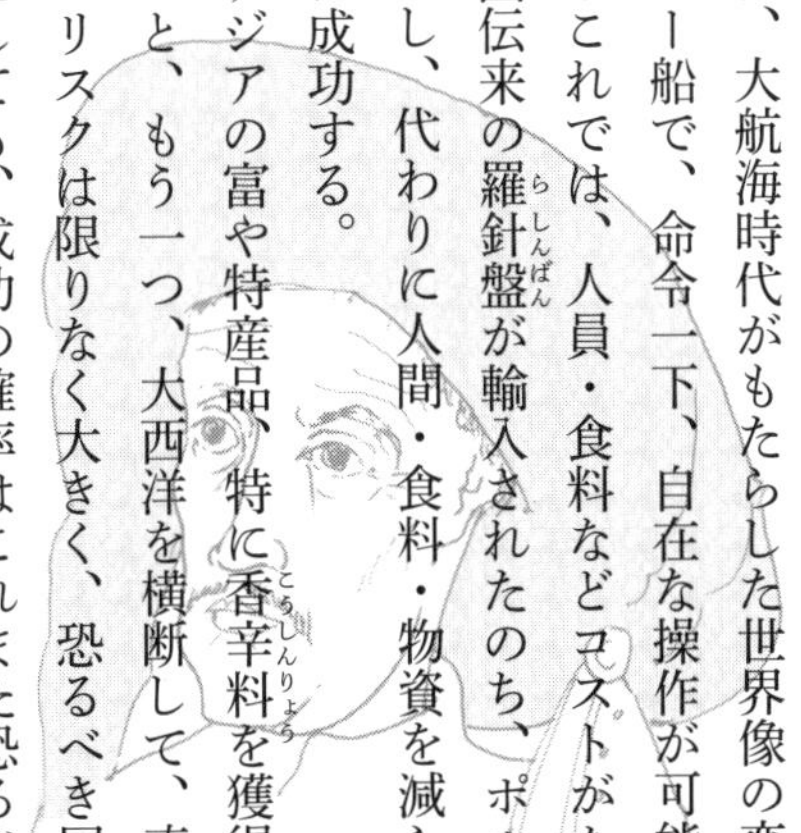

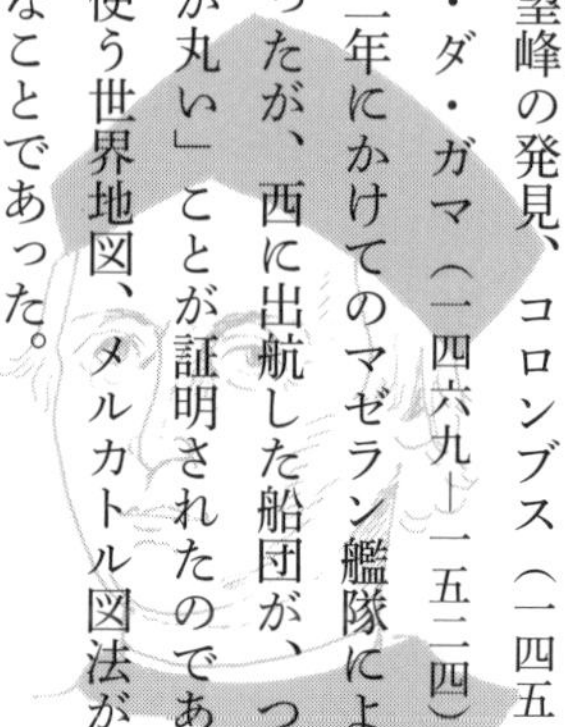

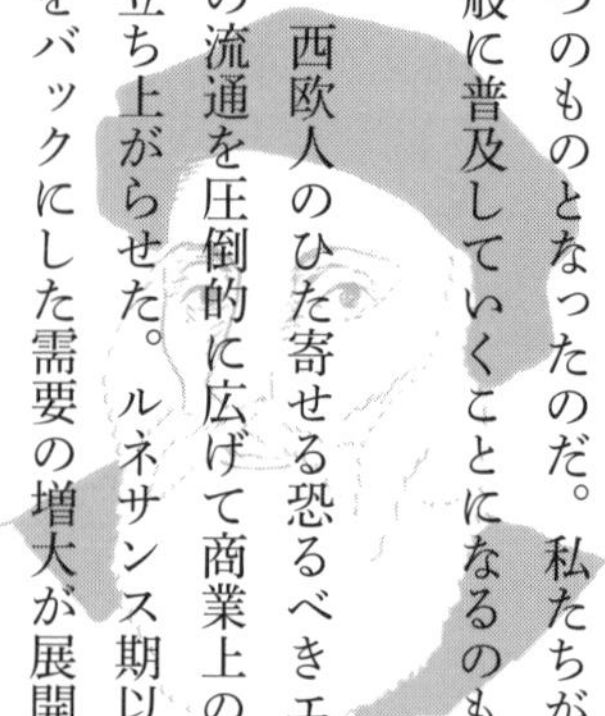

低く、コロンブスの場合でも、彼の熱心な売込みにも、各国の反応は冷たかった。ポルトガル、スペイン、イギリス、フランスと一〇年間断られ続けた末、再度のスペイン説得でようやく出帆《しゅっぱん》できたのである。

しかし、いったん始まった流れは、バルトロメウ・ディアス（?―一五〇〇）による一四八八年の喜望峰《きぼうほう》の発見、コロンブス（一四五一―一五〇六）による一四九二年の西インド諸島への到達、ヴァスコ・ダ・ガマ（一四六九―一五二四）による一四九八年のインド航路の発見に続き、一五一九年から二二年にかけてのマゼラン艦隊による世界周航へと実を結ぶ。地球球体説はギリシア以来の学説ではあったが、西に出航した船団が、ついに東から帰ってくることによって、世の誰にも分かる形で「地球が丸い」ことが証明されたのである。そのとき世界は初めて一つのものとなったのだ。私たちが今も使う世界地図、メルカトル図法が一五六九年に現れ、やがて一般に普及していくことになるのも自然なことであった。

大航海時代は、天文学と地理学の知の発達を背景としていたが、西欧人のひた寄せる恐るべきエネルギーが切り拓いたものだった。それは香辛料から銀まで、物品の流通を圧倒的に広げて商業上の革命を引き起こし、さらに海外市場を開くことで資本主義の原型を立ち上がらせた。ルネサンス期以降、科学・技術が爆発的なまでに進展する基礎として、こうした世界をバックにした需要の増大が展開していたのである。

大航海時代が拓いたものは、経済だけではない。アジアの広大な世界とそのおびただしい珍しい文物の発見、そしてまた、思いもかけなかったアメリカ新大陸の登場とは、自分たちがそれまで究極の理想としてきた古典世界の知が限られたものであったことを明らかにし、ルネサンス・ヨーロッパ人の知はついに、あの古典古代を越えたという自信を生んだ。地球全体が相貌を変え、ヨーロッパは全く新しい時代に入ろうとしていた。

3 それでも地球は動く——ニュー・サイエンス：新天文学の勃興

世界周航によって、海の向こうは巨大な滝になっているという船乗りたちの恐怖が消え、世界はたった一枚の地図になるのだが、ルネサンスではもう一つ、壮大な知の転換が始まろうとしていた。それが宇宙の変貌、地動説の登場である。

すでに第五章で述べたように、地球球体説が提出されていた古代ギリシアには、地動説もまた存在していた。しかしそれは、論理に淫していたギリシア人特有の知のなせる業であって、太陽も月も星も、一日として休まず東から西へと移動していく目の前の事実、自らの感覚を否定することは、一般の人々にとって屁理屈以上のものではなかった。もしこの大地が動いているのなら、真上に投げた物がどうして横に外れていかないのか？　また手から離れた物は、なぜ斜めに落ちないのか？

しかし一方、古代から延々と続く天文学の内部では、その観測の数学的精度が時代を追って増せば増すほど、逆に論理的な矛盾に悩まされていたのだ。その最大のものが、後二世紀のプトレマイオスがすでに挙げていたように、第一に、太陽の年周運動の不規則さである。即ち、春分から秋分までの日数の方が、秋分から春分までよりも（勿論現在もそうなのだが）一週間ほど長いのはなぜなのか。つまり、太陽の運行速度が一定ではないという不思議である。第二は、惑星運動の不規則さである。即ち、惑星がまさに惑《まど》ったような動きをし、スピードを変えたり、時に止まったり、あまつさえ逆行したりすることであった。

古代ギリシア以来、プトレマイオス説に至るまで、またこれをそっくり引き継いだキリスト教会の公認理論では、地球は宇宙の中心にあって動かず、天空の星々は神の命令に従って、宇宙における完全な運動である円運動をひたすら繰り返すと考えられていた。そうであればこそ、プトレマイオスをも悩ませた星々の不規則な運行は困惑するほかないものであり、それゆえにこれを合理的に説明するための膨大な努力が払われてきた。

千年の中世を支配してきたプトレマイオスによれば、先の第一の難問は、「離心円」理論で説明される。つまり太陽などの「惑星」の対地球公転の中心点が、地球自体からはズレているため、地球との距離が季節によって変化するというのである。第二の難問には、「周転円」理論が考え出された。各惑星は、地球に対して公転しているのみならず、その公転円周上を中心に距離をとって回転しているために、地球から見て止まったり逆行したり速度を変えたり、つまり不思議な運行をしているように見える、というのである。

よくぞそこまで考え出した、と思われる理屈であるが、つまりは天動説を何としても守ろうとするために考えられた虚論であり、では具体的に各惑星がどんな軌道を、どんな位置から、どんな速度で、離心・周転運行しているのかを精度高く観測すればするほど、無理が生じていた。

これを一気に打破したものが、ポーランド人コペルニクス（Nicolaus Copernicus, 一四七三―一五四三）の地動説だったのである。彼は、あまりにも無理に無理を重ねる天文理論に対し、古代ギリシアには地動説がすでにあったことを知る。天ではなく、地が動く。しかも、太陽の周《まわ》りを他の惑星とともに地球が回っていると考えれば、はるかに合理的に多くのことが説明できると彼は気づいた。彼がこの新説に到達したのは、およそ一五二〇年、五七歳の頃と推定されている。しかしながら、アリストテレス以来二〇〇〇年近い歴史を誇る天動説は、すでにキリスト教的宇宙観を支える理論となっており、彼は発表をためらった。けれども、新しい理論に感銘を受けて彼のもとを訪れた、若いヴィッテンベルク大学数学教授の強い勧めで、ついに地動説の書『天球の回転について』が書かれる。その本が病床に届けられた一五四三年五月二十四日、著者はその自著を眺め、そして亡くなったと伝えられる。七〇歳であった。

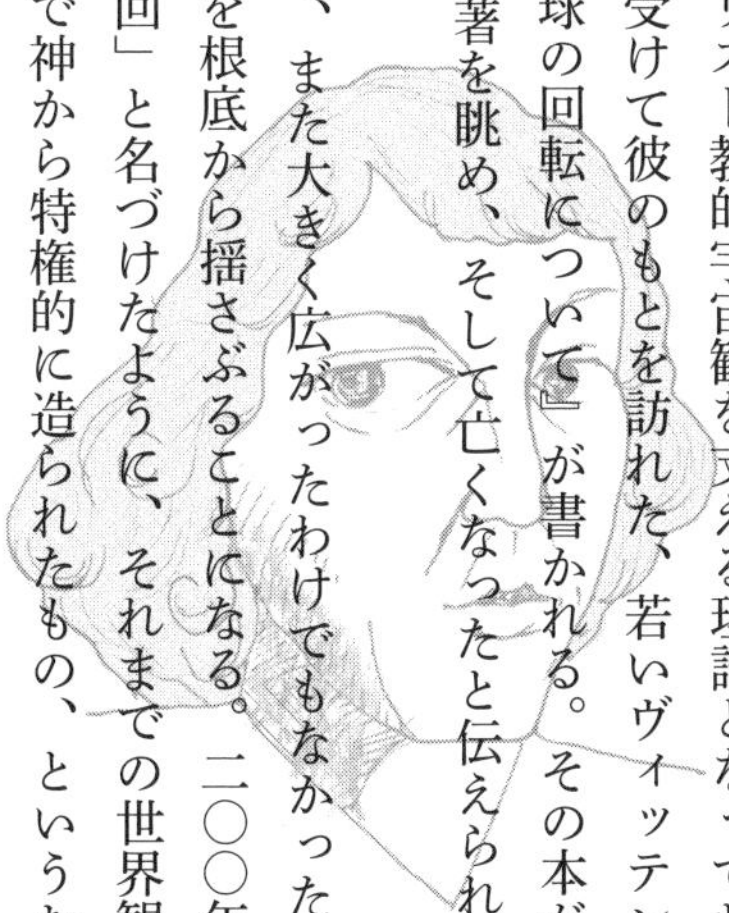

コペルニクスの地動説は、直ちに承認されたわけでも、また大きく広がったわけでもなかったが、その影響は深々としたものがあり、その知はやがて西欧を根底から揺さぶることになる。二〇〇年のちのカントが、自らの革新的哲学を「コペルニクス的転回」と名づけたように、それまでの世界観を一変させる破壊力を持っていた。我々の地球は宇宙の中で神から特権的に造られたもの、というお墨つきが失われ、太陽の周りを一年に一回廻るただの星になってしまったという衝撃である。

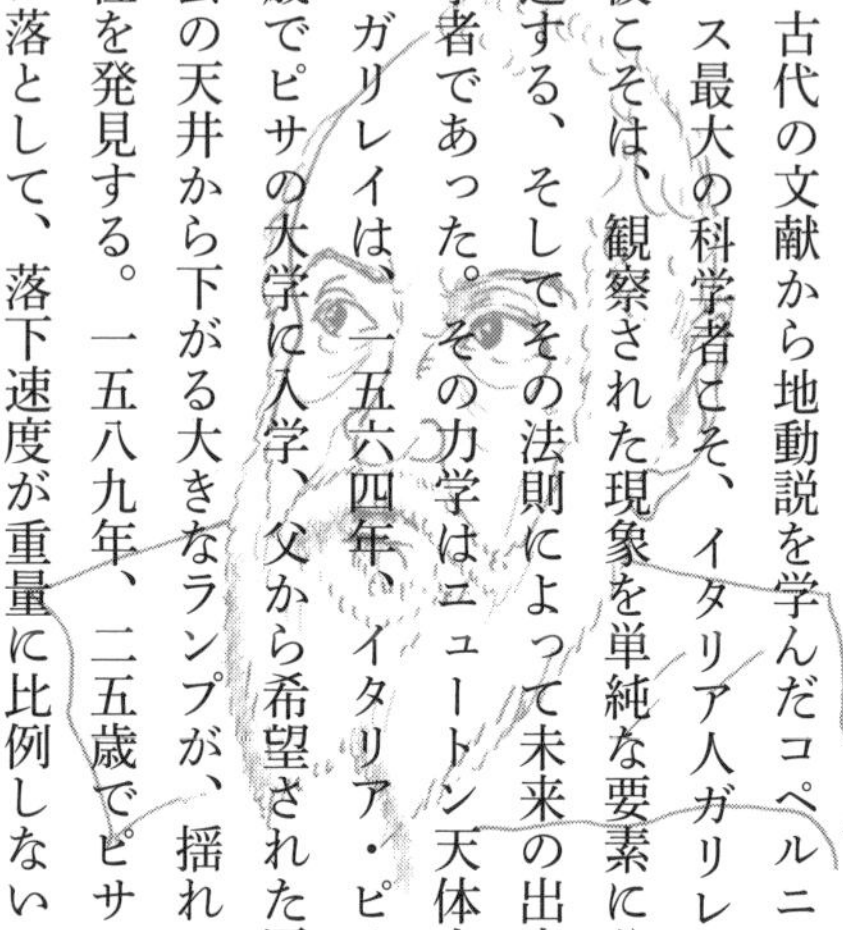

古代の文献から地動説を学んだコペルニクスもルネサンス人であったが、その業績を継いだルネサンス最大の科学者こそ、イタリア人ガリレオ・ガリレイ（Galileo Galilei，一五六四―一六四二）であった。彼こそは、観察された現象を単純な要素に分解し、それを数学の力によって総合することで法則に到達する、そしてその法則によって未来の出来事を予知するという、自覚的な近代科学の方法をもった学者であった。その力学はニュートン天体力学への道を開き、近代科学の父となる。

ガリレイは、一五六四年、イタリア・ピサに生まれた。四人兄弟の長兄である。一五八一年、一七歳でピサの大学に入学、父から希望された医学には興味がなかったものの、一九歳のときすでに、教会の天井から下がる大きなランプが、揺れの大小に拘らず同じ時間で往復するという、振り子の等時性を発見する。一五八九年、二五歳でピサの大学講師となり、ピサの斜塔から重い球と軽い球を同時に落として、落下速度が重量に比例しないことを実証したとも言われる。実験というものをしようと考えなかったそれまでの科学者の伝統に逆らう、新しい精神の持ち主であった。

一五九二年、パドヴァ大学教授。ヴェネチアの自由を保障されたこの大学での一八年は、彼の生涯で最も幸福な日々であった。一六〇九年、四五歳のとき、オランダで望遠鏡発明の噂を聞き、直ちに自分でも組み立て、驚くべき発見をする。アリストテレス以来、月下の世界とは異なり、完全な天体であると信じられてきた月の表面に、地球同様のデコボコを見出したのだ。銀河もまた、神秘的な天空のヴェールなどではなく、星の集合体であること、さらには、木星に四つの衛星を発見することで、頭上の天体は聖なる数の七個（太陽・月のほか、水・金・火・木・土星）ではないことが明らかとなるなど、ガリレイ自身を当惑させるものであった。

名声が高まる中、ガリレイは一六一〇年、故郷トスカナ公国付きの学者になる。しかしヴェネチアを離れ、教皇庁の勢力下に入ったことで、彼の人生は暗転する。コペルニクスの地動説を支持するガリレイに対する風当たりは次第に強まり、一六三二年、六八歳で出版した『天文対話』は、教皇庁の検閲済みであったにも拘らず、出版後に教皇庁からとがめられて同年発禁、さらに異端審問所で審理され、翌一六三三年終身禁固の判決が下される。異端の囚人が着る白衣をまとったガリレイが、自らの有罪を認めたあとにつぶやいた言葉が、もはや伝説となったあの「それでも地球は動いている」であった。のち、軟禁に緩められ、同年末、フィレンツェ近郊の別荘への引退が許される。一六三八年までに失明、一六四二年没。七七歳であった。

ガリレイの天文学上の業績は、最終三〇倍ほどの能力を持つ望遠鏡によって、組成物質がまったく異なるとされてきた天上界と地上界（月下の世界）の峻別《しゅんべつ》という、二〇〇〇年近い信念に強烈な打撃を与えたことにある。力学上の業績はそれよりもはるかに重要であり、彼は運動を数学化し、法則を確立するという科学革命をもたらした「最初の科学者」である。その著書『偽金鑑識官』（一六二三年刊）の中でガリレイはこう言う。

哲学は、眼のまえにたえず開かれているこの最も巨大な書［すなわち、宇宙］のなかに、書かれているのです。しかし、まずその言語を理解し、そこに書かれている文字を解読することを学ばないかぎり、理解できません。その書は数学の言語で書かれており、その文字は三角形、円その他の幾何学図形であって、これらの手段がなければ、人間の力では、そのことばを理解できないのです。それなしには、暗い迷宮を虚しくさまようだけなのです。

(『偽金鑑識官』山田慶兒／谷泰訳、『世界の名著21　ガリレオ』中央公論社、一九七三年、三〇八頁)

ガリレイは告げたのだ。私たちの感覚的経験で成り立つ日常生活の向こう側に隠れている数学的性質こそが、そしてそれだけが現象の本質であり、真実なのである、と。ここに事実上初めて「科学」が成立し、「科学者」が生まれたのである。

コペルニクスの地動説を疑う人々が、地球が動いているのなら、我々にはなぜそれが感じられないのか、という疑問を提出したのに対し、一定の速度で一定の方向に動く船に乗る人には、船が動いていることと自体が感知できない例を出して、地球の上にいる人もまた、地球の動き自体が感知できないことを指摘したのも、ガリレイであった。プロローグですでに見た、我々人間自身が絶対的に信頼を置く体感とは「慣性」の魔法に囚《とら》われたものであり、決して真実を保証するものでないことが、このルネサンスの科学の巨人によって見抜かれていた。

ここで、ガリレイにおいて明確に成立した「科学的方法」を構成する、「数学」と「実験」について触れておこう。世界の知の流れの中で、西欧にだけ生起し、そのすぐれた精度と成果とで、他文明を圧倒して現代に至る、世界の科学支配を準備した西欧「近代科学」。その本質は、いわゆる「実験的方法」と「数学的方法」であるとされる。

「実験的方法」とは、すでに知られた真理・法則を確かめるために実験を行うのではない。必要な条件だけを定量的に（数値化して）投入した実験を行い、結果をまた再び定量的に測定することで、未知の法則・真理を探ろうとする方法である。

つまりギリシア人以来の、手足を動かす労働を厭《いと》い、「観想」を何よりも貴《とうと》いものと考え、思索だけに頼る「観念的」な方法を離れ、学者自身が計算をし、自ら体を動かして条件を整えた実験を行い、その結果についてまた厳密に数学的検証をするのである。こうして「実験」と「数学化（定量法）」を組み合わせることで、合理的で実証的、しかも真理を探究し得る知の方法が生まれたのである。

問題の核心は、実験の諸条件や結果をきちんと数値化して、自然現象の法則的な連関を探ることであり、結果として、縮小したサイズのモデル実験でも十分な精度を持つ成果が得られて少費用ですむため、この方法は現代に至る科学の強力な武器となっていった。

こうして、ガリレイにおける「実験的方法」と「数学的（定量的）方法」とが、科学の知を極めてレベルの高い精密学へと導いたのだが、その一方、ギリシア以来、「科学」（自然哲学）をも包含していた伝統的哲学では、依然として言わば「定性的」、つまり「質」にこだわり、真理を言葉で言い止めようと追究し続けて現在に至っている。このようにして、ガリレイやニュートンたちはなお自らを「哲学者」と自認していたが、自然現象の中に数学的な法則を探る実質的な「科学者」として、哲学の本流からスピンオフしていくのである。

ルネサンスはまた、「世界と人間の発見」の時代と呼ばれる。「再び」（re）と「生まれる」（naissance）の合成語とはいうものの、ただ単に古代に還《かえ》ったわけではなく、守旧の中世千年を無化し、古代を引き継ぐ形で、新しい人間が続々と生まれ、世界像・宇宙像が一新されていった。世界を新鮮な眼差しで見つめ、新たに世界を発見する、新しい時代がやってきたのだ。ここから現代まではもう一直線、ルネサンス最後の天才と言われるガリレイが亡くなったのは一六四二年であり、それから現在まではまだ四〇〇年は経っていないのである。こうして中世千年の薄明に強い光が差し込み、人間は神話世界から知の明るみに向けて歩み出す。

但しそれはまた、天使たちがさまざまな天球を回し続ける聖なる自然を捨て、あらゆる存在が「数量」に置き換わり、単なるモノの集合となった自然を受け入れることにもなっていった。それはつまり、四元素が各々本来あるべき位置への志向を持つなどの生気論的、目的論的、質的な自然観から、一切の霊魂的なものを否定した数学的、機械論的な自然観への転換であり、上述のガリレイのほか、次章以降で触れるデカルトやニュートンたちは、それぞれの立場でこの劇的なパラダイム変換を遂行するのである。この転換は、現在から見て脱魔術化の決定的な段階であったが、この流れの中で、単なるモノの集合となった自然を汲み尽くし、利用し尽くそうとする収奪の思考が生まれ、弊を払った自由と歓喜の一方、貪欲《どんよく》と苦悩の「近代」もまた始まることになる。

第十二章　哲学革命としてのデカルト——大陸合理論

ルネサンスがスタートさせた人間の力の自覚は、デカルトに至って哲学の世界にも及ぶ。デカルトは哲学史に、世界全体と拮抗《きっこう》する「人間理性」という極を提出した人である。それは「私」であり、「自我」であり、人間の「精神」そのものなのだが、そこにこそ哲学のスタート地点となる「絶対に確実なもの」があると宣言した。というのも、その原点を析出するために世界の一切を徹底的に疑ってみる。すると、「疑うこの私が在る」ことだけは疑い得ないことが分かる。だからこそ「われ思う、ゆえにわれ在り」となる。こうして発見された哲学の究極の原点は「考えるわれ」（コギト）ということになった。ここに哲学はその重点を神や自然から人間に移し、現代に至る「意識の哲学」が始まることになる。デカルトはまた、解析幾何学を創始したほか、精神を取り巻く物質はすべて質を量に還元することで、宇宙全体を物理数学的に把握できるとする機械論的自然観などで、科学者としても大きな業績を残している。

デカルトに出発点を置き、人間理性に絶対の信頼を置く哲学は「大陸合理論」と呼ばれ、スピノザやライプニッツへと引き継がれていく。

★同じ時期の日本は、江戸初期から中期になる。思想面では仏教・儒教にキリスト教も交錯するが、朱子学を中心とした儒学が次第に力を持つに至る。朱子学者林羅山は徳川家康以来四代の将軍に仕え、その子孫（林家）も代々、儒学の知を幕府に供給する。林家の私塾がのちの昌平坂学問所につながっていく。十七世紀後半からは学問芸術を中心に元禄文化が栄えた。

1 デカルトの時代——自然学と形而上学の革新

中世千年の日々を、謙虚に物静かに、『晩鐘』の人物たちのように送ってきた人間。それがルネサンスのニュー・アカデミズムを先頭とする知の変革の中で、世界と人間と古今の歴史とが全く新しい光を放って輝き始めていた。新鮮な天空、新鮮な世界地図、新鮮な古典や美術——はちきれんばかりのエネルギーと自らへのたくましい自信。これが新しい時代の人々が身につけたアイテムである。

すべてを神に頼る必要はない。あらゆるものが人間の力によって明るみに出され、解釈され、組み立て直され得る。フランシス・ベーコンが宣言したように、「知は力」なのだ。哲学がなお学問の代名詞であった時代であり、自然科学は自然哲学、社会思想も政治哲学と呼ばれてたくましい進歩を遂げていたが、本来の哲学の世界にも、人間の力の自覚は押し寄せた。その象徴が、哲学に近代をもたらしたデカルトである。

デカルト（René Descartes, 一五九六—一六五〇）は、哲学の世界に、「自然」でも「神」でもない「自我」という新鮮な極、つまり「人間」（私）という領域を生み出した人である。しかもそれこそが全世界を支える原点であると説いた。つまり、デカルトにとって絶対確実なことは、目の前に広がる外部世界でもなければ、創造主たる神でもない。確実なのは、「自分自身」と「自分が考える」ということだけである。だから、巨大な外部世界も、この事実から推論すべきものとなった。アリストテレス以来ほぼ二〇〇〇年、これほど革命的な発想を提出した哲学者は存在しなかった。こうして生まれた、人間の意識に絶対的な重きを置く主観主義は、こののちバークリからカント、ヘーゲルへと連なり、哲学の風景を一変させることになる。だから、全哲学史を二部に分けるとすれば、間違いなくその境目となるのはデカルトとなるのである。

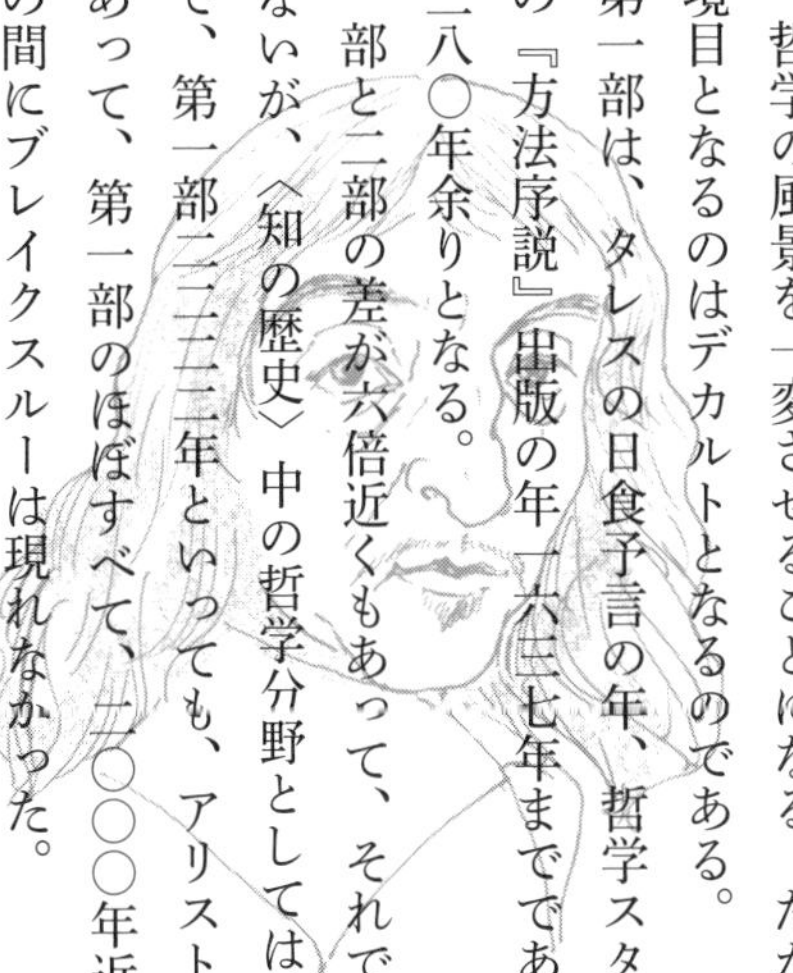

　第一部は、タレスの日食予言の年、哲学スタートの年とも言える紀元前五八五年に始まり、デカルトの『方法序説』出版の年一六三七年までであって、この間二二二二年。第二部はそれ以降現在までの三八〇年余りとなる。

　一部と二部の差が六倍近くもあって、それでは釣り合いが取れないではないか、と思われるかもしれないが、〈知の歴史〉中の哲学分野としては、アリストテレス以降ほとんど目立った進捗はないわけで、第一部二二二二年といっても、アリストテレスの没年、紀元前三二二年までの二六三年が実質であって、第一部のほぼすべて、一〇〇〇年近くは開店休業状態と言ってもよいのだ。少なくとも、この間にブレイクスルーは現れなかった。

　デカルトは、理性の世紀、十七世紀に至って斬新な知を、新しい形而上学と新しい自然学という形

で提示した哲学者である。彼の業績を挙げると、
①コギトの発見——人間精神（理性）を形而上学の拠点に据え、意識を中心とする哲学を創始したこと。
②精神と、それを取り巻く物質とを峻別し、ドラスティックな二元論を設定したこと。
③精神を取り巻く物質はすべて、その質を量に還元し、全宇宙を物理数学的に把握することができるとして、機械論的自然観を提示したこと。

——これら三つがその主要なものであると言うことができる。その中でも最大の仕事は、新形而上学としての「コギトの発見」であろう。

かつてタレス以来のギリシア自然学が、人間を取り巻く広大な自然をどのように説明するかに思弁を傾けていた中で、ソクラテスが人間に着目し、「自然よりも人間」の方が大事ではないかとして、哲学の目を人間の研究にも向けさせたという転換点があった。デカルトにおいてもそれと似たところがあるのだが、はるかにドラスティックだったのである。

タレス以来の古代哲学では、真理は自然に宿り、哲学者たちはその解読に従事した。中世千年は、神の時代であった。真理とは神が創り、神が教え示すものだった。その千年ののち、十四世紀から始まるルネサンスでは、人間が前面に現れ出てくる。しかしルネサンスにおいては、ギリシア・ローマ古典文化が全面的に復活するまでであって、人間の知に「生気」が与えられたとはいっても、「知それ自体の革命」にまでは至らなかった。神学のフィルターを経ていない、古代そのままのプラトン、アリストテレスを直視するところまでだったのだ。

郵便はがき

お手数ですが
切手をお貼り
ください。

１０２−００７２
東京都千代田区飯田橋３−２−５
㈱　現代書館
「読者通信」係　行

ご購入ありがとうございました。この「読者通信」は
今後の刊行計画の参考とさせていただきたく存じます。

ご購入書店・Webサイト 書店	都道 府県	市区 町村
お名前《ふりがな》		
〒 ご住所		
TEL		
Eメールアドレス		
ご購読の新聞・雑誌等		特になし
よくご覧になるWebサイト		特になし

上記をすべてご記入いただいた読者の方に、毎月抽選で
５名の方に図書券５００円分をプレゼントいたします。

お買い上げいただいた書籍のタイトル

本書のご感想及び、今後お読みになりたいテーマがありましたらお書きください。

本書をお買い上げになった動機（複数回答可）

1. 新聞・雑誌広告（　　　　　　　　　）　2. 書評（　　　　　　　）

3. 人に勧められて　4. ＳＮＳ　5. 小社ＨＰ　6. 小社ＤＭ

7. 実物を書店で見て　8. テーマに興味　9. 著者に興味

10. タイトルに興味　11. 資料として

12. その他（　　　　　　　　　　　　　　　　　　　　　）

ご記入いただいたご感想は「読者のご意見」として、新聞等の広告媒体や小社Twitter 等に匿名でご紹介させていただく場合がございます。
※不可の場合のみ「いいえ」に○を付けてください。　　　　いいえ

小社書籍のご注文について（本を新たにご注文される場合のみ）

●下記の電話や FAX、小社 HP でご注文を承ります。なお、お近くの書店でも取り寄せることが可能です。

TEL：03-3221-1321　FAX：03-3262-5906
http://www.gendaishokan.co.jp/

ご協力ありがとうございました。
なお、ご記入いただいたデータは小社からのご案内やプレゼントをお送りする以外には絶対に使用いたしません。

デカルトの提出した新形而上学では、真理は自然でもなく、神でもなく、ズバリ人間にこそある、ということになる。ただ、敬神が人間としての基本的な倫理になっていた時代であり、デカルトも「無神論」という非難を恐れた。一方また「地動説論者」という批判も回避しようとしているので、実際には微妙なところはいろいろとあるのだが、〈知の歴史〉上に果たした役割からすれば、デカルトに至って神から人へはっきりと重心が移動している。知が神にではなく、人間自身に立脚することになったと言えるのである。

かつてアルキメデスは、地球外の不動の支点を与えてくれれば、地球を動かしてみせよう、と豪語したと伝えられる。のちに述べるように、この有名な「アルキメデスの点」をデカルトは、知における究極の原点の意味に使い、それを〈コギト＝考える私＝理性・精神＝人間の意識存在〉に設定し、哲学の第一原理として提出したのである。

Cogito, ergo sum. ――われ思う、故にわれ在り。私は思考する。だからこそ、私が存在していることは、絶対に疑いを容れない。「人間の意識（自我）」が究極の原点として、デカルトによって提出された。世界で最も確実で間違いのないこの知の原点には、自然も入り込めなければ、神も介在できない。それは世界の一切を見据える究極の根拠となる、人間の自己意識なのである。ようやく哲学の上に、人間の時代がやってきたのだ。

この一六三七年のデカルトの宣言の背景には、すでに述べたルネサンス三世紀を経た西ヨーロッパの力の横溢《おういつ》があったであろう。遠隔地貿易で都市は富み、すでにヨーロッパの風には自由の香りがした。人間は、原罪を背負った、ただに後ろ暗い存在ではなく、ダヴィデ像のようなたくましい理想像が自分たちに重なっていた。大航海時代の中で見たこともない文物が到来し、世界周航によって地球がたった一枚の地図となって、人々の目に収まった。一五九〇年頃の望遠鏡や顕微鏡の発明で、人間の知の力は極大から極小にまで及ぶようになった。さまざまな圧力や揺り戻しは勿論あったとはいえ、こうした背景の中で、人間精神が世界を見据えるという構図が生まれていったのである。

さて、デカルトは先のように「私」の存在を第一原理とし、またそれを内なる実体として定立する。その一方、この内なる地点から、その外側に広がる、自らの身体をも含めた宇宙すべての対象を捉えつくそうとする。それらは私に見つめられ、操られる実体＝物体となり、またガリレイ以来の物理数学で計算し得る対象となる。かくして世界は、心と物、精神と物質という、画然と対比され、互いに独立した二つの実体に分かれることになったのである。

この結果、対象となる物体からは、アニミスティックな生気は失われていく。質が量にすっかり還元されることによって、ここからあらゆる科学が叢生《そうせい》していくことになるだろう。ガリレイを引き継いだデカルトの物理数学によって、世界は完全に計算され、操作可能なものとなり、デカルト哲学こそが十七世紀に生まれる自然科学の理論的基礎づけをすることになる。

つまりデカルトは、人間精神が登場する新しい哲学の第一原理を提出し、近代哲学としての「意識（理性）の哲学」をスタートさせるとともに、その対象となる物的世界を機械論的宇宙観で捉えることによって、近代科学の基礎づけをも行った。その意義はまことに大きいが、その一方、見つめる主体と、見つめられ取り扱われる客体――共通点を持たないこの両者をどのように橋渡しするかという、近代哲学を象徴する物心二元論の迷宮をも生み出すことになったのである。

2 世界という大きな書物を求めて――デカルトとその生涯

デカルトは一五九六年、フランス中部のやや西にあるトゥレーヌ州ラ・エーで生まれた。四人兄姉の末子。父はブルターニュ高等法院の官吏で、買官によって貴族の称号を得た、いわゆる「法服の貴族」、知識階級であった。母は、デカルトの生まれた翌年に没している。

デカルトは病弱だったため、人より遅れ、一〇歳でイエズス会系の名門ラ・フレーシュ学院に入学、一八歳で卒業する。寄宿生活でありながら、健康上の理由から朝寝が許されていたというから、学院長が親戚であったということのほかに、彼のすぐれた才能を認められてのことと思われる。彼はのちも、毎日一〇時間の睡眠をとる生活を続けている。

卒業後、父の指示に従い、ポワティエ大学で法学と医学を学び、一六一六年、二〇歳の秋に法学士号を取得する。しかし彼の心は満たされなかった。人生に必要なすべては学校で学べると聞き、懸命に勉強をしたにも拘らず、卒業間際の心に去来したものは、それらすべてが無意味ではなかったか、という思いだった。確実な知へのあこがれが、彼の心に渦巻いていた。

一六一八年、二二歳のデカルトは、「書物の世界」から「世界という大きな書物」へと身を移す。

オランダで著名な軍事学校に入るのである。ここで訓練を受けていた同年秋、街角で偶然知り合ったオランダ人自然学者ベークマン（一五八八―一六三七）から、自然法則を数学的に追究するという、ガリレイと同じ手法を学ぶ。物理数学者デカルトが、こうして誕生する。

翌一六一九年、オランダを出てドイツへ。ドナウ河のほとりの村で、いわゆる「デカルトの夢」を見る。夢見られたのは、数学を基礎にした諸学問の体系化という、全学問を統一するアイデアだったようだ。それから約九年、ヨーロッパ各地への旅と思索の日々を送り、一六二八年末、三二歳でオランダに渡る。腰を据えて学問研究する地として、オランダが選ばれたのだが、なぜオランダだったのか？　ここで、オランダを巡るルネサンス以降の西欧世界を見ておくことにしよう。

十五世紀末までに、レコンキスタを勝ち抜いたポルトガル・スペイン両国は、続く大航海時代にも競って海外に雄飛した。特にスペインは、アジアへの進出でポルトガルに後れを取ったものの、新大陸では優位に立ち、やがて「太陽の沈まぬ」スペイン世界帝国を実現する。ヨーロッパにも多くの領土を持ち、その領土の一つが商業の発達した豊かな国、ネーデルランド（オランダ）だった。

カルヴァン派新教徒の多いこの地で、スペイン王がカトリック化政策を強行し、自治権を奪おうとしたため、独立戦争が起こる。八十年戦争とも言われる長い戦いを勝ち抜いたオランダは、一六〇九年、事実上の独立を果たし、自由の気風に溢れる絶頂期を迎えた。

一六〇二年、世界初の株式会社である東インド会社を設立、一六〇九年には日本の平戸にも商館を建て、インド以東の文物をオランダ本国にもたらした。徳川幕府が貿易相手として選んだオランダは、実は当時ヨーロッパの最先端国家だったのである。首都アムステルダムは世界貿易の中心地となり、自由の中で繁栄するオランダではジャーナリズムが発達し、出版も盛んであったため、ホッブズやロックたちも、亡命先にこの地を選んでいる。ヨーロッパを歩き回ったデカルトもまた、定住先をこのオランダに決めた。

一六二八年、三二歳で始まったデカルトのオランダ在住は、晩年までの二一年間に及ぶが、その最初の結実は『世界論』となるはずだった。個々の現象ではなく、自然全体を、その組成から展開まで、メカニカルに説明する「機械論的創世記」である。しかし一六三三年の出版の直前に、ガリレイがイタリアで地動説をとがめられて有罪判決を受けたとの報が伝わり、出版は断念される。

四年後の一六三七年、四一歳にして出版された『方法序説』によって初めてデカルトの形而上学が語られることになる。即ちその第四部に現れる有名な「われ思う、故にわれ在り」であり、「考えるわれ」の発見である。ここでは人間精神が、〈知の歴史〉上初めて他のすべてを抑えて現れ、スポットライトを浴び、宇宙の一切と対峙《たいじ》することになる。しかも『方法序説』第六部冒頭には、自分の発見した自然学の知をもってすれば、次のように人間と世界の関係がすっかり変わってしまうことが宣言されている。

これによりわれわれは、火や水や風や星や天空やその他われわれをとりまくすべての物体のもつ力とそのはたらきとを、あたかもわれわれが職人たちのさまざまなわざを知るように判明に知って、それらのものを、職人のわざを用いる場合と同様それぞれの適当な用途にあてることができ、かくてわれわれ自身を、いわば自然の主人かつ所有者たらしめることができるのだからである。

（『方法序説』野田又夫訳、『世界の名著22　デカルト』中央公論社、一九六七年、二一〇頁）

まさに、「考えるわれ」＝人間精神が自然界を睥睨する図式がここに現れたのである。神から人へ。神にも比すべき自我の誕生であった。

この間デカルトには、家政婦であったオランダ女性ヘレナとの間に一六三五年、フランシーヌという女の子が生まれる。彼はこの子をかわいがったようだが、一六四〇年、五歳で没。生涯最大の悲しみだと嘆いたという。同年、父も亡くなる。

一方、出版された『方法序説』は、大きな反響を呼び起こした。その渦中にあって彼は、『序説』第四部の形而上学を発展させた『省察』を一六四一年に四五歳で世に問い、さらに一六四四年に四八歳で、形而上学のほか自然学も含めた大部の『哲学原理』を刊行する。しかし自由なはずのオランダではあったが、「無神論者」という非難も強く、大学での著書販売禁止にあい、激しい論争で心の平安を失ったデカルトは移住を考え始める。

この当時のデカルトの心を慰《なぐさ》めたものが、旧ボヘミア王公女エリーザベト（一六一八―八〇）との文通で、一六四三年から四九年末まで続けられる。読者である彼女から突きつけられた質問が、「非物体的な魂が、どのようにして物体的な身体を動かせるのか」という心身問題の難問で、これに応えるべく執筆されたものが『情念論』（一六四九年刊）であった。

デカルトの晩年を飾るもう一人の女性が、当時の大国スウェーデン女王クリスティーナ（一六二六―八九）である。二三歳の若き女王は、文化によっても国を開花させるべく、彼を首都ストックホルムに招く。彼女の再三の要請に、デカルトはついに一六四九年秋に重い腰を上げた。しかし移住先は極寒の地で、年明けから早朝五時の進講を始めたものの、一カ月で風邪をひき、肺炎、そのまま没する。五三歳だった。

3　絶対に確実なものはどこにあるか――コギトと物理数学的方法

『省察』中、「第二省察」の初めの方に次のような文章がある。

アルキメデスが、地球全体をその場所からよそへ動かすために求めたものは、確固不動の一点だけであった。したがって私も、たとえほんのわずかでも、何か確実でゆるぎのないものを見いだすならば、大きな希望をいだいてよいはずである。

（『省察』井上庄七／森啓訳、『世界の名著22　デカルト』中央公論社、一九六七年、二四四頁）

デカルトによって遠慮がちに示された「アルキメデスの一点」のエピソードである。しかしそれは、言葉の持つニュアンスとは裏腹に、デカルトの揺るぎない自信を示しているであろう。彼はさまざまなものを疑い、神や数学の真理までも疑って、ついに「確実なものは何もない」という結論に達する。そこから知の劇場はどんでん返しとなり、一切を疑い続けるこの私、「考える私」がスポットライトを浴びて現れ出る。このコギトこそ地球全体をも動かせる、疑いもない「アルキメデスの一点」だと、デカルトは言っているのである。

こうして、哲学の流れの中で、タレスからアリストテレスに至るまで、思弁的に追究された広大な「自然」という真理、中世千年が追い求めた「神」という真理に続き、以後の近代の知を一貫して支配することになる「人間」という真理が現れる。即ち、自然学、神学から、人間精神の哲学、意識の哲学への移行が行われるのである。

デカルトは、形而上学の第一原理を人間の思惟に設定する一方、その精神の眼前に展開する宇宙の万物を、単なる延長である物質として峻別する、ドラスティックな二元論を提示する。彼の解析幾何学によく表れているように、万物の「質」はすべて「量」に換算され、それらの「運動」もまた、単なる「位置変化」として説明される。

アリストテレス以来、スコラ哲学を通じて保たれていた、形相と質料が結合して成立する万物が、総体として「神」に向かって動く一種生気論的な宇宙論が退けられ、デカルトの宇宙論では万物は、メカニックに生成しまた展開していく機械のような存在となり、人間もまた心臓を中心に据えたマシーンとなるのである。

中世千年の重みを持つ老アリストテレスを、さまざまな分野で乗り越えようとするデカルトの思考は、運動論においてもまた躍如としている。アリストテレスは、月下の世界の運動を直線運動とし、月より上、聖なる天体の世界の運動を円運動と考えたが、デカルトは運動の基本は慣性と直線運動であると断じ、円運動が合成運動であることを分析して、円運動神話を終結させた。こうして機械論的自然観が誕生し、ここからさまざまな個別科学が生い育っていくことになる。デカルトは近代哲学の父であると同時に、近代科学の枠組みを確立した思想家でもあった。

〈知の歴史〉におけるデカルトの功績はまことに大きい。哲学史を二分する地点にデカルトが立つとすでに述べたが、世界の中心点として人間の主体・主観を提出し、取り巻く世界を、生命・人間性を抜き去った純粋にメカニカルな存在として捉え、物理数学的に分析し処理し得るという、まさに二十一世紀の現在に通じる思考をもたらしたのは、デカルトその人であった。彼こそ、知的主体としての人間像を確立し、科学的・機械論的自然観を新しい世界像としてもたらしたのである。

こうしてデカルトにおいて、ギリシア以来の世界を統べるロゴス（理）は、その在《あ》り処《か》を自然や神から人間の内部に移す。近代「理性」の誕生である。真理は自然や神ではなく、人間にこそある。人間の理性が世界を見据えて立ち上がり、一つまた一つと明晰判明に確実な知を積み重ねることで世界を支配し、操《あやつ》っていく。知が世界を睥睨する構図がこうして生まれるのである。この人間理性は、世界には属していない。それは明晰にして透明、言わば一点の曇りもない至高の存在であり、世界の一切を見つめ、あらゆる学、あらゆる権威を吟味し、むしろ世界そのものを基礎づけ、成立させる全能の存在なのである。巨大な理性信仰がこうして始まる。

デカルトは、コギトを重視し、数学的認識を信頼し、さらには生得観念、つまりある種の知の先天性を認めた。認識が真である保証を一応神に求めた上でのことではあったが、こうした人間理性を強く信頼する考え方に立つ人々が、デカルトに続き「大陸合理論」という流れを形成する。そのうち有名なスピノザ、ライプニッツを次に取り上げておくことにしよう。

4 スピノザ——世界とは神である

デカルトの思想は画期的なものではあったが、またそれだけに大きな問題もはらんでいた。つまりすべてを神の差配に委《ゆだ》ねておけばそれで済んだものを、なまじ有限の人間の力で真理に迫ろうとしたため、さまざまな困難が生じてきたのである。このうち、デカルトの二元論の持つ困難を解決しようとした人々が、彼に続く大陸合理論者のスピノザ、ライプニッツであり、また知の先天性の考え方が持つ困難を、デカルトとは異なる立場から解決しようとした人々が、次章で扱うイギリス経験論者たちであった。

まず、二元論である。すでにデカルトとエリーザベト公女とのやり取りで触れたが、精神と物を互いに何の関わりもない別種の二実体として峻別してしまうと、身近な「身体」において、思考実体が何故それとは無関係な延長実体たる身体を自由に動かすことができるか、説明がつかない。これはデカルトには完全なアポリアとなったが、デカルトに続く大陸合理論では、その解決に力が注がれる。スピノザはデカルトから多くを学びながら、この二元論は乗り越えられねばならないと考えた。

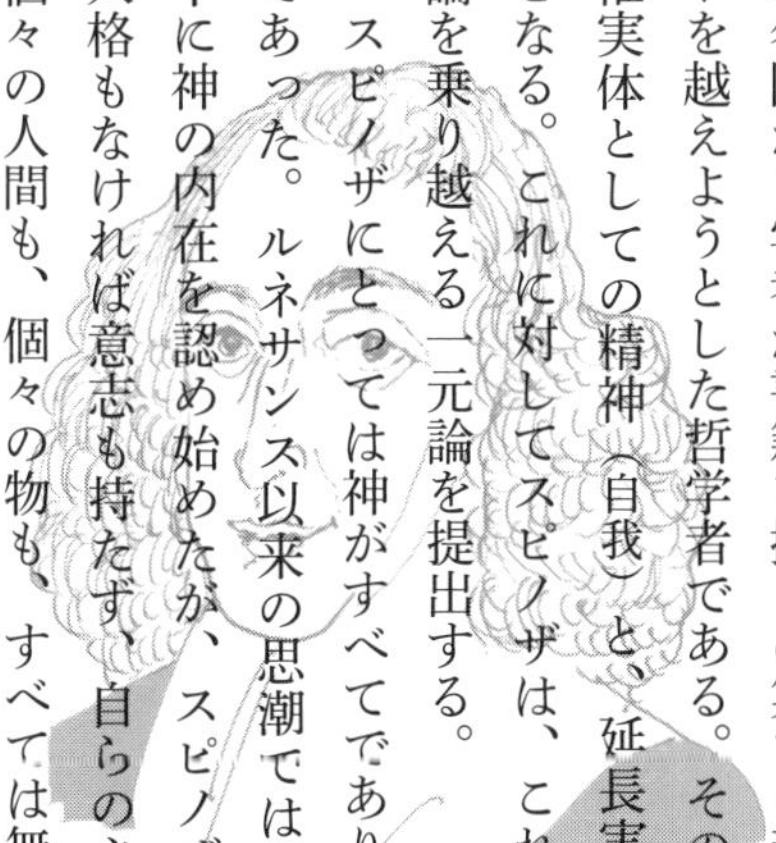

　スピノザ（Baruch de Spinoza, 一六三二―七七）は、ユダヤ商人の子として生まれたオランダの哲学者。デカルトより三六歳年少で、一七歳になる年までデカルトと同じ空の下、書店が軒を連ね、ヨーロッパ各国から学者が書籍を探しに集まる新興国オランダの空気を吸っていた。デカルトに学び、デカルトを越えようとした哲学者である。そのデカルトは、世界は二実体から構成されるとした。即ち、思惟実体としての精神（自我）と、延長実体としての物体（対象）である。これに神を加えれば三実体となる。これに対してスピノザは、これら三実体すべてを同一のものの諸相と考え、デカルト的二元論を乗り越える一元論を提出する。

　スピノザにとっては神がすべてであり、すべてが神である。しかもそれは、哲学的な意味での「神」であった。ルネサンス以来の思潮では、超越神＝人格神のみを認めた中世千年に逆らって、自然の中に神の内在を認め始めたが、スピノザではそれが徹底して「神即自然」が主張される。その神は、人格もなければ意志も持たず、自らの必然性に従って一切を生み出す、能産的自然そのものである。個々の人間も、個々の物も、すべては無限にして唯一の実体たる神の諸相・一様態にすぎない。すべてが神の現れなのだ。

それは、無限に分かれた個々の波が、海の個別具体的な存在であって、しかもそれらの総体が海であるようなものである。デカルト二元論における二実体交通不能のアポリアに対しても、あらゆるものが精神と延長という二つの属性を持つ、という形で解答を与えられる。例えば、人間は思考存在とすれば精神である一方、身体存在としては延長である、というように。

スピノザの著書『エチカ』(一六七七年刊)は、死の二年前に完成したものの、無神論者という非難から出版できず、死後友人たちによって刊行された。第一部形而上学、第二部人間精神論・認識論、第三部感情論、第四部倫理学、第五部自由論から成る。エウクレイデス(ユークリッド)『幾何学原本』の形式にならい、初めに神や実体・自由・永遠・存在などの定義・公理を提示し、それらだけから以下のすべての命題(定理・系)を論理的に導くというアクロバティックな手法が取られている。信頼に足る完全な学問であると評される数学を模範に、新しい哲学体系を目指したものであった。

『エチカ』を中心とするスピノザの哲学は、巨大な世界を万物の集合体としてではなく、唯一の無限な実体と捉え、一切の出来事を時間的因果を越えて、「永遠の相の下に」見ることを要求する。

この神秘的にして特殊、全体的な思考は、完全な汎神論として反発が強く、著者亡きあと一〇〇年にわたって無視され続ける。しかしやがてドイツ観念論によって、世界の隅々にまで自己を見いだし、世界全体を自己の論理に組み立てていく人間精神の源流として再評価され、スピノザ・ルネサンスとして復活することになる。スピノザもまた、その師デカルトと形は異なるとはいえ、理性を極限まで拡大し、世界全体がその中に収まるという構図を持った哲学者であった。

5 ライプニッツ——調和を求めて

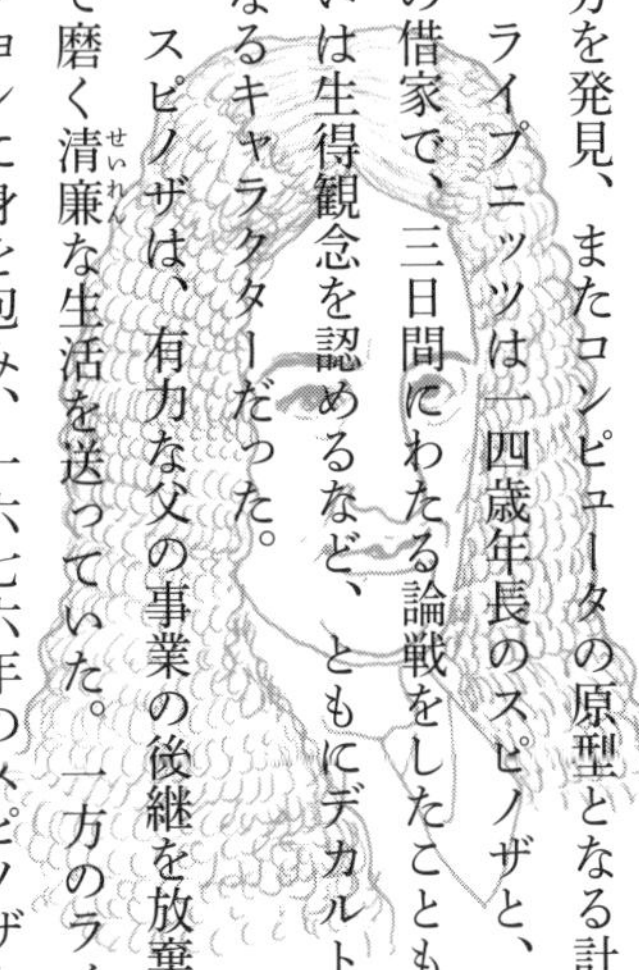

一元論、すべてを神の現れとすることで二元論の矛盾を乗り越えようとしたスピノザとは逆に、無数の膨大な数の実体を想定し、それらがおのおの他に依存しない運動を続けることを強調してユニークな実体論を説いた哲学者がライプニッツである。

ライプニッツ（Gottfried Wilhelm Leibniz, 一六四六―一七一六）は、三十年戦争の闇の中から現れたドイツの哲学者。法学・歴史学・言語学・政治学、また化学・光学・地質学・自然学にも通じ、パリ・ロンドンで、三〇歳にしてヨーロッパ最後の万能の天才との名声を得る。ニュートンと同時期に微積分を発見、またコンピュータの原型となる計算機も発明している。

ライプニッツは一四歳年長のスピノザと、オランダの運河沿いにあった赤いレンガ造りのスピノザの借家で、三日間にわたる論戦をしたこともある。両者は、人間生得の思考能力を高く評価し、あるいは生得観念を認めるなど、ともにデカルト以来の大陸合理論の流れの中にあったとはいえ、全く異なるキャラクターだった。

スピノザは、有力な父の事業の後継を放棄して隠者のように生き、顕微鏡や望遠鏡のレンズを自分で磨く清廉《せいれん》な生活を送っていた。一方のライプニッツは何人もの君主に仕え、パリ仕込みのファッションに身を包み、一六七六年のスピノザとの対話にも、ロンドンからヨットで駆けつける宮廷人だった。

ライプニッツは一六四六年、ドイツ中部、ベルリン南西の都市ライプツィヒに生まれた。父はライプツィヒ大学倫理学教授、母はその三人目の妻で、ライプニッツの誕生の二年後、妹が生まれたが、彼が六歳のときに父を失う。彼が育ったのは、三十年戦争の余燼《よじん》の中だった。この戦争は新旧教対立に始まり、諸外国の干渉を招き、ドイツはその人口の半分以上を失ったとされる。

ライプニッツは幼時から父の書斎に入り込み、やがて幼くしてギリシア・ローマ古典、教父哲学、スコラ哲学、人文学文献をも読みこなす神童ぶりを発揮する。一五歳でライプツィヒ大学に入学、法学を学び、古典・中世哲学、天文学、さらにはデカルトの新哲学を研究。二一歳で博士号を得、二二歳で若き法学者の才を買われてマインツ宮廷へ。以後、七〇歳までの半世紀近くのほとんどを、宮廷顧問官などの公的活動に費やす。公務でパリ、ロンドンなど各地を訪れたが、その盛んすぎる活動のために著作は少なく、一般に『単子論』(一七一四年刊)のみが知られる。

『単子論』は、世界の基本単位をモナド(単子)とする。これはギリシア語のモナス(単位、一なるもの)に由来し、デモクリトスの「原子」と発想は似ているが、物質的なものではない。ライプニッツは、デカルトに学びながら、延長を属性とする物体観には反対で、宇宙の根本は「生ける力」であり、また精神的存在でもある「モナド」(単子)から成るとする。物質も、植物も、動物も、人間も、そして神もモナドである。「眠っている」「醒めている」等々、活動に差はあり、その差によって存在を異にするとはいえ、いずれのモナドも世界を映し、また自己を表現する。モナドは一つひとつ異なり、分割されず、しかも無数に、また至る所にある。世界は一つしかないが、人間を初めさまざまなモナドに、無数の世界として現れている。こうしてライプニッツは、生気溢れるさまざまなモナドが、宇宙を映し出し、またそれを形成するありさまを描き、それが全体として秩序を成す、多様性と調和の哲学を提示した。

戦争の灰燼《かいじん》の中から現れ、生涯新旧教の合一を夢見続けたライプニッツならではの調和の哲学と言えよう。ライプニッツは、論敵ロックに関連して新しい時代の哲学テーマを、「認識論」というキーワードで初めて提示したり、「無意識」への言及もあるなど先進的なひらめきを持ち、〈知の歴史〉を「遅れた国」ドイツに移入した人であった。

哲学を初め、数学、論理学、法学、歴史、言語学、科学技術等々「万能の天才」の名をほしいままにしたが、あまりの多才のため、ドイツ各地の科学アカデミー建設計画など、仕掛かり品の仕事を数多く残した。もっとも彼自身は、人間はのちの世のために働くべきで、その果実を味わうことのない木を植えるものだ、という言葉を残している。

デカルトの跡を継いだ大陸合理論者たちは、いずれもデカルトの強い影響を受けると同時に、キリスト教思想の伝統の下にもあり、その上で人間理性に絶対的な信を置いた人々であった。彼らが思考を尽くしたものは形而上学的な実体の解明であり、知については理性が明晰判明に判断すれば真たることは保証されているとして、理性自体の限界には思いを致さなかった。ここに、理性を信ずるあまり、人間の検証能力を越えて論を進めたり、経験的事実からも逸脱するなど、「独断論」と批判される余地が現れ、やがてカントの批判を受けることになるのである。

第十三章　認識論の誕生――ロックとイギリス経験論

　デカルトを始祖とする大陸合理論は、人間理性に全幅《ぜんぷく》の信頼を置き、神の観念や自然法則などはこの天与《てんよ》の理性の中に備わっていると考えた。しかしロックはそれを否定する。科学重視・リアリズム信奉のイギリス人らしい発想で、子供や異文化の民族を観察すれば、それが虚論だと分かるではないかとした。では生得観念がないのなら、人間の認識はいかに成立するのか？　それは「経験」が、白紙である我々の心に書き込まれていくからだ、とロックは答える。イギリス経験論の誕生である。こうした発想のバックに、自由の使徒として勃興期イギリスの政治思想を領導《りょうどう》し、アメリカ独立革命やフランス革命にも大きな影響を与えたロックの自由の思想が脈打っていた。生得のものに心が支配されるなら、人は自由ではなくなってしまうからである。

　認識論はこうしてスタートするのだが、ロックにおいてそれは、人間は自分の経験する範囲内でのみ世界を知ることができるとした「中庸の哲学」だった。しかしイギリス経験論の後継者たちは、ロックが限定した知の範囲をはるかに越えていく。バークリは「存在するとは知覚されることである」として、人間の意識の外側に人間とは独立に物質が存在することを否定する。さらにヒュームは、外界の物の存在は言うに及ばず、それらの因果関係や自我の同一性・実体性すら疑わしいとして懐疑論を提出する。

こうして理性に過大な権能を与えた大陸合理論と並行して、イギリス経験論も自我や世界を知の対象として十分確実なものとは言えないと疑い、哲学は機能不全に陥ることとなる。

1 生まれながらの心は白紙（タブラ・ラサ）である

「自然」と「社会」。従来それらは、人間を完全に越えた圧倒的な存在と考えられ、神から与えられたものとされていた。その構造と力とを、人間の知によって解析し、あるいは変革しまた支配しようという、途方もない欲求が近代の人間に起こってくる。その先頭に立った者こそ「哲学者」たちだった。しかしこの時代の哲学者とはなお、世界のさまざまな知を追究し続ける人々の総称であり、自然科学者、政治学者、あるいは医学者さえもしばしば兼ねていた。

まず、「自然」について。コペルニクス、ケプラー、ガリレイそしてニュートンに至る「自然哲学者」たちは、精緻《せいち》な物理数学的アプローチを使って、それまで秘められていた自然の秘密を解いていく。これにより自然は、二〇〇〇年近く前のアリストテレスの知の水準をようやく抜き去って、科学者たちの紙上計算のうちにその真実の姿を現すようになる。哲学者デカルトもまた理数分野に通じ、すぐれた宇宙論を組み立てたほか、解析幾何学の創始者となる。哲学者ロックの医学知識をバックにしたメスは、彼の恩人の肝臓腫瘍を取り除き、一命を救う。自然は人間の豊かな知の集積の前に、そのヴェールを解き始めるのである。

一方、「政治哲学者」ホッブズ（Thomas Hobbes, 一五八八－一六七九）もまた、「社会」の原像を「万人の万人に対する戦い」というヴィジョンで描き出す。そしてこれを乗り越えるために人間は、契約を結んで社会というシステムを創り出したのだ、と彼は考えた。社会契約説の始まりである。この社会契約の発想は、それまで手のつけようもない巨大システムと思われていた社会が、実は人間の力で生み出されたものだという認識を生み出し、問題を持つ政治や社会は、自分たちの知と力によって変革し得るという発想に連なっていく。ここからロックやルソーの自由な社会思想が生まれ、イギリス革命やフランス革命という巨大な社会変動を引き出し、ヨーロッパ近代を形成することになるのである。

さて、ロックを初めとするイギリス経験論に先行した、デカルトを始祖とする大陸合理論では、人間の理性に強い信頼が置かれ、その理性内部には、生得の原理や観念が準備されていると考えられた。つまりこれはプラトン以来の伝統なのであるが、「感覚」はさまざまな誤謬に満ちた認識であり、デカルトが真理の規準とした「明晰・判明」からは遠く隔《へだ》たっているとして斥《しりぞ》けられ、理性が認めて扱う対象（観念）のみが、正しい認識を生み出すとする。デカルトの場合で言えば、「神によって予め刻印されていた」などと表現された生得観念、生得原理として認められていたものには、神の観念や自然法則などがあった。

つまり大陸合理論では、認識は先天的に正しいツールを備えた理性の主導の下でこそ成り立つと考

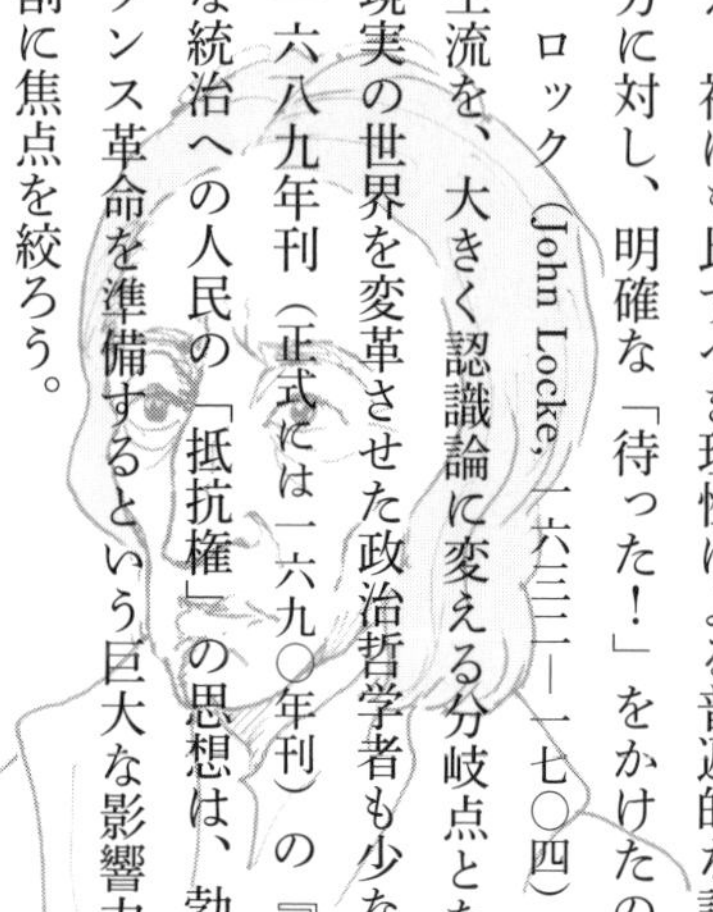

え、神にも比すべき理性による普遍的な認識能力を強調する。このような理性の「天稟礼賛《てんぴんらいさん》」の考え方に対し、明確な「待った！」をかけたのがロックだった。

ロック（John Locke, 一六三二―一七〇四）は、イギリス経験論の鼻祖となり、以降の哲学三〇〇年の主流を、大きく認識論に変える分岐点となった哲学者である。しかもその一方、彼ほどその思考が、現実の世界を変革させた政治哲学者も少ないであろう。哲学上の主著『人間知性論（悟性論）』と同じ一六八九年刊（正式には一六九〇年刊）の『統治二論』における「社会契約」という発想、及び、不法な統治への人民の「抵抗権」の思想は、勃興期イギリスを動かし、さらにはアメリカの独立宣言やフランス革命を準備するという巨大な影響力を持った。しかしここでは、〈知の歴史〉における彼の役割に焦点を絞ろう。

医学に通じていただけでなく、「ボイルの法則」を発見した化学者ロバート・ボイルたちとも実験・観察を繰り返してきたロックは、プラグマティックなイギリスの風土独特のリアリストの目を持っていた。合理論者が強調するように、さまざまな観念が生まれつき人の心に具わっているものだろうか？　現実をつぶさに観察してみても、むしろ生まれながらの心は、何も書かれていない「白紙」であって、経験がそこにさまざまな観念を書き込むのではないか？

このようにして人間理性に全幅の信頼を置いた大陸合理論に対し、リアリズム・科学重視のイギリスから、鋭い異論が出たのである。ロックはさらに引き継いで、人間の真の知がどのように、またどこまでの範囲で成立するかを確定したいとして、知の流れの中に、知性自体のスペックを問う「認識論」の分野を切り開いた。この、人間の思考能力そのものを分析、探究する鋭い問いかけが、続くバークリ、ヒュームと並ぶイギリス経験論を形成し、やがてカントに至って、哲学の一大変革（コペルニクス的転回）をもたらすことになるのである。

2 哲学者・政治思想家にして外科医――ロックの生涯

ロックは一六三二年、革命前夜のイングランド南西部サマセット州に、治安判事の書記の長男として生まれた。父母ともピューリタンの中流家庭に育った人である。二人の弟はいずれも若くして亡くなり、ロック自身も喘息《ぜんそく》気味であった。

一六四二年、ロック一〇歳のときピューリタン革命が起き、以後一六八八年の名誉革命までイギリス政治は、国王処刑や王政復古などの嵐の中にあった。ウェストミンスター・スクールを経て、一六五二年オクスフォード大学クライスト・チャーチに入学。観察・実験を自分の手でする新興の自然科学、特に医学に興味を持つ。一六五六年学士号、五八年修士号、学校教育に不満を持ちながら、一六六〇年二八歳で母校のギリシア語講師となるが、進路に迷う。一方、医学が縁で一六六六年、三四歳の年、政治家のアシュリ卿、のちのシャフツベリー伯と知り合いその秘書となり、六八年には伯の肝臓腫瘍を手術して一命を救う。

医学とともにデカルト哲学が彼の関心の的であったが、伯ともども政治の渦《うず》に巻き込まれ、ロックも一六八三年から八九年までの約六年をオランダでの亡命生活で過ごす。一六八八年の名誉革命で、翌年女王となるメアリと同じ船で故国に戻ると、これまで書きためた『統治二論』『人間知性論』などが相次いで出版され、名声が高まった。晩年は公職を辞し、ロンドン郊外のオーツに引退、知人のマシャム夫人に看取られて亡くなる。

ロックは生涯独身であったが、五〇歳の頃、友人の哲学者の娘ダマリスと恋愛関係にあった。しかし当然ながら二人は親子ほど年が離れており、また彼自身がオランダに亡命したため、関係が途切れていた。公職を退いた彼は、空気のよい保養地オーツに家庭を持ちダマリス・マシャム夫人となっていた彼女の家に家賃を払って寄宿し、その生涯を終えることになる。この家が彼の晩年の仕事場であって、ニュートンなどが訪れたという。自身による墓銘碑には、「運命に満足し、その一生を真理の探究にささげた」とのつつましい一文が記され、謙虚な人となりを知ることができる。

3 ロック——自由の哲学

ロックはデカルトより三六歳若く、学校で学んだスコラ学にうんざりしていたロックに、初めて哲学の興味深さを教えてくれた人がデカルトであった。しかしながらロックは、デカルトを祖とする大陸合理論者たちに、生得観念の考え方があることには強く反発した。つまり彼らのように、神の観念や道徳の原理あるいは数学的真理などは、生まれつき理性内部に備えられているという主張が不満であった。子供や知能が極めて低い大人、あるいは大航海時代に発見された全くの異文化を持つ民族を観察してみれば、それが虚論だということは直ちに分かるではないかというのである。

> かりにもしなにかの観念が生得と想像できるなら、神の観念こそとりわけて多くの理由でそう考えられよう。が、古代人の間に認められ、歴史の記録に汚名を残す無神論者は別として、航海は、近年サルダナ湾やブラジルやボーランディやカリブ諸島で、すべての人の間に神なるものの思念も宗教も見いだされそうにもない民族を発見したではないか。
>
> （『人間知性論』大槻春彦訳、『世界の名著27　ロック／ヒューム』中央公論社、一九六八年、七八頁）

ここには、ルネサンスのニュー・エコノミクス（大航海時代）を通過してきた人間の、地球大に広がった眼差しが生きている。

さらには、人間の自由と権利を生涯かけて追求し続けたロックにとって、合理論者たちが理性を重視するあまり、たとえポジティブなものだとしても、人間が自らの力ではいかんともし難い生得観念というものを自分の内部に抱え込んで生まれた、と考えることは許し難かったのであろう。では、生得観念はあり得ないとするならば、人間の認識はいったいどのようにして成立するのか？　ロックは哲学上の主著『人間知性論』の巻頭を次のような言葉で始める。

およそ人間を人間以外の感覚できる存在者《もの》の上に置いて、あらゆる点ですぐれさせ、支配させるものは知性〔悟性〕であるから、知性はまさにその貴《とうと》さから言って絶対確実に、研究の労に値する主題である。この知性は目に似て、私たちに他のあらゆる物ごとを見させ、知覚させながら、自分自身にはいっこうに注意しない。そこで、知性をある距離に置いて、知性自身の対象とするには技術と努力がいる。

（同書、六七頁）

こうして吟味《ぎんみ》され始めた人間の認識のシステムは、次のように示される。

そこで、心は、言ってみれば文字をまったく欠いた白紙で、観念は少しもないと想定しよう。どのようにして心は観念を備えるようになるか。人間の忙しく果てしない心想《ファンシイ》が心にほとんど限りなく多種多様に描いてきた、あの膨大な貯えを心はどこから得るか。どこから心は理知的推理と知識のすべての材料をわがものにするか。これに対して、私は一語で経験からと答える。この経験に私たちのいっさいの知識は根底を持ち、この経験からいっさいの知識は究極的に由来する。

（同書、八一頁）

まさにイギリス経験論の誕生である。ロックは、神の観念や道徳律などの生得性という、これまで大切に守られてきた宗教的、道徳的な常識を覆し、認識にまつわる超越的、形而上学的な残滓《ざんし》も一掃して、ただの日常経験から一切が生じるのだと主張するのである。こうして現れたものが有名な白紙＝「タブラ・ラサ」の理論であった。

どのような観念も、生まれながらに備わったものはなく、すべて経験において感覚を通して得られるものである。この場合ロックの言う観念（idea）とは、心に現れるすべてのものを指す言葉で、表象（心像、perception, représentation, Vorstellung）のことである。心は、生まれつきはただの白紙であって、ここにさまざまな感覚的経験が書き込まれ、記憶され、そこから観念が生まれるとされた。神の観念も、善の観念も、父や母や鉛筆のような観念に至るまで、すべてこのようにできたというのである。

ロックは自由の使徒であり、人を宗教や思想、また政治からも束縛を解き、自由に生きさせようとした人である。彼の創始した経験論的認識論は、知の探照灯の可動範囲を限定し、すべてを知り得ると傲慢にもならず、また何も分からないと懐疑にも陥らない、中庸《ちゅうよう》の哲学を提示するものであった。

しかしながら彼の後継者たちは、ロックが可知範囲を越えるとして照らし出すことを控えた不可知のエリア、即ち、知覚の向こう側にある存在それ自体の領域にまで進出し、懐疑論へと踏み込んでいくことになる。

4　物質など存在しない――バークリと唯心論

バークリ（George Berkeley, 一六八五―一七五三）は、ロックより五三年あとに、アイルランドに生まれた哲学者である。収税吏《しゅうぜいり》の子で、一七〇〇年、一五歳でダブリンのトリニティ・カレッジに入学、ロックやニュートン、デカルトなどを読む。卒業後、同大学特別研究員となる。哲学書などの執筆の一方、アメリカでの教育や布教を目指し、アメリカ大西洋岸沖にあるバミューダ島での大学設立を計画、一七二八年四三歳で新婚の夫人と同島に渡る。アメリカ知識人との交流で、アメリカ教育界に新風を吹き込んだことにより、カリフォルニア大学バークレー校に彼の名が残るなど、その影響力を今に示す。但し、大学設立計画は三年で挫折、帰国後、南アイルランドで僧職を務めた。

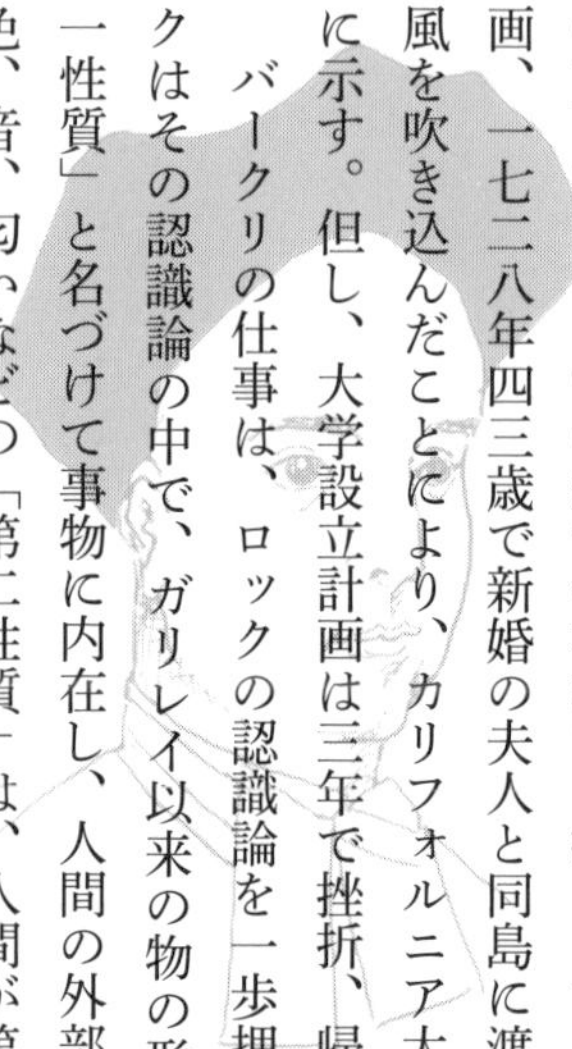

バークリの仕事は、ロックの認識論を一歩押し進め、極めて異色の結論を導いたことである。ロックはその認識論の中で、ガリレイ以来の物の形、延長、固体性、数、重さなどの理数的特質を、「第一性質」と名づけて事物に内在し、人間の外部に客観的に存在するものと考えていた。これに対して色、音、匂いなどの「第二性質」は、人間が第一性質を知覚した結果の主観的なものであり、心の中にしか存在しないと考えた。

バークリは、ロックのこの分別に異議を唱える。

> 「私がこれを書いている机は存在する」と私は言う。すなわち、私はこの机を見るし、これに触る。そして、もし私が書斎のそとにいるとしても、私は「それは存在する」と言うだろう。この発言によって私が意味しているのは、「もし私が書斎にいるなら、私はそれを知覚するだろう」あるいは「何か他の心がじっさいにそれを知覚している」ということである。においが存在した、

すなわち、そのにおいが嗅がれた。音が存在した、ということはつまり、その音が聞かれた。色あるいは形が存在した、つまり、それらが視覚あるいは触覚によって知覚された。私がこの「存在する」あるいはそれに類した表現で理解できるのは、以上のことだけである。それというのも、「思考しない事物は絶対的に存在する、すなわち知覚されることとは何の関係もなしに存在する」といくら言われたところで、その発言はまったく理解不可能だからである。そうした事物が存在する（esse）ということは知覚されている（percipi）ということなのであって、その事物がそれを知覚する〈精神すなわち思考する事物〉のそとに存在するなどというのは不可能なのである。

（『人知原理論』宮武昭訳、ちくま学芸文庫、二〇一八年、五五―五六頁）

どんなものであろうと、人間に知覚される（percipi）ことと無関係に存在する（esse）ことはない。これが「存在することは知覚されることである」（esse est percipi）という有名な原理であり、これによってロックの第一性質は第二性質の中に吸収されてしまう。

つまり、第一性質はもはやないわけであり、意識の外側にある独立した存在は我々人間からは否定され、世界は理性（知性）とその内にある観念しかなくなるのである（唯心論）。では、外側にあったはずの世界はどこへ行ったのか？

これは極めて奇妙な結論であるが、事物についての知がロックの言う通り、すべて感覚を通じたものであるならば、知とは感覚とそこから生まれる観念とに限られるわけで、事物についてそれ以上を我々は問題にするに値しない。バークリは、意識の外側に何もないとまでは言わないが、それを物質であると言う必要はないとする。こうしてバークリは、我々の外側に、我々とは独立して物質が存在するという素朴な考え方を否定するのである。

5 哲学の破壊――ヒュームと懐疑論

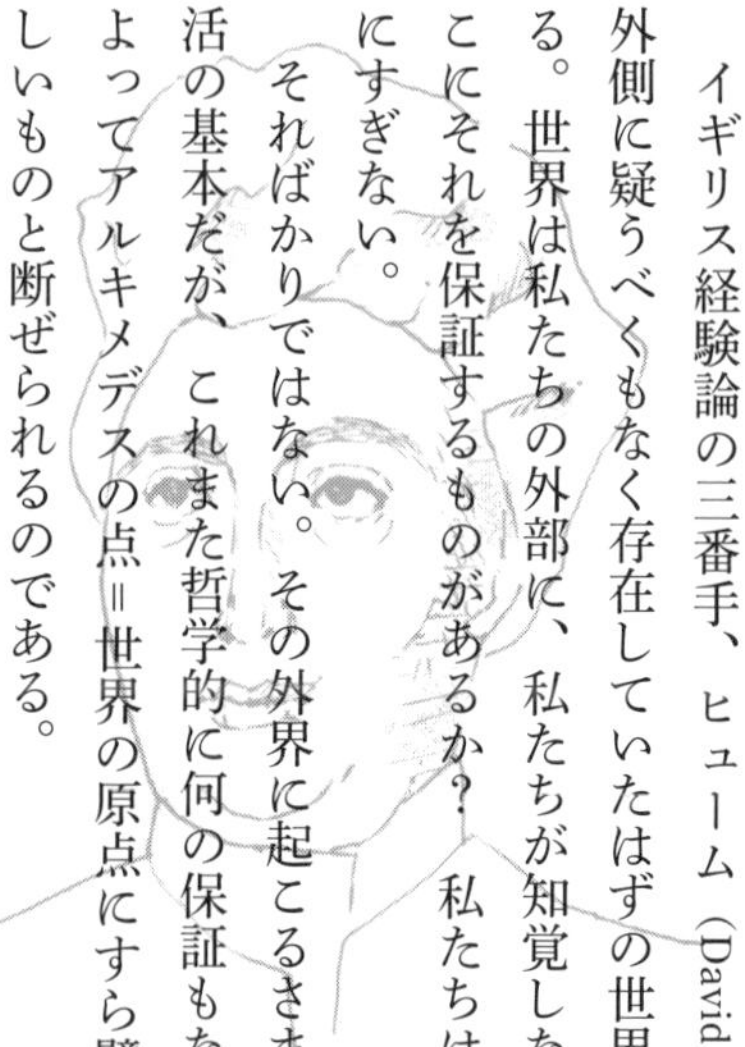

イギリス経験論の三番手、ヒューム（David Hume, 一七一一―七六）においてもまた、従来、主観の外側に疑うべくもなく存在していたはずの世界は、疑わしいものにおとしめられる。ヒュームは考える。世界は私たちの外部に、私たちが知覚しない間も持続しているとされるが、本当だろうか？ どこにそれを保証するものがあるか？ 私たちはただ、事物の外的存在とその持続について信じているにすぎない。

それればかりではない。その外界に起こるさまざまな事象についての因果関係の認識は、私たちの生活の基本だが、これまた哲学的に何の保証もないものと突き放されてしまう。さらには、デカルトによってアルキメデスの点＝世界の原点にすら譬えられた自我（コギト）さえも、信じるに足りない怪しいものと断ぜられるのである。

ヒューム自身の哲学上の目標は、ニュートンの方法を哲学に応用し、経験と観察に基づいた新しい総合的人間学を構築することであった。しかし実際に彼が〈知の歴史〉に果たした役割は、かつてないほど整然とした、論理的で、しかも強烈な懐疑論の提出だった。

ヒュームは、一七一一年、バークリよりもさらに二六年あと、スコットランド南東部、ナインウェルズの領主、弁護士の次男として生まれた。二歳で父を失い母に育てられるが、次男のため相続遺産は少なく、成人すれば自力で生活しなければならない境遇だった。一二歳でエディンバラ大学に入学、ロックやニュートンを学ぶ。父同様の法律の世界に入ることを期待されるが、文学・思想の世界へのあこがれが強く、法律を捨てる。好人物で、誰からも愛された。一七三四年、二三歳の年にイングランド、さらにフランスへ。デカルト同様、一切を疑い新しい真理を提出する哲学を目指し『人間本性論』を書き、一七三九年、ロンドンで出版するが黙殺される。深く失望するが、やがて軽妙な筆致に改めると、政治・社会問題の著述家として認められ、『イングランド史（英国史）』で名声を得る。持ち前の人の良さから、イギリスに亡命してきたルソーを保護したもののかえって恨《うら》まれたり、アダム・スミスの後任などの大学教授に推薦されながら、無神論者という非難で落選するなどのエピソードもある。晩年はエディンバラで念願の文筆生活を送り、一七七六年に没。

ヒュームの仕事は、哲学的懐疑論の提示であり、それまでの哲学の破壊であって、これによって〈知の歴史〉は大きな衝撃を受ける。勿論彼の懐疑は、何から何まで一切を疑わしいとする絶対的な懐疑論ではない。彼もまた、理性の演繹的な論証を認め、そこからは真の知識が得られるとする。しかしその一方、自我と世界とのさまざまな事実に関する知に対して、誤りのない絶対確実性を与えることには強力な批判を展開した。

最も有名なものは、因果律の否定である。我々は、Aという事象のあとBという事象が起きることをたびたび経験すると、両者の間に必然的な結合関係があると信じてしまう。しかしながら、AとBという事象は我々に捉えられた別個の事象であり、それらの規則的連結を「必然」と捉えてしまうのは、習慣に基づく我々の「心の決定」による。したがって、両事象の間に必然性を設定することは不可能である。

またヒュームによれば、自我の外側、外界の事物も、我々の知覚から独立し、また持続して存在し続けることは保証されない。我々が事物の性質や状態を知覚して、そう信じているにすぎない。事物とは、我々の知覚の総和にすぎないのである。

さらにヒュームは、自我も同じであるとダメ押しをする。自我（心）はスピーディに継起し、変化し続ける「知覚の束」にすぎず、人格の同一性、実体性も絶対確実なものとは言えない、とまで追い詰める。

ここには、人間の知識の源をすべて人間の経験に頼るとした、イギリス経験論が追い込まれざるを得なかった困難があるであろう。合理論のように理性を万能とし、神に見守られたその理性が明晰・判明に知ることはすべて真であるとすれば、決して起こらなかった疑問なのである。勿論現在の我々からみれば、生まれたばかりの赤ん坊に神の観念やら道徳律が存在しているなどという呑気な発想は起こりようもない。しかしながらこのような苦境は、合理論の楽天性を厳しく批判し、神のバックアップなしに人間の知のシステムを追究しようとしたイギリス経験論の流れが、否応もなく直面した哲学的アポリアなのであった。どうすれば知の成立をリアルに解明できるのか、それは実はそこから二五〇年ほどもたった現在の我々にも等しく突きつけられている課題である。

さて、イギリス経験論もここで、ある極点に達したと言うべきであろう。ヒュームは、自我や世界に対し、そんなものは全く存在しないとまで述べたわけではないが、知の対象として十分確実なものではないと言われれば、これは哲学的には無意味なものと断罪されたも同然である。ヒュームの意図が、理性に過大な権能を与えた大陸合理論に対する警告であったとしても、デカルトがアルキメデスの点とまで称揚した、神にも比すべき人間の自我という極（コギト）が、一〇〇年後には、ヒュームによって絶対確実性を奪われ、「知覚の束」にまでおとしめられた。この衝撃は、大陸合理論でもイギリス経験論でも吸収できず、それまで哲学の伝統をほとんど持たなかった地、ドイツに舞台を移して、全く新しい知を生むのである。ドイツ北方、バルト海に面した港町ケーニヒスベルクで、ヒュームによって「独断の夢を破られ」、知の「コペルニクス的転回」によって従来の知を一八〇度刷新した者こそ、ドイツ観念論を始動させたカントであった。

神という万能のジョーカーを使わず、人間の力のみで、知がどのような仕組みで成立しているのかを追い詰めること。人間の知によってその知自身の真実を把握することは、見ている自分自身の眼を見るような困難を生じさせる。この知の冒険を、ではカントはどのように遂行していったのであろうか。

ただそれを述べる前に次章では、こうしたカントの知を準備した、自然科学知の満ちてくる潮を見ておかなければならない。

第十四章　微生物から星まで、立ち上がる科学知――科学の近代

ルネサンスによる知の解放を最も劇的に表現したものが、自然科学分野の発展である。その近代科学スタートの原点とされる年が、一五四三年。この年、コペルニクスによる地動説の書が刊行され、またヴェサリウスのリアルな解剖書が刊行されて、宇宙と人体に関する精密な研究が始まるのである。

続く十七世紀は科学革命の世紀であり、世界・人間（生命）・技術の各分野で、中世以来の常識が音を立てて崩れていった。それを象徴するものがニュートンの『プリンキピア』の誕生である。これは全宇宙の運動を万有引力によって説明する書で、宇宙の彼方の星から机上のペンまで、世界に存在するあらゆる運動がたった三つの法則によって完全に説明されることになった。

こうした天文力学を先頭に、望遠鏡、顕微鏡の開発もあって、地球上のあらゆる動植物、地下の組成、さらには人体の内部にまで探究の手が伸び、極大世界から極小世界まで知が及ぶようになる。透明な空気や水は単一な元素ではなく、何と混合物、化合物であったのだ――しかも酸素を初め、窒素、水素などの驚くべき元素が次々に発見され、燃焼という不可思議な現象のメカニズムが解明され、一滴の水の中に微生物が見いだされ、地球の地下活動が認識される。世界はその相貌を一変させていく。

★十七世紀科学革命を引き継いだ十八世紀産業革命は、西欧のみなぎる力を東洋に溢れさせた。西力東漸。十八世紀半ばには、インドに「西欧の衝撃」がやってくる。近代兵器を備えたイギリス東インド会社が、軍事力・経済力を駆使してインドの植民地化を開始する。

1 十七世紀科学革命

第十一章で触れたように、十四世紀から十六世紀のルネサンス期は、それまで千年の間キリスト教の宗教世界に包み込まれてきたヨーロッパ人の心のマグマが、あらゆる形をとって噴出するように、ニュー・アカデミズム（人文主義）、ニュー・メディア（活版印刷術）、ニュー・サイエンス（天文学）、ニュー・エコノミクス（大航海時代）、そしてリフォーメイション（宗教改革）という、目の覚めるような革新が相次いだ。これらの中で、知の変革を最も斬新な形で表現したものが自然科学分野であって、このためこれらの成果が花開く次の十七世紀は、「科学革命」の時代と呼ばれるようになるのである。

「十七世紀科学革命」は、前世紀のコペルニクスから始まり、ケプラー・ガリレイ・ニュートンへと連なる天文学の劇的変革を筆頭に、世界と人間全般についての全く新しい光景を強力に立ち上がらせていった。それは、スコラ哲学の権威を覆《くつがえ》しただけでなく、ルネサンスが希求したギリシアの知の精華、ことにその中心たるアリストテレスの自然学をも破壊することになるのである。

この近代科学の原点としてしばしば言及される年は、一五四三年である。この年は日本人には、ポルトガル人が種子島に鉄砲を伝えた年として記憶される。一方それはヨーロッパにおいては、コペルニクスの『天球の回転について』が刊行され、地動説という、世界観をまさに根本から変える驚天動地の発想が公《おおやけ》になった年である。中世千年どころか、それが典拠としたアリストテレス以来二〇〇〇年近い宇宙観が崩れ、ニュートンに至る世界像の一新に導かれる記念すべき年であったのだ。

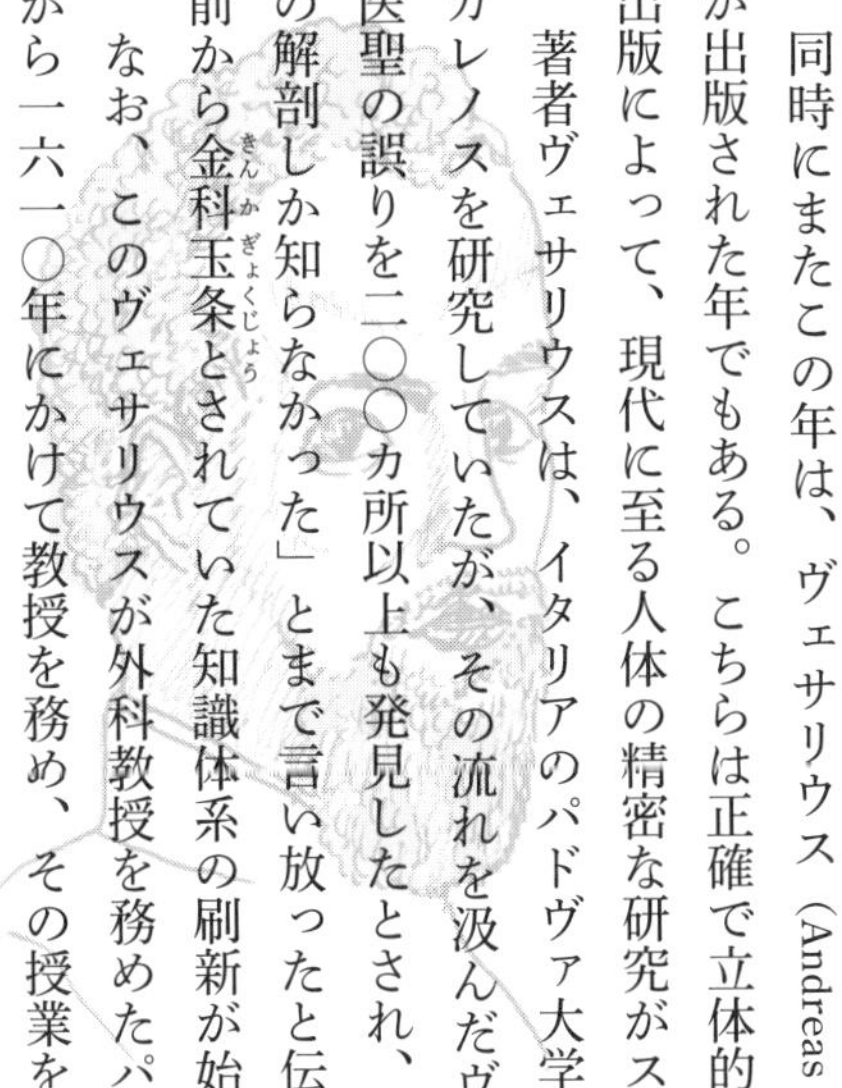

同時にまたこの年は、ヴェサリウス（Andreas Vesalius, 一五一四―六四）の『人体の構造について』が出版された年でもある。こちらは正確で立体的、つまりは極めてリアルな解剖学書であって、この出版によって、現代に至る人体の精密な研究がスタートするのである。

著者ヴェサリウスは、イタリアのパドヴァ大学外科教授。この大学は十五世紀以来、ローマの医聖《いせい》ガレノスを研究していたが、その流れを汲んだヴェサリウスが、自らメスをとった豊富な体験から、医聖の誤りを二〇〇カ所以上も発見したとされ、医学界を驚かせたのである。彼は「ガレノスはサルの解剖しか知らなかった」とまで言い放ったと伝えられるが、こうして人体に関して一三〇〇年以上前から金科玉条《きんかぎょくじょう》とされていた知識体系の刷新が始まった。

なお、このヴェサリウスが外科教授を務めたパドヴァ大学では、のちにガリレイもまた一五九二年から一六一〇年にかけて教授を務め、その授業をまたケンブリッジ大学から留学してきたハーヴェイ（William Harvey, 一五七八―一六五七）が聴いていたとされる。ハーヴェイは帰国後、英国国王の侍医となり、一六二八年、血液循環説を発表して轟々《ごうごう》たる反響を巻き起こす。それまではカトリック教会の公認のもと、血液は肝臓や心臓から身体各部に供給され、そこで使われ消えてしまうというガレノス説が延々と信じられていたからである。こうして人体の科学＝医学もまた、大きく成長を始めた。

かくして、十六世紀半ばを起点にして、十七世紀科学革命は、世界・人間（生命）・技術の各知的分野で中世以来の「常識」を次々と覆し、さらに十八世紀以降のヨーロッパ各国での爆発的な発明・発見の連鎖反応を引き起こすことになる。

さて、十七世紀科学革命を象徴するものはニュートン力学の誕生であると言われるが、そこでは具体的にどのような知の変換があったのだろうか。主人公ニュートンとその周辺を少し詳《くわ》しく見てみよう。

2 ニュートンの科学的世界像とその生涯

ニュートン（Isaac Newton, 一六四二―一七二七）は十七世紀科学革命の旗手と目され、万有引力の発見と、それに基づくニュートン力学の完成で、天体の運行から地上の小石にまで及ぶ統一的な力の理論を生み出し、人間の抱く宇宙像を一変させたことで知られる。彼の業績は、永く人類の知にとって大きな謎であった「天体（あるいは地球）の運動の原動力は何か」「なぜ物は下に落ちるのか」という疑問を決定的に、また総合的、統一的に解決したことであり、彼が完成させた近代物理学＝古典力学は、近代科学技術の原点を作るものとなった。

ニュートンは一六四二年、イングランド東部、ロンドン北方にある小村ウールスソープに生まれた。彼は未熟児で、父はニュートン誕生の三カ月前に没、母も三年後に再婚する。そこで母方の祖母に養われ、自然に一人で親しむ少年だった。一六六一年にケンブリッジ大学給費生。コペルニクス、ケプラー、ガリレイ、デカルトなどを読み、数学、自然研究分野で次第に頭角を現す。一六六五年から六七年、二三歳から二五歳の年、ロンドンにペストが流行したため帰省していた一年半の間に、不朽の三大発見（光の分散・合成、万有引力、微積分法）の構想を得る。一六六九年には、異例の若さで同カレッジ・ルカス講座の教授となる。

一六八七年に出版された『自然哲学の数学的原理』（通称『プリンキピア』）は、全宇宙の運動を万有引力によって説明するという壮大な意図を持った書であって、物理学最大の古典となった記念碑的著作である。この分野の先輩、七歳年長の同国人フック（Robert Hooke, 一六三五―一七〇三）との間では、万有引力の実体たる「距離の二乗に反比例する力」の先取権で、また四歳年少のドイツ人ライプニッツとの間では「微積分」の先取権でトラブルに巻き込まれたが、光学、万有引力、微積分学の三分野でのニュートンの創造的な知の革新性は揺るがない。

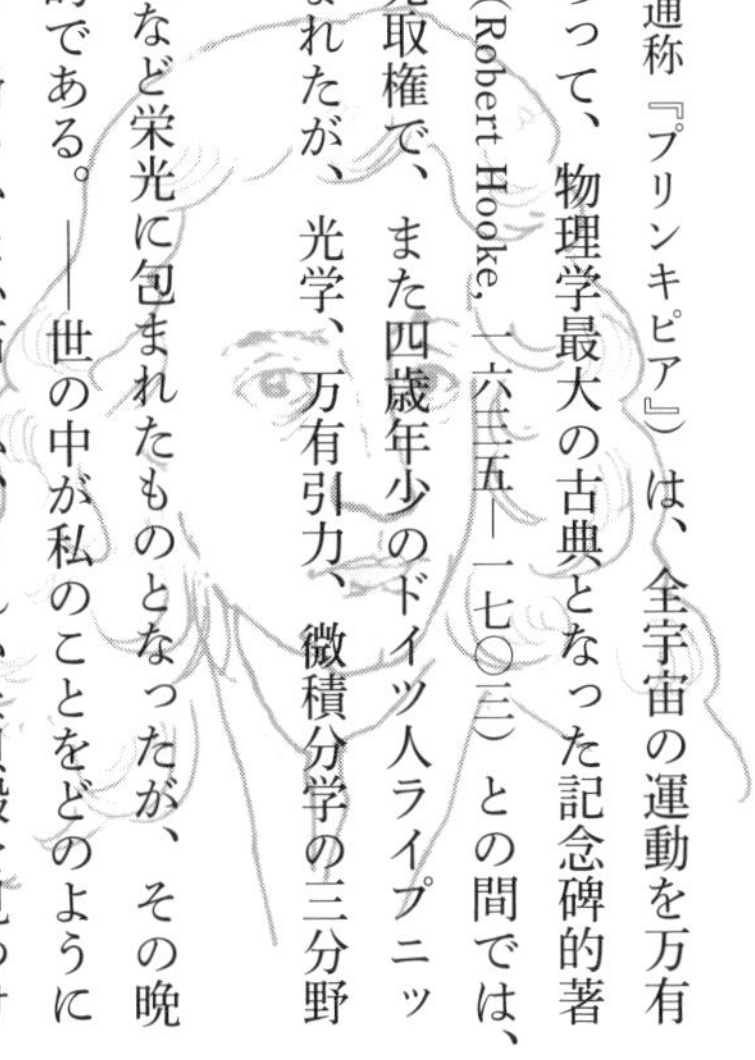

ニュートンの後半生は、造幣局《ぞうへいきょく》長官、王立協会会長など栄光に包まれたものとなったが、その晩年に親族に残したと伝えられる次のような言葉が印象的である。――世の中が私のことをどのように見ているかは知らない。しかし私自身は、浜辺でほかより滑らかな小石とか、きれいな貝殻を見つけては喜ぶ少年のようなものだと思っている。その傍《かたわ》らには、真理の大海が未発見のまま横たわってい

るというのに。

ニュートンの『プリンキピア』の仕事は、コペルニクス、ケプラー、ガリレイと続いた天文学と力学の成果を総合し、大いなる宇宙の運動の解明を目指したことである。彼は、物体の運動には三つの法則があるとした。

① 慣性の法則——外力が加わらない限り、運動中の物体は等速直線運動を続けようとし、静止中の物体は静止を続けようとする。

② 運動の法則——物体に力が働くとき、物体にはその力と同じ方向の加速度が生じ、その加速度は力の大きさに比例し、物体の質量に反比例する。

③ 作用・反作用の法則——物体に力を加えると、加えた側も同じ量で反対方向の力を受ける。

というものである。

その上で、宇宙を運行するあらゆる天体同士の運動を、「双方の質量の積に比例し、距離の二乗に反比例（逆二乗則）して働く万有引力」によって説明したものであった。結果は、月下の世界と月より上の世界とでは物質も運動も異なるとしてきたアリストテレス以来の世界観が転覆し、天と地との間のすべての運動が統一され、整然とした古典的な力学的世界像が誕生する。この結果、世界のすべての運動は、上述の僅か三つの運動法則によって完全に把握できることになった。

彼が故郷のリンゴの木から発想したとされる万有引力は、ありとあらゆる物体に存在するという

「力」(force)であって、それまでの自然学＝自然哲学のどのような理論とも似ていなかった。それは、物活論的な「生気」からは遠く、またデカルト的機械論者が全く認めることができないものであった。その「力」は非物体的であって、しかも遠隔作用をするものであったのだ。そんなミステリアスなものが、いったいあるのだろうか？

現在では、アインシュタインの$E=mc^2$(エネルギーと質量が等価である)のように、世界が物質と力ないしエネルギーから成っていることは当然のこととされている。しかし、十七世紀のニュートン以前はそうではなかった。物質と力の二元論は、ニュートンから始まったのである。だからこそニュートンは、『プリンキピア』の序文で次のように述べる。

私はこの著作を哲学の数学的原理として提出する。というのは、哲学のむずかしさはすべて次の点にあると思われるからである。すなわち、いろいろな運動の現象から自然界のいろいろな力を研究し、つぎにそれらの力から他の諸現象を論証することである。第Ⅰ編および第Ⅱ編における一般的な諸命題はこの目的のために述べられたものである。第Ⅲ編ではそれの実例が、世界体系の解明ということにおいて与えられている。すなわち、前二編で数学的に証明された諸命題により、第Ⅲ編ではいろいろな天体現象から、物体が太陽や各惑星へと向かわされる重力というものが導きだされている。つぎにそれらの力から、同じく数学的な他の諸命題により、惑星、彗星、月および海の運動が導きだされている。

（『プリンシピア――自然哲学の数学的原理』中野猿人訳、講談社、一九七七年、一〇頁）

ニュートンが発見した「万有引力」とは、宇宙のあらゆる物体はどこでも互いに引き寄せ合い、その両物体間に働く力は、両者の質量の積に比例し、距離の二乗に反比例する、という原理である。このミステリアスな「力」の導入は、多くの反発も生んだが、やがて天王星の軌道をわずかに乱す未知の惑星の引力作用が高度な計算から求められ、ついに予測されたその位置に海王星が発見されたとき、大衆にまで理解できるニュートン力学の勝利となったのである。

此岸《しがん》である現実（地上）世界と、彼岸であったはずの天上世界とが、同一の法則で説明され、自然科学者の紙上の計算によって星々の運行が把握され、未知の惑星までが発見される。このような新興自然科学の劇的成果は、人間の知の威力の証明となり、自然科学界のみならず広く学問一般、カントを初めとする哲学的思索世界にまで、学問の理想形として輝くことになる。事実カントはまさに、ニュートン物理学のような完璧な理論を哲学世界に実現しようとして、哲学史上の金字塔『純粋理性批判』を生み出したのである。

3 地質学と化学の冒険――物質の探究

十七世紀科学革命の華はニュートン力学であったが、この自然科学の世紀は、天体力学以外でも堰《せき》を切ったように多くの革新を生んだ。第十一章でも述べたように、ニュートンはなお自らを「哲学者」と考え、自らの革命的理論を『自然哲学』と呼んだが、この世紀以降、旧来の自然哲学から溢《あふ》れ出す形で諸科学が続々と誕生していくことになる。

ここで先の第十一章に引き続き、言及が一部重なるが、「哲学」と「科学」の関係をもう一度考えてみたい。今では「文科系」と「理科系」の代表選手として、水と油のような関係に受け取られている両者であるが、本来は同一のものであった。

「哲学」(philosophy)とは、ギリシアにおける知の形の誕生以来、「知への愛」「真理探究」「知の学」を示す言葉として、すべての学を含む総称であった。哲学者は世界全体を思索する者として、現在我々が使う意味での「科学(自然科学)」をも担っていた。したがって、プラトン、アリストテレス、デカルトは勿論、ガリレイ、ニュートンたちもまた、この時代の「自然科学者」たちはみな、自らは「哲学」を研究していると考えていたのである。つまり哲学者(philosopher)とは、世界の真理を理論的に探究する者の総称だった。ガリレイやニュートンは、存在論を初めとする哲学各分野のうち、自然現象を研究対象とする「自然哲学」分野の仕事に従事していたわけで、物理学最大の古典となったニュートンの『プリンキピア』も、『自然哲学の数学的原理』がその正称だった。

しかし、デカルト、ロック、カントら十七世紀から十八世紀にかけての哲学の本流が、世界の真理を獲得する前提として、世界に関わる人間の意識に着目し、認識構造を吟味する必要を訴えたことで、認識論が哲学の主流になっていった。これに呼応するように、自然の力学的法則が明らかとなった科学革命以降、大所帯だった「哲学」から、さまざまな人文科学、社会科学、自然科学が、それぞれ限定された知的分野での法則を求めて、次々と分化、独立していくことになる。ただ、科学者（scientist）という言葉が生まれるのはようやく十九世紀だとされ、科学者が敬意を持たれる職業として、押しも押されもせぬ地位を築くのは二十世紀に入ってからとなる。

こうして諸学が去ったのち、現在使われている狭義の「哲学」が、なお世界と人間とをトータルに根源から思索する学として残り、一方「科学」は、数学と実験という方法を掲げ、技術と結びついて世界の相貌を変えるだけの力を身につけて現在に至っているのである。今では両者はほぼ全くの無関係となり、むしろ「質」にこだわるか、「数」にこだわるかで鋭く対立する立場に立つが、僅か三世紀ほど前の科学革命の時代までは、同じ大部屋のメンバーであった。

では、十七世紀以降、上述のように次々とスピンオフしていった諸科学のうち、科学革命に属するいくつかの例を、次に見ていくことにしよう。まず、知の多くの分野のうち、天文力学と同じ「世界知」の分野から見ていくと、初めに挙げられるものは地球観の刷新であろう。

すでにルネサンス期の一五二二年、マゼラン艦隊による世界周航が果たされたとき、一般人にも分かる形で、地球は丸い一個の球体となったのだが、この球体自体の探究はなかなかに進まなかった。古来、崖《がけ》などに露出する地下断面が層状を成していることは知られていたであろうし、「化石」と呼ばれる貝などの形をした不思議な石塊についても、紀元前五世紀にはすでに言及がある。同じ前五世紀のヘロドトスを初め、陸地がかつては海底にあったことを想像する者も多かった。しかし何せ、永い中世を経て十七世紀に至ってもなお『聖書』に基づき、世界の年齢は六〇〇〇年、あるいはせいぜいが八〇〇〇年と見積もられていた時代である。神によって天地創造がなされたのが六〇〇〇年前だとすれば、それ以前は「無」だったわけであるし、人とともにウシもウマもハトも一緒に出現した以降の六〇〇〇年という時間は中世千年の六倍であるから、長いと言えば長いが、短いと言えば短い。実際にはその二三〇万倍の一三八億年だったとは誰一人想像だにできなかったであろう。

私たち自身が依《よ》って立つ大地それ自身の探究という、この全く未知の分野に最初の光をもたらした者こそ、デンマーク生まれの古生物学者ニコラウス・ステノ（Nicolaus Steno, 一六三八―八六）であった。化石の研究から地層生成のメカニズムを、一六六九年の著書で解き明かし、地質学の先駆となる。この「地質学」とは、地球のうち観察が可能な部分を調べ、その歴史を知る学問だが、地質学という言葉が認知されたのは十八世紀も末のことにすぎない。もっとも、「生物学」という言葉が現れたのも一八〇〇年頃とされるのだから、什方がないのかもしれない。

十七世紀のステノの功績は、「地層累重《るいじゅう》」の概念を発見したことである。いまだ「化石」という奇妙な物体が、生物起源だとは公認されなかった時代ではあったが、ステノは、化石を含む地層は長い時間をかけて海底に水平に形成されていき、その層は、上になるほど形成時期が新しい、という考えを示した。その上でステノは、垂直ないし傾斜する地層もかつては水平であったと考えた。今では子供も知るような「常識」ではあるが、当時としては極めて斬新な発想であり、以後の地層研究の基礎を提供したのである。

このステノを引き継ぐ形で、イギリスの地質学者スミス（William Smith, 一七六九—一八三九）は、地層累重を法則にまで高め、地質学の世界に「時間」を導入することで、地層間の「前後関係」という考え方をスタートさせた。また特定の地層は特定の化石を含むことで、他地域の地層との対比も可能にしたのである。

十八世紀半ばから始まる産業革命（一七六〇年代—一八三〇年代）は、十七世紀から始まった科学革命をさまざまに取り込む形で、資本が巨大化する契機となる動きだったが、地面をコツコツと掘る地味な学問であった地質学に、一躍脚光を浴びせかけた。古代以来の人力、畜力、せいぜいが風力、水力に頼っていた動力源に、新発明の蒸気機関が導入されたのだが、この機械を造り、新エネルギーを利用するために、石炭・鉄などの鉱物資源の供給が喫緊《きっきん》の課題となったのである。このため、地下構造調査の需要が驚くべく高まった。こうした中で起こったものが、岩石の生成因に関するウェルナー対ハットンの「水成岩・火成岩論争」である。

ウェルナー（Abraham Gottlob Werner, 一七四九—一八一七）は、ドイツ東部エルツ山脈の麓《ふもと》のザクセン地方に、鉱山業者の子として生まれた。鉱業の盛んなこの地には、鉱物の知識を学ぶ世界最古のフライベルク鉱山学校があり、ウェルナーはこの学校を出、生涯この学校の教授だった。彼はエルツ山脈を調査し、岩石はすべて海洋底に堆積してできたとする「水成論」を主張した。伝統あるフライベルク鉱山学校には各国から学生が集まり、水成論はヨーロッパ全体に広まった。

ウェルナーのライバルはスコットランドのハットン（James Hutton, 一七二六—九七）である。彼は地球内部の高熱により、さまざまな岩石が形成されたとする「火成論」（「深成論」）者だった。現在から見て、砂岩のでき方はウェルナーが正しく、花崗岩《かこうがん》はハットン説が正しい。しかし、地球内部の高温を生涯一切認めなかったウェルナー説は、その晩年には敗色が濃くなっていた。ウェルナーの死後、弟子が師の誤りを認めて論争は終了するのだが、このように岩石形成の仕組みが明らかになっていく中で、地球が生きて活動しているという認識が広まっていくのである。さて、産業革命は勿論、地質学を発展させただけではない。

宇宙・地球に関する知見が大幅にふくらんでいく中で、その基礎となる物質自体に対する探究は遅れていた。十七世紀科学革命においても、物質に対する知見にはこれといった進展が見られなかった。紀元前六世紀のアナクシマンドロスに源を発し、エンペドクレスを経て、前四世紀のアリストテレスで定着した、土・水・空気・火の四元素説は、延々二〇〇〇年以上を生き続けていた。四元いずれも、どこにでも無限にある「物質」で、特に「土」はともかく、「水」「空気」「火」のように透明で、不定形、つかみようもない物は単純な物質に見え、まさかその中にいくつもの元素が潜んでいるとは想像もできなかったのであろう。見かけがどれほど嘘をつくかの好例と言える。

元素観に転機が訪れたのはようやく十八世紀初め、ドイツのシュタール（Georg Ernst Stahl, 一六六〇―一七三四）によって、フロギストン説（燃素説）が立てられてからである。これは、可燃物はフロギストンと灰から成っているという説で、燃えるとフロギストンが空気の中に出ていき、灰が残るとされた。しかし厳密に測定すると、燃焼後は重さが増すことが判明するなどの過程で気体の研究が盛んとなり、十八世紀の半ば以降、次々に新しい気体が発見される。二酸化炭素ガス、酸素ガス、水素ガス、窒素《ちっそ》ガス、塩素ガスなどである。四元素説によれば、さまざまな気体は元素としての空気が変化したものとされていたため、この伝統の説はようやく動揺し始めた。

そしてついに、フランスの化学者ラヴォアジエ（Antoine-Laurent Lavoisier, 一七四三—九四）によって、空気は元素ではなくて混合物であることが発見される。一七七四年、彼は厳密な実験によって、近代化学の基礎となる質量保存の法則（化学反応の前後で質量が変化しない）を発見し、さらに元素は酸素・窒素・水素・金・銀・鉄など三三あり、ある元素は他の元素に変化しないことを明らかにした。これがいわゆる「化学革命」である。ラヴォアジエは一七七七年には、燃焼は物質と酸素とが結合することであることも明らかにしている。

このように、元素の解明には多くの歳月と並外れた努力が必要だった。先の、目に見えるものの虚偽と逆に、肉眼で見えないものはいくら理性を働かせても捉えることができず、元素の探究は多くの困難の連続であった。

4 病因を追い、生物を分類し尽くす——生命知の近代

すでに、イギリスのハーヴェイの血液循環説（一六二八年）が、一四〇〇年来の権威であった二世

紀のガレノスの医学体系を刷新することで、人体をはるかにリアルな眼で捉えるきっかけとなったことに触れた。ヴェサリウス以来の伝統を持つ、イタリアのパドヴァ大学では、モルガーニ（Giovanni Battista Morgagni, 一六八二―一七七一）が患者の死因を特定するため遺体の病理解剖を始め、病因の追究がスタートし、ヨーロッパ臨床医学の発展につながっていく。

病院の起源は中世教会の付属施設だったが、十八世紀後半、産業革命によって都市の人口集中が起こると、貧しい人々を収容するための病院が、パリやロンドンなどの都市に続々と建設された。病院では患者は無料で診察が受けられたが、ここはまた医学研究や医師教育の場ともなり、医学を成長させる残酷な実験場とされた。

生物学の分野でも、ルネサンス以降の進展は目覚ましいものがあった。特に天文学における望遠鏡と同様、生物学に貢献した顕微鏡の役割は大きい。一五九〇年頃、オランダで、望遠鏡に先駆けて発明されたと言われる顕微鏡は、ガリレイほかによって改良が重ねられ、ニュートンとの対立で知られるイギリスのフック（一六三五―一七〇三）による、生体の基本単位である細胞の発見につながる。さらに、オランダのレーウェンフック（Antonie van Leeuwenhoek, 一六三二―一七二三）は、一六七四年、池の水を観察し、そこに史上初めて微生物を発見した。これがやがて病原菌の発見へとつながっていくのである。

一方、地球を覆う地殻を研究する地質学と並んで、その地殻の上に繁殖する膨大な数の動植物への視野もまた大きく広がっていった。スウェーデンの博物学者リンネ（Carl von Linné, 一七〇七―七八）がこの分野の巨人であり、植物から研究をスタートさせている。彼は子孫を増やす器官としての、雄しべや雌しべなどの生殖器官に着目した分類法を採用し、科学的二名法（属名と種小名の二語をラテン語で表す）による学名命名法を提案した。またすべての生物を、基本単位である種を原点に、その上に綱・目・属という上位分類を作り、システマティックに分類した。これによって生物の分類体系が確立し、その命名法は現代に及んでいる。ヒトの学名「ホモ・サピエンス」もリンネの命名なのである。地球上のすべての動植物を分類し尽くしたい、というリンネの情熱は多くの弟子たちを駆り立て、いまだ「探検」という危険な要素が強かった十八世紀という時代に、彼らを「分類の使徒《しと》」として全世界に送り出した。何人もの弟子が出先から帰ることはなかった。江戸期の日本にやってきたツンベリー（Carl Peter Thunberg, 一七四三―一八二八）もその一人で、帰国後、ウプサラ大学におけるリンネの講座を継いだ高弟である。

こうして十七世紀を中心とする科学革命の中で人間は、物理数学などの知の力と、望遠鏡や顕微鏡というすぐれた道具を使うことによって革命的に視野を拡げていく。地表のあらゆる動植物や地下の組成、さらには人体内部にまで探究の眼が及び、「現実世界」への極めて正確な知見を獲得したばかりではない。その眼差しは、はるか宇宙空間の天体の運行までも把握するなど「極大世界」に広がり、一方また、人間の眼には捉え切れない物質組成や微生物などの「極小世界」にも及んでいった。

タレスに始まる知の「学」がそもそも目指したものが、この世界を理解し、説明することであったことを考えれば、こうした新興の白然科学による現実世界・極大世界・極小世界への決定的な知の進展は、知の本来の形がようやく成熟しつつあったことを示しているであろう。

第十五章　哲学のコペルニクス的転回――カント

「すべての哲学はカントに流れ入り、再びカントから流れ出す」。カントは、素朴実在論的にすべての物は「在る」通りに「見え」ているのではなく、「見て」いるように「在る」のだと、従来の認識を「コペルニクス的」に反転させる。十八世紀啓蒙主義を代表する人で、人間の力を自覚した知が、神を脇《わき》にのけ、自分の力だけで立ち上がろうとして隘路《あいろ》に入り込んだときに現れた哲学者である。アポリアに至った片方の道はデカルトに始まる大陸合理論で、理性を過信して空回りしていた。もう一方の道はロックに始まるイギリス経験論で、経験をベースにしたため、その知が真である保証を失い懐疑論に転落していた。

カントの解法は、人間の認識は経験を材料にして（感性）、知性（悟性）がこれをルールに沿って処理しているというものであった。つまり、人間が知覚可能なものは、すべて人間の認識システム上の真理が保証されるが、経験を越える世界の始原や無限分割、さらには神の存在などでは、真なる知は保証されないという断念だった。

これは極めて明快な解だったが、物の真の姿は人間には不可知なもの（物自体）として残り、また従来哲学の主要な仕事と考えられ、超感覚的な存在を思考対象にした形而上《けいじじょう》学《がく》が、哲学の営為から放逐されてしまうという結果をもたらした。

自然科学に学び、これと対抗できるだけの厳密な学を志向したカントの哲学は、論理に論理を重ねる圧倒的な迫力で人間の認識システム解明に迫り、哲学知の探究は従来から一変するほどの厳密なものとなった。

★この時期の日本は、江戸中期にあたる。「忠・孝・礼」を原理とする儒学は幕府の政策に沿って栄えたが、その申し子の朱子学だけでなく、その革新としての陽明学も導入されて幕末の革新運動にまで影響を与えた。一方、インド仏教と中国儒教をともに批判し、古典から「日本」を発見し、日本文化を把握しようとする本居宣長らの「国学」が登場してくる。この国学もまた、日本を体現するとされた「天皇」という存在を求めて幕末のラディカリズムへとつながっていく。

1 『純粋理性批判』が切り開いた新世界

ルネサンス以来、人間の力の自覚に到達した知は、哲学分野においてデカルトによる、人間理性への絶対的信頼を打ち出す。これに続く大陸合理論の系譜では、理性の「全能性」が強調され、形而上的な認識においても理性の判断を尊重していた。それはすでに過信の域に達し、空回りを始めていた。これに対しイギリス経験論では、デカルトたちの理性への過信を鋭く批判したものの、経験をベースにする認識理論では、人間の知にどこからも絶対性が保証されないために相対論に陥り、懐疑論に転落せざるを得なかった。

知は、人間理性においてどのように成立しているのか。その認識が絶対に正しいと言えるのはなぜか。この問題を、先行する二つの論を総合する形で解決しようとした哲学者がカントである。

カント（Immanuel Kant, 一七二四―一八〇四）は、近代認識論を確立した哲学者と言われる。また彼を引き継ぎ、あるいは批判する形でヘーゲルに至ったドイツ観念論は、重厚な論理を駆使した知の連峰として名高い。

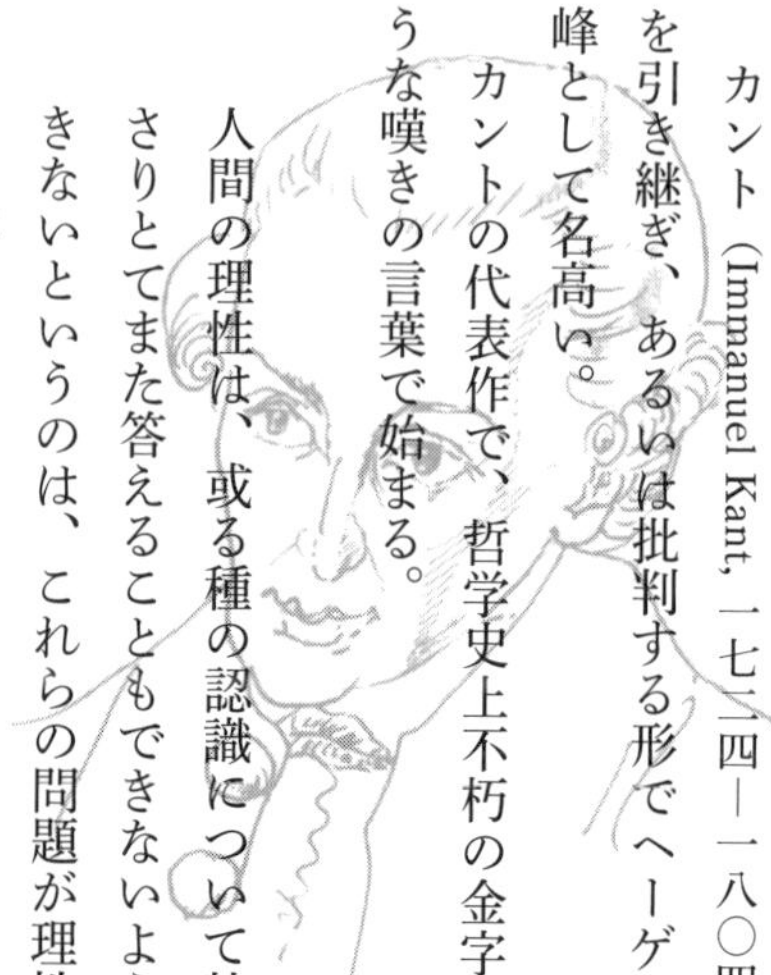

カントの代表作で、哲学史上不朽の金字塔と謳われる『純粋理性批判』（一七八一年刊）は、次のような嘆きの言葉で始まる。

> 人間の理性は、或る種の認識について特殊の運命を担っている、即ち理性が斥けることもできず、さりとてまた答えることもできないような問題に悩まされるという運命である。斥けることができないというのは、これらの問題が理性の自然的本性によって理性に課せられているからである、また答えることができないというのは、かかる問題が人間理性の一切の能力を越えているからである。
>
> （『純粋理性批判　上』篠田英雄訳、岩波文庫、一九六一年、一三頁）

ここでカントが、人間理性が必死に問い続けている「或る種の認識」と述べているのは、哲学の中でも従来最も尊崇《そんすう》を受けてきたフィールド、形而上学である。カントによれば形而上学こそ、人間存在、世界原理、神という究極のテーマを追究してきた試みではあったが、この分野は経験や実験では検証し難く、ひたすら思弁に頼りながら、多くの俊秀たちが究極の知を追い求めてきた。しかしタレス以来カントまで約二三〇〇年、仕事は十分な成果を上げたとは言い難い。

かつては形而上学が諸学の女王と称せられた時代があった。……形而上学はその対象が著しく重要なところから、かかる尊称を受けるにふさわしいものであった。ところが今日では、形而上学にあらゆる軽蔑をあからさまに示すことが、時代の好尚となってしまった。追放され見捨てられたこの老女は、あたかもヘクバ〔トロイ王の妃〕のように嘆くのである、——『私はつい先頃までは、あらゆる人達のうちで最も大きな権力をもつ者であり、また多くの婿達や子供達にかしずかれて支配者の地位にあった、ところが今では国を逐われ、力なく連れ去られるのである』

（同書、一四頁）

なぜこれほど形而上学が、いや実際にはそれを先頭とする哲学が、自らの境遇を嘆いているのかといえば、それは自分たちから次々と分かれ出ていった自然哲学（自然科学）がすでに、見上げるような高い塔を築き始めているのに、本家は一向にかわり映えもせず、昔のままの「埴生《はにゅう》の宿」だったからである。「哲学」という名称こそ、古代ギリシアでは学問一般を指し、また分科が始まったのちも、諸学の王として輝いてきた。十七世紀のニュートンに至ってさえ、すでに述べたように『プリンキピア』の正称はなお、『自然哲学の数学的原理』である。しかしこの歴史的な書物の内実は、思弁的な要素は全く失われ、数学の威力を借りることで、天上の惑星の運行から掌の小石の動きまで、完全に単一な力学によって一切を説明し尽くそうとするものだった。ではなぜ分家の自然哲学にできることが、本家の形而上学ではできないのか。思弁をこととする形而上学の方法に、何か根本的な欠陥があるのではないか。

カントは人間の認識システムを再検討し、人間天与の理性が正しい認識を導くとしたデカルト以来の大陸合理論と、人間は白紙で生まれてきたのであって経験こそすべての知を形成しているとしたロック以来のイギリス経験論とを、ともに片方だけでは認識は成立しないとし、それらを総合した新しい認識論を打ち出そうとした。

その結果は、人間の認識は、外界の対象からの刺激をただそのまま受け入れているわけではなくて、まず五感（感性）、次に知性（悟性）と引き受けられるが、受容に一定の形式がある上に、その取りまとめ方にもセオリーがあり、それらのシステムに応じて認識像が成立している、というものであった。したがって、知覚を通過しない情報を知性が処理することは、当然のことながら反則行為であるが、それを行ってきたのがまさに従来の形而上学であった。人間の自我（霊魂）にせよ、究極の世界原理にせよ、神にせよ、そもそもそれらの情報が知覚から入ってくることはなく、したがってそれらは思考の対象とはなり得ない、というのがカントの結論であった。さらに、我々の有限の知覚を越えた、対象の絶対的な真実像（物自体）についても、人間は原理的にそこに辿り着けない、という断念が伴った。こうした理由から、これまでに存在したあまたの神の存在論的証明を、明快にまたことごとく否定してしまったのもカントである。

カントはもともと、形而上学再建のために思考を重ねたのであるから、形而上学を否定することはこと志に反していた。しかし、このカントによる人間主観の限界と相対性の発見は、知の歴史上、まことに大きな事件となる。たとえて言えば、デカルトによるコギトの発見が、認識における主体（主観）としての「人間の眼」の重要性の発見だったとすれば、カントによる人間主観の検証は、その「眼の構造や性能」によって対象の表れ方が制約される、つまりは、眼の有限性が明らかになったようなものだったのである。

さらにありていに言えば、赤いサングラスをかければ世の中がすべて赤く見えるように、「人間という眼鏡」をかければすべては「人間的」に見えるであろう。しかも人間という眼鏡は一生外《はず》すことはできないし、眼鏡をかけていると気づくこともない。人間同士みな同じであるから、現象はすべて同じように見え、同じ計算もし、正確な会話も成り立つわけである。しかしながら、この世界すべてが徹頭徹尾人間色に染め抜かれた「特定の世界内部」の劇場であることは争えない。

カントにおける主観の限界とは、神に頼れず神なしに思考しなければならなくなった哲学の時代をよく表しているが、現象とその向こう側にあるはずの物自体との対立は、現代にまで至るさまざまな問題を引き起こすことになる。

2 カントの生涯――科学から哲学へ

カントは一七二四年、バルト海に面した東プロイセンの都ケーニヒスベルクで生まれた。現在ではロシア領カリーニングラードである。九人兄弟の四番目だったが、上三人が早世し、長男として育った。父は、スコットランド移民の子孫で馬具職人、貧しい家だった。カント以前の哲学者たちは、みな一定程度の資産を持つ家庭の出身だったのに対し、大学に職を得ることで生活を支えた哲学者はカントが最初と言われる。

母は、ルター派の一派、誠実で礼儀を尊ぶ敬虔派に信仰心が篤《あつ》く、カントは同派の牧師が校長を務めるギムナジウムを経て、一七四〇年、一六歳でケーニヒスベルク大学に入学。哲学、数学、自然科学を学ぶ。僧職に進もうとせず六年間哲学部に在籍し、特に師クヌッツェンから、ライプニッツ・ヴォルフ哲学のほか、ニュートンなども教えられる。卒業後七年間は、住み込み家庭教師をした。

カントは本来、科学者として学者生活をスタートさせた人であり、一七五五年、三一歳の年に発表した『天界の一般自然史と理論』の中で、太陽系の成因を回転する星雲説として提出、のちに「カント・ラプラスの星雲説」として認められるだけの科学上の仕事もしている。同年、ケーニヒスベルク大学私講師となり、以後一五年にわたり聴講者からの謝礼で暮らす。一七七〇年、ようやく四六歳にして母校の論理学・形而上学の正教授に昇格する。

以後、ひたすら思考に沈潜《ちんせん》した「沈黙の十年」ののち、哲学界の金字塔『純粋理性批判』を一七八一年、五七歳で出版。そののち、一七八八年、六四歳の年に、道徳を扱った『実践理性批判』、一七九〇年、六六歳の年に、美学を扱った『判断力批判』を出版する。

規則正しい生活の中から著述に励《はげ》んだカントは、いつも同じ時刻に同じ道を散歩したため、町の人たちはカントが通ると時計の針を合わせたという有名なエピソードが残っている。また一生を多くの哲学者同様独身で通したが、女性との歓談は楽しんだとも伝えられる。

学長も務めた大学を一七九六年、七二歳で退職、一八〇四年、七九歳で没。最後の言葉が「Es ist gut.」(これでよいのだ)だったという。

3 人間という視点の発見

十七世紀は科学革命の世紀と言われるが、哲学の上ではデカルトの世紀であった。デカルトは、知の原点は「コギト」(考えるわれ)にあるとして、人間という認識主体を全宇宙の中心に据え、人間理性をすべてを基礎づける究極原理たる「アルキメデスの点」に譬えたのである。

哲学史の上で、デカルトの次の世紀十八世紀は、カントの世紀となる。デカルトが極寒の地ストックホルムで亡くなった七四年あとに、同じバルト海の対岸で生まれたカントは、そのアルキメデスの点のぐらつきを検証し始める。ドイツ人特有の緻密で徹底的な検討の結果露わになったことは、この知の原点はデカルトが夢見たほど万全、万能なものではなく、さまざまな限界を持つということであった。

カントは思考の筋道として、デカルトら大陸合理論と、ロックらイギリス経験論とをともに引き受け、総合する形をとる。つまり、両者がついには独断論と懐疑論という過《あやま》てる道に入り込むことになったのは、合理論が理性の万能を信じ込んでしまい、また経験論が感覚のみを重視して理性の妥当性を疑ったからである。しかし認識の実態は、「我々の認識がすべて経験をもって始まることについては、いささかの疑いも存しない」(『純粋理性批判 上』篠田英雄訳、岩波文庫、一九六一年、五七頁)一方、「我々の認識が必ずしもすべて経験から生じるものではない」(同)のである。——では我々の認識はどのように成立しているのか。これを調べるためにカントは、すでに成功を収めている数学や自然科学に注目する。

認識は、判断の形で示すことができるが、その判断には、述語の内容が主語のうちにすでに含まれている分析判断(例えば「物体はすべて延長を持つ」)と、同じく述語の内容が主語のうちには含まれていない総合判断(例えば「物体はすべて重さを持つ」)とがある。分析判断はアプリオリ(先天的)だが、知識を増やすことはできず、総合判断は知識を増やせるが、普遍的ではない。しかし、成功した数学や自然科学は、アプリオリであってしかも総合判断(例えば「物体界の一切の変化において物質の量は常に不変である」(同書、七二頁))から成っているとカントは考えた。そこでカントの主著『純粋理性批判』は、「いかにしてアプリオリな総合判断は可能か」という問いかけを中心に掲げることになる。

カントの結論は、アプリオリな総合判断を成立させる源泉は、人間の認識能力のうちにある、というものだった。即ち、外界からの刺激（印象）がまず人間の五感（知覚・感性）から取り込まれるが、そのときにまず、空間・時間という二つの天与の形式のもとに受容される。それが知性（悟性）の四種（量・質・関係・様相）各三通り（単一性・数多性・全体性など）、合計一二個のカテゴリーによって取りまとめられて認識が成立する、とした。カントは自分の哲学の構想段階で、ヒュームの因果律否定の学説に「独断のまどろみを破られた」と述べているが、一二個のカテゴリー中には、分量の「単一性」や性質の「実在性」などと並んで、関係を取りまとめるカテゴリーとして「因果性」も含まれている。

さてこのようにカントの理論によれば、我々の認識に姿を現す対象は、絶対的な対象そのものなのではなく、人間に捉えられた像（現象）となった。これは従来のように、自然の対象は人間とは独立に存立し、それをそのまま我々の認識がキャッチしている、と考えてきた素朴実在論的な考え方が否定されたことになる。自然（客観）は意識（主観）の働きによって構成されたものだと考えられたことは、認識論上の主観と客観の逆転が起こったことを意味した。カントはこれを、天動説が地動説に逆転した二〇〇〇年前にならい、「コペルニクス的転回」と呼んだのである。

このコペルニクス的転回、即ち視点の転換について、ここでもう少し考えてみよう。赤ん坊の知的発達においては、「ハイハイ（這い這い）」が重要だと言われる。自ら移動することによって、物の見え方が変わっても、それが同一物だと理解できるからだ。自らの視点を転換してこそ、真実も摑めるというわけである。

そうだとすれば、人間が自分と世界との真理を摑むには、人間という視点から脱することが最も望ましいことであろう。だがそれだけはできない相談である。人間は航空機や人工衛星によって、大地から自らを引き離し、望遠鏡・顕微鏡によって遠い天体、極微の世界までも見つめられるようになった。しかし「人間という視点」の外にだけはどうしても立つことができない。永久にできないかもしれない。ということは、真理を決定的に摑みたいという現代までに至る哲学二六〇〇年の夢は、つまりは右手で右手を摑もうとするような、絶望的に困難な戦いであったことになる。

この二六〇〇年のうち、まもなく二四〇〇年になろうとするところで現れたカントは、人間の認識システムを本格的に検討し、先の例で言えば、人間がサングラスをかけているというところまでを見破ったのである。そしてこの眼鏡の構造や性能にまで探査の目を向けた。人間という視点の外に立つことはできないまでも、立ったに準じるだけの仕事をしたとは言えるだろう。そのカントの斬新な仕事によって、かつて英仏で喝采《かっさい》を浴びたドイツ哲学者ライプニッツを別とすれば、初めて哲学が中部ヨーロッパに本格的に移植され、ドイツ精神本来の緻密でダイナミック、さらに壮大な体系性を付与されて、以降の二〇〇余年、ドイツこそが哲学の祖国となっていくのである。

またカントの『純粋理性批判』の論理に論理を重ねる圧倒的な迫力で、デカルトやロックとは比べ物にならないほど緻密かつ厳密な筆致が生まれ、史上初めて知がいかに成立しているかという認識システムが本格的に追究された一方、哲学の語りが極めて難解なものに変わってしまったことも付け加えておかねばならないであろう。

第十六章　知の頂点へ——ヘーゲル

ヘーゲルはアリストテレスと並び、世界と人間の「全体」を考えようとし、実際にそれを行った哲学者である。人間が展開してきた知について、時間的また空間的にそのすべてを包摂《ほうせつ》しようとする壮大な体系を築いた。カントを源とするドイツ観念論の最後尾、最高峰を成し、哲学はここで終わったとさえ言われる。カントが総合した大陸哲学とイギリス哲学の合体による近代認識論を下敷きにしながら、その図式的な面を否定して、より現実的またよりダイナミックに認識を捉える動的な哲学を作り上げた。

ルネサンスの知の解放後、自然科学分野ではいち早く、コペルニクスからガリレイ、ニュートンに至る約一五〇年で、世界を精緻に説明する壮大な理論的枠組みを作ることに成功していた。対する哲学分野では、これを追うようにまずデカルトが知の根源としての人間理性に着目し、自然を含めた一切を成立させている現場たる人間の認識システムの探究に乗り出す。それがヘーゲルに至って、人間主体の根源的力学である「弁証法」を摘出、それが知を根源的に成立させているシステムのみならず、精神（理性）として世界を形成していく人間の歴史の原動力であるとして説明した。つまり哲学もまた、デカルトからヘーゲルの約二〇〇年で自然科学に続き、知の巨大な体系に辿り着いたのである。

ヘーゲルの名声はドイツ国内のみならず十九世紀初頭のヨーロッパ哲学界全体に及び、

その講義を聴くために各国から学者がベルリンに参集した。のちに夏目漱石が『三四郎』の中で、このヘーゲルの名声を取り上げている。

1 認識論の深化——カントからヘーゲルへ

哲学上の十七世紀から十八世紀は、大陸合理論・イギリス経験論から、カントによるそれらの総合に至る時代であったが、それはまた思想史上の啓蒙時代と重なる。「啓蒙」の原語は、英語で enlightenment、仏語で lumières、独語で Aufklärung であり、まさに暗闇に理性の光をあてることであった。そこではルネサンスに引き続き、政治・経済・社会・宗教・思想などあらゆるジャンルにおける旧弊《きゅうへい》がことごとく批判され、捨て去られていった。一切が神の権威に拠り、前例に倣《なら》っていた中世の残滓が洗い流され、人間のいまだ若々しい理性に則った公正な社会が求められたのである。

啓蒙運動は、市民層が力をもったイギリスに始まり、フランスにわたって百科全書派などの巨大な知の運動となり、さらにドイツにも波及していく。カント（一七二四—一八〇四）は、啓蒙主義の掉尾《とうび》を飾る哲学者でもあった。

しかしながら、カントに遅れること四六年にしてドイツ南部に生まれたヘーゲル（Georg Wilhelm Friedrich Hegel, 一七七〇—一八三一）では、もはや状況は変わっていた。ヘーゲル少年一〇歳の頃にはイギリスで産業革命が進行し、資本主義の胎動《たいどう》が始まっている。一九歳の年にはフランス革命が起こる。処女作『精神現象学』を脱稿したその日、勤務していたイエナにまで進軍してきた革命の落とし子ナポレオンの姿を、三六歳のイエナ大学准教授ヘーゲルは、自分の目で見ているのである。

それは十八世紀から十九世紀へ、ヨーロッパが圧倒的な力を蓄えながら激動した時代であり、ヘーゲルはその息吹《いぶき》を肌で感じ取りながら思索を進めたのだ。カント哲学が、生真面目《きまじめ》さと静謐《せいひつ》さを湛《たた》えた青年の哲学であったとすれば、ヘーゲル哲学がダイナミックで、異様にリアルな切れ味を持つ大人の哲学なのは、こうした背景にもよるのであろう。

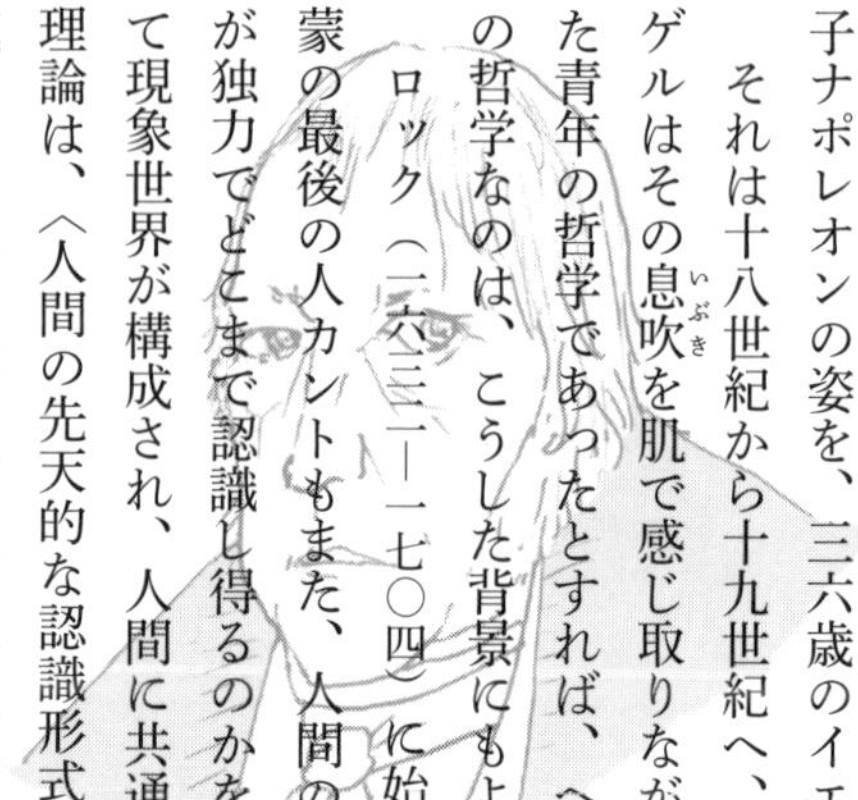

ロック（一六三二―一七〇四）に始まる近代認識論は普通、カントによって確立されたとされる。啓蒙の最後の人カントもまた、人間の力に全面的に信頼を置き、その限界を意識しつつも、人間の知性が独力でどこまで認識し得るのかを追究した。その結果、感性と悟性という人間の知の枠組みによって現象世界が構成され、人間に共通な世界像が成立してくるという図式が出来上がる。ただカントの理論は、〈人間の先天的な認識形式＋（認識作用及び認識像＋）対象の物自体〉という、言わば三項形式（カッコ内を除けば二項対立）が生まれていて、整然として論理的で分かりやすくはあるものの、スタティックでやや図式的に過ぎる感触も否めない。カントが亡くなったとき三三歳だったヘーゲルは、カントの影響は大いに受けながらも、真の認識はそのようではあり得ない、と考えた。

ヘーゲルによる認識論は、カントに比べると、はるかにヴィヴィッドであり、またダイナミックである。ヘーゲルは認識主体と認識対象を、二項対立という形では捉えない。――勿論、ヘーゲルの主唱した認識の論理としての「弁証法」を図式的に説けば、認識主体が認識対象を「A」と規定するのが第一段階（即自態）であり、その「A」が引き続く認識過程で「非A」という、それまでの規定「A」とは矛盾したものを生じ、対立が起きるのが第二段階（対自態）である。最後の第三段階（即且《かつ》対自態）に至って、Aと非Aとが総合されてより正確な高次の規定が成立する——という説明の仕方をとることになる。

しかし実際にヘーゲルが意図していることは、認識する者・される者とが一つの場を形成し、認識主体は、対象を受け取り、抵抗を受けながら咀嚼《そしゃく》、経験していくことで、対象像も変わっていくと同時に、主体自体も深い変容を受ける様を示すということである。認識の現場では、すべての経験が革命的であり、すべての体験が進歩を促しているのである。したがって勿論、そこには「物自体」などというものはない。すべては一つの場にあり、経験によってすべてが変容していく。

ところで弁証法は、ヘーゲルが発見した人間の知の中核であるが、彼はそれを認識の論理のみならず、存在そのものの論理と考えた。ヘーゲルは、『精神現象学』序文冒頭近くで次のように記す。

つぼみは、花が咲くと消えてしまう。そこで、つぼみは花によって否定されると言ってもよい。同じように、果実によって花は植物の偽なる定在と宣告され、植物の真として果実が花の代りとなる。これらの形式は互いに異なっているだけでなく、互いに相容れないものとして斥け合う。しかし、これらの形式は、流動的な性質をもっているため、同時に有機的統一の契機となり、この統一にあっては形式は互いに対抗しないばかりか、一方は他方と同じように必然的である。

（『精神現象学』樫山欽四郎訳、河出書房新社、一九六六年、一五―一六頁）

認識にせよ、存在にせよ、すべては連関して継起し、相互浸透し、革命となり、進歩となる。世界の進行自体が革命なのである。

ヘーゲルに先行したドイツ観念論では、世界の現実全体を絶対者の活動の現れと考えた。世界全体を絶対者の顕現と考えるのがフィヒテ（一七六二―一八一四）、シェリング（一七七五―一八五四）、ヘーゲルと連なるドイツ観念論の特色であり、それこそが彼らが汎神論の祖スピノザ（一六三二―七七）を高く評価した所以《ゆえん》である。

ことにヘーゲルにおいては、世界は絶対者の自己展開という壮大なビジョンがあり、存在全体がさまざまな形で即自・対自・即且対自という段階を繰り返しながら、定立から矛盾を発生させ、またその矛盾を乗り越え、高次の段階に到達しつつ、さらなる高みを目指すという、存在の無限の展開過程として捉えられていた。

このようなヘーゲルの世界観では、精神が実体化されると同時に世界は論理化され、「矛盾」を原動力として世界が進展していく結果、そこに「歴史」が現れる。したがってヘーゲルによれば、「歴史」とは絶対者が自らを実現していく過程であって、その審判という形で高次の総合を創り出すことにより、「時間」こそが正統者・判定者となる。「歴史の優位」は現代に至る一つの強力な「イデオロギー」であるが、ヘーゲルによって直接現代に与えられた遺産なのである。

ヘーゲルはこうして、「弁証法」を認識論と存在論の中核に据え、それを世界の原動力と規定することで一切を説明しようとした。その原点となり、ヘーゲル哲学全体のエンジンを明示した『精神現象学』を初め、存在の力学を追究した『論理学』、彼の哲学体系を示す『エンチクロペディー』、その中の特に法を扱った『法の哲学』、さらには、歴史を理性的自由の実現過程として説いた『歴史哲学講義』など多くの著作群があり、独力で世界の一切を説明し切ろうとしたそのスケールの大きさ、アイディアの独創性で、ヘーゲルはアリストテレスと比肩《ひけん》される哲学史上の大哲学者である。

従前の哲学を終わらせるだけの完成度からして、この二人はよく似ているのであるが、以後に大きな哲学者が続かなくなってしまうという意味でも、よく似ている二人だと言えよう。アリストテレスののち、彼を本質的に乗り越える哲学者が、デカルトまでほぼ二〇〇〇年現れなかったことは真に驚くべきことであるにしても、ヘーゲル以降の十九世紀もまた哲学者不毛の時代となった。二十世紀フランスの哲学者サルトル（一九〇五—一九八〇）によれば、ヘーゲル以降、ヘーゲルを越える哲学者は出ていない。二十世紀中葉の哲学世界のチャンピオンとなったサルトルは、さすがに公式には何も述べなかったが、没後発表された一九四八—四九年頃に書かれたメモには、次のように記されている。

弁証法——先入見なしに事を考えれば、ヘーゲルは哲学の絶頂を示している。彼以後は後退だ——マルクスはヘーゲルが全面的に展開しなかったもの（労働に関する発展）をもたらした。しかしマルクスにはヘーゲルの多くの偉大な観念がない。ヘーゲルには及ばない。その後はマルクス主義の退化。ポスト・ヘーゲルのドイツ哲学の退化。ハイデガーとフッサールというちっぽけな哲学者。フランス哲学などゼロに過ぎない。

(J.-P. Sartre, *Cahiers pour une morale*, Gallimard,1983., p.67. 拙訳)

2 歴史を目撃した哲学者――ヘーゲルの生涯

ヘーゲルは、一七七〇年八月二十七日、ドイツ南部・ビュルテンベルク公国の首都シュツットガルトで生まれた。ベートーベンと同年であり、下に弟と妹ができた。父は公国の実直な収税局書記官ゲオルク・ルートヴィッヒ、母は信仰心篤く、教養ある婦人マリア・マグダレーナで、少年ヘーゲルにラテン語を教えたと言われる。中流で堅実な家庭だったが、権力的なオイゲン公に仕える父と、リベラルな民会の役員を務めた家柄出身の母との間に生まれたことは、ヘーゲルののちの保守と進歩とを併せ持つ思想を予言するものとも言われる。

ギムナジウム九年ののち、一七八八年秋、一八歳でチュービンゲン大学へ。父の指示に従って、卒業までの五年間を神学院の寄宿生として過ごす。同室になった友に、同年のヘルダーリン(一七七〇―一八四三)と、五歳年少のシェリング(一七七五―一八五四)がいた。才気煥発《かんぱつ》のシェリングや、ギリシア人とあだ名された品のよいヘルダーリンに比べ、ヘーゲルは口下手、鈍重で、あだ名は「年寄り」だったという。

学生時代のヘーゲルの主要な関心は、ギムナジウム以来興味を持ち続けたギリシア思想に加え、次第に疑問を持ち始めていたキリスト教、そしてカント哲学であり、これらの研究がヘーゲル哲学の基礎となる。入学の翌年、一七八九年七月十四日に勃発《ぼっぱつ》したフランス革命は、若きヘーゲルを歓喜させる。彼は革命を祝ってヘルダーリン、シェリングら友人たちとともに、フランスの例に倣い、郊外の野に「自由の樹」を植えたという。フランス革命によってついに理性が歴史を支配し始めたと考えたのである。

一七九三年秋、二三歳で大学を卒業したヘーゲルは、僧職には進まず学問に志し、カント同様に家庭教師から私講師への道を歩む。一七九三年から一七九六年までの三年間は、スイス・ベルンの貴族シュタイガー家で、また一七九七年から一八〇一年までの四年間は、フランクフルト・アム・マインの商人ゴーゲル家で家庭教師を務めた。決して楽しい仕事ではなかったが、この間のヘーゲルが、やがて『精神現象学』に結実する名門・富豪の考え方を初め、世間についてのさまざまな知を得ることになったことは疑いない。

一八〇一年、三〇歳の年、ヘーゲルは中央ドイツ・イエナ大学の私講師となる。一八〇五年、三五歳の年に員外教授（准教授）になり、すでに触れたように、一八〇六年にはプロシアに進軍してきたナポレオンを十月十三日に目撃、その夜、イエナの広場で燃えるフランス軍のかがり火を窓から眺めながら、『精神現象学』を脱稿する。翌一八〇七年四月同書刊。三六歳だった。本書の原稿料に彼がひどく執着してトラブルとなったのは、下宿先の、夫に去られた夫人との間に同年二月、男児が生まれたためとも言われる。

戦乱はヘーゲルをも押し流す。対ナポレオン戦にプロイセンが敗れたため、イエナ大学は閉鎖され、ヘーゲルは失職してしまうのである。このため、一八〇七年から一八〇八年は新聞社の編集者、その後一八一六年までニュルンベルクのギムナジウムの校長を務める。この間、一八一一年、四一歳の年にニュルンベルクの都市貴族の娘マリー・フォン・トゥヘル二〇歳と結婚、三子をもうける。その婚約時代、この二一歳年下の娘に熱いラブレターを送っていたことや、かつての下宿の夫人との間にできた庶子《しょし》のことを併せれば、ヘーゲルはカントよりずっとロマンチックかつ世俗になじんだ人間であったことは間違いない。

結婚後、一八一二年から一八一六年にかけ、二番目の主著『論理学』を刊行。そして一八一六年、四六歳にしてようやくハイデルベルク大学教授となる。その翌年一八一七年、四七歳の年に第三の主著『エンチクロペディー』刊、一八一八年ベルリン大学教授に転出、一八二一年、五一歳の年に第四の主著『法の哲学』刊。

ベルリン大学での講義は、亡くなるまでの一三年間にわたるが、多くの学生を魅了し、ヘーゲル学派が形成されていく。ヨーロッパ中に広まった彼の名声は、その死から七七年を経た一九〇八年（明治四十一）、日本で書かれた夏目漱石（一八六七―一九一六）の小説『三四郎』にまでも登場する。

ヘーゲルの伯林《ベルリン》大学に哲学を講じたる時、ヘーゲルに毫《ごう》も哲学を売るの意なし。彼の講義は真を説くの講義にあらず、真を体せる人の講義なり。舌の講義にあらず、心の講義なり。真と人と合して醇化《じゅんか》一致せる時、その説く所、云う所は、講義の為《た》めの講義にあらずして、道の為めの講義となる。哲学の講義はここに至って始めて聞くべし。

（『三四郎』新潮文庫、一九四八年、四五頁）

これは、小説の主人公の三四郎が、東大図書館の蔵書に見つけた先輩の落書きであるが、漱石はヘーゲルの講義の状況を記した文章を読んで感心した旨を、門弟宛ての手紙に書いている。因《ちな》みに漱石の蔵書には、『精神現象学』の英訳も入っている。

これほどの名声を持つ講義であったが、ヘーゲルより一八歳若かった血気盛んなショーペンハウアー（一七八八―一八六〇）は一八二〇年、ベルリン大学の講師資格を得るや、門前市を成すヘーゲル教授の講義時間にぶつけて自らの授業を開講した。結果は、ヘーゲルの教室が超満員であったのに対し、ショーペンハウアーの授業に聴講届を出した学生は僅か八人、見事に敗れ去った。

ヘーゲルは、一八二九年にはベルリン大学総長。しかし一八三一年十一月十三日、ベルリンに侵入したコレラにかかり、翌十四日永眠、六一歳であった。

3　全時空間を包摂する哲学——弁証法と歴史の優位性

ヘーゲルは、才気煥発なタイプの学者ではなかったが、ゆっくりと、またうまずたゆまず、自分の思考を成熟させ、オリジナルな思想を生み出した。人間が展開してきた時間と空間をすべて包摂しようとする壮大な体系を築いたのみならず、人間自身とその社会の中に存するさまざまな真実に対する豊富な知見を示し、独創的な発想も随所に散りばめて、文学的な味わいすら感じさせる記述まで持っている。

その才知は、処女作『精神現象学』によく表れている。この書は、一人の人間の原始的な知覚体験に始まって、一切を知り尽くす究極の絶対知に至る認識の道程を、順を追い論理的に説くと同時に、その過程そのものが、人類が初期文明に始まり十九世紀の現実にまで進歩発展していくさまを重ね合わせるという、二重構造を持っている。

本書は、「意識」の最初の段階である「感覚的確信」から始まる。「私」が「今」「ここ」で「このもの」を見ている。フレッシュな感覚は細部をいくらでも詳しく描出することができ、これほど確かでこれほど豊かな認識はない——初めはそう思える。しかし体の向きを少し変えただけで「ここ」は「あそこ」になってしまい、「今」も次の瞬間「さっき」になっている。感性的確実性などその程度のものであり、確信は揺らがざるを得ない。ヘーゲルは、媒介を経ない、つまり自分自身による多角的なチェックや、他者の眼差しを経ない、直接的な認識など何ほどでもないと考える。こうして真理を求めて、認識は発展を始めるのである。

物を相手にした「意識」の次の段階は、他の意識と対峙する「自己意識」の世界であり、この段階では「承認を求める戦い」「主人と奴隷」「不幸な意識」など、多くの有名なエピソードが語られる。

人間同士の本質的な関係が「承認を求める戦い」であることは、ヘーゲルの看破した真実である。永久に、哀しいまでに自分を他人に認めてもらいたい人間。その背景にあるものは、人間の「社会的動物」性であろう。太古、ホモ・リピエンスが、コミュニケーションをその本質として種を立ち上げたとき以来、人間にとって自己だけで完結する真理というものはあり得ず、真理の成立にはどうしても他者が必要とされるようになったのであろう。つまり人間にとっては、真理は自己にではなく、他者にあるのだ。他者の承認が絶対的に必要なことは、「お母さん、見て」とせがむ子供たちから、SNSで「いいね」を欲しがる若者たち、さらには、自分こそがそのアイディアを最初に考えついた者だと、血みどろな先陣争いを繰り返す学者たちの姿を思い浮かべれば十分であろう。

「主《しゅ》（人）と奴《ど》（隷）」のエピソードも有名なものである。承認を求める戦いは、結果として主と奴の関係をも生むことになる。奴とは、自らの生命を保持するために汲々とする存在であり、主はその奴の自由や生命までも支配する存在である。この場合、奴は主のために多くの物を作り仕事を続けるのだが、その労働の過程で、対象を作り上げることによって自分自身をも形成し、ついには労働をせずにひたすら享受《きょうじゅ》するのみの主より、豊かな自己意識に到達する。この主と奴の弁証法は、労働によって人間が自分自身を形成し、受け身の主より高い位置に立てるとして、のちにマルクスから労働の本質を解明したと高い評価をされた。

これらの自己意識がさらに高まった「理性」の段階には、「心の法則」のエピソードもある。これは、社会改革者が、既存の体制を打破し、自分がこれまで心に思い描いてきた理想の新秩序を現実の社会規範として実体化したときに起こる不思議な事態である。新しい規範は、規範であるがゆえに、世直しを期待してきた人々にとっては、自分たちの上にのしかかる新しいくびきとしてしか捉えられない。また改革者自身においても、心の中で温めてきた理想とは縁のない、見知らぬものとしてしか立ち現れない。これは、心の中の法則が、媒介を経ない直接的なものであったことが原因であるのだが、こうした社会的な事象の持つリアリズムの指摘も、ヘーゲルならではの鋭さを持っている。

以上の例からも明らかなように、『精神現象学』は、知の発生からその究極形まで、歴史の始原からその果てまで、まさに存在の隅々にまで弁証法がいきわたり、書物そのものが弁証法の総覧のような観を呈している。

ここで、哲学史上に巨大な存在を示す二人について、その「方法」を考えておこう。第一の哲人アリストテレスの方法は、眼光紙背《がんこうしはい》に徹する恐るべき「観察眼」であった。彼は、いまだ自然科学が存在せず、望遠鏡・顕微鏡といった人力を越える技術も存在していなかった時代に、まさに五感と綿密な思考だけを極限まで使って、あらゆる存在を文字通り解析し尽くそうとした。それは、肉眼と徒手《としゅ》空拳《くうけん》で成し得た極限とも言える学問である。彼はひたすら気の遠くなるような根気と徹底性とをもって、厳密に緻密に観察し思考し続けた。その結果得られた膨大な知見は、以後優に二〇〇〇年の〈知の歴史〉を支配したのである。

対するヘーゲルの方法は「弁証法」である。彼が弁証法を発見したとき、恐らく人間の知の最も根源的なシステムが明るみに出たのである。人類は太古以来、気候変動などの自然の脅威を初め、多くの困難に直面してきた。多くの生物では、遺伝子型を変え、別の種に変ずることで、そのプレッシャーに耐えようとしてきた。しかし人間（ホモ・サピエンスなど）では、そうした対応を取らなかった。彼らは同一種のまま、つまり遺伝子型を変えず、基本性能を変えないまま、外的適応を変化させることで耐えてきたのである。

弁証法は、この観点からすれば、まさに人間の適応のシステムそのものであり、事態の真実、脅威の内実を十分深く理解し、あらゆる手段を使ってそれを「乗り越える」ことなのである。人間が生きていくこと、即ち衣食住のあらゆる面で現在と比べはるかに保護手段を持てなかった太古以来、人間は知の乗り越えシステムをフルに使って適応してきた。新しい獲物の捕獲法であれ、低温化する気候への対処であれ、人間はまず対象を探知し、さらにそれをさまざまな角度から理解することで正確な認識に変え、ついで新しい方法を考えつくことで困難な状況を乗り越えてきた。

弁証法のカギは、第二の段階、即ち「反定立」のステップにある。最初の知覚から対策が自動的に生まれて解決するような問題は世の中にはほとんどなく、繰り返される経験の中で、初めの知覚は必ずその一面性、観念性を修正されざるを得なくなる。こうした複雑、多重の反定立のステップで、より理解の深まった認識に修正されるとともに、対象はいつの間にかこちら側に取り込まれ、乗り越えられ、つまり総合されるのである。

――このようにして、ヒト族のはるかな歴史の中で、獲物を狭い袋小路に追い込む狩猟法が生まれ、動物の皮を剝《は》いで羽織《はお》るだけの一枚マントから、縫製によって体にぴったりと合った暖かい衣類がつくられ、また火が使われ、石器が発達し、さまざまな料理がなされた。こうしてあらゆる困難を越えて全地球に人間が進出し、さらにさまざまな文化が営々と築かれていったのであろう。ヘーゲルの発見した弁証法とは恐らく、人間が太古から未来永劫に向けて使い続ける知の論理であるとともに、乗り越えの論理であったと言うことができよう。

また、弁証法と並び、〈知の歴史〉に果たしたヘーゲルの功績は、歴史の重要性の発見であろう。すでに触れたように、ヘーゲルは歴史を、教訓の源泉といった功利的なものとしてではなく、哲学の中心的問題と考えた。勿論彼が根本思想として、歴史とは絶対者が自己の本質を実体化していくプロセスと考えていたからではあるが、歴史こそが最終審判者であって、時間の経過をクリエイティブな何ものかとまで評価したことは、マルクスを初めとして、十九世紀以降の西欧の知的伝統に大きな影響を及ぼしたことは間違いない。

ヘーゲルの思考はドイツ国内のみならず、十九世紀初頭のヨーロッパ哲学界に君臨し、その講義を聴こうと各国から学者がベルリン大学に参集した。ヘーゲル学派は圧倒的な勢力となり、一八三一年の死後でも、ヨーロッパ哲学界はどのような形であるにせよ、ヘーゲルとの対峙を迫られたのである。ヘーゲルの思考が、人間がおよそ持った時間と空間のすべてを説明してしまったとしたなら、次代の哲学者は何を考えればよいのか？　すでに引用したサルトルのように、「ヘーゲルで哲学が終わった」という考え方も現在に至るまであるのだ。次章で扱うショーペンハウアー、キルケゴール、マルクスたちは、いずれもヘーゲルの巨大な影響下に思考せざるを得なかった「チルドレン」たちなのである。

同時にチルドレンたちは、父ヘーゲルに対する苛立《いらだ》ちも覚える。人類の全歴史、全空間をまさに睥睨するヘーゲル。その眼差しは透徹し、一点の曇りもなく、自信に満ち満ちている。しかし、本当にそうだろうか。人間の知はそれほど信頼に足るものだろうか。人間の理性は神と遜色《そんしょく》ないほどすぐれたものだろうか。ヘーゲルで頂点に達した人間の知に、最初の疑問をぶつけた者もまた、これらのチルドレンたちであった。

《第Ⅵ部》　知への疑惑

第十七章　ヘーゲルズ・チルドレン——生の哲学・実存・史的唯物論

ヨーロッパ哲学界を圧し、哲学の完結をさえ予感させたヘーゲル。その没後を襲ったニューフェイスたちは、ヘーゲルによる、理性を絶対的に信頼した合理主義の哲学、知の力に全面的に依拠する思弁哲学を批判しながら、自らのアイデンティティを主張することになった。

ショーペンハウアーは、ベルリン大学の私講師となるや、講義時間をヘーゲル教授のそれにぶつけるほどヘーゲルに対抗意識を持った。現実を理性的として強く肯定するヘーゲルの合理主義に対し、世界の真実はただ生きようとする盲目的な意志同士が相食む苦界だとする、ダークで強烈な世界観・人生観を提出し、ペシミズムの旗手となる。

キルケゴールは、ヘーゲルが築いた世界全体を覆う哲学体系の意義は認めながらも、そうした巨大な知の殿堂が、生きていくこの私にとってどのような意味があるのか、と問う。自分の生に突き刺さる知こそが求められるべきものではないのか？　ここから生まれた実存哲学が、やがて二十世紀を牽引することになる。

マルクスは、「弁証法」や「歴史」の把握、あるいは「労働」の評価など、ヘーゲルの後継者たることを公言している。しかし歴史を創っていくのが「人間」であることをヘーゲルは認めるべきだと批判する。

これら三人はいずれも「父」ヘーゲルを否定することで自らの理論を打ち立て、生の哲学・実存哲学・史的唯物論という、二十世紀への奔流となる思想を育んだ「子供たち」なのである。

★なお、本章に相当する時期の日本は、幕末から明治初期にあたる。西力東漸は、十八世紀末日本にも及び、ロシア、イギリス、アメリカ船が、次々と日本近海に現れる。一方、鎖国のさなかにも拘らず、西欧の知を取り入れようとする動きは、十八世紀後半の『解体新書』でまず「蘭学」として大きな成果を上げ、さらに十九世紀には「洋学」としてさまざまな分野で吸収が始まる。明治以降は国家的スケールで、あらゆる分野で西欧に学び、追いつくことが目指された。

1 近代哲学の完成とポスト・ヘーゲル

古代哲学がアリストテレスで頂点に達したように、近代哲学はヘーゲルで絶頂を迎える。そこでは人間の理性（精神）による全時間、全空間の把握が宣言され、一切すべてが知り尽くされる「絶対知」というステージまでが提示されている。ヘーゲルが没したのは今から二〇〇年ほど前、一八三一年のことであるが、当時最高の知性であったヘーゲルから立ち上げられた知の高塔は、ヨーロッパ哲学界を圧し、その講筵《こうえん》には各国から学者たちが列を連ねた。それは哲学の歴史の終結をさえ予感させるものであった。

思えば、デカルトの『方法序説』が発表された一六三七年からヘーゲル最晩年の一八三一年へ、およそ二〇〇年にわたり、哲学知の精緻化は加速度的に上昇を続け、近代哲学がピークを迎えたのだ。理性への深い信頼をベースに、それまで考えられることもなかった認識の構造、知のダイナミックな生成システムまでが考究され、哲学者は世界を掌中《しょうちゅう》に収めたかのような快感に浸ったのである。

しかしヘーゲル亡きあと、僅か数年で理性の哲学への不満が漏《も》れ始める。あまりにも完全、完璧な理論を造り出したヘーゲル哲学への反感である。——世界の一切が理論で説明がつき、また世界の事象のすべてが理性的な意味を持つという考え方は、矛盾だらけの現実とどう整合できるのか？ 苦しい日々を送らざるを得ない現実の人間たちと、その荘厳な理論との接点はどこにあるか？ ロゴス（理）という精霊そのものと言える精神。それが世界を統べ、歴史を形造っていくというのは真実なのか？ 人間の自由が理想の社会を実現するというのは本当か？

アンチ・ヘーゲルののろしは、まず学祖を失ったヘーゲル学派の内部から立ち昇ったが、その炎は燎原《りょうげん》の火のように瞬《また》く間に、十九世紀のさまざまな知の分野に広がった。彼らに共通したものは、神の如き理性への不信、万能の知への疑惑である。

本章では、知への疑惑のスタート台となった三人について、次章ではより深く理性支配に反逆する者となった二人について述べるが、その前に予め、その主たる舞台となったドイツという国——ライプニッツ、カント、ドイツ観念論、さらにはショーペンハウアー、マルクス、そしてニーチェ以下の鮮烈なキャラクターの滔々たる流れを生み出すことにより、哲学の祖国となった、ドイツについて考えてみたい。

ドイツは「遅れた国」と言われた。英仏伊の輝き——古代ローマ帝国とルネサンスの栄光を持つイタリア、市民革命と産業革命を生み出したイギリス、ベルサイユ文化戦略と大革命のフランス、こうした国々に比べると、統一国家も作れず、ヨーロッパの田舎者扱いされ、ドイツ人の劣等感は強かった。十七世紀ドイツの文法学者は、外国人は自分たちドイツ人を、喉を震わせて発音する下品な人間で、ドイツ語にはオリジナルな語彙《ごい》が二〇〇語ほどしかなく、ほかはみな外国から借りてきた言葉だと思っている——と嘆いたという。

しかし近代ドイツは持ち前の並はずれた勤勉さにより、ほとんどあらゆる分野にわたって次第に卓越した力を蓄えていく。変化が顕在化するのは十九世紀である。すでに触れたヘーゲルと同年生まれのベートーベンが一八二七年に亡くなり、その四年後の一八三一年にヘーゲルが、さらにその翌一八三二年にゲーテが八二歳で没するのだが、これら三人は音楽、哲学、文学の各分野で、ドイツを一流国に引き上げた三傑である。彼らが亡くなる一八三〇年前後に、ドイツにも産業革命の波が、それも劇的にやってくる。一八三五年、ドイツ初の鉄道が開通し、瞬く間に鉄道網がベルリンを中心に放射状に各地へ伸び、一八四八年には総延長距離四三〇〇キロメートルとなってフランスを抜く。ヘーゲルが支援したプロイセン王国（プロシア）を中心に、ドイツは急速に力をつけていくのである。

一八六二年に、鉄血宰相《てっけつさいしょう》ビスマルク（在任一八六二—九〇）がプロシアの指導者となり、一八七一年、対仏戦に勝利。彼のもとで悲願のドイツ統一が実現し、ドイツ帝国は列強の一員としての地位を確立する。一九世紀後半のドイツの国力伸張は、知の世界を含む多くの分野に及んだ。

ドイツでは科学教育が重視され、高等教育や学術雑誌が飛躍的に充実し、十九世紀の終わりには世界の科学界をリードするようになる。ドイツ語が科学の国際用語となり、ドイツの教授たちはヨーロッパの科学知を牽引し、アメリカ、ロシア、日本の科学にまで大きな影響が及ぶのである。明治日本医学に鳴り響いた例だけをとっても、ベルリン大学の基礎医学は、解剖・病理学に顕微鏡を導入したミュラー（一八〇一―五八）、近代病理学の祖となったウィルヒョウ（一八二一―一九〇二）、留学生北里柴三郎、森鷗外らも学んだ細菌学の祖コッホ（一八四三―一九一〇）などを輩出する。

さらに世紀を越えて二十世紀までも展望すれば、新興国ドイツの強力な経済力がフランス以下を追い越して超大国大英帝国に迫り、ついには「世界に冠たるドイツ」という過剰な自信に変わったとき、二つの巨大な戦争が引き起こされ、死者と瓦礫《がれき》の山がヨーロッパの荒野に積み上がるのである。

さて、本章の現在時である十九世紀では、「ドイツの優越」は哲学の世界で始まっていたものの、ここは他分野とは多少様相を異にしていた。十八世紀後半のカント以来の緻密な思考の累積が、二十世紀に至るまで、ドイツを哲学の祖国にしたことは間違いないが、十九世紀前半にヘーゲル哲学が達成したものが圧倒的に高すぎたため、ポスト・アリストテレスと同様の「巨人の後の不毛現象」がここでも起きたのである。即ち、十九世紀における哲学の不振、である。一八三一年のヘーゲルの死以降、天下を圧していたヘーゲル学派は次第に解体の方向へ向かうが、代わって現れたいずれの知の営為も、ヘーゲルの巨大な知との対決を迫られた。

ヘーゲルの世界の見取り図においては、弁証法という駆動力をエンジンにした絶対者の自己展開という思想がベースとなり、地球のあらゆる地域、世界のあらゆる歴史がその哲学に組み込まれ、現実の現象がことごとく論理化されて説明される。『法の哲学』における彼の有名な言葉「理性的なものは現実的であり、現実的なものは理性的である」は、現実の論理化の極限と言えるものである。

したがって、新しく知の世界に参入するキャラクターたちは、こうしたヘーゲルによる理性を絶対的に信頼した合理主義の哲学、知の力に全面的に依拠する思弁哲学を、批判しながら登場せざるを得なかった。つまりヘーゲルにおいて、すでに時間と空間のすべてが一大体系として説明されているわけであるから、ニューフェイスたちは自らのアイデンティティを主張するためには、全く別の体系を示すか、さもなければ体系というものを持たず、反合理的、感覚的、文学的、あるいは科学的な哲学を旗印に掲げる必要があったわけである。

このようにして現れてきた人々を概観するならば、まずは〈生の哲学〉が挙げられよう。その源流となったショーペンハウアーは、ヘーゲルの主張するようにこの世は合理的であるどころか、考えられる限り最悪であり、生への盲目的意志に憑かれた、およそ非理性的な世界であると断じた。

また、〈実存哲学〉の創始者となったキルケゴールは、ヘーゲルの説く絶対の真理なぞ、生きていく個人にとっては意味のないものであり、この私にとっての真理こそが求めるべき当のものであると考えた。

さらに、〈史的唯物論〉のマルクスは、この現実世界は人間による、同じ人間に対する途方もない収奪の世界であり、それをただ解釈しているのではなく、力で廃棄し、理想の世界に変革しなければならないと説く。

本章では、ヘーゲルから現れながら、その「父」との直接的な対決をしたこれら三人を「ヘーゲルズ・チルドレン」として扱うが、さらに次章以降で扱う人々にも触れておこう。同じ〈生の哲学〉の流れを汲むニーチェは、ヘーゲルも認めた「神」などこの世にはいない、したがって、意味を持たないこの世をあえて肯定し、何としても自分の力で生き抜くよう説く。〈精神分析〉のフロイトは、人間は少しも合理的な存在ではなく、意識の根源に潜むエネルギーの力と構造を知るべきだと考えた。さらにのちの二十世紀の章で扱う〈現象学〉のフッサールは、認識の源泉を極限まで明らかにし、ひたすら厳密な意識の哲学の確立を目指すことになる。

以上のようにヘーゲルは、自らの山容に連なる形で、このような多くの連峰を生み出すことになった。これらのほかにも、急成長を続けた自然科学の基礎理論たり得る哲学の確立を目指した、カッシーラーなどの〈新カント学派〉、人間の行動を研究の中心に据え、行動と観念の相互関係を追究した、ジェイムズ、デューイなどの〈プラグマティズム〉、意識の対象は意識から独立であると主張した、ラッセル、ホワイトヘッドなどの〈新実在論〉、哲学的言語の論理分析や日常言語分析を含む広義の言語批判を行う、ウィトゲンシュタインなどの〈分析哲学〉など、多くの哲学学派が、ヘーゲルを通過すること、あるいはまた発展し続ける自然科学に向き合うことで形成されていくことになる。

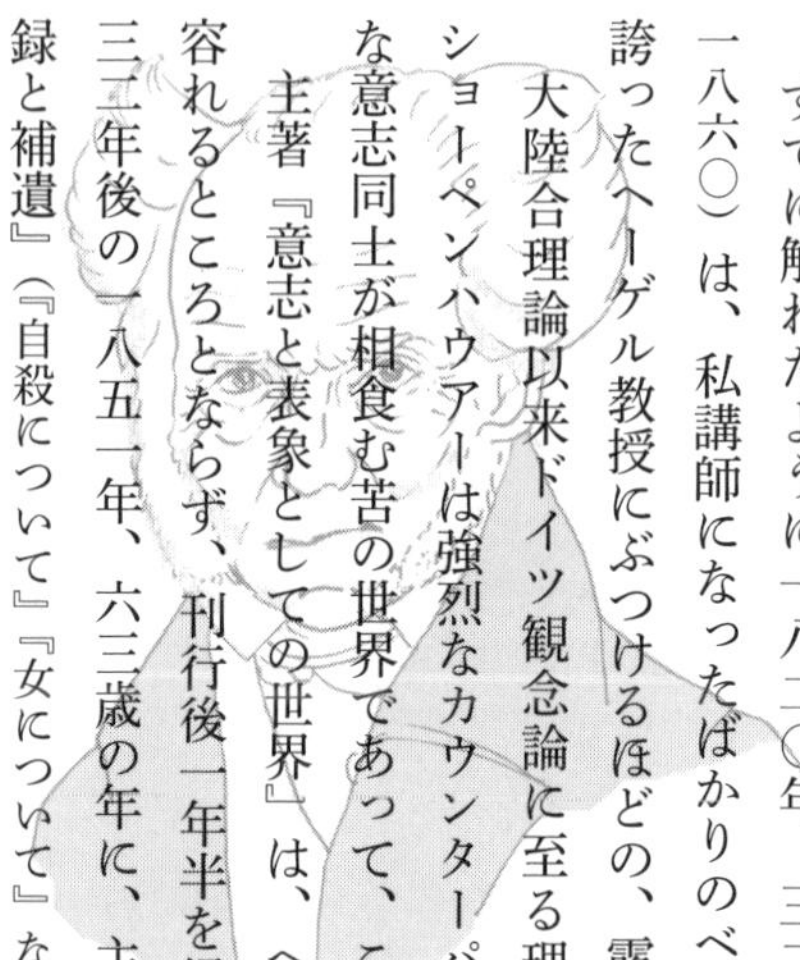

2 ショーペンハウアー――反理性主義の旗手

すでに触れたように一八二〇年、三二歳のショーペンハウアー（Arthur Schopenhauer, 一七八八―一八六〇）は、私講師になったばかりのベルリン大学での講義時間を、一八歳年長で圧倒的な人気を誇ったヘーゲル教授にぶつけるほどの、露骨な対抗意識を持った反ヘーゲル派の急先鋒《きゅうせんぽう》である。

大陸合理論以来ドイツ観念論に至る理性への全面的な信頼、この世界への力強い肯定に対し、ショーペンハウアーは強烈なカウンターパンチを放つ。世界の真実はただただ生きようとする盲目的な意志同士が相食む苦の世界であって、この世は考えられる限り最悪の世界であるとする。

主著『意志と表象としての世界』は、ヘーゲル哲学最盛期の一八一九年に刊行されたが、世の受け容れるところとならず、刊行後一年半を経ても一〇〇部ほどしか売れなかったと言われる。しかし三二年後の一八五一年、六三歳の年に、主著の付録版として著したペシミスティックな人生論集『余録と補遺』（『自殺について』『女について』などとして邦訳）が、一八四八年三月革命後の革命不発による失意の人々の心を捉え、彼の初めてのベストセラーとなり、やがて彼の思想全体が再評価を受けることになる。

そのペシミスティックな形而上学の影響は、音楽のワグナー、哲学のニーチェ、文学のトルストイなど多くのジャンルに及び、広くまた深かった。なお、日本の旧制高校以来の「デカンショ、デカンショで半年暮らす」の「デカンショ節」で、「デ」はデカルト、「カン」はカント、「ショ」はショーペンハウアーをもじったとされ、それほどまでに若者たちの関心の対象であった。

ショーペンハウアーは生の哲学の源流となったドイツの哲学者である。一七八八年、自由都市ダンツィヒ（現、ポーランド・グダニスク市）に生まれた。父ハインリヒ・フローリスは豪商、母ヨハンナは当地名門の娘で、のちに作家となる。ショーペンハウアーは長男で、妹は九歳年下であった。五歳のとき、プロイセンの支配を嫌った父は自由都市ハンブルクへ移り、ショーペンハウアーは少年時代の一〇年余をここで過ごす。

九歳から二年間、国際公用語であったフランス語習得のため、フランス・ル＝アーヴルへ送られ、帰国後、四年間、哲学博士の私塾へ通う。学者になりたがる息子に父は二択を用意する。このままハンブルクに残り学者になるか、それとも家族四人で二年間のヨーロッパ周遊に出かけ、戻ってから商人になるか。外国への憧れに勝てず、一五歳のショーペンハウアーは一八〇三年、家族とともに旅に出る。まずオランダ。そしてイギリス、ここで半年、寄宿舎で英語を学ぶ。スイス、ウィーン、そしてドイツ。一八〇五年元旦にはハンブルクに戻った。しかし同年四月に父の突然の死。自殺と考えられ、衝撃を受ける。母と妹はワイマールへ移るが、彼はハンブルクに残る。

一八〇九年、成人し、父の遺産の三分の一を継承、生涯にわたり生活の心配がなくなる。同年二一歳でゲッティンゲン大学に入り、医学科から哲学科へ。プラトンとカントを研究、のちには古代インド哲学も学ぶ。一八一一年、二三歳の秋にベルリン大学に移り、フィヒテなどの講義に出席するが、満足できなかった。論文をイエナ大学に提出して哲学学士号を得るが、本になった論文を母に渡す際にからかわれ、もともと確執のあった二人は決裂、生涯二度と会うことはない。

一八一八年、三〇歳で主著『意志と表象としての世界』を完成、一八二〇年、ベルリン大学私講師となる。すでに述べたように、ヘーゲルに対する一方的な敵意があり、ヘーゲル教授との「講義戦争」で一方的に敗北を喫《きっ》したため、この学期以後、講壇に立つことはなかった。

永住の地を求め、一八三三年に四五歳でフランクフルトに移住、以後亡くなるまでの二七年を「世捨て人として、学問のためだけに」この地で暮らす。プードル犬を連れ、長い上着を着て、大きな声で独りごちながら散歩する姿が、町の人々の目を引いた。一八五一年、六三歳の年に主著の付録版『余録と補遺』を最後の著作として刊行、初めてベストセラーになる。

名声は次第に高まり、一八五三年、亡くなる二年前のキルケゴールがショーペンハウアーを読み、共感を覚える。一八五四年、ワグナーがコンタクトを求めてくる。一八五七年には、ボン大学でようやく彼の哲学が講義で取り上げられる。そして一八六〇年、ソファーにもたれたまま没。卒中《そっちゅう》であった。墓石には「日付など一文字も付加しないこと」という遺言の通り、名前のみが刻まれた。森鷗外（一八六二—一九二二）はショーペンハウアーの著作に親しみ、『舞姫』にもその名を登場させているが、彼が自らの墓に「森林太郎」とのみ刻ませたのは、この先例に倣ったとも言われる。

『意志と表象としての世界』（一八一九年刊）は、ショーペンハウアーが三〇歳で完成した主著である。カントを引き継ぎ、世界を構成する「主観」の役割を前面に押し出している。主観こそがすべてであり、世界はこの主観に捉えられた「表象」に過ぎず、主観の認識活動がストップすれば、たちまちに消え去ってしまう夢幻《むげん》である。但し、カントが現象の向こう側にあるとした「物自体」、それこそが「意志」であるとショーペンハウアーは考える。それは、ただひたすら生きようとする「盲目的な生への意志」であり、人間や動物の生存欲は勿論、植物の生育する力、地球の引力までもがこの力によるものとした。こうした、目的も意味も持たない生への意志に支配されるこの世界は、永遠の生存競争の場であり、修羅の巷である。そこからの出口としては、芸術への没入、他者とともに生きようとする倫理、さらには欲望を否定する仏教的な解脱が考えられている。

ショーペンハウアーの哲学は、原理的に認知できないはずの物自体を、「意志」として断定するなど厳密さに欠けるところがあり、それが哲学界から無視された理由ともなっている。つまり彼の思想は、哲学というより世界に対する「ヴィジョン」（視像）に近いものがあって、〈知の歴史〉の中では、やや座り心地の悪いところがある。

このダークで強烈な世界観、人生観はどこからやってきたのだろうか。彼の回想にも、一五歳から二年に及ぶヨーロッパ周遊の旅上ですでに、ブッダのように生老病死の苦を発見したと記されている。これに、狂気など暗い血の流れる家系の中で起きた父の自殺、さらには母との不和、学問の世界にうまく入れなかった挫折感などがあって、その暗い哲学が形成されていったと考えられる。

しかし、彼のダークなヴィジョンは、ライプニッツ以来の哲学上の楽観論、特にヘーゲルの、現実を理性的なものとして強く肯定する合理主義に対して、「現実は最悪」として強烈なアンチ・テーゼを提出しており、その苦の世界からの脱出も考えている。このように、論理と合理のポジティブな思考に対して、感性と非合理のネガティブな思考を提出したショーペンハウアーの役割は大きく、思想分野だけでも、引き続くニーチェの生の哲学、キルケゴールの実存哲学、フロイトの精神分析などに深い影響を与えることになった。

3 キルケゴール――全世界よりも実存を

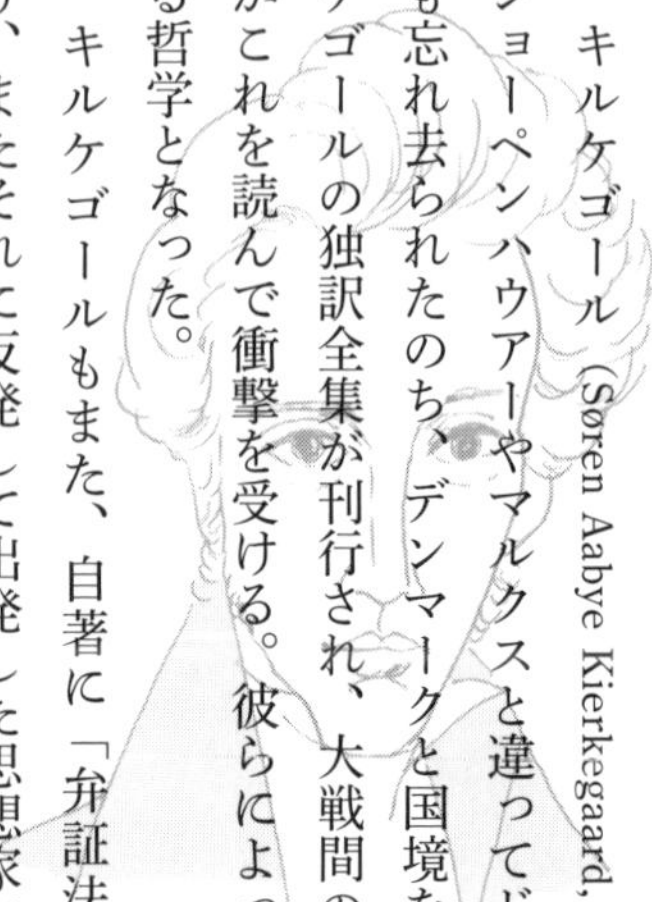

キルケゴール（Søren Aabye Kierkegaard, 一八一三―五五）は、デンマークの人。本章の三人のうち、ショーペンハウアーやマルクスと違ってドイツ人ではない。しかし、その没後半世紀余りの間本国でも忘れ去られたのち、デンマークと国境を接するドイツで復活することになった。一九〇九年にキルケゴールの独訳全集が刊行され、大戦間の暗い時代に、ヤスパースとハイデガーというドイツ哲学徒がこれを読んで衝撃を受ける。彼らによって「実存」思想は一気に世界に広まり、二十世紀を代表する哲学となった。

キルケゴールもまた、自著に「弁証法」という用語を使っているように、ヘーゲルの影響をうけ、またそれに反発して出発した思想家である。しかしヘーゲル批判の厳しさはより直接的であり、ショーペンハウアーの比ではない。彼の主著『死に至る病』（一八四九年刊）には次のような一節がある。

ある思想家が巨大な殿堂を、体系を、全人世と世界史やその他のものを包括する体系を築きあげている――ところが、その思想家の個人的な生活を見てみると、驚くべきことに、彼は自分自身ではこの巨大な、高い丸天井のついた御殿に住まないで、かたわらの物置小屋か犬小屋か、あるいは、せいぜい門番小屋に住んでいるという、実におそるべくもまた笑うべきことが発見されるのである。

（『死にいたる病』桝田啓三郎訳、『世界の名著40　キルケゴール』中央公論社、一九六六年、四七四頁）

キルケゴールがヘーゲルを論難した理由は分からないでもない。キルケゴールもまた、ヘーゲルの達成した世界全体を包み込む哲学が「巨大な殿堂」であることは認めている。しかし、とキルケゴールは考える。ヘーゲルが築き上げた客観的な真理とは、つまるところこの私、生きていくこの私にとって何なのか。「紺屋《こんや》の白袴《しろばかま》」と言うが、全力を尽くして作り上げた豪華な殿堂の横の犬小屋にしか住めないとしたなら、自分の人生にとって殿堂を作り上げる行為にどんな意味があるというのか？

キルケゴールは一八一三年、デンマークの首都コペンハーゲンに生まれた。父ミカエルは裕福な毛織物商人、母アンネは家事手伝いからミカエルの後妻となった女性である。キルケゴールは七人兄弟の末っ子、父五六歳、母四五歳のときの子であった。

敬虔な父には、貧しかった一二歳の頃、激しく神を呪ったという心の傷と、再婚の五カ月後には最初の子が生まれるという良心の疼《うず》きがあり、それだけに末子キルケゴールを完璧な宗教者にしようと、ことさら厳しく育てた。一八三〇年、一七歳の年、父の希望に添ってコペンハーゲン大学に入り神学を学ぶが、文学や哲学に興味が向く。

一八三五年夏、二二歳で、コペンハーゲンのあるシェラン島の北部を旅行、私にとって真理である真理、私が喜んで死を賭けるような理念こそが重要、と記す。同年秋に、父の先の「秘密」を知るところとなり、「大地震」と表現する。また父が神の呪いにより、自分の子供たちは三三歳以上は生きられない、と信じていることを知る。キルケゴールにとってキリスト教は苦悩の宗教となった。

一八三七年、すでに婚約者のいたレギーネ・オルセンを知る。キルケゴール二四歳、レギーネ一四歳。三年後の一八四〇年、二人は婚約するが、罪の意識から彼は翌年一方的に婚約を破棄、レギーネは元の婚約者と結婚する。その後再び求愛するものの、ついに結ばれることはなく、彼女は作品の中にその姿をとどめた。

一八四一年、学位論文を提出して卒業。『あれかこれか』(一八四三年刊)、『死に至る病』(一八四九年刊)などの著作活動を続けるが、激しい教会批判に対して世の反感も買い、一八五五年、路上で倒れ、四二年の生涯を閉じた。

ヘーゲルを頂点とする思弁哲学は、近代思想の最尖端《さいせんたん》にあって、人間の本質を理性に限定し、合理的、客観的なものこそ真理であると考えてきた。しかし本当に知は、生身の人間から十分に距離を取った、クールなものだろうかとキルケゴールは考える。真理とは、私がそのために生き、そのために死ねるような、距離を置き得ない深刻なものではないのか？

ショーペンハウアー、キルケゴール、あるいはニーチェに至って現れてきたものは、知のパトス性――知の意味論である。自分が生きているということ、何よりも大切なこの切実な生の中で、知はいったいどんな意味を持ち得るのか？

この問いをもしヘーゲルが聞いたならば、彼は一笑に付すかもしれない。アリストテレスも言うように、知はそれ自体のためのもので、哲学者はそれを前提にして、知の探究に一生を捧げているのではなかったか、と。しかし上記の〈生の哲学〉の三人が問題にしたことは、すべてを知ることは、自分のこの人生にとってどんな意味があるのか、ということだった。ただ単にひたすら満遍《まんべん》なく知るのではなく、自らの生の条件に突き刺さる知こそ求めるべきではないのか？　知ることによって自らの生が変わり、この後を導いてくれるような知こそ真の知なのではないか？　これらは恐らく、哲学をある意味で完成させてしまった知の権化ヘーゲルののちにやってきた、斬新な問いだったのである。

キルケゴールがヘーゲル没後の十九世紀半ばに切り拓いたフィールドは、普遍的な理性が統べる客観的、抽象的な外世界ではなく、生きている現実の人間――今ここでどう生きるかと問い続けている人間の「実存」の世界であり、外世界からの負荷を背負い、自らの人生を見いだしていく「主体性」の世界なのであった。概念思考を事とする哲学とは本来相容れない「実存」の思想であったが、半世紀以上を経た両大戦間の危機のドイツで芽を吹き、二十世紀を牽引する「実存哲学」として、知の世界をリードすることになる。

キルケゴールにおいて、ヘーゲルが認められていながらしかも否定されるという事態は、すでに述べたように、ヘーゲルが知として一つの極点に達してしまったという事態をも意味している。すでにソクラテスのときに既視感があるように、ある最高点、またはあるどん詰まりにまで辿り着いてしまった哲学が、それ以上道が見えないことに疑惑を覚え、さらに生き続けるために、世界に対する異なる視角を提出することで新鮮なパラダイムを獲得し、新局面を開拓するという図式である。世界の一切を説明することから折り返し、今度は説明しているこの私自身を問う、という立場に身を翻すのである。

但し、ポスト・ヘーゲルにもなお、ヘーゲルとは別様な形で一切を説明しようとする哲学が生まれることになった。それがマルクスによる〈史的唯物論〉であり、社会思想を自らのうちに含むこの新哲学が、二十世紀の政治世界を激動させていくことになる。

4 マルクス——世界は知るのでなく、変えねばならぬ

〈知の歴史〉に果たしたマルクス（Karl Marx，一八一八―八三）の役割は、史的唯物論（弁証法的唯物論）の提出であろう。マルクスもまた、「弁証法」や「歴史」概念の重用など、ヘーゲルズ・チルドレンの名にふさわしい思想家であり、ヘーゲルが『精神現象学』において労働の意義を認めたことを高く評価する。奴が主に従属する身でありながら、労働によって自らを高め、質的に主を乗り越えていることを見抜いた点で偉大である、と。しかしヘーゲルが、労働を抽象的、精神的に捉え、また人間こそが歴史を作っているにも拘らず、精神が人間を操って歴史を作っているという逆立ちした論理に陥っているとして批判した。

一八三一年のヘーゲル没後、それまで全盛を誇っていたヘーゲル学派は一八三五年、二七歳のチュービンゲン大学教授シュトラウス（David Friedrich Strauss，一八〇八―七四）の『イエス伝』の評価をめぐって、保守的な右派（老ヘーゲル派）、リベラルな中央派、急進的な左派（青年ヘーゲル派）に三分裂する。もともと「宗教」の発展形態を「哲学」としたヘーゲルの見取り図に無理があった上に、シュトラウスが説いたところは、イエスを人間として扱い、福音書の伝える事々を、初期キリスト教団によって作られた神話としたのであるから、かつてのヘーゲルの立場とそう違っていたわけではない。しかし、学祖亡き後の思想界では、本書のみならずヘーゲルまでもが無神論のそしりを受けることになり、学派は分裂する。

このヘーゲル左派から現れたフォイエルバッハ（Ludwig Andreas Feuerbach，一八〇四―七二）は、『キ

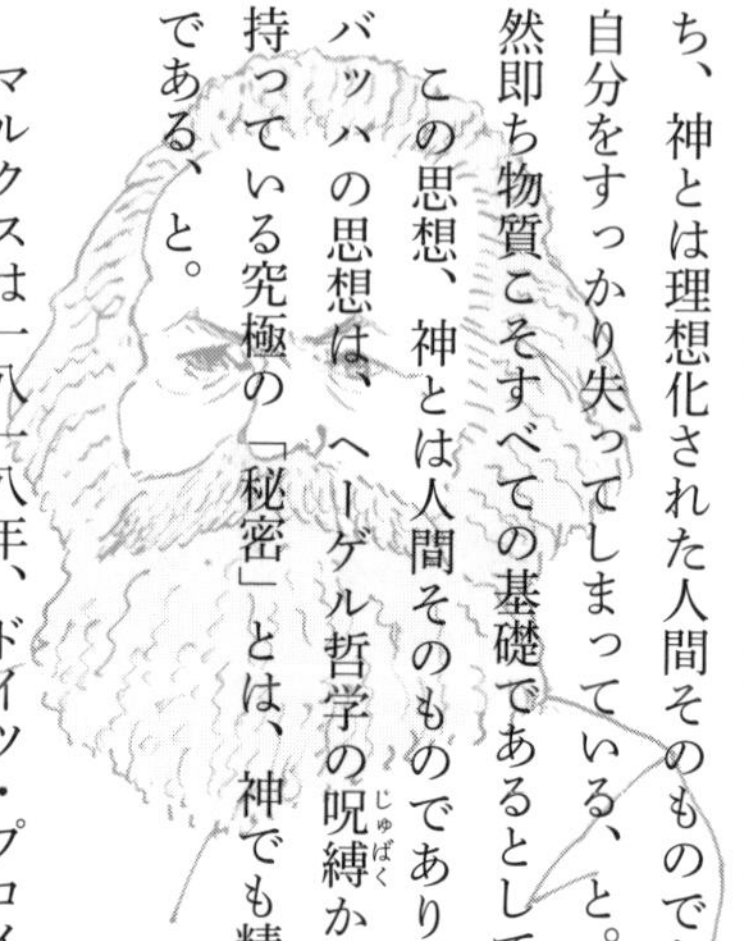

リスト教の本質』（一八四一年刊）において、神とは人間のメタモルフォーゼである、と喝破する。即ち、神とは理想化された人間そのものであり、人は宗教の中で、自分が作り上げた理想像に拝跪《はいき》し、自分をすっかり失ってしまっている、と。そして、この世には自然と人間以外の何物も存在せず、自然即ち物質こそすべての基礎であるとして、唯物論を再び称揚したのである。

この思想、神とは人間そのものであり、神学は人間学に取って代わられるべきとしたフォイエルバッハの思想は、ヘーゲル哲学の呪縛《じゅばく》から若きマルクスやエンゲルスたちを解放した。この世界が持っている究極の「秘密」とは、神でも精神でもなく「人間」であり、人間の「労働」そのものなのである、と。

マルクスは一八一八年、ドイツ・プロイセン、ライン州トリールで、ユダヤ人弁護士の父ハインリヒと、オランダ出身の母ヘンリエッテとの子として生まれた。九人兄弟の三番目である。

一八三〇年、トリールのギムナジウムに入り、一八三五年一七歳の年にボン大学法学部に入学、翌一八三六年にベルリン大学に移るが、法律よりも哲学に熱中し、ヘーゲル左派と交わる。在学中、故郷の貴族の娘イェニーと婚約。彼女は彼の姉の級友であり、彼より四歳年長であった。一八四一年、イエナ大学に「デモクリトスとエピクロスの自然哲学の差異」を提出、学位を取得。翌年ケルンに移り、『ライン新聞』の主筆となり、経済問題に開眼する。

一八四三年、二五歳の年にイェニーと結婚、パリに移る。一八四四年頃から経済学を研究、『経済学・哲学草稿』を執筆する。同年、エンゲルス（Friedrich Engels, 一八二〇―九五）が訪れ、生涯の親交を結ぶ。一八四五年ブリュッセルに移り、エンゲルスとともに『ドイツ・イデオロギー』に取り掛かる。一八四八年、二九歳で『共産党宣言』。この後同地から追放されてパリへ、またケルン、さらに一八四九年パリからロンドンへ。ここが晩年までの亡命生活の地となる。大英図書館に通い、著述に没頭、一八六七年、四九歳で『資本論』第一巻を出版する。本書には、一五歳以下の少年たちが、埃《ほこり》だらけの陋屋《ろうおく》で三〇時間労働に酷使されるなど、イギリス資本主義下の労働者の凄まじい実態が描かれている。生涯、労働者のために戦い続けた彼の活動は、こうした不条理への怒りがバックにあった。彼の有名な言葉、「哲学者たちは世界をさまざまに解釈したにすぎない。大切なことはしかしそれを変えることである」（「フォイエルバッハにかんするテーゼ」〈カール・マルクス〉松村一人訳、エンゲルス『フォイエルバッハ論』岩波文庫、一九六〇年、九〇頁）は、そうした彼の思いから出ているというべきである。

一八八一年に妻に、一八八二年には長女に先立たれ、一八八三年に没、六四歳だった。

マルクスが『ドイツ・イデオロギー』以下の著書で提出した史的唯物論においては、労働する人間がその中心に据えられている。人間は労働することによって富を生み出すとともに、その労働によってこそ「人間」になり、そうした自分自身を把握する。

ヘーゲルが説いたように歴史とは精神が領導していくものではなく、人間の労働から生まれ前進していくものである。その歴史の発展段階をマルクスは、アジア的、古代的、封建的、近代ブルジョワ的という四段階に設定し、その先に共産主義という無階級社会を展望した。現実にこの世に生まれ落ちた人間は、社会的な労働関係の中に入っていくが、それらの生産関係全体がその社会の構造の基礎(下部構造)を作っており、その上に政治や法律などの上部構造が形成され、またそれによって個人の意識が規定されることになる。つまり、人の存在、即ち物質的、現実的な生産ないし生活、に基づいて人の意識は規定されるのであって、人の意識がその存在を規定しているのではない、とした。これは、人間の意識・知の基盤への新しい視点の導入となった。マルクスの提出した史的唯物論を中心とする理論は、西欧が生んだ最後の巨大体系であり、マルクスは人類の進化を疑わず、それを説明するセオリーを発見したと確信していた。

マルクスは、人間が最高の存在であり、人間の労働こそが歴史を動かす巨大なエンジンであると考えたのだが、その「労働をする人間」という至高の存在が、マネー=資本という悪霊のために鎖につながれているという認識を持った。これを打破するためのコミュニズム(共産主義)運動は、資本主義体制を転覆させる革命を志向する。この労働者の運動が、やがてウラジーミル・レーニン(一八七〇—一九二四)らによって独裁と軍隊的統制の鉄の組織としての「共産党」に変わり、ロシアを初めとして多くの国家の権力を奪うまでに成長する。こうしたコミュニズムがソ連以下、幹部が一切を決定する絶対主義体制をとったことにより、二十世紀の政治世界に深刻な問題が引き起こされた。空前の死者と途方もない悲劇がこの思想からもたらされたことは、二十一世紀の我々の記憶にも新しい。

ヘーゲルズ・チルドレン――ショーペンハウアー、キルケゴール、マルクスの三人は、いずれも「父」ヘーゲルを否定することによって、自らの理論を打ち立てた。生の哲学、実存哲学、史的唯物論という、二十世紀への奔流となる思想がいずれも彼らから流れ出たことは、源流たるヘーゲルの大きさが証明されたことになるであろう。

これら三人のヴィジョンは、ヘーゲルのそれに比べると、いずれも暗い。誰もがこの世界を苦界《くがい》と捉えているのであるが、その上で彼らは、哲学の目的は、万能の理性を信頼して一切を知ることではなくて、生きるに値する生への可能性を切り拓くことであるとし、先に触れたソクラテス的転換を試みているのである。しかしながらその試みは、ヘーゲルと別様の知を深めるところにまでは至らなかった。人間理性への不信は、ルネサンス以来、人間の力の自覚がすぎて過信にまでなっていたことへの反動でもある。それは振れすぎた振り子の揺り戻しの側面もあったであろうが、また一方、人間の自分自身への信頼に揺らぎが生じたとも言える。

これら三人に続き、次章で扱う、「生の哲学」の系譜を引くニーチェと、反合理主義をさらに深め、意識の深層にまで初めてメスを入れたフロイトが、理性への一層深い疑惑を旗印として、十九世紀後半以降に現れることになる。それはつまり人間自身への疑惑が、さらにまた決定的に深まることをも意味するのである。

第十八章　知の反逆者たち――ニーチェとフロイト

十八世紀半ばからの産業革命によって知と力を得た西欧は、十九世紀後半になると「帝国主義」の時代に突入し、「理性」が生み出すあらゆる手段を使って、非ヨーロッパを植民地化していった。こうした理性への不信は思想の世界にも表れる。

ニーチェは哲学者がみな口を濁して語らない「神の死」を宣告し、理性が生み出す「真理」をも否定する。――西欧哲学とキリスト教による二〇〇〇年の知の歴史は虚妄である。「神」はもういないのに人々は主なき社《やしろ》を拝んでいる。絶対のない世界に「真理」などはなく、あるのは「解釈」だけだ。こうした事実をまじろぎもせずに見つめ、神や他の何者かの力を借りずに自ら立ち上がり、この世界と自らの運命とを全肯定する「超人」として生き抜くよう呼びかけた。

フロイトは、ノイローゼの研究から人間に潜む「無意識」の領域を発見し、その衝撃によって知の世界全体を揺るがした。デカルト以来の三五〇年、理性の時代にあってはクリアでロジカル、世界をその隅々まで明るく照らし出すサーチライトだったはずの人間の意識。しかしその底に非合理なブラックボックスが潜んでおり、それが主体を操っている、という精神分析理論は、理性への絶対的な信頼を根本から突き崩すものだった。

本章のニーチェ、フロイトに、前章のマルクスを加えた三者はフランス現代思想で「懐疑の三巨匠」と呼ばれた。彼らはいずれも、理性ないし合理主義に潜む不気味な陥穽《かんせい》を暴き出した知の反逆者たちである。

1 「神の死」の宣告者ニーチェと苦悩の生涯

一八三一年のヘーゲル没後、ヘーゲルズ・チルドレンたちの活動は、十九世紀前半から後半にわたったが、十九世紀後期のヨーロッパ各国は帝国主義の時代へと突入していた。一八八〇年以降、英仏独露などのヨーロッパ列強は、先を争ってアジア・アフリカをその牙にかけていった。彼らが獲得した植民地は、本国との面積比でおよそドイツで六倍、フランスで二一倍、イギリスに至っては一一二倍にまで達したとされる。これは言ってみれば西欧の理性が、ルネサンスによる解放以来の近代の知と科学技術の成果を駆使し、情報・通信・輸送・軍事などのあらゆる分野で非ヨーロッパを圧倒し、植民地化していった姿である。この理性の暴力を凝視していたかのように、知はヘーゲルズ・チルドレンより一層根源的な地点から、人間の理性及びそれが生み出した真理に対して強い不信と疑惑とを突きつけた。真理自体の虚構性を攻撃したニーチェと、理性の正当性そのものに疑問符を提出したフロイトがその代表者である。

ニーチェ（Friedrich Wilhelm Nietzsche, 一八四四―一九〇〇）はショーペンハウアー亡きあとその主著を読み、「生の哲学」を引き継ぐことになったドイツの思想家である。レトリックを駆使した文学的とも言えるアプローチを通して、西洋哲学とキリスト教による、二三〇〇年にわたった真理及び神の支配を激しく攻撃した。

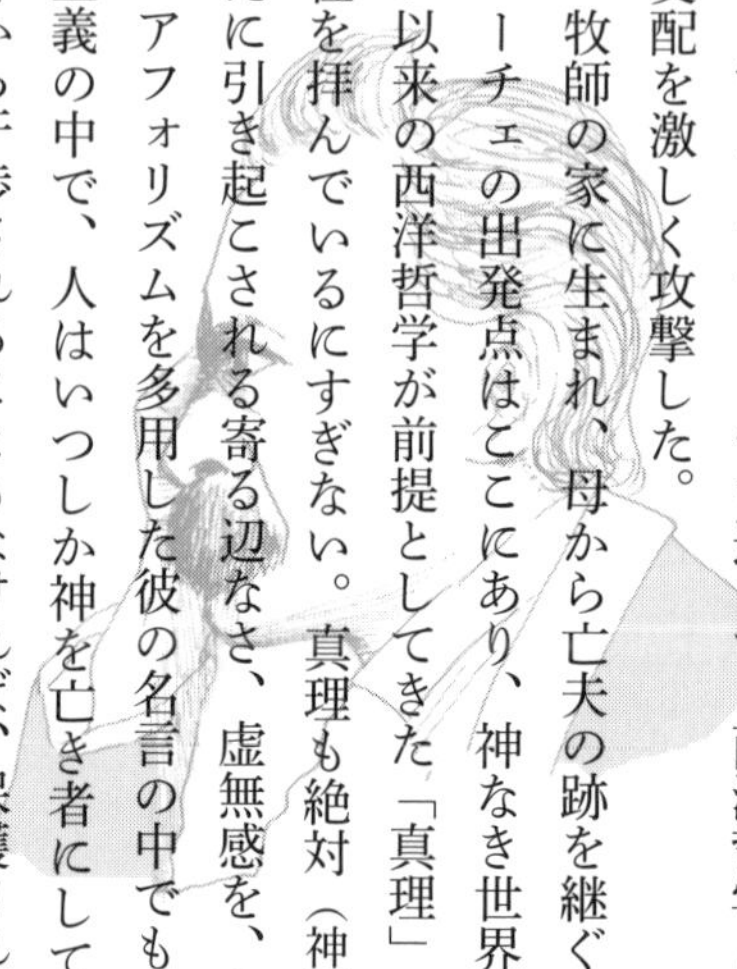

牧師の家に生まれ、母から亡夫の跡を継ぐ聖職者の道を指示されながら、若くして神の存在を疑う。ニーチェの出発点はここにあり、神なき世界の哲学を築こうと考えたのである。ソクラテス・プラトン以来の西洋哲学が前提としてきた「真理」とは仮構であり、イエス以来のキリスト教もまた主なき社を拝んでいるにすぎない。真理も絶対（神）も存在しない宇宙空間の只中に住みながら、その無ゆえに引き起こされる寄る辺なさ、虚無感を、人はどう克服し強く生きることができるかを考え続けた。

アフォリズムを多用した彼の名言の中でも、最も有名なものは「神は死せり」であろう。近代合理主義の中で、人はいつしか神を亡き者にしてしまった。そうであるなら、人間はただの人間として、神から干渉されることもなければ、保護されることもない。ではそうした孤独な状況のもと、どのような必然性もなく、偶然の連続にすぎない生を人はどう生き得るのか？　それを繰り返し答えようとする彼のキーワードは、「超人」「永劫回帰」「力への意志」などが中心となる。

ニーチェは一八四四年、プロシア・ザクセン州の田舎町、ベルリンの南西約二〇〇キロにあるレッケンに生まれた。父カール・ルートヴィッヒはルター派の牧師、母フランツィスカも信仰篤く、両親ともに牧師の家系。ニーチェは長男で、二歳違いの妹エリーザベトと弟の三人兄弟であった。

運命が激変したのは一八四九年、ニーチェ四歳のときで、父が脳軟化症により三五歳の若さで亡くなってしまう。さらに翌一八五〇年には、ニーチェの弟も亡くなる。残された一家三人は、祖母と二人の伯母とともに、祖母の兄の牧師を頼ってレッケンの西、ナウムブルクに移住する。幼いニーチェは「ちび牧師」とあだ名されるほど真面目で従順な性格であった。

一八五八年、一四歳の年に、シュレーゲル兄弟やフィヒテなども輩出したギムナジウムの名門校プフォルタ学院に入学する。ニーチェの神童ぶりを聞いた学校から、給費生という条件で招かれたのだ。ここでの六年間で古典的教養を養ったが、この少し前から始まった頭痛は次第に亢進《こうしん》し、生涯彼を苦しめることになる。

一八六四年、二〇歳でボン大学に入学。母の希望から神学部にも籍を置いたが、ギリシア・ローマ古典を研究する古典文献学に関心を移す。一年後、師のリッチュル教授のあとを追ってライプツィヒ大学へ。そして転居して間もない一八六五年秋のある日、二一歳のニーチェは下宿先の古本屋の店頭で、ショーペンハウアーとの運命的出会いを果たすのである。

その本は『意志と表象としての世界』で、ふと手に取った彼は魅入られるようにその書に没入し、それから夜は二時まで、朝は六時に起きて再び読み続けるという二週間を送った。その五年前に亡くなっていたショーペンハウアーが乗り移ったかのように、ニーチェはその「弟子」となる。

ショーペンハウアー事件から三年後の一八六八年、二四歳のニーチェは、リッチュル教授夫人の紹介で、五五歳のワグナーに会う。三一歳離れた二人はやがてショーペンハウアー賛美で意気投合、友情を結ぶが、一〇年後の一八七八年をもって関係は終わりを告げる。ここから生まれたものが、第一章で触れたニーチェが表現するところの「星の友情」という一節である。

一八六九年、まだ二四歳のニーチェは、リッチュル教授の推薦により、スイス・バーゼル大学古典文献学担当の員外教授（准教授）となり、翌年教授に。しかし、一八七二年、二七歳で出版された処女作『悲劇の誕生』は、高貴で静かで幸せなギリシア人という従来の人文主義的ギリシア観を否定し、虚無の深淵が口を開けた生を、芸術によって乗り越えようとした人々という独特のギリシア観を提出した。こうした内容に、ショーペンハウアーのペシミズムと、ワグナー音楽によるギリシア精神復興の動きへの賛美が併さった本書は、実証的科学性を旨とした当時の学界から拒否され、彼の講義を聴講する学生は一人もいなくなり、学問への道は閉ざされてしまう。しかし彼自身はギリシア研究を進め、真理とは、虚無の宇宙の中で、人間が生きていくための必死にして必須の錯覚だった、との認識に達する。ただ、生来の頭痛や吐き気などが悪化、一八七九年、三四歳で一〇年務めた教授職を辞任、以後漂泊する年金生活者となる。

一八八一年八月三六歳の夏、スイスのシルヴァプラナ湖畔にあった巨大な岩のそばで、「永劫回帰」思想が彼に訪れる。この思想は、翌一八八二年三七歳で刊行された『悦ばしき知識』で触れられたのち、彼の主著『ツァラトゥストラ』で全面的に展開される。この書名は、古代ペルシアのゾロアスターに由来し、主人公の彼が「超人」へと高まっていく姿の中に、神なき人間がこの世界の虚無をいかに克服して救いを得るかを追究する哲学的物語である。

その後、一八八四年四〇歳の頃から執筆が始まったものが、もう一つの主著『権力への意志』であるがこちらは完成はせず、没後、妹や研究者の手で刊行された。一八八八年、四四歳の年は、彼が正常な意識のもとに過ごした最後の年で、『この人を見よ』ほか多くの作品を生み出した。執筆の疲労や世間から認められないストレスが重なっていたであろうニーチェには、この年の末、意味不明な手紙を出すなど精神錯乱の徴候が現れる。明くる一八八九年一月にイタリア・トリノの広場で昏倒《こんとう》、二日二晩の昏睡ののち、目覚めた彼は狂気の人だった。治療不能で、ナウムブルクの母のもとに引き取られて八年、母の没後はワイマールで妹とともに二年を過ごし、十九世紀最後の年一九〇〇年に没。四四年の苦悩の人生ののち、一一年の暗闇に生きた五五年余の生涯だった。

2 神なき世界をいかに生きるか――ニーチェの思考

一八八二年、ニーチェ三七歳で刊行され、主著『ツァラトゥストラ』への前哨となった『悦ばしき知識』はアフォリズム集であるが、その一二五番はハイデガーに引用されて夙《つと》に有名である。

狂気の人間――諸君はあの狂気の人間のことを耳にしなかったか、――白昼に提燈をつけながら、市場へ馳けてきて、ひっきりなしに「おれは神を探している！ おれは神を探している！」と叫んだ人間のことを。……たちまち彼はひどい物笑いの種となった。「神さまが行方知れずになったというのか？」と或る者は言った。「神さまが子供のように迷子になったのか？」と他の者は言った。……「神がどこへ行ったかって？」、と彼は叫んだ、「おれがお前たちに言ってやる！おれたちが神を殺したのだ――お前たちとおれがだ！　おれたちはみな神の殺害者なのだ！……いいいいいいいいいい
おれたちは無限の虚無の中を彷徨するように、さ迷ってゆくのではないか？　寂寞とした虚空がおれたちに息を吹きつけてくるのではないか？　いよいよ冷たくなっていくのでないか？　たえず夜が、ますます深い夜がやってくるのでないか？　白昼に提燈をつけなければならないのでないか？　神を埋葬する墓掘人たちのざわめきがまだ何もきこえてこないか？　神の腐る臭いがまだ何もしてこないか？――神だって腐るのだ！　神は死んだ！　神は死んだままだ！　それも、おれたちが神を殺したのだ！　殺害者中の殺害者であるおれたちは、どうやって自分を慰めたらいいのだ？　世界がこれまでに所有していた最も神聖なもの最も強力なもの、それがおれたちの刃で血まみれになって死んだのだ、……こうした所業の偉大さは、おれたちの手にあまるものではないのか？　それをやれるだけの資格があるとされるには、おれたち自身が神々とならねばならないのではないか？　これよりも偉大な所業はいまだかつてなかった――そしておれたちのあとに生まれてくるかぎりの者たちは、この所業のおかげで、これまであったどんな歴史よりも一段と高い歴史に踏み込むのだ！」

（『ニーチェ全集8　悦ばしき知識』信太正三訳、理想社、一九六二年、一八七―一八九頁）

ニーチェの言及するところは明白である。デカルトにせよ、カントにせよ、ヘーゲルにせよ、人間の理性を至高と考える近代合理主義は神をないがしろにした。勿論、誰も神をあからさまに排除しはしなかったが、暗黙の裡《うち》に葬《ほうむ》り去ったのだ。それが近代というものであり、十九世紀現在の状況なのである。

神は死んだ。さて、ではどうするのか。人間の創造主はいなくなり、最後の審判もなくなり、人間はすべてのくびきから解放された代わりに、世界と人生には価値も意味も失われてしまった。絶対というものがもうないのだ。今や凍りつくように虚空《こくう》に風のみが鳴る宇宙の中で、どのような助けもなく、目的もなく、意味もない世界と生を、人はどう耐えて生きていけばよいのか?

ニーチェが突きつけた問いは、このようなものであった。この設問自体を、学問としての哲学の問題から外れると突き放してしまうことは勿論可能であろう。例えば、石の性質、成因、用途などを研究するのが「石の学問」であって、石の本質を悲惨であるとか、無意味であるとか論評することは意味がなく、少なくともそれは学問ではない、と言うことはできる。同様に、ショーペンハウアーやニーチェのように、人生の本質を悲惨であるとか意味がないとか断定するのは、文学などのように感性が関与するジャンルに任せるべきだ、と。

すでに当時から、ショーペンハウアーやニーチェを哲学者ではないとする厳しい意見があったのも、一理あるところである。しかしながら、かつてのアリストテレスの一大体系哲学のあと、厳しい政治情勢によるものでもあったが、エピクロス派やストア派という、真理の探究から離れ、「いかに生きるべきか」「いかに身を処すべきか」といった人生上の問いを中心に抱えた哲学が力を得た時代があった。同様に、ヘーゲルの一大体系哲学のあと、局面転換を図《はか》る過程で、「生の哲学」という生への知の試みが現れたことも、類似した経過を辿ったと言うこともできる。十九世紀の世界、ことにニーチェの生涯を覆うドイツの状況は、鉄血宰相ビスマルク（在任一八六二―九〇）の施政と重なり、政治的な強い緊張と、鋼生産を初めとする科学技術の圧倒的な進展によって、従来の価値が大きく揺らぎ続けた時代だった。

神なき世界にあえて生きようとし、そこに何としても突破口を切り開こうとしたショーペンハウアーやニーチェの激しい戦いもまた、巨大な知的体系の狭間《はざま》で生きた哲学者たちの試みの一つとは言えよう。では、この厳しい世界へのニーチェの処方箋《しょほうせん》とはいったい何だったのか？　それはこの世の真実をまじろぎもせずに見つめ、どのようなごまかしもせずに、現実をそっくり受け容れて、あえてそれを肯定せよ、というものであった。

あの性格の激しいショーペンハウアーでさえ、芸術に没入したり、自らの欲望を滅却することで苦界からの脱出を図ったにも拘らず、ニーチェはいかにも「ちび牧師」以来の真面目な性格そのままに、ごまかさずすべてを呑み込み、「然《しか》り」と言えと宣告する。

神が失われたということは、天地創造から最後の審判へ、つまり始原から終末への直線的な歴史がなくなったことを意味する。そうなれば時間は、唯一神を持たなかったギリシア人が考えたように「丸いもの」となり、今ここにあることが無限に戻ってくる。これが「永劫回帰《えいごうかいき》」の考え方であり、それから目を離さず、神や他の何者かの力を借りずに、力強く自己救済の道に進む者が「超人」である。それはまた、人間が本来持つ「力への意志」を全面的に信頼する全肯定への道であった。

永劫回帰の世界の中では、あらゆるものが生成の輪の中で等価値となってしまう。しかし逆にそうなれば、この瞬間はただに過ぎ去る過程的なものではなく、つねに生成の輪の中の中心と考えることができ、永遠を宿すものとなる。この瞬間こそが永遠なのだと思い至る超人は、大いなる肯定の中に立っていると、ニーチェは考えたのであろう。

ニーチェの哲学は全体として、大いなるヴィジョン（視像）であるし、解釈であるから、〈知の歴史〉の中では彼もまたショーペンハウアー同様、少々座りの悪い人である。ニーチェによって正統的な〈知の歴史〉を前進させる確実な一歩があったとはなかなかに言い難い。しかし、世界の価値を云々《うんぬん》することの少ない西洋哲学の中にあって、ショーペンハウアーに続いてニーチェが、世界の苦界性を前面に押し出し、従来の哲学的伝統やキリスト教への強力なアンチ思想を提出して、哲学の幅を広げた意義は注目されるべきであろう。「事実」なるものはなく、「解釈」があるのみだという強烈な主張、そしてまた「神の死」というキャッチフレーズは、学問上の暗黙の了解事項であったものを、あえて白日の下にさらしたという仕事によっても記憶されるべきである。

3 無意識の発見者フロイトと苦難の生涯

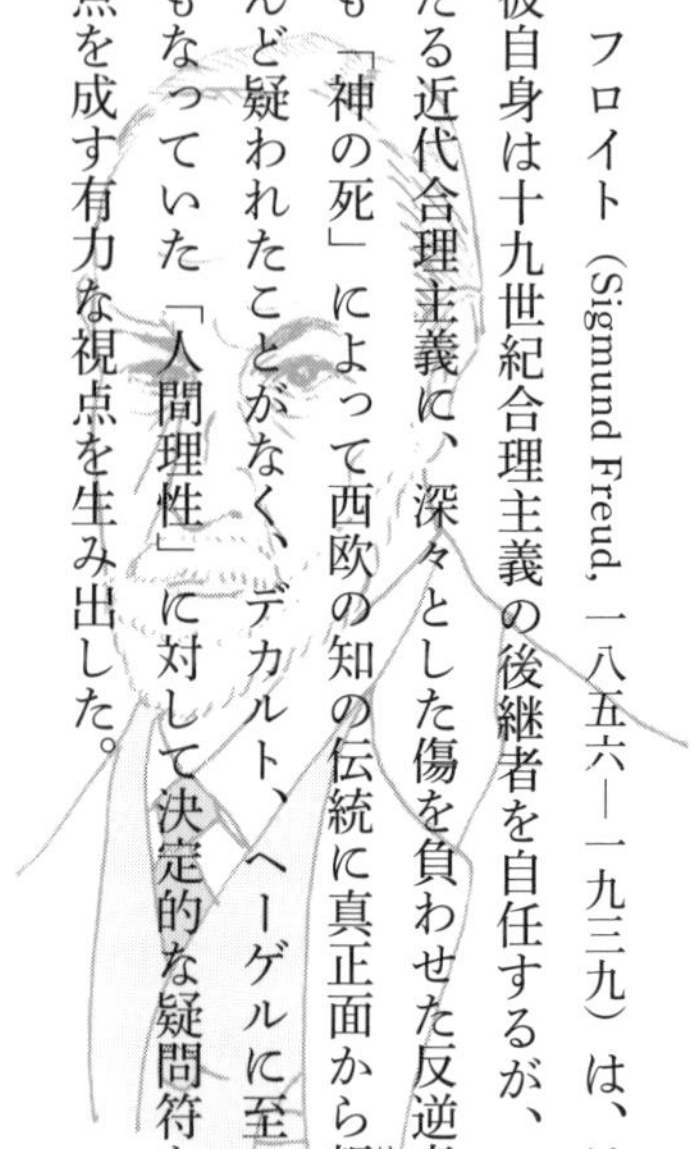

フロイト（Sigmund Freud, 一八五六―一九三九）は、精神分析の創始者であり、無意識の発見者である。彼自身は十九世紀合理主義の後継者を自任するが、〈知の歴史〉の中ではデカルト以来二五〇年にわたる近代合理主義に、深々とした傷を負わせた反逆者としての役割を果たしたことになる。ニーチェも「神の死」によって西欧の知の伝統に真正面から叛旗《はんき》を翻《ひるがえ》したが、フロイトは、ギリシア以来ほとんど疑われたことがなく、デカルト、ヘーゲルに至っては、神から分与されまた神の視点そのものともなっていた「人間理性」に対して決定的な疑問符を投げかけ、二十一世紀に至る反理性的思考の原点を成す有力な視点を生み出した。

フロイトは、一八五六年五月六日、当時のオーストリア・ハンガリー二重帝国のモラビア地方にあった小都市フライベルクで、ユダヤ人家庭に生まれた。父ヤコブは毛織物商人、母アマリアはその再婚相手で、フロイトは長男だった。但し前妻の子、さらにその子もおり、フロイトのあと、二人の弟と五人の妹が生まれている。

フロイトは利発な長男として両親から尊重されて育ったが、三歳頃、母の裸身に惹《ひ》かれたこと、また、父が母のフロイトに対する愛情に嫉妬している記憶をのちに記している。これは家族内で、エディプス・コンプレックス（父に対抗し、母に惹かれる思い）を自ら体験していたことになる。

一八六〇年に一家はウィーンに移り、以後生涯のほとんどをこの地で過ごす。一八六六年にギムナジウムに入り、八年間のうち六年を首席で通し、一八七三年秋に一七歳でウィーン大学医学部に入学する。しかし経済的に厳しく、ブリュッケ研究室での基礎理論研究をあきらめて臨床医となる。一八八五年には二九歳でヒステリー研究のためパリに留学する。翌一八八六年秋の帰朝報告で、当時の医学常識に反して男性にもヒステリーがあるという症例を発表し、保守的なウィーンの学界から激しい反発を買ってしまう。

一方フロイトは、ブリュッケ研究室の先輩ブロイアーが、神経症（ノイローゼ）患者を催眠《さいみん》状態にして心のわだかまりを探り、治療していることにヒントを得、人は不快な記憶を抑圧しており、それを他人が触れそうになると抵抗するのではないか、と考えた。ヒステリーとは、この抑圧のエネルギーがノイローゼとなって奔出《ほんしゅつ》するもので、自由な連想を本人から語らせることで抵抗を発見し、抑圧された病因に辿り着ける、という自由連想法を彼は確立する。

フロイトの分析によれば、ノイローゼの裏側には多く性的な葛藤《かっとう》が渦巻いており、彼はこのような性の抑圧を重視するとともに、その向こう側にある無意識界の探究に乗り出した。この無意識界に至る王道としての「夢」を分析した『夢判断』（一九〇〇年刊）が公刊され、精神分析運動の出発点となる。

精神分析は、つねに性的意味を持つ、無意識界のエネルギーであるリビドーを中心に考察する意識の動力学であるが、性の役割の強調などによって多くの学者の嫌悪の対象となり、彼の地元のウィーンを初めとして、多くの拒絶反応に直面した。しかし、一九〇八年にザルツブルクで初の国際精神分析学会が開かれたあと、一九二〇年代に入ると、国際的に広く、強く浸透していった。

一九三八年、八二歳のフロイトは、ナチス・ドイツに追われてロンドンに亡命、翌一九三九年、八三歳で亡くなる。晩年は、一九二三年六五歳以来の上顎《じょうがく》がんとの戦いでもあった。

4 広大な無意識の世界を求めて――フロイトの探究

フロイトは、意識を三層に分けた。「意識」「前意識」「無意識」である。前意識とは、意識・無意識の中間で、努力などによって意識に上ることができる部分である。このうち無意識は最も広大な領域で、混沌《こんとん》とし、原始的な表象の海とも言える。

後年のフロイトでは、この三層説がさらに、「エス（イド）」「自我」「超自我」という構造的な説明装置に変わる。「エス」は新生児の、自己の意識がいまだない未組織の心の状態であり、時間も空間もなく、快楽原則によってひたすら快を求め、不快をいとい、また幼児的、動物的、性的なものである。

このエスが外界と接触して発達し、変質したものが「自我」であって、エスを、不本意だらけの現実原則に従って抑《おさ》え、時空間を認識し、論理的、道徳的に自分を社会に適応させようとする。

一方「超自我」は、両親のもとでの葛藤を経験して、自我の中に生じた特殊な領域である。両親像が内在化されて自我の一部となり、自我の行動をコントロールする。

これらのうち、一般にエスと超自我は無意識的であり、自我は意識的なものである。

フロイトによる無意識の領域の発見は、精神医学分野にとどまらず、哲学を初め政治学、文化人類学、文学など、知の世界全体を揺るがすものとなった。〈知の歴史〉の中でも、デカルト以降の理性の時代では、二五〇年にわたって明澄で論理的、世界のすべてをその隅々まで明らかにする探照灯であったはずの人間の意識が、それ自体の内部において不可知、不透明、また非合理的な暗部を持つブラックボックスである、という精神分析理論は衝撃的であったのだ。

一八七〇年代から活躍を始め、西欧の真理と神の伝統を攻撃したニーチェもタフな攻撃者であったが、一八九〇年代から活発に活動を始めたフロイトは、さらに根源的な破壊者となった。私たちの清澄で明晰な意識の下部に、それほど広大な未知の荒野が広がっているとするなら、哲学的ロゴスとはいったい何なのか？　私たちは本当は何を知っているのか？　そうした暗黒部分を持った私たちによって捉えられた世界像は、正しいと言えるのか？　カントによって、言わば未知の上空への越権を批判された人間の知は、フロイトによって未知の足元をもすくわれることになったのだ。

フロイトの「無意識」は、その理論の少なからざる部分が現在までに修正を余儀なくされているとはいえ、人間の知の眼差しを素朴に信じることの危険を教えるものとなった。自己内部に潜む偏差を意識することは、今日では知の常識ともなっている。人間の無意識を意識化して探る方法は、二十一世紀に至る現在も、さまざまな文化現象を解読する際の、有力でシャープな知のツールとして作動し続けている。

思えば、前章と本章で取り上げた、十九世紀後半から活躍したマルクス・ニーチェ・フロイトの三人が、「懐疑の三巨匠」として二十世紀末にフランスで取り上げられて久しい。それは〈知の歴史〉の中で今振り返れば、いずれもあまりに整然としすぎた合理主義正統理論に対し、人々がうすうす感じていた、あるいは気づきながら目を逸《そ》らしていた、この世の「負の常識」の告発者たちだったのであろう。

一八六〇年代からのマルクスは、歴史とは絶対精神が自由を実現させるために活動する姿だとするヘーゲルの世界像を否定し、現実には富裕者のためだけに動かされている世の中を拒否し、この世の富を額に汗して作り出しているのは働く一人一人の人間たちであって、それを尊重しなくてどうするのかと、子供にも分かるような理屈を秩序立てて説明した人間だった。

一八七〇年代からのニーチェは、ショーペンハウアーの「苦としての世界」という考え方を継承し、宇宙空間を星が虚しく回り続けるだけで、目的も価値も存在しない世界で、人に生きる意味など本当にあるのか、という問いに真正面から答えようとした哲学者である。その答えは、真理など人間の勝手な都合で作られた虚偽であるが、あえてこの世界で生きよう、自己を拡大しようと意欲するところにだけ道はある、というものであった。

一八九〇年代からのフロイトもまた、神のごとき人間理性に、張りぼてのような虚構を見いだし、その内部、その深部にうごめき続ける暗いマグマを見いだした。太古以来続く人間たちの戦争、特に十九世紀に限っても、七つの海で死闘を繰り返した帝国主義や植民地獲得戦争を見るだけでも、人間理性の取り澄ました透明な眼差しの虚構は明らかであるが、ロゴスの底のマグマ＝無意識の発見は、人間の深々とした欲望を照らし出した人類史上初めての知の眼差しとなった。

——まさにこれら三人は〈知の歴史〉の中に、根本的で巨大な疑問符を突きつけた、懐疑の三巨匠だったのである。

第十九章　魔神化する科学技術——科学の現代

　十九世紀から二十世紀にかけて、自然科学分野は数々の発明発見を連ね、爆発的な進歩を遂げていた。科学知の勝利は誰の目にも明らかだった。哲学分野においては、すでにヘーゲル以後、理性や知はさまざまな攻勢にさらされていたが、自然科学分野における知は安泰であったはずだった。十七世紀科学革命以来の発展の中で、すべての問題は科学のさらなる深化によって解明し得るという自信までも持ち、遅々《ちち》たる歩みの人文諸学をもその翼下に置く勢いを誇った自然科学。しかし十九世紀が進むにしたがってそこにも、さまざまな影が現れる。

　まず、ギリシア以来誰もが疑わなかった「公理」に守られたユークリッド幾何学が、十九世紀半ばの非ユークリッド幾何学の登場によって動揺し、さらに二十世紀に入ると、数学の基礎たる集合論の中の矛盾の発見によって、数学の絶対的確実性に疑義が生じる。「公理」は自然的存在から離れ、「仮説」（仮定）のレベルに身を落とすことで延命するのである。永遠を謳われたニュートン物理学もまた、二十世紀に現れた相対性理論と量子論によって痛撃を受ける。さらに二十世紀後半、全宇宙の姿の解明も近いとまで考えられた宇宙論の分野で、「ダークマター」「ダークエネルギー」の「発見」があり、私たちの既知の物質は全物質のわずか五パーセントにしかすぎない、という衝撃的な想定がなされるに至っている。

また十九世紀以来、純粋な科学理論から化学工業と電気工業が産み落とされ、衣服・プラスチックから肥料、薬品まで、またダイナモからテレビ、パソコンまでを供給し、人々の生活を支える巨大産業に成長した。その一方、マンハッタン計画に象徴される科学の国家化、軍事化が進み、科学者の自由な知にも疑問符が投げかけられている。知とは今誰のもので、何のためのものなのか?

★なお東洋において、本章と同時代である十九世紀半ばには、インド全域がイギリスの支配下に入り、英語が官庁文書の公用語になった。

同じく十九世紀半ばには、中国にも「西欧の衝撃」がやってくる。一八四〇年のアヘン戦争で清朝はイギリスに敗れ、西欧の学問技術を取り入れる「洋務運動」を起こすが、一八九四年の日清戦争では、いち早く西欧化を遂げていた日本にも敗れ、さらなる衝撃にさらされることになる。

1　極大から極小にわたる科学革命

知の常識が根本から覆っていくという思想界の深刻な事態は、知の宗家「哲学」のみならず、その分家である「自然科学」にあっても、十九世紀において次々と生じていた。ようやく近代になって得られた知さえも、さらにまた次々と否定された。勿論、二六〇〇年前の知のそもそもの出発点が、世界の構造と力の真実を解明することであったことを思えば、十七世紀以来現在まで、この四〇〇年近い自然科学の驚異的発展は、自らを錬磨《れんま》する知の本来の志向に沿ったものと言える。自然の真の姿を知るべく、物理数学の力で築き上げられた科学の高塔は十九世紀が進むにつれて、かつてのカントの憧憬《しょうけい》をさらに越えて宗家哲学を尻目に天高く聳え立ち、その厳密な手法があらゆる学の範となっていた。それればかりではない。科学本体から発生した応用としての技術のこれまた巨大な集積は、二十世紀後半に至ると人間を完全にその内部に閉じ込め、人はその技術なしには一日も過ごせないほどにさえなっている。では、人間の知の根源から現れた科学と技術は、十九世紀以降、どのようにこの世界を席捲《せっけん》していったのであろうか。

すでに第十四章では、ニュートンの天文力学の誕生を中核に、十七世紀以降十八世紀にかけての世界・人間及び生命の各分野で、爆発的な発明発見が連鎖反応のように相次いだことを見た。本章ではこれに引き続く、十九世紀から二十世紀、さらには二十一世紀の現在に至る、幾何級数的というよりも、ほとんど指数曲線的に、スピード感を増しながら発展し続ける科学知を見つめることにする。ここでは、ほとんどあらゆる科学分野で、しかも相互乗り入れをする形で、新科学革命が引き起こされている。第十四章を引き継いで、極大世界、極小世界、現実世界という分節を意識しながら、初めに大まかな展望をしておこう。

まず、人間にとっての「極大世界」である宇宙と地球については、すでに十七世紀科学革命を象徴するニュートンによって、ギリシア以来峻別されていた地上と天上との異世界性がなくなり、我々の現実世界のみならず極大世界においても同一の論理が適用できることが分かり、宇宙全体の運動を万有引力によって説明し得るという知の革命が引き起こされていた。

これに相当する十九世紀以降の新発見は、エネルギー保存則を別とすれば、物理学を天文学に導入することで、宇宙の広がりと歴史とが次第に明らかになったことであり、また二十世紀に入ってアインシュタインが宇宙の最も根源的な原理を「相対性」に見出した相対性理論革命によって、我々の日常感覚を完全に越えた「極大世界」＝宇宙や時空間、また「極小世界」の物質の姿が露わになったことであろう。一方、地球自体も、古来信じられてきた大地の不動性が否定され、大陸や島嶼《とうしょ》が移動し続けているという想像を越える事実が明らかになり、従来とは全く異なる宇宙観・地球観を抱かざるを得ない現実となっている。

我々が直接触れ合う「現実世界」を扱う生命科学の分野でも、十九世紀以降の〈知の歴史〉に衝撃を与える二つの新知識がもたらされた。一八五九年のダーウィンによる『種の起源』の刊行と、一九五三年のワトソン／クリックによるＤＮＡ二重螺旋《らせん》の発見である。前者では、『聖書』によって保証されてきた特権的かつ至高の存在としての人間が否定されて、人間は生物界の一員に戻ったのであり、また後者ＤＮＡの発見は、生物最大の謎——自己複製の秘密を明るみに出したのである。

物質科学分野でも、〈知の歴史〉を変える動きが、陸続として続いた。この分野では、「極小世界」

の住人＝究極の物質の世界への探究が進んだ。十九世紀初期のドルトンによる原子論復活がスタートだったが、十九世紀末の放射能の発見によって、それ以上は分割できない究極の物質だったはずの「原子」にも構造があり、放射能はこれが壊れる時に発生する——つまり、究極の最小単位「原子」ですら崩壊することが判明したのである。二十世紀に入ると原子の構造は、核を中心に惑星としての電子が巡る、太陽系の形をもとにイメージされるようになる。

この分野においても、ニュートンに次ぐ革命は、アインシュタインによってもたらされた。彼の相対性理論は、既述の宇宙観だけでなく、物質観にも革命を引き起こす。即ち、「$E=mc^2$」である。これは、物質（m：質量）とエネルギー（E）の等価性を示したもので、物質には光速（c）の二乗との積で表せる巨大なエネルギーが秘められていることを意味し、物質とエネルギーの「二元論」が支配していた十九世紀物理学の世界を一変させる衝撃をもたらした。二元は相互変換する、つまり物質はエネルギーに、またエネルギーは物質に変わるのである。

極微の世界を扱う量子論の発展と歩調を合わせ、原子の世界に探索の手が及び、原子のさらに下のレベルである陽子・中性子・電子などの存在が明らかになる。このレベルで原子核が分裂する時、質量の一部が膨大なエネルギーに変換、放出されることから、これを兵器として応用し、かつてあり得なかった天文学的な破壊力を持つ爆弾への道が開かれてしまった。原子爆弾である。

さて、翻ってここで、目を十九世紀から二十世紀の「現実世界」＝人間世界に戻してみよう。フランス革命以降の国民国家体制の進展の中で、世界の構図は、単一民族を標榜する国家同士の対立、対決という形の相克となっていった。それは、十九世紀後半の帝国主義列強による世界分割を経て、二十世紀に入ると死者数八五〇万人を越えるとされる第一次世界大戦の悲劇を生む。この大戦では科学技術が、大砲、戦車、航空機、毒ガスなどの恐怖の兵器として戦場に登場した。さらに二十世紀二度目の世界大戦になると、先の大戦から僅か二一年しか経ていないにも拘らず、この間国家の威信をかけて進められた科学技術の進展は凄《すさ》まじいとしか言いようがなかった。高速化し強力化した航空機、戦車を初め、戦艦・航空母艦・駆逐艦・潜水艦など大きく進化した海上兵器、レーダーなどの情報機器、ブロックバスター弾・焼夷弾《しょういだん》・魚雷などの高性能爆弾。機械力が完全に人間を圧倒し、焼き尽くし、壊し尽くし、殺し尽くすその破壊力は、二一年前の想像をはるかに越えるものとなった。これらによる死者数は四七〇〇万人以上にも及んだとされる。

特に、ヒトラーによる原爆開発を恐れたアインシュタインら科学者のアドバイスによって組織された、アメリカの原爆開発プロジェクト「マンハッタン計画」は、国家の知力と資力を動員したビッグサイエンスの典型として記憶される。一九三八年にベルリンで核分裂が発見されてから僅か七年ののちに実現したその恐ろしい成果は、二個の原子爆弾が当初の合理的理由もなしに、日本の空に悪魔の原子雲として立ち上り、合わせて二〇万余の人間の命を一瞬のうちに奪う兵器となったことで、夙《つと》に有名である。

人間の幸福のために追求された科学あるいは技術が、国家の庇護を受けて強力化、巨大化し、戦争という理性を問われる場のための焼き、壊し、殺す兵器を造り出しただけではない。同じ原子力を「平和裡《へいわり》」に利用するはずの原子力発電が、地震による津波という天災をマネージすることに失敗し、再び日本の国土と人間とを大規模に放射能汚染してしまうという惨禍を、二十一世紀にもたらした。もはや科学者個人の判断を離れ、国家のためのプロジェクトという形で、一切の批判をはねつけ、排除しながら前進する姿に、人間理性の裏側に潜む偏見や狂気同様、厳しい眼差しを向けねばならない時代がやってきている。

2　一〇〇〇億の星を持つ銀河が一〇〇〇億——宇宙論の現在

以下ではもう少し詳しく、十九世紀から二十一世紀へ発展する新科学革命を見ていきたい。初めは、宇宙と地球についての知である。天文力学の祖ニュートン（一六四二—一七二七）に続く天文学者たちの努力で、十九世紀前半までに宇宙についての知は太陽系を越え、恒星を詳細に捉えるまでに拡大していった。但し彼らの関心は、天体の天球上の場所や運動に限定されていたと言える。十九世紀半ばになると、物理学を天文学に導入する動きが活発になり、物理学的天文学が決定的に新しい知をもたらす。

実はこの動きの源になったのはニュートンであり、すでに彼の不朽《ふきゅう》の三大発見のところで触れた「光の分散・合成」という業績なのである。即ちニュートンは、太陽光をプリズムを通して分散させ、人間の目には透明な白色光は、連続する色が混合されたものであることを示した。彼はこの虹色に分散した光のパターンを「スペクトル」と命名する。

このスペクトルの研究から、物理学は分光学という分野を発展させ、直接対象に触れなくとも、その対象からの光を分析することで、対象の中に何が存在するかを調べられるようになったのである。分光学はもともと高温の物体から放出された光などをスペクトル解析し、組成を調べる学問である。特定の元素が特定の光（波長）を吸収することでスペクトルを不連続にし、色パターンに暗線を生じさせることを利用し、対象中の元素を特定する。例えば太陽スペクトルでも連続する七色に見えて、実はおびただしい数の暗線（不連続帯）を持つ。これは太陽内部から放出された光が、太陽を取り巻くガスに存在する元素に吸収されて生じる色パターンの欠落線なのである。こうして十九世紀末には、太陽光のスペクトルから、地球の五〇種を越える元素が太陽にも存在することが判明し、太陽と地球の組成の類似は明白になった。

分光学は、さらに恒星へと向かい、二十世紀の初めには星の組成に加え、星の温度（スペクトル型）、さらには星と地球との距離を計算に入れた真の明るさ（絶対等級）などを勘案（ＨＲ図）して膨大な数の星を分類し、そのエネルギー源、さらには星の歴史にまで探究の手が及ぶ。

さらに一九二〇年代から物理学分野では量子論や原子核物理学が勃興し、従来不可能とされていた水素の原子核が融合してヘリウムに変わるという「錬金術《れんきんじゅつ》」も、太陽の中心部のような一〇〇〇万度を越える領域では可能であることが証明される。のちになると、こうした星の内部では、ヘリウムがさらに重い炭素や酸素に核融合されることも判明し、宇宙論を大きく変えることになった。現在では、普通の恒星に存在する元素は水素が約九割、ヘリウムが約一割、他の元素すべてを足しても一パーセントに満たないことが判明している。

星にもまた生命同様に寿命があり、星の活力の糧《かて》である核融合が終了すると巨大化、爆発、解体という末路を辿り、しかしまたその遺骸から新しい星が生まれていくという経緯は、我々をある種の感慨に誘うものがある。

このような宇宙の組成の物理学的解明の一方で、古来追究されてきた宇宙全体の見取り図はどのように変わってきたか。宇宙の眺望を初めて科学的に描き出したのは、ドイツ出身でイギリスに移住したハーシェル（Frederick William Herschel, 一七三八—一八二二）である。一七八五年に発表されたハーシェルの宇宙は、太陽をほぼ中心に据えた円盤状のものだが、その直径は約六〇〇〇光年、厚さが最大一〇〇〇光年とされていた。現在では、銀河系円盤部だけで直径約一〇万光年、厚さ約一万五〇〇〇光年であることが判明していることから、「ハーシェルの宇宙」とは銀河系だけのことであった上に、広さも大分小さなものだった。

宇宙の全体像についての論争は二十世紀に入っても続き、ついに一九二四年、カリフォルニア・ウィルソン山天文台のハッブル（Edwin Powell Hubble, 一八八九—一九五三）が、当時世界最大の望遠鏡による観測結果を発表することで終止符を打つ。天空のあちこちに見られる渦巻星雲は、実は途方もない彼方にあり、我々の小宇宙（銀河系）の縁辺どころか、我々の小宇宙同様の別の島宇宙の姿であったのだ。こうして我々の小宇宙もまた、無数にある島宇宙、即ち銀河の一つ（特権的に「銀河系」と呼ばれる）にすぎないことが判明した。宇宙は恐ろしいほど巨大なものとなった。

ハッブルの発見は、宇宙の構成単位が、恒星の大集団たる銀河（島宇宙）であることだけではなかった。彼は一九二九年、これらの銀河が遠いものほど速いスピードで我々から遠ざかっているという「ハッブルの法則」を発表し、それまで有力だった静止宇宙論に痛撃を与えた。さらにこのハッブルの法則は、時間を逆回りさせれば、一定の過去に全宇宙が一点に集合することを意味し、その宇宙創世を巡って物理学者と天文学者が知恵を絞ることになる。

ウクライナ出身でアメリカに移住したガモフ（George Gamow，一九〇四―六八）が一九四六年、宇宙は超高温高密度の火の玉が大爆発して生まれたとする膨張宇宙論を発表し、のちに「ビッグバン宇宙論」と名づけられた。異端扱いされたのち、一九六五年になって、この宇宙論最大の予言であった「宇宙マイクロ波背景放射」がアメリカで発見される。これは、火の玉時代の宇宙に満ち溢れていた光が、宇宙膨張によって波長が一〇〇〇倍以上にも延ばされ、現在では電波として観測されるはずだと予言されていたものであり、実際にそれが確認されたことで、ビッグバン宇宙論は一気に標準理論として確立するのである。

ガモフたちは、初期宇宙ですべての元素が作られたと考えた。しかしその後、初期合成は水素とへリウムのほか、リチウム、ベリリウムまでの軽い元素でいったん終了し、はるかのちに炭素や酸素などの重い元素が、星中心部の核融合や超新星爆発で造られ、宇宙空間に散らばったことが分かる。我々の身体を造る元素の多くは重い元素であり、いずれかの星の中で造られたものであることも、第一章で触れた星と我々との不思議な因縁《いんねん》であろう。

このように進展し続けた宇宙論の活況の中で、一九七〇年代に入った頃は、間もなく全宇宙の姿が明らかになるだろうと思われていた。しかし一九八〇年代以降、見えない物質ダークマター（暗黒物質）の登場により、様相は一変する。見えない物質の存在という矛盾に満ちた問題は、一般相対性理論が予測した重力レンズの研究から証明された。重力レンズとは、光が、ダークマターの重力場によって曲げられる現象で、その光の歪《ゆが》みの解析によって、存在するはずのダークマターの量が推測できるのである。

さらに二十一世紀に入ってから、宇宙膨張がなお加速しているという事実の原因として、それを担うダークエネルギーが想定され、現在の標準宇宙モデルとしては、宇宙の構成成分のうち、我々の既知の物質は僅か五パーセントに過ぎず、ダークマターが二六パーセント、ダークエネルギーが六九パーセントという驚くべき想定がなされている。ギリシア以来二六〇〇年、営々と築いてきた我々の自然科学的知は、ここにきて一気に振り出しに戻されてしまった観がある。あのファウストのように、一切を知ろうとし、なすべきことはほぼなしえたと満足して「時間よ止まれ！」と告げようとした瞬間、すべてはファウストないしメフィストフェレスの悪夢として崩れ落ちたかのようである。

十七世紀のコペルニクスによって地球が動くことを理解したことに始まり、その知は太陽を、星々を越えて天翔《あまがけ》けた末に、太陽系が銀河系の隅で回転するありきたりの星群であることを発見する。そしてその銀河というものがまた、一〇〇〇億個の星から構成されるもので、その銀河がまた一〇〇〇億個あるというアインシュタインの言葉のように、宇宙がまさに天文学的に散りばめられた星々から成っているという認識にまで到達した。そこで星々は、パンタ・レイの哲人の予言の如く、誕生、進化、巨星化、新星爆発、死という「決まっただけ燃え、決まっただけ消える」サイクルを繰り返し、その遺骸からまた誕生へと、生成と流転を繰り返していたはずだった。ところが、二六〇〇年の果ての果て、得られた以上の「真実」は、僅か宇宙の五パーセントでしかなかったということになる。

ここでもう一つ脳裏をよぎるものは、プラトンのあの洞窟《どうくつ》の神話であろう。私たちがこれまで見てきたものはすべて、松明《たいまつ》の火に揺らめく「影」にすぎない、というあの神話である。では、その光の源、真理の目くるめくダークマターやダークエネルギーの世界を覗《のぞ》いた者は、果たしてそこに何を見るのだろうか。少なくとも二十一世紀の天文学、物理学は、必死にその新しい暗黒の光溢れるイデアの世界に迫ろうとしている。

3 移動する大陸——地球論の現在

地球に関する知は、第十四章での地質学の冒険のあと、どのような経緯を辿ったのだろうか。「水成論・火成論」論争で、十九世紀初めに水成論が敗れたことは、地球内部が生きて活動していることを示した。こののち十九世紀では、造山論が盛んになる。実際に土地を調査してみると、地層累重の法則は各地で破れていたからだ。あちこちで地層は斜めになり、逆転しているものもある。大地は皺《しわ》が寄ったように波打っていた。なぜなのか。巨大なヨーロッパ・アルプスまでも造ってしまう大地の褶曲《しゅうきょく》、この原因と考えられる途方もない横圧力は何がどう作用したものなのか。力のよって来たるところと当時考えられたのは、地表の収縮であった。このメカニズムは二十世紀に入ってもなお追究され続けたが、やがて山ではなく海から、想像もしなかった解答を与えられることになる。

一九一二年、ドイツの気象学者ウェゲナー（Alfred Lothar Wegener, 一八八〇—一九三〇）は、フランクフルト・アム・マインでの地質学界において、大陸と海洋の成因についての発表を行った。大陸はかつて一つであったが、その後「筏《いかだ》」のように海洋底を漂移し、現在の位置についた、と。要旨をまとめた『大陸と海洋の起源』は一九一五年に刊行される。

大陸移動という観念を私がはじめて思いついたのは、一九一〇年のことであった。それは世界地図を見て、大西洋の両岸の海岸線の凹凸がよく合致するのに気がついた時であった。はじめ私は、この観念に注意しなかった。なぜなら、それはとても本当とは思えなかったからである。一九一一年の秋になって、全く偶然にある総合報告を読んで、昔ブラジルとアフリカとの間に陸地のつながりがあったということを示す古生物学上の証拠をはじめて知るようになった。そこで私は、地質学上と古生物学上におけるその問題に関係ある研究をすこし調べてみた。すると直ちに、その考えを強く支持する証拠があることがわかった。そこでその考えは基本的に正しいのだと強く信ずるようになった。

（『大陸と海洋の起源――大陸移動説　上』都城秋穂／紫藤文子訳、岩波文庫、一九八一年、一五頁）

しかし世間の反応は冷たかった。「大陸が移動する？」「どんな力で？」。確かに、潮汐力《ちょうせきりょく》などを挙げた彼も、決定的な力でないことは認めざるを得なかった。刊行から一五年後の一九三〇年、グリーンランド探検で亡くなった彼の理論が突如として脚光を浴びたのは、著書刊行から半世紀を経た一九六〇年代になってからだった。

地質学者たちの目は二十世紀後半以来、大地ではなく海洋に向くようになった。波打ち際より上に突き出た地球の三分の一だけを研究していては地球を理解できない、という言葉の通り、今や海底こそが地質学者の探索の場となったのである。

十九世紀以来、大西洋の中央に「海嶺《かいれい》」と呼ばれる奇妙な皺があることは知られていた。幅は一〇〇〇キロメートルにわたり、海底から二〇〇〇メートルを越す高さで連なっている。その海嶺の中央には、幅は三〇キロメートルほどだが深さは二〇〇〇メートルにも達する溝が刻み込まれていた。一九五〇年代にはこの溝周辺で激しい地震が起きていることが判明し、ついにこの溝が、ベルトコンベアのように繰り出される新しい海洋底の噴き出し口であることが解明されるのである。一九六〇年代、大陸移動説が見事に復活し、新しい海洋底が海嶺から生まれては海底を這《は》い、海溝に消えていく、プレートテクトニクスが成立した。

現在までに判明している地球のスペックは、半径約六四〇〇キロメートルのうち、地殻は海洋下（橄欖岩《かんらんがん》が変化した玄武岩など）で数キロメートル、大陸下（花崗岩など）で約三〇キロメートルとごく薄いものである。この下にはマントルが深さ二九〇〇キロメートルまで続き、主に橄欖岩によって構成されている。その下は外核と内核であり、ともに高温高圧の鉄やニッケルなどから構成されるが、外核は流体、内核は固体であると考えられている。

エラトステネスによる地球のサイズ計測から二二〇〇年余、我々の地球の内部とそのダイナミズムとがここまで明らかになった。しかしそれにしても判明してみれば、確固たる大地、高貴なる天空の何と変転絶え間なく、不安定なことであろうか。

4 生命は進化する——生命科学の現在

生物学の世界で最も有力なキャラクターは、アリストテレス、リンネ、そしてダーウィンということになろうか。前二者は、多くの動植物を分類し、記述しようとした。しかしこの分野に歴史を導入し、生物を進化の相の中で捉えたのはダーウィンである。

ダーウィン（Charles Robert Darwin, 一八〇九―八二）は、一八〇九年、イングランド西部の古都シュールズベリーで生まれた。父は裕福な医者で、ダーウィンは六人兄弟の五番目の子供、次男であったが、八歳の時に母を亡くす。父の職を継ぐべく、一八二五年にエディンバラ大学に入学し、医学を学ぶが、手術を見て気分が悪くなり、医学を放棄。一八二八年にケンブリッジ大学に転じ、神学を学ぶ。経済上の心配がなかった彼は、宗教への道を考えた。やがて博物学に親しみ、当時親交のあった植物学教授ヘンズローから卒業後、ビーグル号に乗る博物学者のポストにつくよう勧められる。帆船ビーグル号は一八三一年に出発、西回りで約五年をかけて世界を一周、南米の沿岸線の測量などを目的とする船だった。南米北部にあるエクアドルの西沖約一〇〇〇キロメートルの有名なガラパゴス諸島に着いたのは一八三五年九月、ダーウィン二六歳のときである。彼はこの島で巨大なゾウガメの甲羅《こうら》が島ごとに異なること、フィンチ類の島が種ごとにくちばしを初めとして異なる特徴が見られることから、同一の先祖から生じた子孫が、生態や食性の違いによりさまざまに変化してきたと気がついた。

帰国後書かれた『ビーグル号航海記』（一八三九年刊）のあと、彼と同様の進化の考えを持つウォーレスの一八五八年の手紙に刺激され、これと競うように翌一八五九年に『種の起原』を刊行する。生物を階段状に配列できると考えたアリストテレスに進化の考えがあったとまでは言い難く、神がそれぞれの種を創ったと考える『聖書』だけでなく、リンネもまた種は永遠と考えていた。膨大な生物種を説得力豊かに進化の観点で捉えたのは、ダーウィンが初めてである。

ダーウィンは『種の起原』の序言の中で、ビーグル号の経験から、すべての種は個々別々に生まれたものではなく、生存競争の中で、形質の変化を原因として生まれてきたものであることを確信するに至ったと述べている。

> 私は軍艦ビーグル号に博物学者として乗船し航海しているあいだに、南アメリカの生物の分布やまたこの大陸の現在の生物と過去の生物との地質学的関係にみられる諸事実によって、つよく心をうたれた。これらの事実は、わが国のもっとも偉大な哲学者の一人がいったとおりまさしく神秘中の神秘である種の起原にたいして、若干の光を投ずるものであるように思われた。……
>
> 私はこの抄本〔本書〕の第一章を「飼育栽培下の変異」にあてる。……そのつぎの章では、世界じゅうのすべての生物において高い幾何学的〔等比数列的〕の比率で増殖する結果おこる〈生存闘争〉が取り扱われる。これはマルサス（Malthus）の原理を全動植物界に適用したものである。どの種でも生存していかれるよりずっと多くの個体がうまれ、したがって頻繁に生存闘争がおこるので、なんらかの点でたとえわずかでも有利な変異をする生物は、複雑でまたときに変化する生活条件のもとで生存の機会によりめぐまれ、こうして、自然に選択される。遺伝の確固たる原理にもとづき、選択された変種はどれもその新しい変化した形態をふやしていくことになる。

……

私は自分にできるかぎりの慎重な研究および冷静な判断の結果、大多数の博物学者が受容し私も以前には受容していた見解——すなわちおのおのの種は個々に創造されたものだという見解——はまちがっているということに、疑いをいだくことはできなくなっている。私は種が不変のものではないこと、おなじ属のものとよばれているいくつかの種はある他の、一般にはすでに絶滅した種に由来する子孫であり、それはある一つの種の変種とみとめられているものがその種の子孫であるのと同様であることを、完全に確信している。

(『種の起原　上』八杉龍一訳、岩波文庫、一九九〇年、一一一―一一七頁)

ダーウィンは、進化論を論ずるにあたってまず、人間が作り出した品種を考える。同一の祖先から出発して多くの品種が存在するのは、人間がその動植物を何代にもわたって、都合のよい形質を持つ子孫を選択しているからである。では、自然界では誰がそのように選択しているか。それは「生存の有利さ」に他ならない。生物の世界は絶え間ない厳しい生存競争の渦中にあり、環境に少しでも有利な形質を持つよう変質した子孫が生き残る。つまり自然選択である。

この理論は、それまで特権的存在と思われてきた人間が、サルと共通の祖先から進化してきたと考えることで、保守的な層から激しい反発も買った。しかしながら、自然選択説は進化のシステムを説明するものとして最も有力な理論となり、その後突然変異説を取り込んで現在に至っている。

ところで、ダーウィンの進化論の影響には、恐ろしいほどのものがあった。キリスト教千年の伝統に嘉《よみ》された西欧の知が、近代初期に至って受けた最大のショックは、すでに述べたようにコペルニクスの「地動説」であったろう。特権的に神に創造されたはずの地球が、太陽を周回するただの惑星に過ぎなかったからだ。しかしながら、その地球の上に創造された人間はなお、特権的存在であることを疑われてはいなかった。ダーウィンの進化論は、その最後の特権をも失効させた。至高のヒューマニズムの主である人間が、サルから分岐した一生物におとしめられたからだ。近代の知が推し進めてきた脱魔術化は、ここに極まったと言うべきであろう。美しい幻想の霧は晴れ、ただ裸の人間だけが残ったのである。

一方、十九世紀から二十世紀にかけて、オーストリアの司祭メンデル（Gregor Johann Mendel, 一八二二―八四）がエンドウの交配実験を行い、一八六五年には「植物雑種の研究」として発表する。その中で、「メンデルの法則」としてのちに知られる四つの法則（雑種第一代では、優性な性質のみ現れる〈優性の法則〉ほか）を提出し、のちの遺伝子に相当するコンセプトも提示している。彼の生前にはその業績は認められなかったが、やがて再評価され、遺伝学を誕生させる原点となった。

二十世紀に入ると物理学が発展し、その手法が生物学にも適用されて、一九五〇年代には分子生物学の分野が生まれる。その最大の成果がＤＮＡやＲＮＡの発見であり、特に一九五三年のワトソン（James Dewey Watson, 一九二八―　）とクリック（Francis Harry Compton Crick, 一九一六―二〇〇四）による二重螺旋モデルの提唱は、二十世紀最大級の発見と称賛された。生物は自己のコピーを増やすことを最大の目的としているが、その秘密が解かれたのである。即ち、遺伝子の本体は二重螺旋構造を持つＤＮＡなのだが、細胞分裂時にＤＮＡを構成する二本鎖が切り離され、それぞれが鋳型《いがた》となって新しい二本鎖が形成され、分裂前と同じＤＮＡが二組できることになる。これこそが生物の自己完全コピー戦略の中心であり、生命最大の謎が解かれた瞬間だった。

二十一世紀に入って誕生した・ｉＰＳ細胞などの発生分野での知見・技術は医療にも応用されようとしており、その技術の向上が精力的に研究されている。

その医学分野であるが、十七世紀の科学革命で、ハーヴェイらが古代のガレノス医学を越え、リアリズムを旨とした医学を追求していたが、十八世紀医学では、ヴェサリウス以来のイタリア・パドヴァ大学で活躍した、第十四章で触れたモルガーニ（一六八二―一七七一）が有名である。西洋医学では、ギリシアのヒポクラテス以来、病気は四種の体液がバランスを失って起こるとする「体液説」が延々二〇〇〇年以上信じられてきた。この間、死体解剖が行われることはあっても、それは人体内部の研究のためであって、病因を特定するためではなかった。モルガーニは、死亡した患者の病歴と遺体の解剖所見を突き合わせ、病気の原因が身体内部の異常によるものであることを説いた。彼以降、病理解剖が盛んになっていく。

こうした動きの中で、十八世紀から十九世紀にかけては、臨床医学が興隆する。もともと西欧の病院は、教会の慈善事業の一環として、貧しい人々を収容していた施設だった。ところが十八世紀後半には、産業革命によって都市に人口が流入し、増えた貧しい人々のための病院の建設が続いた。特にパリが有名で、収容人数は七万人を越えたとされ、医師は病人の病状把握と病理解剖に追われた。すでに第十四章で触れたように、パリの病院は医学を発展させる「残酷な実験場」となり、各国から医学関係者が集まったが、こうした都市における病院医学の発展は、ロンドンほかの都市でも同様であった。

これに呼応するように、十九世紀後半からは基礎医学が発展する。特に物理学や化学の成果が応用され、動物実験も行われ、また顕微鏡を使った生体の観察が成果を上げた。そしてこの分野の代表が、急速に国力をつけてきたドイツなのである。新設のベルリン大学だけでも第十七章で触れた三人の著名な基礎医学者を輩出している。

生理学の大家ミュラー（Johannes Peter Müller, 一八〇一―五八）は、感覚神経は刺激の質に拘らず、固有の感覚しか生じさせない（例えば、視神経は熱や電気など、どんな刺激を受けても「明るい」と反応する）ことを発見した。近代病理学の祖ウィルヒョウ（Rudolf Carl Virchow, 一八二一―一九〇二）は、顕微鏡を駆使し、病気の原因を細胞レベルの異常に求めた。細菌学の祖コッホ（Robert Koch, 一八四三―一九一〇）は、炭疽《たんそ》菌、結核菌、コレラ菌の発見とともに、寒天培地《かんてんばいち》（ゼラチンと肉汁などを合わせた細菌培養素地）を発明するなど、多くの細菌発見の基礎をつくった。このコッホの下で日本の北里柴三郎や森鷗外を初め多くの医学者が学び、十九世紀末、おびただしい病原菌発見ラッシュをもたらす。

一方、臨床医学で栄えたパリにも、十九世紀後半、二人の基礎医学者が現れる。内分泌《ないぶんぴつ》を発見した生理学のベルナール（Claude Bernard, 一八一三―七八）と、細菌学のパスツール（Louis Pasteur, 一八二二―九五）である。パスツールは、ワインなどの発酵が微生物の増殖によるものであることを発見したほか、病原菌の培養を繰り返して弱毒化を図り、これをワクチンとして予防接種をする方法を開発した。

コッホとパスツールは十九世紀後半、独仏の国威をかけて熾烈な病原菌発見競争をするという余録《よろく》まで付け加えたが、二十世紀にかけて、顕微鏡の発達が細胞レベルでの研究を促進し、人間は伝染病との戦いに次々と勝利するようになる。そもそも医学はヒポクラテス以来、実態としては経験知の集積であり、自力で自ら回復しようとする身体を支援する知であったのだが、パスツールがスタートさせた病原菌との戦いによって、科学的医学が始まることになった。医学はここに科学と合体することになる。

十九世紀から二十世紀にかけては、麻酔法や消毒法が進歩し、外科分野が大きく発展した。また、二十世紀に入ると、ビタミンやホルモンなど、人体を円滑に活動させるシステムの解明が進んだだけでなく、電子顕微鏡を初めとする医療機器の開発や、物理学・生化学などの進歩によって、病因究明が細胞からさらに分子レベルにまで及ぶようになり、これを基礎とした診断や治療が行われるに至っている。

現在までに判明している人体の総細胞数はおよそ数十兆個、各細胞は七〇パーセントの水分と、十数パーセントの蛋白質《たんぱくしつ》、数パーセントの脂質《ししつ》などで構成されており、またDNAの解読により、二万個を越える遺伝子もつきとめられ、遺伝子操作時代前夜となっている。不可能と考えられてきた癌制圧も視野に入ってきており、医学分野では、物理学における原子エネルギーの魔神的取り出しとともに、生命の根幹に迫る遺伝子へのアクションに対する期待と不安とが交錯しているのが現状である。

5 物質の根源を求めて——物質科学の現在

近現代における物質の根源の探究は、極微の世界への旅となった。第十四章で、十八世紀末にフランスのラヴォアジエ（一七四三—九四）がそれ以上分割されない元素を三三挙げたことに触れたが、十九世紀に入ると、イギリスのドルトン（John Dalton, 一七六六—一八四四）が、元素は特有の原子から成るとして、原子仮説を唱える。古代ギリシア・デモクリトスから二二〇〇年、ここに原子論が復活したのである。

このような原子が結合して分子を作り、この分子がまた単位となって化学反応が起こるという分子仮説が、一八一一年にイタリア出身のアヴォガドロ（Amedeo Avogadro, 一七七六—一八五六）によって提出される。こうして物質研究の基盤が整っていった。

さらに十九世紀も半ばを過ぎると、メンデレーエフ（Dmitrii Ivanovich Mendeleev, 一八三四—一九〇七）の周期表が現れる。これは元素を、原子量（元素間の相対的重さ）の順に並べたものだが、この表では

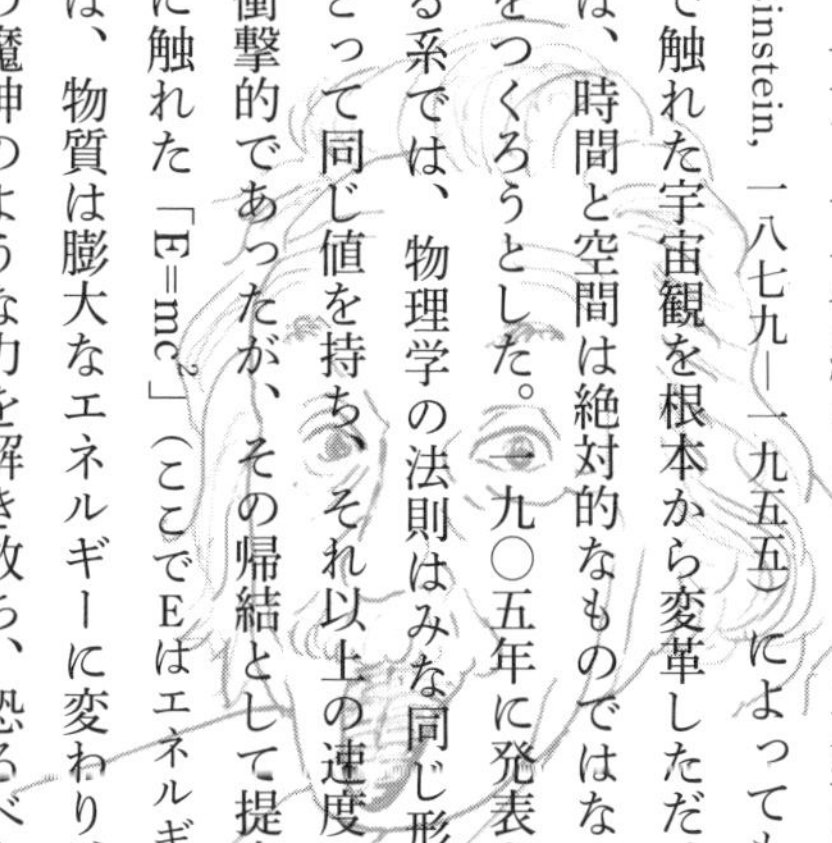

ある周期をもって化学的性質が似たものが現れる。そこで、究極の物質であるはずの「原子」にはさらに構造があり、その構造に規則性があるのではないかとの推測が生まれた。こうして極微の世界＝原子の構造に関心が高まった。

この結果原子の内部世界が探索され、すでに十九世紀末に発見されていた電子に続いて、一九一一年には原子核が、一九一九年にはその原子核内の陽子が、また続いて中性子も発見される。二十世紀後半になると、その下のレベルの素粒子への探究が始まる。

一方、十七世紀のニュートン力学に代わる物理学革命が、ドイツ出身のアインシュタイン（Albert Einstein, 一八七九―一九五五）によってもたらされた。相対性理論である。この理論はすでに本章1節で触れた宇宙観を根本から変革しただけでなく、物質観にも大きな変更を迫った。アインシュタインは、時間と空間は絶対的なものではないと考え、あらゆる現象を説明できる新しい時間と空間の概念をつくろうとした。一九〇五年に発表された「特殊相対性理論」で彼は、①一様な相対速度で運動する系では、物理学の法則はみな同じ形式で表現できる。②真空中の光の速度は、すべての観察者にとって同じ値を持ち、それ以上の速度で運動する物体は存在しない――と考えた。それだけでも十分衝撃的であったが、その帰結として提出された関係式が、さらに世界を震撼させることになる。すでに触れた「$E=mc^2$」（ここでEはエネルギー、mは質量、cは光の速度）である。この式の意味するところは、物質は膨大なエネルギーに変わり、またその逆も成り立つという驚くべき内容で、ここから物質の魔神のような力を解き放ち、恐るべき爆発力に変えるという核爆弾の発想も生まれていく。

アインシュタインは、一八七九年、ドイツ南部、ミュンヘンの西北にあるウルムで生まれた。二歳半年少の妹がいた。父ヘルマンはユダヤ人の小商人で、一家はアインシュタインが生まれて一年後、ミュンヘン郊外に移住、父の弟ヤコブとともに、小さな電気工場を建て、経営を始めた。のちに天才の名をほしいままにしたアインシュタインだが、神童ではなく、五歳くらいまではあまり口もきかず、家族が心配するほどだったという。しかし幼い日に父から与えられた磁石が、この寡黙《かもく》な少年に衝撃を与えた。小さな箱の中に閉じ込められながら、箱をどのように動かしてもつねに同じ方向を向く磁針の不思議な性質に、少年は引きつけられたのである。

ミュンヘンのカトリック系公立学校からギムナジウムへ進む。しかし規律に厳しい学校は、アインシュタインには軍隊のように思えたという。彼の科学や数学に対する豊かな知識は、叔父ヤコブなど身近な人々に刺激されたものだった。結局ギムナジウムの教育についていけず中途退学したため、ドイツの大学への受験資格がなく、一八九五年、スイスのチューリッヒ工科大学を受験するが、不合格。幸いなことに、学長がアインシュタインの数学と物理の成績が抜群なことを評価し、スイス国内のギムナジウムに一年通うことを条件に、翌年の入学を許可してくれる。こうして彼は翌一八九六年に入学し、理論物理学の研究者を目指すが大学には残れず、一九〇二年ベルン特許局に就職する。公務員生活の傍ら独学を続け、一九〇五年、「特殊相対性理論」や「光量子仮説」ほかの論文を続々と発表、次第に物理学界に受け入れられるようになる。

物理学の世界では、ニュートン力学が二世紀もの間、完璧な理論として君臨してきたが、十九世紀後半からさまざまな矛盾が指摘されるようになった。相対性理論を初めとするアインシュタインの理論は、それを解決するものとして現れたのである。名声が高まるにつれ、スイスの物理学者たちは、彼を公務員にとどめておくべきではないと考えるようになり、一九〇九年にチューリッヒ大学准教授、次いで一九一〇年にプラハ大学教授に。そして一九一二年には母校チューリッヒ工科大学教授となる。一七年前、自分を不合格にした大学に教授として戻ったことになる。

一九一三年、ベルリン大学教授。一九一六年、「一般相対性理論」を発表。この理論に基づき、星が発した光は、巨大な質量を持つ太陽の横を通過するときには曲折すると予言、一九一九年にそれが実証されたことで、名声は世界的なものとなる。一九二一年には光量子仮説によってノーベル物理学賞を受賞する。

一九三三年には、ナチスによるユダヤ人迫害のためアメリカに亡命する。ナチスが開発中と考えられた原子爆弾を、それより早く完成させるよう、ルーズベルト大統領に進言することで、意図せず核兵器開発の推進者となったが、平和運動にも尽くした。重力と電磁力の統一を目指す理論の完成を見ぬまま、一九五五年アメリカで没、七六歳だった。

相対性理論と並び、二十世紀を代表する物理学の革命が、量子論の誕生である。この新しい物理学は、「素粒子」という極微の世界を扱い、従来の物理法則から抜け出て、二つ以上の力学量、例えば素粒子の位置と運動量は、同時に正確には把握できず、統計的にしか決められないという不確定性原理に基づいている。ここから明らかになる光を含む素粒子の相貌は、粒子であってかつ波動であるという不思議な二重性を持つ。物質の極限は、我々が空想する不動にして静寂な世界どころか、万物が波動し、流転する不可思議そのものの世界のようである。

6 呼び出された魔神——技術の現在

自然を見つめ、それを原理から理解することをもって、人間の原初からの「知」だとすれば、その知を応用し、自然を越えていくものこそ人間の「技術」であった。石器の製作から始まった人間の技術は、十七世紀のデカルト以降、特に科学という知をもって、自然を意識的に対象化し、利用しようとし始める。

産業革命を経て、十九—二十世紀に至ると、科学の爆発的な進化を受けて、技術もまた人間社会の相貌を根本から変えるだけの発展を遂げた。まず、これらの世紀は「鋼の時代」だったと言える。鋼(steel)とは、二パーセント弱の炭素を含む鉄のことで、鉄よりもはるかに硬く、十九世紀半ば以降、独仏での技術革新により大規模に、また安く鋼が作れるようになる。これらが建材や機械、生活用品など、文明を根本から支える材料となったほか、植民地開拓用の鉄道や機械にも大量に供給され、さらには軍艦や大砲になって、二十世紀に至って二つの世界大戦を引き起こす要因にもなった。

そしてまたこの十九—二十世紀は、「化学の時代」でもあった。物質が原子から成立していることが着目され、あらゆるタイプの物質が研究され、取り出され、組み合わされることで、天然物では高価で希少な物質の化学的代替品が造られていく。この新しく安い合成物質は、十九世紀の重要産業であった繊維産業を変え、人々の生活に革命を起こす。染料や漂白剤の提供に始まって、十九世紀末には人造繊維レーヨンを生み、二十世紀に入るとナイロン、ポリエステル、アクリルが量産されて、天然繊維を圧倒していく。二十世紀の化学産業の守備範囲は洗剤、肥料から火薬、医薬、さらにはプラスチックにまで及び、文明の中心的産業に成長していくのである。

そして、これと肩を並べる巨大産業となったのが電気産業だった。現在私たちの住む二十一世紀社会は、これまでと比べウルトラがつく高度文明・情報化社会である。日常生活は完全に科学技術文明の網の目の中にすっぽりと収められて進行している。そしてこの巨大なシステムを動かしている主要なエネルギーが、電気なのである。原子力も電気に変えられ、自動車もEVに変わろうとしている。暗い宇宙空間から眺める地球を埋め尽くすものは、おびただしい夜光虫のような電気文明の光である。

電気への興味は、ベンジャミン・フランクリンなど十八世紀から始まるが、技術として大きく踏み出したのは、十九世紀に入ってからである。電気の実用化は照明から始まった。十九世紀初頭のイギリスで、炭素棒電極間に放電させたアーク灯の光である。十九世紀半ばには、電流から発生する磁気を利用したアメリカのモールス（Samuel Finley Breese Morse, 一七九一—一八七二）による電信機、さらに同じアメリカのベル（Alexander Graham Bell, 一八四七—一九二二）によって（有線）電信が発明される。

電気を作るための発電機やその逆の働きをするモーターも作られ、十九世紀末には蒸気機関に代わる電気動力の時代へと進んでいく。

十九世紀後半に電波が予言され、次いでそれが確認されると、イタリアのマルコーニ（Guglielmo Marconi, 一八七四―一九三七）によって無線電信装置が開発され、二十世紀に入って一九二〇年にはアメリカでラジオ放送が始まり、一九二六年にはテレビが発明される。受信技術も真空管からトランジスタ、半導体へと発展し、エレクトロニクスの時代となるのである。

この電子工学の時代の花形は、勿論コンピュータとその関連工学によって、現在世界文化を席捲する勢いで進行中の、情報通信技術革命（IT革命）であろう。誰もが机上や掌中で使えるようになったコンピュータ（パソコンやスマートフォン）に、光通信、衛星通信などを加えたインターネット革命で、文字・ビジュアルを含めたあらゆる情報の流通・蓄積が飛躍的に増大している。

この革命によってweb上に言わば巨大図書館が出現しており、誰もが瞬時に求める情報にアクセスすることが可能になった利点は大きい。しかしながら、コンピュータの究極の形とも言える、ビッグデータを飲み込み日々成長を続けるAI（人工知能）により、やがてはその膨大な情報ストック・技術を利用して、SF小説並みの監視社会へ移行するのではないかという危惧《きぐ》が語られ続けている。何気なく利用している情報検索、ネットでの購入からキャッシュカード、クレジットカード、さらにはSNS、メール、人間ドックのデータまで、我々は日々膨大な情報を無防備に放出している。それらのデータが統合されれば我々は丸裸となり、人間はデータの塊となって無力な存在をさらさざるを得ない。魔神は日々、我々自身の指先に、頭蓋の中に忍び込んでいるかもしれないのである。

ＩＴ革命と並んで、根本的な変革を社会に迫ろうとするもう一つの技術が、バイオテクノロジーである。一九五三年にワトソン／クリックによって、ＤＮＡの構造が解明されてから僅か半世紀、そのＤＮＡの地図たるヒトゲノムは、大方の予想を裏切る早さで、二〇〇三年にはすべて解読された。人間の外部たる自然に手を加え、より有用に改変させる方法であった技術が、その対象としてついに人間自身――神の死以来なお最後の聖域であった人間を選んだことになる。

最新の生化学技術を駆使した遺伝子組み換えなどにより、これから人生に出発する受精卵改造や成人の形質改変などを目指して、知能や強健性、さらには不老性などを高めようとする技術が始まろうとしている。これもまた、人間内部の永遠の欲望を秘かに駆り立てようとする魔神の誘惑であろう。すでに人工授精技術を遍《あまね》く実施している我々は、どのような展望をもって魔神の誘いと向き合うかが問われている。

以上の電子情報工学や遺伝子工学は、人間誕生以来の技術の最先端として、数々の輝かしい光の面を持ちながら、同時に未来への暗い影を宿し、妖しい内なる魔神のうごめきを感じさせる。それらと並んで、現代を象徴するもう一つの技術、強烈な外姿を持つ魔神と言えるものが原子力である。原子力は、あの $E=mc^2$ が告げている、物質がエネルギーに変換するときに生じる恐ろしいほどのエネルギーを利用するもので、第二次大戦最末期に原子爆弾として初めて実用化された。超高温と爆発力で一瞬のうちに都市が破壊され、一〇万人の生命が失われ、さらに放射線によって多くの人々のその後の人生をも苦しめた。しかしこのとき原子爆弾に積載された六四キログラムのウランのうち、エネルギーに変換されて消えた質量は僅か〇・七グラムだったとされる。一九四五年八月六日、広島上空に頭をもたげた巨大なキノコ雲は、人間の技術がついに人間自身のための利器を越え、不吉な未来を予告する魔神を呼び出したことを物語るものとなった。

原子力の平和利用とうたわれた原子力発電も、当初からいったん事故が起きれば取り返しのつかない厄災をもたらすと警告されていたにも拘らず、十分な事故予防策のないままに運転され、福島での破滅的な被害を引き起こしたことは記憶に新しい。人類を十分に絶滅させ得る核兵器の保有国がすでに世界に九カ国あることは、太陽からのエネルギーを言わば億年単位で蓄積させた化石燃料を、僅か百年単位で消費してしまうことで起こる地球温暖化問題などと合わせ、人間の知恵の限界を示しており、人類の未来を脅かすダモクレスの剣となっているのが、苛酷すぎる二十一世紀の技術の現状であろう。

しかしながら、呼び出した魔神は、内なるものにせよ外なるものにせよ、もはや収めることはできない。この内外の魔神を見つめ、対抗し、共存することもまた、ある極限にまで到達しようとしている人間の技術知に課された重い課題であろう。

第二十章 現象学運動——フッサールからハイデガーへ

十九世紀後半から二十世紀へ。フッサールの生きた時代は、科学と技術が破竹の勢いで知の世界を席捲していた。知の宗家哲学にとって、分家筋の科学が雲衝《くもつ》く巨塔を立て、その影が「心理学」などの形で、自らの固有域と考えていた意識の領域までを覆ってくることは非常な圧迫だった。科学内部の知られざるアポリアは別として、一般には哲学が苦しんできた難問でさえ、科学の発展によって解決する日も近いのではないかと考えられていたのである。

どうすれば科学の力を借りずに、意識の観察と思考のみによって、人間の認識の真理を摑むことができるのか。あえて意識の現場に腰を据え、そこに立ち現れる現象を見つめ考え続けることでブレイクスルーを果たそうとした哲学が、フッサールが創始した「現象学」だった。現象学は人間主観を改めて前面に立てる大きな動きとなって知の世界に広がっていく。

その衣鉢を畢なる形で引き継いだ弟子がハイデガーである。師と同様、彼も科学のすさまじい発展を横目で見ながら思索した人間であり、牙城《がじょう》に迫る科学主義に対抗した哲学者であるが、師のように人間主観を絶対とは考えなかった。むしろ主観主義こそが対象を利用すべき「モノ」に貶め、科学万能をもたらした元凶《げんきょう》ではないか。ハイデガーの手腕は、

「存在」探究のための予備学とすべく「人間」の日常を解析し、「ネットワークとしての世界」を生きる人間の現象を巧みに分析したところにある。

これによって日常生活が初めて哲学の対象となり、そのスキルがサルトル、メルロ＝ポンティらフランス現象学者を育て、二十世紀後半のフランス哲学の興隆をもたらすことになる。

★同じ時期の日本は、大正デモクラシーの思潮の中にあった。明治期における精力的な西欧知の導入の上に立ち、大正期には日本独自の知が花開いた。西田幾多郎は、西欧伝統哲学に加え、新興のフッサール現象学や東洋の知をも併せて思索を重ね、主観と客観の二元論的思考を越える独自の哲学を追究した。このほか、津田左右吉が記紀神話を科学的に分析することで日本古代史学をスタートさせ、柳田国男が徹底した民間伝承の収集により日本民俗学を創始するなど、多彩な知の展開が見られた。

1 フッサール――科学の圧迫と現象学の誕生

知の宗家、哲学の二十世紀はどのように推移したか。予めこの世紀初頭の世界を展望してみれば、二十世紀は帝国主義列強の世界分割の真只中でその幕を開く。英仏独露などが歯をむき出しにしていがみ合い、世界各地で謀略がめぐらされ、兵刃《へいじん》が交わり、人命が次々と失われていくさなかでのことだった。アフリカ奥地にまで砲声が響き渡り、南太平洋の島々まで砲艦が派遣され、ある場所は列強の支配下に落ち、別の場所では列強同士が相食んだ。領土欲はとどまるところを知らず、先行取得した英仏に対し、遅れてきた独伊米日など後続帝国主義国は、再分割を要求したり、残された「分け前」に与《あず》かろうと無理に無理を重ねた。

各国とも軍事費を積み上げ、兵器の性能は日進月歩で、止まない戦火の中でいつか途方もない破局を迎えるのではないかという予感が人々の胸に去来した。そうした世界の帝国主義を支えたものは人間の知であり、また理性であった。石炭、電気、石油などの巨大な出力を持つエネルギーを操り、すでに述べたような情報、通信、運輸、軍事兵器などあらゆる分野を牽引したものこそ、十九世紀以来発展に発展を重ねた知による技術だったのである。

但し、この時代をひたすら暗いだけの時代と描き出すことはできない。植民地からの収奪と科学技術の発展は、民生の大幅な向上をもたらし、いわゆるベル・エポックとして都市の消費文化が栄えた。パリ、ロンドン、ベルリン、ウィーンなどの首都が美しく改造され、電飾の美で名高い一九〇〇年のパリ万博もこの時代の象徴である。一九一四年の第一次世界大戦勃発まで、人々は破局の予感をないまぜにしながらも、繁栄に酔っていたのである。

すでに第十九章で触れたように、現象学の祖フッサールの生きた十九世紀後半から二十世紀前半は、科学と技術とがすさまじい勢いで世界を席捲していった時代だった。ノーベルによるダイナマイトの発明（一八六七年）、ダイムラーやベンツなどによるガソリン自動車の発明（一八八五年）を初め、発明が相次いだだけではない。宇宙の彼方に未知の惑星、海王星が発見（一八四六年）されたかと思えば、地上の生物がすべて進化の過程にあることも判明（『種の起源』一八五九年刊）し、また結核やコレラといった恐ろしい病が目には見えない病原菌によるものであること、さらには究極の物質であったはずの「原子」には、さらに電子を初めとする極微の構造があることまでが、次々と明らかになっていった。科学の破竹の進撃はとどまるところを知らず、電気の実用化に伴って夜の相貌が一変するなど、世界の姿がはっきりと変わっていったことと併せ、科学知が世界のすべての暗い謎を追放するのではないかという期待が高まった。

これに対して、哲学的な知はどうであったか。一八三一年に没したヘーゲルは、人間の知が一切を引き受け、一切を呑み込む中で、知はそれ自身による世界大の自己展開をすべて掌握すると考えたが、彼以後のヨーロッパ哲学にはそうした高揚感はなく、かえって人間理性への批判が展開された。

勿論、ヘーゲル哲学が、哲学の終わりを感じさせるほどの巨大な体系性を持ち、ポスト・アリストテレスと同様、ヘーゲル以降に存在感のある哲学者が生まれなかったという事情はある。ショーペンハウアー、キルケゴール、マルクスと並ぶ「ヘーゲルズ・チルドレン」たちも、ヘーゲルの高みに及ぶことは不可能で、運動としての哲学のボルテージが下がったことは否めない。

しかしながら、ことは哲学内だけの問題とも言い難い。ヘーゲル哲学の観念的、思弁的、言い方を換えればロマン的な哲学体系のあとで、多くの発明・発見を引き連れた科学が、世界の相貌を変えてしまうだけの力とリアリズムをもって、知の世界にせり上がってきていたのである。

リアリズムという言葉にこだわって言えば、哲学も科学もともに、目に見えず、耳に聞こえず、また手に触れることもできない対象を扱うことはある。しかしながら、いわゆる形而上学が証明不可能な観念を操作し続けて、ついに現実に戻らないまま説き終わってしまうのに対し、科学では、五感では感知できない「万有引力」を扱っても、それは複雑な計算の末に天王星の彼方の宇宙に一つの惑星を予言し、やがてそれが海王星の発見という形で証明されることになるのである。科学はそのリアリズムの力ゆえに着実に信を得、確実に進歩し得たのだ。

一方、哲学の流れは近代に至ってもなお、進化の道を辿ったとはなかなかに言い難い。古代・中世においては勿論証明不可能な形而上学的研究が多く、後継者が進化させようにも扱い兼ねたという事情はあったにせよ、近代に至ってもなお、先行者に対し、全く異なるアプローチで世界探究をするという試みの連続であった。これは芸術的な人文科学即ち、文学や音楽・美術などとどこか似ている。それぞれ独立した説、解釈が立ち上がり、よりあとの人間がより進歩しているとは言い難いところがあるのである。つまり、モーツァルトよりストラビンスキーの方が、ゲーテよりフォークナーの方が進歩しているとは言えないように、哲学の営みもまた、科学のように後続者が次々と石を積み上げていくのではなく、それぞれが別の場所で新たに石を積み上げているのであれば、これは科学のように短い時間で高い塔が築けるはずはない。

科学分野ではどうであるか。一八六四年にイギリスのマクスウェルによって電波（電磁波）が予言されれば、二四年後の一八八八年にはドイツのヘルツによってそれが確認され、さらに八年後の一八九六年には、その理論を使ってイタリアのマルコーニによって無線通信装置が作られる。このよ

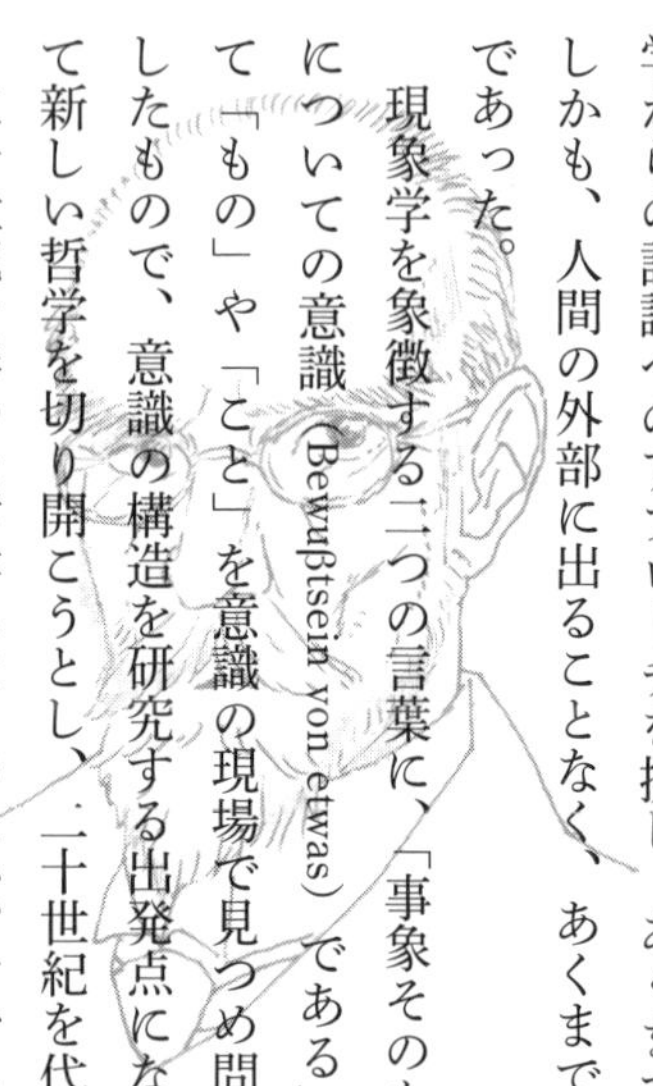

うに、科学・技術の進歩は、知のバトンタッチを次々と国境を越えて学者・技術者たちが遂行しており、科学技術は「足し算の学問」を、それも人類総がかりで行うという特性を謳歌してきた。ことに十七世紀科学革命以来それが著しく、三〇〇余年の間に、科学は学問の王として諸学の方法に介入し、また技術という形でも現実世界を勢力下におく雲衝く巨人にまで成長することができたのである。

フッサール（Edmund Husserl, 一八五九―一九三八）の仕事の目標は、こうした科学の圧倒的な優位の中で、本来その科学を含む諸学の宗家であったはずの哲学を再興することであった。具体的には、科学からの認識へのアプローチを排し、あくまで哲学の立場から人間の認識システムを解明すること、しかも、人間の外部に出ることなく、あくまで意識の場において、外部の客観や真理を説明することであった。

現象学を象徴する二つの言葉に、「事象そのものへ！（Zu dem Sachen selbst!）」と、「意識は何ものかについての意識（Bewußtsein von etwas）である」がある。前者は、先入観、既成概念を捨てて、あえて「もの」や「こと」を意識の現場で見つめ問え、ということであり、後者は、意識の志向性を強調したもので、意識の構造を研究する出発点になっている。現象学はまさにこれらのテーゼから出発して新しい哲学を切り開こうとし、二十世紀を代表する哲学潮流となったものである。

二十世紀を彩った哲学にはこのほか、すでに第十七章で挙げた新カント派、プラグマティズム、新実在論、弁証法的唯物論のほか、分析哲学などがある。特に分析哲学は、デカルト以来の意識（理性）を核心とした認識論的哲学が陥りがちな内閉性、外世界との交通の難しさを、世界と意識とをつなぐ言語の探究を深めることで乗り越えようとする視角があり、現在に至る哲学における言語的関心への影響力があった。しかしここでは、二十世紀の哲学に最も影響が大きかったと思われる知の流れとして、現象学を取り上げておきたい。

2 フッサールの生涯と現象学の展開

近代現象学の祖フッサールは一八五九年、オーストリアのプロスニッツ（現チェコ共和国東部・モラヴィア地方グロスチェヨフ）で、ユダヤ系の商家に生まれた。四人兄弟の次男である。少年の頃のエピソードとして、ポケットナイフを研《と》ぎすぎて、刃がなくなってしまったことが有名である。のちのフッサールが、意識の真理を深追いして収拾がつかなくなってしまったことや、また、自己の理論にこだわりすぎ、弟子たちの研究の振幅を許さず、次第に同志を失ってしまったことなどを予言しているようにも思える。弟子の研究の幅を制限して弟子の離反をもたらすところは、同じユダヤ系のフロイトとも共通する運命であろう。

一八六八年にウィーンの、次いで翌年には故郷に近いオルミュッツのギムナジウムに入学したが、授業にはまるで関心を示さない劣等生だった。しかし、卒業試験があぶなくなると、朝五時に起きて猛勉強をし、無事卒業。このとき、数学の理論の美しさに目覚めたという。

一八七六年、ライプツィヒ大学に入学、天文学などを学んだあと、一八七八年からベルリン大学で数学を専攻。一八八一年からはウィーン大学に移って数学の研究を続け、一八八三年に数学で博士の学位を取得する。一八八四年からウィーン大学でブレンターノの講義を聴き、哲学を自らの生業《なりわい》に選ぶ。諸学の基礎となっている数学の、そのまた基礎づけを哲学で行おうと考えたのである。

一八八七年、ハレ大学で教授資格を取得し、以降一四年間私講師を務める。この年マルヴィーネと結婚、二男一女が生まれ、家庭は円満だった。

一八九一年、三二歳の年に、心理学によって数学の基礎づけを目指した『算術の哲学』を公刊するが、やがてそうした自らの立場を「心理学主義」として批判することになる。この書における「心理学主義」とは、自然科学の圧倒的な進展の中で、科学によってすべてが解明し得るという考えを反映したものである。数学の原理を「集め」「合わせ」「数える」心的作用に求め、数学を心理学によって基礎づけようとしたもので、フッサールは一九〇〇—一九〇一年刊の『論理学研究』でそれを克服していくことになる。『論理学研究』では、数学のさまざまな概念や法則は、経験的な「心」の問題とは関係なく存立するイデア的なものであるとし、これを扱う「純粋論理学」が要請され、それを支える基礎づけとして「現象学」が提唱されることになった。本書は反響を呼び、フッサールは一九〇一年秋、ゲッティンゲン大学員外教授（准教授）に就任する。四二歳であった。五年後、一九〇六年には教授となり、この大学に一六年とどまる。この間、『厳密な学としての哲学』（一九一一年刊）、『イデーン（純粋現象学と現象学的哲学のための諸構想）』第一巻（一九一三年刊）が刊行され、現象学は思想界に大きな影響を与え始める。

『厳密な学としての哲学』は、数学的物理学に母屋《おもや》を取られることなく、また歴史に入れ込みすぎて、歴史的状況によって当代の哲学の基礎が造られていると考える「世界観哲学」に陥ることもなく、真に厳密で普遍的な哲学こそが現象学であるとして、二つの方法によって新しい哲学の基礎づけができるとする宣言である。その方法の第一は、「現象学的還元」。意識に与えられている現象以外のすべてを遮断《しゃだん》して、そこにスポットライトを与える方法である。もう一つが「本質直観」。具体的な現象の中に、経験的な要素のみならず、存在している本質（形相）を取り出す方法である。これら二つが現象学の方法として提示されることになった。

フッサールの意図は、科学や歴史的理念で人間の意識を解明しようとするのは間違っており、哲学は人間の意識の根源的作用それ自体を扱うべきであり、厳密な方法に従えば、意識と存在の根本的原理は抽出し得る、ということであった。

続く『イデーン』第一巻では、さらに以上の二点を方法的に鮮明にする。意識の志向性を強調しつつ、この志向性によって演ぜられる「意識の劇場」では、外部世界からの影響をすべて排除し、演ぜられる働き（意識、知覚）を「ノエシス」、演ぜられる内容（対象）を「ノエマ」と名づけ、この意識現象の作用と構造を解明すれば、デカルト・ロック以来の認識論は、そのアポリアが根本的に解決できるとしたのである。

一九一六年、フッサールは次男を第一次世界大戦で失い、失意の中にあったが、フライブルク大学から転出するリッケルトの後任教授に招かれる。五七歳の年であり、以降定年までの一二年間この教授職を務めることになる。この間、『イデーン』第二巻以降の執筆などに時間を充てたが、哲学先進国ドイツの最新理論である現象学を学ぼうと、日本を含む各国の哲学研究者が「フライブルク詣《もう》で」にこの地を訪れたほか、三〇歳年少のハイデガーとの運命的とも言える出会いもあった。一九一九年に、フッサールの推薦《すいせん》で助手となったハイデガーを師フッサールは高く評価し、演習のときにはつねに参加させ、また「君と私が現象学だ」とまで語ったとされるが、やがて両者は袂を分かつことになる。フッサールの、意識を絶対的存在とする思考に、ハイデガーがついていけなかったのである。

フッサールは、一九二八年をもってフライブルク大学を退職、翌一九二九年、フランス・ソルボンヌ大学で現象学入門の講演を行い、レヴィナスらが聴講し、フランスに現象学が移入されるきっかけとなる。この講演の原稿をもとに、一九三一年に『デカルト的省察』が刊行され、他者の存在を認めて相互主観性を肯定し、意識を中心に置く現象学ながら、独我論に陥ることを防いだ。また一九三五年のウィーンやプラハでの講演に基づく『ヨーロッパ諸学の危機と超越論的現象学』(一九三六年、前半刊)によって、各人の生活世界は初めから共同の構成物であるとして、世界の客観性を確保した。

晩年はナチスのユダヤ人迫害にあい、大学に足を踏み入れることも禁ぜられる状況で、一九三八年四月二十七日に没。七九歳だった。

3 現象こそがアルキメデスの点である——現象学の理論と運動

現象学が果たした役割は、反理性の流れの中で、自然科学の圧倒的な成果の前に押しつぶされかねなかった哲学に、科学に対抗し得る厳密な学問的方法を持ち込んだこと。しかも、ギリシア以来曖昧《あいまい》で偶然的、しかも不確実なものとおとしめられてきた「現象」に光を当て、この現象こそが「アルキメデスの点」なのだと反転攻勢をかけたことであろう。自然科学や一般人が考えるように、まず世界が客観的にあって、そこに個人的意識が立ち現れ、その意識に知覚や認識が映ずる――という考え方は、問題の立て方として間違っている。すべては現象、即ち意識の現場から始まり、そこに尽きている、と考えたのである。

フッサールは、厳密な学においては、絶対的な確実性と普遍的な妥当性が要請されると考えた。そこで彼は、反省によって明晰に把握し得る「現象」＝人間の意識を絶対確実な所与とし、ここに徹底的に目を凝らす哲学を創始したのである。

彼が明らかにしたこの意識の現場の最大の要素は、「意識は常に何ものかについての意識である」と称される「意識の志向性」であった。この志向性を浮かび上がらせるために、外世界の一切を遮断（現象学的還元）してみると、判明するものは、あらゆる対象が客観的に意識から独立しているものではなく、あくまで意識に志向され、認識されている限りで内在する相関者であることであり、こうして思念されている対象を「ノエマ」、それを像として成立させている作用を「ノエシス」という形で析出でき、さらに探究を深めることができることになる。

後期のフッサールでは、志向性は単に対象に関係するだけではなく、対象に意味を与え、対象を構成する役割が注目されていく。この場合、外的対象の全体である世界を構成するために、相互主観性や他我問題などの考察へと彼の思考は広がっていった。

フッサールの孤独の戦いにおいては、意識に足場を置きながら、外部の客観的存在や真理の可能性を基礎づけようとする当初の目論見《もくろみ》を十分に果たせぬまま終わったが、人間の「意識現象」に目を凝らし、新しい哲学を築いていこうとする現象学の立場は、後続するハイデガーやサルトル、メルロ＝ポンティなどに受け継がれ、現象学は二十世紀を代表する知の運動となる。日本からも田辺元、九鬼周造以下、多くの学者が彼のもとに留学している。

フッサールが創始したリアルな意識の原理的研究から、従来の哲学には存在しなかった、ハイデガーやサルトルのリアルな現実を分析する哲学が生まれることとなった。哲学は自然科学のように、一〇年単位、いや、一〇〇年単位でも、直接連なって進化してはいかないもののようであるが、これまでの経緯を見れば、巨大な螺旋《らせん》を描き、数百年単位、千年単位で進化する知なのかもしれない。とすれば、タレス以来二六〇〇年の哲学史は決して零落《れいらく》した貴族なのではなく、諸科学など多くのスピンオフを繰り出したほか、哲学本体もゆっくりと上昇している知の試みであるとも言い得るのであろう。

4 ハイデガー——技術ではなく存在の声を

ハイデガー（Martin Heidegger, 一八八九―一九七六）は、毀誉褒貶《きよほうへん》の激しい哲学者である。現代フランスを中心に二十世紀最大の哲学者という評価がある一方、改悛《かいしゅん》しないナチ党員という侮蔑《ぶべつ》、あるいは怪しげな言葉で「存在」を讃える反理性主義者という非難まである。どれもそれなりの真実を衝《つ》いているところがある。

ハイデガーもまた、師フッサールと同様、科学技術の凄まじい発展の中で、それを横目で見ながら思索した人間である。しかも、師よりも三〇歳年少だった彼は、第一次世界大戦勃発時には二四歳、近代兵器による総力戦に召集された経験も持つ。しかしながら、あらゆる分野に浸透し、哲学の牙城にすら迫ってきた科学主義に対抗し、師フッサールが厳密な哲学としての現象学を生み出すことでこれを乗り越えようとした試みに、弟子ハイデガーは従わなかった。

師から自分の現象学の後継者と目され、生活のためにこれに面従腹背《めんじゅうふくはい》していたこの「不肖《ふしょう》」の弟子は、やがて一本立ちするとともに師と袂を分かつ。彼は考えていた。デカルトからフッサールに至る意識の哲学が陥った誤りは、人間主観に対する過度の思い入れであり、この「主観主義」がその外部のあらゆる対象をすべてしいたげ、単に利用すべき「モノ」に貶めてしまい、その先兵となった技術によって「科学万能」という愚かな思潮さえ生み出してしまった。しかしすべての根拠は人間にあるのではなくて「存在」にある。「存在」の声にこそ耳を傾けよ。

しかし、運命の皮肉とでも言うべきは、彼を「世界のハイデガー」にした主著『存在と時間』が、実はこの「存在」解明の試みの前座（前半部分）であって、肝心の本論（後半部分）は予告のみされただけで、ついに日の目を見ることがなかったことである。即ち、存在を解明するために、存在への問いを発することができる人間存在を探究し、よってもって存在自体の解明に至ろうとした書が、その前半である、目次面では全体の三分の一のところで終わってしまったのである。不完全な書だと考える人も、前半だけで哲学史に残る名著になったと評価する人もいる。ただいずれにせよ、その前半部分における人間の実存分析のリアリティが大きな反響を巻き起こし、フッサールの現象学とともに、ハイデガーの現象学（解釈学）として、ドイツ国内のみならず、フランスに流入してサルトル、メルロ＝ポンティらの若い哲学者を現象学者にし、世界的な現象学運動を巻き起こすことで、現象学を二十世紀最大の哲学潮流に押し上げたことは確かである。

5 ハイデガーの生涯と戦争の影

ハイデガーは一八八九年、ドイツ南西部バーデン州のスイス国境に近い小さな町メスキルヒに生まれた。父フリードリッヒは当地の聖マルティン教会の堂守りを務め、併せて樽作りの親方でもあった寡黙な人だった。母ヨハンナは陽気な女性で、夫婦ともに敬虔なカトリック。ハイデガーはその長男で、弟と妹が生まれたが、妹は夭逝《ようせい》している。

幼い頃から弟とともに父の仕事を手伝ったが、才能は隠れもなく、奨学金《しょうがくきん》を得て、ドイツ南部ボーデン湖畔の、さらにはドイツ南西部、フランス国境に近いフライブルクのギムナジウムへ通う。

一九〇九年には、二〇歳でフライブルク大学に入学する。学内では初め神学部、次いで自然科学や数学を聴講し、さらには哲学部に移る。新カント派のリッケルト教授のもとで、一九一五年に教授資格を取得、フライブルク大学の私講師として学究生活をスタートさせた。一九一四年と一五年には、国家総力戦となった第一次世界大戦を遂行する軍から召集を受けるが、いずれも心臓障害などのために除隊。

一九一六年、ハイデガーの運命は大きく変わる。リッケルトが転出し、代わりに現象学の提唱者フッサールがフライブルク大学へやってきたのである。フッサールから現象学を学んだハイデガーは、大戦終了後の一九一九年にはその助手となる。しかし、二人の現象学徒を取り巻く敗戦国ドイツの状況は暗かった。十九世紀を通じた国力充実によって得られた栄光はことごとく失われていた。大戦による一八〇万人のドイツ人死者、全植民地の喪失、アルザス・ロレーヌの割譲、弱武装の強制の上に、天文学的な賠償金《ばいしょうきん》がドイツ人の頭の上にのしかかっていた。進歩の時代と言われた十九世紀から、ドイツは危機の時代としての二十世紀に足を踏み入れていた。

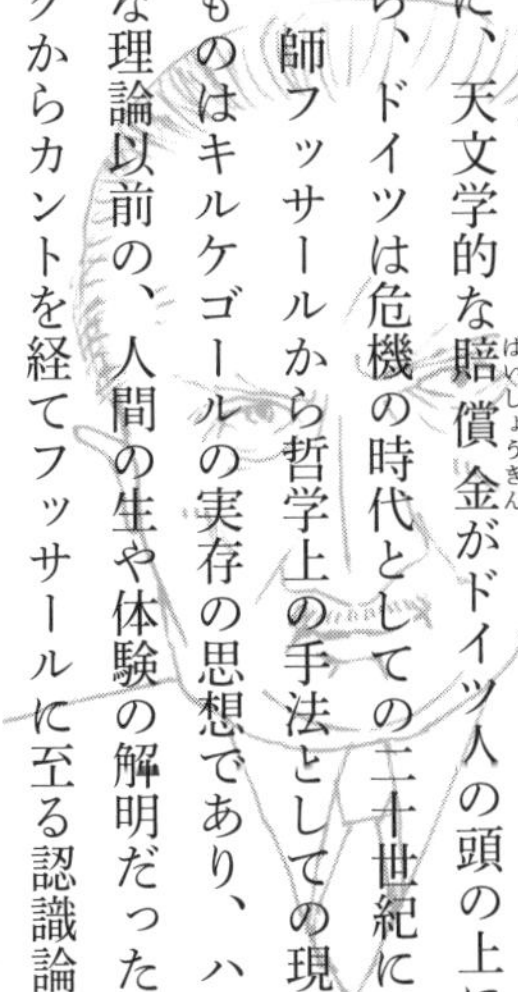

師フッサールから哲学上の手法としての現象学を貪欲に吸収しながら、ハイデガーが読みふけったものはキルケゴールの実存の思想であり、ハイデガーの目指したものは、師の超越論的現象学のような理論以前の、人間の生や体験の解明だった。つまりハイデガーが目指した哲学は、デカルト・ロックからカントを経てフッサールに至る認識論の系譜ではなかったのである。大切なものは、世界と生を外側から見下ろす認識の理論を作ることではなく、自分が構成しているこの世界の中で生きている

この私の生だった。求められるべきものは、認識論以前の現実的な生に隠されている構造を摘出《てきしゅつ》する「解釈学的現象学」の構築だった。こうしてフッサールによる「現象」に焦点を当てた哲学は、日常的現象に潜む、意味や構造を解読する学に姿を変えることになる。

こうしたベースから書かれたハイデガーの主著『存在と時間』は、存在の意味を追究することを究極の目標としながらも、その前提として存在を問う能力を持つ人間実存の分析に力を注ぎ、またその斬新さが新しい哲学の到来として評価されることになるのである。

この間、彼の私生活にもいくつかの動きがあった。まだ戦争中だった一九一七年、エルフリーデ・ペトリと結婚をした。この年ハイデガーは二八歳、エルフリーデは、一九一五年に彼がフライブルク大学で教え始めて間もない頃の聴講学生だった。ハイデガーの恋人と言えばハンナ・アーレントが有名だが、こちらはのちのマールブルク大学時代の教え子である。一九一九年からフッサールの助手となったハイデガーにマールブルク大学から、招聘するために必要な研究報告をするよう要請があった。これに応えたものがいわゆる「ナトルプ報告」（「アリストテレスの現象学的解釈」）で、これによりハイデガーは一九二三年、マールブルク大学員外教授（准教授）となる。フライブルク大学に引き続き、マールブルク大学でもハイデガーの講義の声価は高まっていたが、大学よりの教授昇格の申請は一九二六年、ドイツ文部省に却下《きゃっか》された。一〇年間印刷物を出していなかったからである。そこで急遽彼はそれまでの研究をまとめ、一九二七年、全体構想の「前半」が、フッサール主宰の「現象学年報」に掲載されるとともに、単行本としても刊行された。これこそが『存在と時間』既刊部分であり、これによってハイデガーは同年マールブルク大学教授、続いて一九二九年には、転任するフッサールに代わって、フライブルク大学教授となる。

一九二七年初めに発表された『存在と時間』への異常な反響、一九二九年母校フライブルク大学教授への就任、さらには一九三三年の同大学学長就任という、三七歳から四三頃歳頃までが、ハイデガーにとって最もかげりのない、光輝いた日々であったかもしれない。『存在と時間』は暗い色彩の強い哲学書であるが、この書が世界で声価を高めていく中で、ドイツ経済は破綻し、ナチスが勢力を伸長させ、戦争の足音が聞こえ始め、ハイデガーはナチス入党というコミットをすることで、自らの人生を狂わせてしまう。そして、教会の堂守りの息子が大学学長にまで駆け上がった、『存在と時間』前半までの三七年間の栄光の人生に引き続き、同書後半を書かなかった代わりに、それから人生の後半五〇年に及び神秘的に「存在」をつぶやき続けることになる。

一九三四年、ハイデガーは一年足らずで学長を辞任、さすがに失敗を意識したのであろう、翌一九三五年からは哲学に専心する。しかし戦後はナチス協力の戦争責任を問われ、謝《あやま》りもしなければ申し開きもしないというかたくなな姿勢を保った。世界大戦を引き起こした科学技術の本質に、人間の主観＝主体による世界認識から世界支配への傲慢さを指摘し、むさぼり尽くすことで自らをも失ってしまう人間の故郷喪失をも責めて、存在からの声に耳を傾け、存在を見守るよう呼びかけ続けた。一九七〇年に脳卒中に襲われたのち、一九七六年五月二十六日没。八六歳だった。

6 『存在と時間』——人間の本質は気遣いである

ハイデガーは、「存在」を追い求める哲学者として知られる。主著『存在と時間』は、ギリシア語の引用文をもって始まるが、それはプラトンの、ソフィストたちを導入にしながら、存在と非存在とが考察される『ソフィステス』からの一節である。

「……トイウノハ、君タチガ『存在スル』トイウ言葉ヲ使ウトキ、イッタイ君タチハ何ヲ意味スルツモリナノカ、ソレヲ君タチガトウノ昔カラ熟知シテイルノハ、明ラカナコトダカラダ。ダガワレワレハ、以前ニハソレヲワカッテイルト信ジテイタノニ、イマデハ困惑ニオチイッテイルノダ。……」

（『存在と時間』原佑／渡辺二郎訳、『世界の名著62　ハイデガー』中央公論社、一九七一年、六五頁）

この引用文に引き続き、ハイデガーの「存在への問い」が始まる。

いったいわれわれは「存在する」という言葉で何を意味するつもりなのか、この問いに対して、われわれは今日なんらかの答えをもっているのであろうか。断じて否。だからこそ、存在の意味に対するいいかいをあらためて設定することが、肝要なのである。

（同書、六五頁）

『存在と時間』は、この冒頭以降に現れる「断じて〜でない」(keineswegs) という語に象徴される激しい拒絶や強い断言、暗い色調の中で論述が進んでいく。それは大戦間の危機の時代に生まれた書だからなのか、それとも、これを書いた三七歳の著者が、それまで経済上や人間関係で、多くの「気遣い」をせざるを得ない人生を送ってきたからなのか。多分、そのどちらでもあるのだろう。

一九二七年に現れた本書は、新しい哲学誕生として、たちまち電撃のようにドイツ哲学界を撃ち、その名は国境を越えていった。本書は多くのインパクトを生み出したが、その中でも〈知の歴史〉にもたらした最大の貢献は、断じて当初の目論見通り「存在」の解明によってではなく、人間の「世界内存在」(In-der-Welt-Sein) 性の指摘であったろう。

すでに触れたように、デカルト以来近代哲学の主流となっていた主観―客観図式を持つ認識論に対して、ハイデガーは明確に否定的な見解を持っている。それらはすべて「主観主義」であって、人間の意識を絶対化し、返す刀で対象を、また世界を、つまりは人間の外部一切を、意識に見つめられるもの、それに汲み尽くされ、利用し尽くさるべきもの、という地位に貶め、もって近代科学技術の悪魔化を招いた元凶だとさえ考える。彼によれば、西洋哲学のこの伝統は、デカルトをはるかに越え、プラトンにまで遡り得るとされる。

ところで、師フッサールにおいて極点に達した観のある「主観主義」であるが、なぜ伝統ある思考を誤っているというのか。ハイデガーは考える。それは人間のリアルな現実から遠ざかり、真実を示していないからである。彼が人間存在を示す用語としてわざわざ使っている「現存在」(Dasein) は、世界を睥睨する、高貴なものとしての主観性のイメージを拒否し、代わりに存在論的な立場を前面に出した命名のようである。しかもこの具体的な存在は、世界の外部から世界を凝視するどころか、つねにすでに世界の只中《たたなか》に入り込んでおり、まわり中に気遣《きづか》いのアンテナを張り巡らせている、実にセンシティヴな存在なのである。

その気遣いは、身のまわりのさまざまな物を、自分が行動するための道具として捉え、手元から彼方まで次々と膨大なまでに連関させていくそれらの全体こそが「世界」となって現れる。また、気遣いは勿論身のまわりのさまざまな人間に対しても行われ、他の人間も同様に他者に対して気遣いをしているため、こうした人と物とが一体となって気遣い合い、指示し合い、関わり合うネットワークの全体こそが「世界」を形成しているのである。

このようにして『存在と時間』では、言わば世界の外に身を置く絶対的な人間の意識というデカルト以来の主観―客観図式を否定し、世界の内部に互いに敏感なセンサーを働かせ、全体として巨大なネットワークを張り巡らせている人間たちの、有機体としての世界を描き出した。かくして、人間たちの気分、不安、おしゃべり、好奇心、死など、三面記事にもなりそうな日常生活のさまざまな相が次々に分析されていく。著者の意図としては、人間の実存をこのようにリアルに描き出し、分析し続けたことそれ自体が目的ではないという。気遣いを中核とする人間実存の実態を解明する過程で、その本質を成す時間性を摘出し、さらにその時間性から存在一般の意味に迫ろうとしたことが、ついに書かれなかった未刊部分を含む本書全体の意図だったという。

現実には本書は未完に終わり、「存在の解明」もなされることはなかった。本書以降、ほぼ半世紀にわたるこの哲学者の人生は、栄光と汚辱《おじょく》に満ちた異様なものとなったが、その中から、本書を引き継ぐ形で多くの著述がなされた。その多くは「存在神秘主義」とさえ評されるように、ことさら難解で、存在自体が虚空からつぶやくような神秘的なものであったが、彼が終局求めた「存在」の声とは、一九四九年に発表された『野の道』などに表れているように思える。

「野の道」とは、ハイデガーの故里《ふるさと》、地図にも出ていないような小さな町メスキルヒの城館を出て、麦畑と牧場の間を縫《ぬ》い、森へと向かっていく小道である。ハイデガーの幼い日、この森の中で柏《かしわ》の木が木こりによって切り倒されると、父はそこに急行し、それを材に変えていく。父についていったハイデガー少年たちは、その木片から舟を作り、小川や学校の泉水に浮かべて遊ぶ、母の眼差しに見守られながら。ハイデガーが大きくなると、この森の入り口にあるベンチや、広野を貫く野の道が、思想書を読むようになった彼の学び、また思索する場となった。その野の道は、いつもそこを通る人々に語りかけていると彼は言う。

野の道のほとりには、同じ一つのものの呼びかける声が、いつもまたあらゆる所から、聞こえてくるのである。

その同じ一つのものの声は、次のやうに呼びかけてゐるのである。単純なるものこそ、止まるもの、偉大なるものの謎を秘蔵してゐる。……

野の道の呼びかけるこの声は、野の道の空吹く風の中に生れ、野の道の声を聴き得る如き人々が存在するただその限りに於てのみ、語るのである。……現代の人々は、ますます野の道の言葉に耳を閉ぢようとする、さうした危険が迫りつつある。彼らの耳に心地よく響くのは、今はただ機械の騒音のみであり、機械を彼らは神の声と見做すのである。……

単純なるものこそ獲得しえた財宝である、今なほこのことを知つてゐる人々の数は、恐らく急激に減少しつつあるであらう。しかしその人々こそ、あくまでも止まる人々であらう。彼らこそやがては、野の道の穏やかな力によつて、原子力の巨大な力を越えて存続することをうるのである。

(『野の道／ヘーベル――家の友』高坂正顕／辻村公一訳、『ハイデッガー選集Ⅷ』理想社、一九六〇年、八―一〇頁)


人間の技術が創り出した原子爆弾を排斥し、野の道の呼びかける声に耳を傾ける。ここに表れている豊かでまた心休まる懐かしい自然の姿こそ、ハイデガーが難解な言葉で追い続けた「存在」の実体ではなかったろうか。

今から半世紀近く前に亡くなったハイデガーが、〈知の歴史〉に果たした役割とは、以上述べてきたような主客図式とは明確に異なる独特な人間の存在形態の提示を別とすれば、それまで抽象的な議論の積み重ねが多かった哲学の世界に、突如として日常生活を導入し、しかもそれが持つ哲学上の意味を鋭利に分析していったその手腕であろう。これは「現象」を、論ずるに値するものとして初めて哲学の俎上《そじょう》に載せた師フッサールにもできなかったことであり、また本書が刊行されてたちまち多くの賛辞に包まれた理由であろう。

哲学を市井《しせい》におろした人としてソクラテスが挙げられるが、ハイデガーはまさに、日常生活それ自体を初めて哲学の対象にした人なのである。この特別の哲学の眼差しは、ハイデガーのこれまた「不肖」の弟子となったサルトルに受け継がれ、結果として現象学はさらに形を変えながらフランスに流入し、カント以来一世紀半以上、ほとんどドイツの国学のようになっていた哲学を、再びフランスで興隆させることとなる。サルトル、メルロ＝ポンティの実存主義（現象学）、レヴィ＝ストロースの構造主義以下、二十世紀後半のフランスは、世界の知の注視を浴びることとなるのである。

第二十一章　実存から構造へ――サルトルとレヴィ＝ストロース

二十世紀の哲学の動きを辿ると、フッサールの現象学は、デカルト以来の意識の哲学を再構築すべく、意識の内部に探索の範囲を限定し、厳密な学としての哲学を追究した。しかし、デカルト以来の「アルキメデスの点」を何としても確保し、そこから世界のすべてを構築しようとする「基礎づけ主義」の再興は日の目を見なかった。

しかし、プラトンから移ろいやすく不完全と排された「現象」という場にあえて眼差しを据え、そのメカニズムを徹底して解析することで真理に迫ろうとする現象学という発想を、ハイデガー（世界内存在）、サルトル（対他存在）、メルロ＝ポンティ（両義性）らが後継し、これまで哲学の眼が及ばなかった「人間が作り上げる世界」のさまざまな構造と力学が追跡された。

第二次世界大戦下の思想的混迷の中で、人間の絶対的自由を高く掲げたサルトルの知的覇権は戦後二〇年にも及んだが、六〇年代になるとその自由がいかに世界という構造の影響下にあるかを衝いたレヴィ＝ストロースの構造主義に取って代わられる。

一方、デカルトからフッサールに至って明らかとなった、コギト内部に閉じられた哲学的隘路を突破すべく、分析哲学は世界に広く開かれた「言語」を通して真理を探ろうとした。その試みは、言語研究に大きな路を切り拓いたが、なお十分な成果を挙げていない。

また、二十世紀後半から知の話題を集めた構造主義、ポスト構造主義では、時代の高度資本主義化の影響を受け、総じて巨大な社会システムの中の個人の無力感、懐疑論、ニヒリズムなどを反映した思考が多く、注目はされたものの次の時代に引き継がれる生産的な思考にはなりにくかった。勿論、科学から哲学的分野を解明しようという動きは、はるか以前から続いている。——こうしたところが、二十一世紀に入った現在までの主たる潮流であろう。

1 現象学の三師弟——サルトルの登場

ホモ・サピエンスが、その全歴史三〇万年の究極点として、知の力を総結集させた科学技術を駆使し、地球規模で殺し合った第二次世界大戦。巨大戦艦、航空母艦、重爆撃機、急降下爆撃機、高速戦車、火炎放射器、レーダー、ブロックバスター弾、弾道ミサイル、焼夷弾、そして原子爆弾。特に原子爆弾の開発には、ノーベル賞を受賞した数十人の科学者たちの知が凝縮していた。人間を殺すためのありとあらゆる兵器が考え出され、むきだしの敵意の中で、大戦中約三七〇〇万人もの人々が殺された。第一次世界大戦を大きく上回る規模で、機械力が完全に人間を圧倒する、ほとんど黙示録的な光景が、六年間にわたって地上に展開した。

一九四五年五月七日、二七年前と同様、再びドイツが力尽き、ヨーロッパの戦いが終結する。東はウクライナから西はフランス大西洋岸まで、ヨーロッパ大陸は延々三〇〇〇キロメートルにわたり、

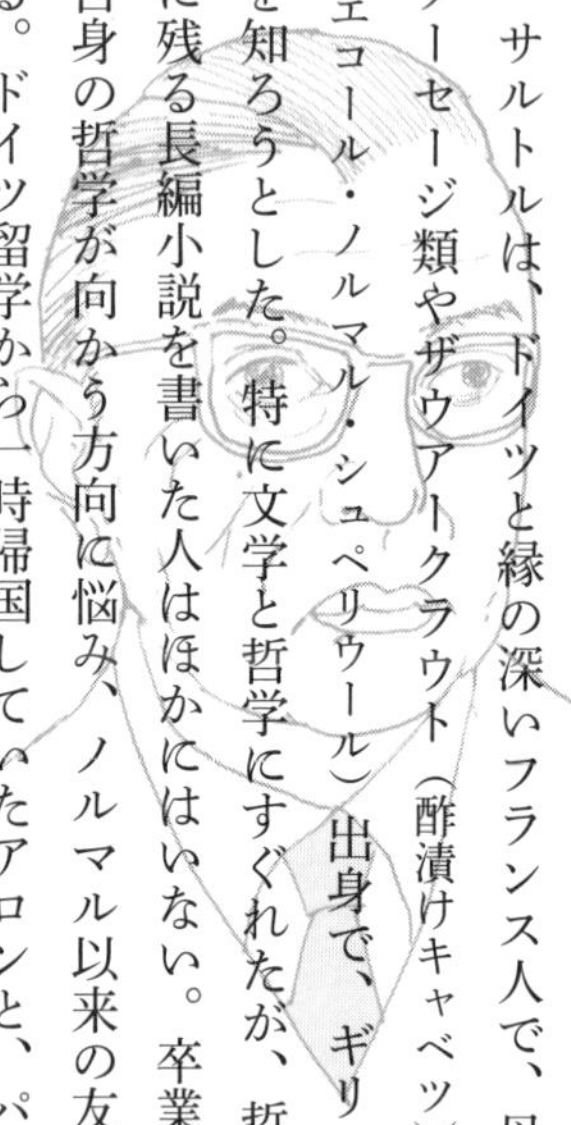

瓦礫《がれき》の山となった街、荒廃した田園、そして死体と負傷者が残された。そのいまだ残る硝煙《しょうえん》の中から現れた次の世代の哲学者が、サルトル（Jean-Paul Sartre, 一九〇五―八〇）である。

サルトルは、ドイツと縁の深いフランス人で、母方の祖先はドイツ出身、自身もドイツ風の豚肉ソーセージ類やザウアークラウト（酢漬けキャベツ）などを好んだ。フランスの名門・高等師範学校（エコール・ノルマル・シュペリウール）出身で、ギリシア以来の哲学者の伝統に則って、あらゆることを知ろうとした。特に文学と哲学にすぐれたが、哲学者にして『嘔吐《おうと》』『自由への道』並みの文学史に残る長編小説を書いた人はほかにはいない。卒業後、リセ（高等中学校）の哲学教授をしていたとき、自身の哲学が向かう方向に悩み、ノルマル以来の友人、レイモン・アロンから現象学に開眼させられる。ドイツ留学から一時帰国していたアロンと、パリのレストランでの一九三三年の一夕《いっせき》、あんずのカクテルを前にして、二人の共通の友人シモーヌ・ド・ボーヴォワールが描き出したシーンは有名である。

アロンは自分のコップを指して、
《ほらね、君が現象学者だったらこのカクテルについて語れるんだよ、そしてそれは哲学なんだ！》
サルトルは感動で青ざめた。ほとんど青ざめた、といってよい。それは彼が長いあいだ望んでいたこととぴったりしていた。つまり事物について語ること、彼が触れるままの事物を……そしてそれが哲学であることを彼は望んでいたのである。

（シモーヌ・ド・ボーヴォワール『女ざかり――ある女の回想　上』朝吹登水子／二宮フサ訳、紀伊國屋書店、一九六三年、一二五―一二六頁）

この新しい哲学を求めて、サルトルはその年のうちにドイツに留学し、フッサールを研究するとともに、ハイデガーを学ぶ。『存在と時間』刊行後、まだ六年である。サルトルはこの現象学の師弟に直接学んだわけではなく、言わば私淑《ししゅく》であるが、ここからサルトル哲学が成立し、フランス思想界に現象学が流れ込んでいくことになる。

〈知の歴史〉のまだ初めの頃に登場したアテネの三人、ソクラテス、プラトン、アリストテレスというギリシア哲学三師弟は、それぞれに敬意を持ち合った幸福な人々だったと言える。しかし、〈知の歴史〉の巻末近くにやってきた現象学の三師弟には、ずっと暗い影がある。ソクラテスに相当するフッサールは、いかにも学者然とし、新しい任地となったフライブルク大学で、自分に接近してきた三〇歳年少の私講師ハイデガーをかわいがり、助手にしただけでなく、自身からの離反も知りながら、ハイデガーを自分の後任教授に推薦もした。学者馬鹿のようなところもあったが、鷹揚《おうよう》な人柄だったのであろう。二番手のハイデガーはずっと曲者《くせもの》だった。プラトンのように師を敬《うやま》った形跡はさほどなく、自分の生活を守るために師との理論上の隔《へだ》たりはひたすら隠した。マールブルク大学に移り師と離れると、授業で師の批判に転じた。彼の異国の弟子筋にあたるサルトルに対しても、戦後早々手厳しい批判をし、世界的な名声を得たサルトルが自宅に訪ねてきたときも、厳しい言葉で追い返したようだ。

サルトルがフッサールから学んだ最大のものは、意識の志向性であろう。もともと意識は、目の役割にも似て、外部の事象を写し取る受動的なものと考えられていたが、カントを経たフッサールにおいては、意識が対象に言わば「乗り出して」いく能動性に焦点が当てられる。ハイデガーになるとさらにそれが「気遣い・関心」となって、リアルにまた具体的にそこに形成される現実が描き出される。そしてサルトルに至れば、意識のダイナミズムが極めて高く評価されて、意識の絶対的自由が謳われる。一九四三年、ドイツ占領下のパリで出版されたサルトルの主著『存在と無』は、全編が意識の自由の強調で覆われている。しかも文学者でもあったサルトルは、師ハイデガーが行った日常世界の現実の分析をさらに一段と強め、次に掲げるカフェのボーイの仕草《しぐさ》からスキーヤーと雪原の関係、敵兵の潜む丘からの眼差しの恐怖、果ては性行為や性器にまで分析の手が及ぶ。まさに哲学がカフェにまで引き下ろされたのだ。哲学は日常の具体的な現象までも分析し、そこに存在論的意味を読み取る方法が展開されるのである。

『存在と無』中の有名な一節「自己欺瞞《ぎまん》」では、人間の意識がいかに自由に、与えられた条件を乗り越え、抜け出してしまうかを、見事な描写で描き出す。

キャフェのボーイを考えてみよう。彼の敏捷できびきびした身ぶりは、いささか正確すぎるし、いささかすばしこすぎる。彼はいささか敏捷すぎる足どりでお客の方へやってくる。彼はいささか慇懃すぎるくらいお辞儀をする。……彼は演じている。彼は戯れている。……彼はキャフェのボーイであることを演じているのである。

（『存在と無Ｉ』松浪信三郎訳、『サルトル全集18』人文書院、一九五六年、一七七頁）

カフェのボーイは、類型的で少々大げさな身ぶりで、自分がカフェのボーイそのものであることを演技している。それは八百屋《やおや》も警官も同様である。しかし、カフェのボーイそのもの、八百屋・警官そのものである人間などいるはずがない。その演技の裏側で、その職能から全く自由な意識が働いている。人間は「自由であるように呪われている」ほど自由である。それは人間の意識が「物」とは異なる在り方、即ち、存在論的に存在とは反対の「無」であることにより、つねに今それであるところからのがれ出ていく「脱自性」を本質とするからである。こうしてサルトルは、人間の本質を「無」でありながら、しかも一切を包含し、全世界であろうとするダイナミックな無、自由な無、と考えた。

実存としての人間は、さまざまな重い状況に取り囲まれながらも、自己を見つめ、あくまで自己責任によって状況を乗り越えていこうとする。サルトルの実存主義は、戦争の悲惨に打ちひしがれながらも、自由な精神で新しい世界を築いていこうとしていた戦後ヨーロッパの人々から熱い支持を受け、その名は世界的なものとなっていった。

サルトルは終身、自由の哲学者であり、〈知の歴史〉に対する彼の貢献も、この人間意識の絶対的自由の主張であることは疑いを容れないが、彼はもう一つの貢献をしている。それが『存在と無』全体の三分の一を占める「対他存在」の分析である。

人間の意識は誰もそれを阻止できないほど自由であるが、しかし私にとっての問題は、同様の能力を持つ自由な他者の存在である。——私が今、静かに世界を眺めているとする。葉末の雫《しずく》、木々、流れる小川、青い空。すべてのものが私から距離をとって配置され、私は世界の中心で安らっている。その時不意に視界の一角に「他者」が現れる。するとどうなるか。球状の完璧な私の宇宙にひびが入り、他者によって開けられたその孔《あな》を通して私の世界は絶えず流出してしまう。この他者の主観性を象徴するものが「眼差し」である。

サルトルは、他者からの視線を「眼差しの恐怖」として、ギリシア神話の「メドゥーサの眼差し」に譬える。見つめられた者が石に変わってしまう、あの恐怖の視線である。人間もまた他者から見つめられることにより、自由な意識が「物」としての存在に凝固させられると彼は分析する。人間同士の本質を成すこの相克《そうこく》は、サルトルの戯曲『出口なし』で「地獄とは他人のことだ」と表現されるが、この背景には、第一章で触れたカンブリア紀に発生した「眼の誕生」以来五億年にわたる、生物が持つ根源的な眼差しへの恐怖が息づいている。

サルトルもまた、ヘーゲルやハイデガーを経由して、自己の存在において他者が本質的次元を持つことを認めているが、その他者の重要性を負の側面から捉えたのである。他者との交渉による弁証法的な認識の発展や、他者とともに体験する共感には分析を及ぼしていない。

2 構造主義と現代

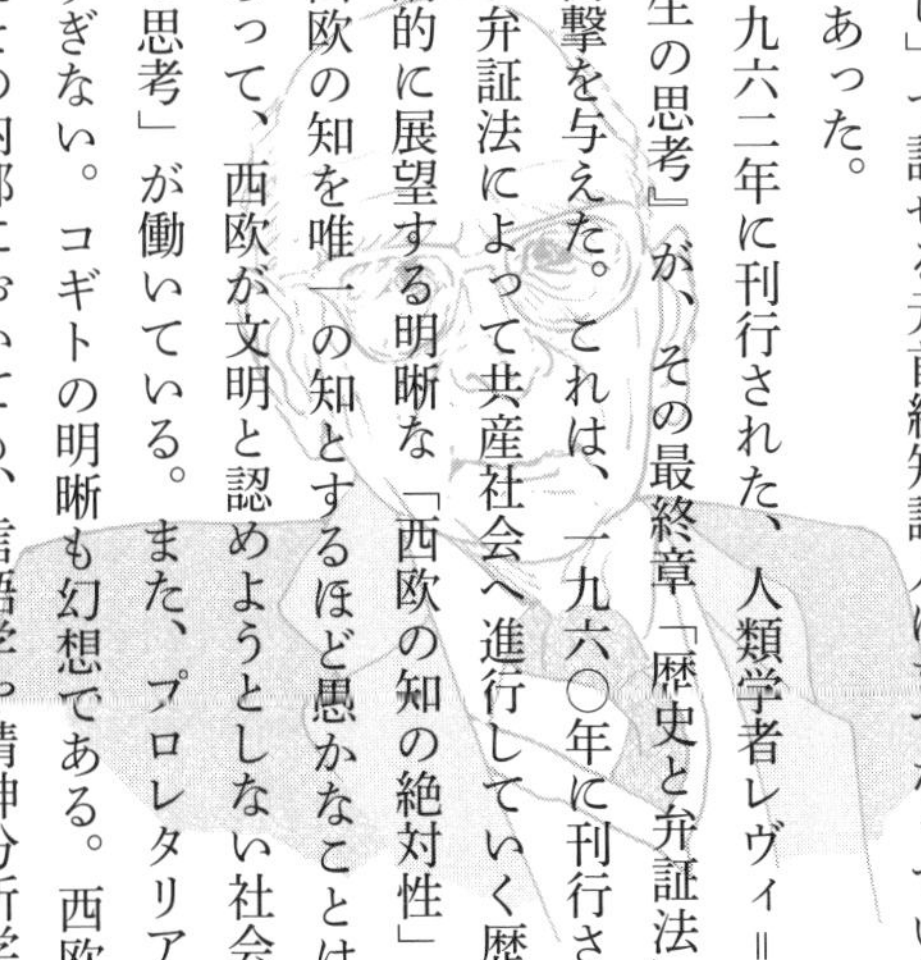

自由を高唱し、哲学をカフェに下ろす一方、現実政治に積極的にコミットするサルトルの知的制覇は、大戦終結の一九四五年から六〇年代前半まで、およそ二〇年近くに及ぶ。この間、各国元首と「差し」で話せる元首級知識人にまでなっていたサルトルの覇権を突き崩したものが、構造主義の登場であった。

一九六二年に刊行された、人類学者レヴィ＝ストロース（Claude Lévi-Strauss, 一九〇八—二〇〇九）の『野生の思考』が、その最終章「歴史と弁証法」を丸ごと使って行ったサルトル批判は、人々に大きな衝撃を与えた。これは、一九六〇年に刊行されたサルトルの歴史哲学『弁証法的理性批判』を標的に、弁証法によって共産社会へ進行していく歴史を必然的なものとする「歴史主義」と、その過程を理論的に展望する明晰な「西欧の知の絶対性」を激しく攻撃したものであった。

西欧の知を唯一の知とするほど愚かなことはない。それこそエスノセントリズム（自民族中心主義）であって、西欧が文明と認めようとしない社会にも、自在にして闊達、しかも論理的で創造的な「野生の思考」が働いている。また、プロレタリア革命から共産主義社会へなどという「歴史」など神話にすぎない。コギトの明晰も幻想である。西欧的コギトは、他の社会、他の思考様式も把握できず、またその内部においても、言語学や精神分析学がその限界を明らかにし始めているではないか、こうレヴィ＝ストロースは批判する。そして代わりに彼が取り出したものこそが「構造」であった。

「構造」概念は、四〇年を遡る二十世紀初め、スイスの言語学者ソシュール（Ferdinand de Saussure, 一八五七—一九一三）による言語学革命に源を発している。この影響を受けた構造言語学者ローマン・ヤーコブソンから、レヴィ＝ストロースは「音韻論」を学び、一言語の巨大な体系とは、実体として存在する音の単純な集積ではなく、個々の音が互いに他と異なることで存立しているという事実の上に築かれた、膨大な差異の体系であることを知る。華やかな言語音の多様性の底に、音素（音の単位）の体系が横たわっていたのだ。——であるなら、人類学の対象である制度や文化の底にも、人間には決して意識されることのない、しかも明確な原理が働いているのではないか、そうレヴィ＝ストロースは考えた。そしてそれこそがまさに、「野生の思考」をする社会の中に、人々には意識されずにうずくまる「構造」だったわけである。つまり言語学革命の成果を、ジャンルの全く異なる人類学に持ち込んだ手腕が、レヴィ＝ストロースの功績であった。

レヴィ＝ストロースは、一九四九年に刊行された『親族の基本構造』以下で、多くの民族に存在し、また多く奨励されていることが謎となっていた「交叉《こうさ》イトコ婚」（異性の兄弟姉妹の子供同士の結婚）を研究し、この制度が世代を追って女性を交換することで、部族同士を親和させるシステムであることを解明する。また、同様に多い「近親婚の禁止」も生物学的理由ではなく、親和のために供出する女性を生み出すための装置であることも明らかにした。

つまりこれらの制度が示すものは、個々人の意識を越え、社会的なコミュニケーションを促進させるシステムである「構造」の存在であり、そこではコギトを中核として外部世界に対決し、認識・決断・行動する「実存」という名の理性的個人の尊厳は失効せざるを得ない。さらにレヴィ＝ストロースの構造主義は、自らの学問的実績を、アームチェア・スカラー（書斎の学者）の観念論ではなく、実際にアジア・アフリカ・中南米の現地人と寝食を共にして得られた知見であることを標榜した。しかも、得られたデータからモデルを作り、高等数学による処理も施《ほどこ》すという、洗練された科学主義の鎧《よろい》もまとわせた。こうしたことが、『ラルース大百科事典』を愛読書として育ったまさにアームチェア・スカラーの典型であったサルトルには痛撃となった。

この論争の結果、サルトルは自説を撤回しなかったが、レヴィ＝ストロースを先頭に、アルチュセール（Louis Althusser, 一九一八―九〇）、バルト（Roland Barthes, 一九一五―八〇）、ラカン（Jacques Lacan, 一九〇一―八一）以下、陸続と現れた新しい世代は、もはや「実存」や「自由」を取らず、「構造」を取る。理性への信頼が大きく揺らいだ。こうして構造主義は、人間の理性の内部と外部の闇を照らし出しながら、自然科学も含め絨毯《じゅうたん》爆撃をするように、ほとんどあらゆる分野を席捲していった。

しかし構造主義の制覇は、西欧的知の限界を強調し、人間主体を嘲《あざわら》い、構造の圧倒的優位を前面に押し出すあまり、ともすれば不可知論や人間の無力を言い募《つの》る傾きも持った。こうしたときに起きた事件が、一九六八年のフランスを震撼させた学生反乱「五月革命」である。「サルトルの復讐」とまで揶揄されたこの事件により、「構造がすべてを決定する」と主張した構造主義は、国家体制を揺るがす学生たちの自由を求める主体性の前に、こちらもまた痛撃を受ける。レヴィ＝ストロースは、

「流行の激しいパリで、構造主義が一〇年持っただけでも立派なものだ」と語ったという。

第二次世界大戦後、世界の哲学の中心地になったパリのフランス現代思想は、この事件を機に構造主義を批判的に乗り越えようとするポスト構造主義へと移行する。その代表とされるフーコー(Michel Foucault, 一九二六—八四)、ドゥルーズ(Gilles Deleuze, 一九二五—九五)、デリダ(Jacques Derrida, 一九三〇—二〇〇四)らにおいては、西欧の知、理性そのもの、知の歴史そのものに対する不信がさらに強まり、哲学的伝統の解体も主張された。しかし二十一世紀の到来とともに、これら構造主義、ポスト構造主義のキャラクターたちはことごとく鬼籍《きせき》に入り、彼らの衣鉢を継ぐ者が現れず、あたかも宇宙の終末期のように思想は凍り、止まっている。二十一世紀に入り込んだ現在、仏独における思弁的な実在論などの新しい動きがないわけではないが、〈知の歴史〉を突き動かすような勢いにはなっていない。私たちはここしばらく、異様に静かな知の場所にいるようである。

《結び》　知の展望

第二十二章　立ち尽くすロゴス——迷路の中の超人

本章では、ようやく私たちが辿り着いた現在と近未来の知について考えてみよう。哲学と科学は、世界・物質・人間のあらゆる分野にわたり、二六〇〇年にもわたる探索を続けてきた。そして二十一世紀、私たちホモ・サピエンス八〇億人の眼前に広がる風景は、決してプラトンの暗い洞窟を抜けた先にあるはずの、イデアの光溢れる至福の地などではなかった。

私たちのサイズをはるかに越える「極大世界」は、半径四六〇億光年の宇宙世界であったが、この中での既知は僅かに五パーセントでしかなかった。それ以上は現在、知る方法すら思いつかないブラックボックスの中にある。

私たちの感覚が届かなくなる「極小世界」では、原子の中身は宇宙空間さながらの「真空」であり、しかも、無から有が生まれ、物がエネルギーに変換してしまいさえする、異様な光景が広がっていた。

私たちの「現実世界」では、技術の暴走が人間・社会・自然のいずれをも、欲望のままに改変しようとしており、また戦争という大量殺戮・破壊行為を繰り返して人間の未来を暗く彩っている。「Plus Ultra」（もっと先へ）という衝迫が、輪廻の輪のように巡って人間を追い立てているのである。それは人間の知や欲望を自在に実現する原動力であったのだが、私たちは今、その実体と真正面から向き合わなくてはならない地点にまで到達している。神にも等しい存在となったはずの人間は今、間違いなく迷路の真只中で立ち尽くしているのである。

私たちはこれまでに辿ってきた〈知の歴史〉から何を学び、どんな未来をどのように切り拓いていくべきなのだろうか。

---

1 知のフロンティアを探照する1——極大世界と極小世界の混沌

真のアルケー（原物質）たる素粒子の動きから、人間精神が歴史へと展開するまで。意識の志向的構造から宇宙の果てまで。哲学と自然科学は二六〇〇年間、「人間（自我）」「物質」「世界」のあらゆる分野にわたり、知の探究を続けてきた。紆余曲折《うよきよくせつ》、多くの失敗とさまざまな成果の果ての果て、今私たちは二十一世紀の地球に住み、八〇億人もの同族を抱え、未来への期待と不安とがないまぜになった日々を送っている。

巨大な球の全体が不夜城の観を呈する、明るく輝く星、地球。しかし恒星にも似たこの光まばゆい空間は、あらゆる影が消え失せた、プラトンの洞窟から抜け出た「出口」だったわけではない。数多くの哲学者や科学者がようやく辿り着いたはずの二十一世紀の「出口」は、実は迷路の真只中だった。

私たちは今、光の海の中で、技術のもたらした快適な日々の暮らしを享受しながら、しかも巨大な「知」にも拘らずなおある不安と、膨大な「知」への怖れの中にいる。それはこれほどまでに積み上がった「知」にも拘らずなおある不安と、膨大な「知」

ゆえの底知れぬ恐ろしさとである。

では以下、これまで同様、私たちを取り巻く世界を三つに分節して考えてみたい。私たちの知がさまざまに解明しながら、しかも感覚では触れることができない「極大世界」と「極小世界」、そしてまた私たちが直接五感で体験している「現実世界」とに分け、科学や哲学の知が現在までに到達したフロンティアと、その問題点とを探ってみることにしよう。

【極大世界】

まず、私たちをはるかに越えた宇宙という「極大世界」、この知の最も遠い縁辺から尋ねてみよう。カントによる形而上学の究極の難問、アンチノミー（二律背反）の第一項にあり、決して答えられなかったはずの「世界の始まり」は、現在の宇宙論により約一三八億年前と算定されている。では同じくカントのアンチノミーである「宇宙の限界」はどうか。こちらは、私たちに観測可能な宇宙知の地平線として、半径約四六〇億光年という値が提出されている。これが現在の「世界の大きさ」なのである。しかしそのさらに外側がどうなっているのか、なお拡大を続ける宇宙の終末がどうなるかなどといった問いには、宇宙の始まり以前などの多くの疑問とともに、私たちは答えられないでいる。

広大な宇宙空間に存在する銀河は判明しているだけで一七〇〇億個ほど。その一つにすぎない私たちの銀河系は、円盤部の直径が約一〇万光年、厚さが約一万五〇〇〇光年で、その内部の恒星の数はおよそ二〇〇〇億―四〇〇〇億個。これが全体として秒速約二二〇キロメートル（太陽近傍）の高速で回転している。

この銀河系のやや端に近い方に太陽系があり、恒星である太陽の直径は約一三九万キロメートル。これに対し私たちの地球の直径は約一万二八〇〇キロメートル、太陽に対し約一〇九分の一という小ささだ。しかしながら地球は、その上に乗せている人間に比べれば、人間の身長を約一・七メートルとしてこれは七五〇万倍であるから、問題にならない大きさである。ただし、そのように小さなはずの人間が、二〇二三年現在八〇億人に達し、その身長を縦に積み上げれば、概算で地球の直径の一〇〇〇倍以上にもなってしまう。現在の地球上には三〇〇万種以上の生物がいるとされるが、そのうちのたった一種である人間がこれだけ増えた上に、快適さを求めて資源を消費し、また排出物で周囲を汚染していることが、地球に環境問題を引き起こしている原点であると言えよう。

この地球は、極大世界の中でも最も現実世界に近く、すでに人工衛星から地球全体の姿を客体視することができる。虚空に浮かぶその姿はまさに「宇宙船地球号」であり、やがてそこから幾多のリムジン宇宙船が往復し、月や近傍の惑星が植民地化されるのはそう遠い日ではないのではなかろうか。無重量のメリットを生かした人工衛星上の工業や、星々からの鉱物資源の運搬、さらには人間の移住も始まるだろう。ホモ・サピエンスによる本格的な出アフリカ運動の七万年前に次ぐ、出地球時代がやがて来る。先々で新しい知が得られ、新しい世界観も形成されると思われる。未来の地図帳には日本、世界の次に、月や火星の地理を初めとする宇宙地図が載ることになるだろう。

ところで、この分野の現在に立ちはだかっている「超巨大迷路」こそが、一九八〇年代以降に「発見」されたダークマター、ダークエネルギーである。私たちが二六〇〇年以上をかけて精査してきた膨大な物質知の集積は、宇宙構成成分のうち実はわずか五パーセントの狭い範囲に過ぎなかったという衝撃。残る九五パーセントについて、私たちは無知も同然という事実ほど、科学の自信を打ち砕くものはかつてなかったであろう。見えず、聞こえず、触れず、匂わず、味わえもしない「物」をどのように研究したらよいのか。手がかりは、科学が初めから否定してきた哲学的思弁のように紙の前で思考し続けるか、あるいはすでに述べた重力レンズなど、宇宙観測ほかによる間接的証拠を問い尋ねる以外にはないのである。極大世界を探る天文学を初めとする知は今、仮説的な学説が飛び交い、この衝撃的なアポリアの前で当惑しているのが現状である。

この極大世界では、こうした理論面での混迷のほかに、深刻になりつつある問題として、宇宙に越境する軍事競争も挙げておかねばならない。月を含む天体について国家が領土化することは、一九六七年発効の宇宙条約によって禁じられたが、地球に近接する宇宙空間については領空との絡みもあり、大量破壊兵器の配備禁止を除いては曖昧なままとなっている。この点を衝いて監視衛星が常時情報収集をしており、これに基づいて超高度空間から「通常兵器」や「電子兵器」の攻撃を受けるのではないかという危惧が国家同士を疑心暗鬼にしている。まさに『ヨハネの黙示録』のように、天から火が降る恐怖である。

かつて第二次世界大戦において、新興の航空戦力が、陸上海上を問わず抵抗を受けずに敵陣深く侵入し、もって相手の陸上戦力を殲滅《せんめつ》し、巨大戦艦を沈め、敵地を焦土化させることに成功した。その攻撃力のブレイクスルーが、次は宇宙からの攻撃になる可能性がある。

【極小世界】

一方、私たちの感覚が届かない「極小世界」の光景はどうであろうか。万物の組成を問うタレスの一句が哲学の第一声となったが、カントのアンチノミーもまた万物の根源を尋ねている。アリストテレスなどの四元説が長く人々の常識であったあと、現在では人工元素を除いて、原子番号一番（一は陽子数）の水素から九二番のウランまで、およそ九〇ほどの元素が確定している。

この元素、つまり原子の構造は、原子核（陽子と中性子）とその周囲を巡る（取り巻く）電子とからなる。不思議なのはそれら原子同士の差異であって、水素、金、鉄などどれほど性質の異なるものであろうと、その原子を見れば陽子・中性子と電子の三種だけから構成されており、違いは単にその数でしかないことが分かる。つまり私たちにとっての「質」の差とは、原子のレベルでは「量」の差なのである。

この原子は、直径およそ一〇〇〇万分の一ミリメートル。その大きさを東京ドームに譬えると、電子の軌道を外縁として、原子核はそのおよそ一〇万分の一、ドームの中心に置かれた一センチメートルほどの飴玉でしかない。アルケーを尋ねて二六〇〇年の果て、現れてきた原子の姿は、空虚そのものと言ってよい中空構造だった。原子核と電子の間の「膨大な」空間は、物が何もないという意味で真空なのである。この原子核の周囲を電子が回る模式図は、太陽系の姿をアイディアとして描かれており、事実その膨大な真空空間や、惑星及び電子のスピン（回転）など、いかにも両者の相似を思わせる。

この原子を構成するさらに極微の素粒子の世界が今、探究の焦点となっている。素粒子は、原子核の陽子・中性子を構成するものなど、その種類は二〇種に満たないと考えられ、それ以上分割できない基本の粒子である。このレベルに至り物理学の知は、世界の最深部に到達したとされている。

ただし、この極小世界にも現代の「巨大迷路」が大きく口を開けている。電子や光子などの素粒子は、「干渉」するという「波の性質」とともに、どこまで飛翔しても一つであることを保つという「粒子の性質」も持つという、信じ難い二面性がある。さらに同じく素粒子のミクロの世界では、同一物が同時に複数の場所に存在するという、私たちの日常の常識からは完全に乖離《かいり》した振る舞いがなされている。ここに至っては、私たちのロゴスは全く思考停止に陥らざるを得ない。

エレクトロニクス文明の中心を担う「電子」の動きは、明らかになればなるほどさらに不可解である。原子核の周囲を巡る電子は、惑星のように計算によって正確にその位置を捉えることはできない。極微の素粒子の世界では、位置と運動とを同時に求めることはできないため、電子は電子雲という曖昧な存在可能性を表示することしかできないのである。また、これだけ原子の実態が空虚であるのなら、原子同士互いに自由に通り抜けられそうであるが、原子縁辺に位置する双方の電子の反発などにより、それは不可能になっている。

この極小世界で起きている一層不可思議な現象は、相対性原理が提出した質量とエネルギーの相互変換である。物がエネルギーに、エネルギーが物に変わる。この信じ難い理論の正しさは、第二次世界大戦の原子爆弾という極めて不幸な形で証明されてしまった。しかもこの奇跡のような相互変換は、不確定性原理などの教えるところによれば、核兵器のような究極の条件下だけではなく、普段どのような空間でも現実に起きているというのである。即ち、極々短い時間内であるならば、勿論人間に知られることもなく、どのような空間にあっても無から物質が生まれ、またその逆も起き続けているとされる。ここでも西欧的ロゴスは言葉を失う。無から有が平然と生まれ、有が無に悄然と消失し続けているからである。まさに二六〇〇年の知の探究の果ての果て、プラトンの暗い洞窟からの「出口」は、巨大迷路の真只中であったことになる。

このように極大世界、極小世界のフロンティアを経巡ってくると、これでは私たちが生きて体験している「この現実」こそがむしろ小さな一つの「仮想現実」ではないかと思われてくる。別の視点がとれれば、同一時間、同一空間内で、全く異なる「現実」が生起しているはずである。まさにニーチェが喝破したように、絶対的な真理などあるはずもなく、「真理」が意味するところとは、人間がこの世界を生きんがための方便にすぎない、という方が正しいのかもしれない。

こうして私たちは、探究に探究を重ねた結果、何とも奇妙で不可思議、あえて言えば人の生にとって心穏やかではいられない「現実」に連れ込まれたような居心地の悪さを覚える。そこはかつてのニュートン力学のような、初期値を与えさえすれば、対象のその後の位置と運動すべてが判明する、整然とし、美しく、絶対的な世界ではもはやない。しかもこのような宇宙論や物質観自体が、今後ダークマター、ダークエネルギーの解明に従って、さらに根本的な修正を迫られる可能性がある。そうした想像を越える衝撃をも覚悟しなければならないフロンティアが、現在の私たちの目の前に広がっている。

ところで、こうして困惑するしかない極大世界、極小世界に眼差しを向けていると、二五〇〇年前のギリシアの巨人、ヘラクレイトスの言葉がよみがえってはこないだろうか。すでに第五章で引用してある一節であるが、ここに川原栄峰訳で再掲しよう。

この宇宙《コスモス》は、神にせよ人にせよ誰が作ったものでもない。
むしろそれは永遠に燃える火として、
決まっただけ燃え、決まっただけ消えながら、
あったし、あるし、またあるであろう。

永遠に動いていく世界。宇宙は一三八億年前の爆発以来、拡大に拡大を重ね、この瞬間もなお超高

速であらゆる方角に拡大を続けている。数えきれない銀河がその全方位の流れの中にあり、しかもそれぞれの銀河は、その下のレベルの恒星系と合わせて、超高速で回転し続けている。

この形を極々小のスケールに縮めた原子の世界でも、原子核の周囲を電子の巡回が続き、この電子や、陽子・中性子の下のレベルの個々の素粒子においても、その一つひとつですべてスピンが続いている。万物はその総体も極小の要素においても、ことごとくが動き、回り続けているのだ。それを表現した一言が同じくヘラクレイトスの「万物は流転する」（パンタ・レイ、一切は変化する）という箴言であろう。すべてを言い止めようとする哲学者、騒がしさを厭《いと》う人々を無視するかのように、「一切は移ろい、変化の中にある」のである。

私たちが極小世界で見る異形の光景——無から有が生まれ、物がエネルギーに変換し、原子内部ががらんどうで、素粒子がことごとくスピンしているという異形の姿——もまた実は、哲学的思考によって、全く予測できなかったというわけではない。二〇〇余年前カントが喝破したように、私たちの持つ対象像は、私たちの認識能力の範囲内で、またその作用に従って成立した像にすぎないのであるから、別様の認識能力を持つ存在には、また別様の世界が示されることは十分にあり得ることなのである。

そうした認識の変換は、私たちにリアルに体験できることとは言えないが、擬似体験としてであればそれは可能である。例えば、子供の頃にしばしば訪れた神社の高い石段が、大人になって再訪してみると極度に低い石段であったり、広大な公園に思えた場所が、猫の額ほどの狭さに変わっていた、という経験は多くの人にあるであろう。この場合、かつての石段の認識が「誤っていた」のではない。小さな子供にとって、その段の高さは「よじ上るのに骨が折れるほど高かった」のであり、横断するのに数百歩を要する公園は、間違いなく「広大な」公園だったのである。対象像は、主体・主観との関わりの中で成立する。つまりこの一事をもってしても、一・七メートル、六〇キログラムの大人の認識が、「真理」というわけではないことが明らかとなる。先の極大極小の「異形の世界」は、特殊な顕微鏡や望遠鏡などの先端技術や、相対性理論、量子論による最新知によって初めて見えてきた、同一物の別様の光景なのである。

私たちがなお永遠の知の旅を続けるのであるならば、そうした自らを越える知を受け入れる用意がなくてはならないであろう。まことにプラトンのように「ロゴスの導くところ、どこまでも行」かなければならないのである。

2　知のフロンティアを探照する2——夢魔としての現実世界

【現実世界】

では、私たちが直接触れ合っている「現実世界」においては、知のフロンティアはどのようになっているであろうか。この現実世界の主人公は、勿論「人間」である。したがって人間に関してはあらゆる分野からの、おびただしいアプローチがすでになされてきた。

まず、人間がこの現実世界の主人公になっている基本的な条件を示しておこう。人間は数十兆個という膨大な細胞群で構成された生物で、千数百億もの神経細胞を持つ巨大な脳を武器に、食物連鎖の頂点にまで駆け上がった動物である。そのパワーの源は、「理性」が持つ透徹した知力、どんな障害をも乗り越えていくダイナミックな思考力であり、同時に極めて高度なネットワークを作り上げる「社会性」である。

人間は、身体能力ではチンパンジーにさえ劣るほど弱いものの、言葉という技術を用いて知を集積、共用し、事があれば直ちに「超個体」となって結束できる。こうして人間は猛獣、病原菌などのような敵からの侵襲をも撃退してきた。またすぐれた視力と器用な手を利用し、これに思考力を重ね合わせることで、天災を初めとするさまざまな困難をも克服してきた。中生代の恐竜がその巨大な体軀によって地上の覇者となったのとは全く別の方法で、現在の地球を支配しているのである。

では、この現実世界の人間について、知のフロンティアのうちでも哲学分野では、どのような知見に到達しているのだろうか。

人間がこの世界と、どのように関わっているかを追究してきた哲学分野が認識論であり、近代哲学の主流であった。二十世紀の現象学をこのアプローチに含めてこの領域を取り上げれば、意識のラディカルな自由と、鮮明な志向性、意識と対象の間のしなやかな弁証法、そして人間世界という特異なネットワークを示す「世界内存在」、他者の眼差しからの厳しい束縛を示す「対他存在」、自己の真理が他者に依存する「社会性」等々のテーマが深められてきた。また、意識が世界との間で成立させている隠された仕組みの解明が徐々になされ、主として現象学系、認識論系哲学の持ち場として業績を挙げている。この領域ではさらに一層の展開を期待することができよう。

またかつてコペルニクスからニュートンに至る自然科学分野で完成した世界構造の理論化をフォローする形で、哲学がデカルトからヘーゲルにかけての二〇〇年ほどをかけて追走し、哲学による世界の理論化を完成させた。同様に、二十世紀科学の新展開をフォローアップする哲学がやがて現れることも期待されるであろう。

ただ十九世紀以来、人間の知、人間の理性自体に疑問が付されるようになったことは重大である。さらに二十世紀科学、例えば量子論のミクロの世界の眺望によく表れているように、人間が感覚を通して捉え、理解している世界は、広大にして細密な自然の極々一部でしかないということが明らかになった。例えば、私たちが動物界でもすぐれているとされている視覚が捉えているのは、自然界にそれこそ無限にある波長の電磁波のうち、約四〇〇―七〇〇ナノメートルのものに限られる。それよりも波長が短くなれば、紫外線、エックス線、ガンマ線などとして、また長くなれば、赤外線、マイクロ波、ラジオ波という名で測定されるだけで、私たち人間が感知することはできない。聴覚でも、人間の可聴周波数は、約二〇―二〇〇〇〇ヘルツ。これより低くても高くても、それぞれ超低周波、超音波という名前がついているだけで、私たちは感知できない。他の動物、例えば鳥や蝶、犬や猫などでは、私たちの域外の知覚が可能なことは勿論である。

この小さな一事からも推測できるように、こうした知覚を土台としている私たちの知は限られたものであって、私たちが誇りとし、また支えとしている理性もまた、長い間考えられたように、神にも比すべき完全なものとはとても言えないはずである。限られた感覚、限られた運動能力、限られた思考の中で生まれ育ってきたものが私たちの知であり、理解力であったのだ。新しく二十一世紀までの科学的知見をフォローアップすべき哲学は、そうした自らの限界を明確にし、また原初以来の生命さらには意識の「内部性」という絶対的な壁を見据えながら、他の立場、多くの立場という全体に開かれた哲学を目指して思考を重ねていくべきであろう。

しかしながらまた、これまでの哲学的思考では追いつけないほどの大きな波が、産業革命以来の人間を外側から洗っている。農業革命に次ぐ人間の巨大革命である産業革命。それ以降の二五〇年余の歴史は、自然科学を精妙な導き手とし、そこから生まれた強大な生産力によって人間を商品の海の中に浸し、快適な日々を約束した。しかしこうした豊かな現実世界が二十一世紀の現在、そのまま同時に黒々とした影を人々に投げかけている。

つまり、現在の科学では兎と亀の競争のように、知の元祖であった「哲学亀」の姿が見えないほどの距離にまで、各科学分野のフロンティアが到達しており、それら「科学兎」たちの華麗な姿は確かに〈知の歴史〉の壮観である。その科学の多くの部分が華々しく技術に応用されたのだが、特にその最先端を走り、知も資金もエネルギーもおびただしいものが投入されている最新技術に至ると、逆にその「暴走」が人々を不安に陥れることになった。以下、「人体（人間自身）」「社会」「自然」「戦争」という四つの技術のフロンティアでその姿を見つめてみよう。

【技術と人体】

まず、これまで想像だにしなかった、人間そのものに手を付けようとする医学・生物学の企《くわだ》てがある。人間自身がフロンティアになろうとしているのだが、それは人間の生をどのようなものと考えるかに関わる問題である。思えば二五〇〇年の昔、仏教は人生を苦に満ちたものと断じ、それを「四苦＝生老病死」というキーワードで示した。仏教やそれを受けたショーペンハウアーは、欲望を断つことをそこから解放される道と捉えたのだが、現在の医学・生物学は、このうちの「三苦＝老病死」を乗り越えようと試みている。まず栄養学で武装するほか、すでに十九世紀、衛生システムの向上で、コレラなど「水」を介する伝染病を抑え込み、二十世紀に入ると、マラリアやペストなど昆虫を介する伝染病も殺虫剤などの化学的方法で制圧した。但し、二〇一九年からの新型コロナウイルス感染症に代表される空気感染の伝染病は未制圧である。このほかさらに、望ましい形質を次代に送る受精卵改変技術に加え、分子生物学によるＤＮＡ操作技術の力を借り、遺伝子の切り貼《きば》りなどによって、既存の人体を極小レベルから改造しようとする試みが、さまざまな抵抗を押し切って進行中である。

この動きの背後には、当然ながら巨額のマネー（富）が追走するであろう。「強くなりたい」「美しくなりたい」「賢くなりたい」「若々しくいたい」「永久に生きたい」――これら、これまで決して果たすことができなかった人間の究極の欲望が、ついにマネーで満たされるとしたら。しかし富によって、強く、美しく、賢く、若々しく、永い生を持つ「超人」が誕生するとすれば、神の領域に踏み込む人類はどこへ行くのであろうか。富が超人を造るという衝撃であり、恐らくそう遠くない日にそれは部分的にも日の目を見るはずである。

【技術と社会】

「超人」が社会に現れるという動きとは別に、さまざまな人間によって構成される社会に、新しい不安が忍び寄っている。人間の知のレベルを極限まで実現するハードとして、「ＡＩ」が人間社会の背景に、すでに高々とその姿を現している。本来ＡＩは、ライプニッツによる加減乗除四則計算を自動的にこなす計算機などを源流にした、単なる高速自動計算機である。しかし、情報を数値に置き換える操作を経ることで、膨大な情報を高速で処理、最適解を瞬時に得られるシステムに進化した。このシステムに、既存の経験知をこれまたデータ化して算入すれば、あらゆる疑問に対し限りなく正しい結論を導く「神器」となるわけで、逆に人間がこれに頼ることでＡＩが人間を支配する可能性がささやかれている。ＡＩの情報処理能力はそれほどに高く、支配権力者がこれを悪用すれば、単なる歩くデータに成り下がった個人を監視、支配するのではないかという危惧が語られる。さらにＡＩ主導社会が、人間が手を付けられないまでに暴走する「シンギュラリティ」（技術的特異点）の恐怖までが予言されている。

【技術と自然】

不安は、「人体」「社会」を覆う「自然」全体にも広がっている。三〇〇年近い産業社会を牽引してきた人間の力は、地球上の一生物としての限界をすでに越えており、そこで引き起こされているものが環境問題である。捌《さば》き先が見い出せないほど溢れかえった商品。これらを生み出す人間の生産力は、平野や川、大気や海のみならず、高山の頂きや深海底にまで汚染を及ぼしている。すでに地球の持つ巨大な物理化学的、生物的廃棄物処理システムでも追いつけないほど汚染が広がっているのである。

人間は自らの血液中にまで汚染を持ち込んでなお澄ました顔をしているのだが、二十一世紀に入って一段と深刻さを増してきた環境問題こそが、地球温暖化現象である。両極や高山の氷河が溶け出し、巨大台風が生まれ、異常な量の水蒸気により豪雨が頻発《ひんぱつ》し、もはや眼をそらせていられる状態ではない。先の「生老病死」の残る一苦、「生」自体の苦しみが、なお決定的に増そうとしている。

【技術と戦争】

こうした現実世界のさまざまな不安に加えてなお、必ず触れておかなくてはならないのが、人間の宿業《しゅくごう》たる「戦争」であろう。人間は約七〇〇万年前の誕生以来、つねにすでに人間社会の中だけで生きる社会的存在である。しかしホモ属のスタートからホモ・サピエンスへ、次第に過剰なほどの言葉のやり取りの中で生きるという、極めて精巧な技術を身につけたことも却《かえ》って仇《あだ》になったのであろう、人間は遡れないほどの昔からつねにいさかい、つねに戦ってきた。他の動物とは異なり、人間の戦いには死が含まれ、それゆえに戦う時ほど人間が真剣になることはない。戦いは複数の人間が在る限り、永遠に止められそうもない人間社会の「常態」である。

二十世紀の二つの大戦による、史上例を見ない驚くべき数の死者にも懲《こ》りることなく、二十一世紀に入ってもなお、国家間民族間の対立は熾烈を極めている。特に核兵器は誕生以来四分の三世紀が経ち、そのむごたらしさは多くの人々の知るところとなったにも拘わらず、一向に脅威が減ずることはない。核保有国は九カ国を数え、保有核兵器数は一万数千個と言われる。水爆など、破壊力の巨大化を狙ったかつてとは逆に、核の小型化が追求されており、大虐殺ならぬ「小虐殺」に「限定」することで使用の現実性が増している。こうした兵器には「知」が惜しげもなく注ぎ込まれ、AI兵器を初め、より「効果的」な破壊や殺人を可能とする新兵器が、各国で日進月歩しているという不幸な現実がある。自己の主張を通すためにはどんな手段をも選ばず、つねに殺人破壊兵器の刃を磨き続けるという人間の強欲。呼び出してしまった魔神そのものである「核」による大量殺人とともに、無数の昆虫のような小さな新鋭機械に、生身の人間が次々と殺されるというおぞましい戦争がすでに現実のものとなり始めている。

3 Plus Ultra（永遠の前進）と知が生んだ厄災

以上のように「極大世界」「極小世界」に引き続き、「現実世界」のフロンティアを経巡ってくると、この永遠に流転し、一瞬たりとも動きを止めることのない世界の中、人間の業《ごう》の深さを改めて思い知らされるとともに、他の生物にはあまり例を見ない人間の性質が浮かび上がってくるように思われる。それは人間の言わば「Plus Ultra」（プルス・ウルトラ＝もっと先へ）性とでも言うべきものである。人間はつねに「越境」を続けてきた生物である。人の手はもっと先のものを摑もうとし、人の目はもっと遠くを視ようとする。人の足ははるかな山の彼方まで往こうとし、人の体はアフリカ大陸を出て全地球に広がっていった。海の向こうへ、地の果てへ、宇宙空間にさえ人の知は広がり、人の力が届くようになった。

勿論、生命自体がつねに越境しようとする存在であると言えないことはない。動物の雄たちはあらゆる手段を使って精子を撒《ま》こうとし、植物は少しでも空に葉を伸ばして陽光を受け取ろうとする。しかし彼らは「限界」というものを設けており、「棲《す》み分け」ということを知っている。「限界」を越えれば効率が悪くなるため、効果対費用から各々の「分《ぶん》」に安んじているのである。こうして他の生物では、結局同一の「場所《ステイタス》」にとどまっている。サルはたいてい木の上におり、灌木《かんぼく》は高木《こうぼく》と張り合ってまで伸びようとはしない。しかし人間は二足歩行という第一の革命以来、つねに限界を越え、能力の足りない分は知の力によって手段をひねり出し、革命を繰り返しながら、何としても先に進もうとしてきた。もっと先へ、さらに先へ。この人間の衝迫《しょうはく》こそがPlus Ultraである。

ギリシア神話でヘラクレスは、一〇番目の偉業を成すべく西の果てに向う途中、アトラス山を割ってジブラルタル海峡を造り、そこに二本の柱を立てたと伝えられる。この「ヘラクレスの柱」には「Nec Plus Ultra」（この先には何もない）と書かれていたという。それは船が地中海を出て、危険なそれ以遠には向かわないよう戒《いまし》める古代の警告であった。この句から「否定」を取り除き、雄飛するスペイン世界帝国の無限膨張に重ね合わせた者が、マゼラン世界周航や新大陸の制覇で有名な、十六世紀のスペイン王カルロス一世（神聖ローマ帝国皇帝カール五世）であったとされる。この逸話の向こうには大航海時代の精神たる、危険をかえりみず「もっと先へ」の呼号が響き渡っている。

Plus Ultra（プルス・ウルトラ＝もっと先へ）。多分それは人間の、そしてまた人間の知の本質を言い当てた言葉であろう。ヒト族七〇〇万年前の直立二足歩行、ホモ族二五〇万年前以降の石器などの三つの革命、ホモ・サピエンス七万年前の出アフリカなど、人間の長い歩みのあらゆる断面に、Plus Ultraがはっきりと刻印されている。その言葉は人間の現実世界すべてを覆い、栄光を担《にな》うとともに、またあらゆる問題を引き起こすことにもなったのである。

ここで、私たちの目の前で鮮烈に世界大で展開するPlus Ultraの具体例を挙げるとするなら、それこそが現代の怪物「資本主義」である。十八世紀の産業革命が確立させた資本主義はマルクスが分析した通り、マネー（資本）の自己増殖のため、それをいったん商品に変え、より多くのマネーとして取り戻し、以下これを無限に繰り返すシステムである。ここではPlus Ultraが自己増殖のシステムそのものに化身《けしん》して立ち上がっている。この場合、この資本家の内なるPlus Ultraは、抽象的な「マネー」（富）という形で可視化、数値化、デジタル化されて「実体」化され、その無限の追求を容易にしている。つまり人間の本質そのものであるPlus Ultraは、貨幣として表示されることで「数値」として明瞭に把握でき、人の心を機械的に刺激し、果てしない競争に駆り立てていくことになる。――いくら儲《もう》かった。誰それより自分は二・五倍資産が多い。二〇〇億円にまで積み上がった自分の資産を今度は四〇〇億円にしよう。

貨幣はあらゆるもの（土地、物品、権利、情報、かつては異性）と交換できることにより万物の王となり、その増殖が自己のパワーの拡大と等しいものと認識されることで、人間が最も欲望し、血道《ちみち》を上げる聖なるものとなる。これをただひたすらに拡大しようとするシステムこそが、資本主義なのである。この自己目的的な価値増殖はそのまま膨大な商品増産となり、必要を越して資源を消費し、ついには環境問題を引き起こすことになる。

Plus Ultraは現実世界のすべてを覆い、現在ではあらゆる問題を引き起こしている。これが資本主義と結びつくことで、「技術」という形で「知」を無限に取り込み、根源的には宇宙のすべてを消費してもなお止まないシステムとなっている。私たちは自分自身を守るために、その欲望の連鎖をどこかで断ち切る決断をしなければならないだろう。

「知」もまた人間の奥深い Plus Ultra から生まれたものであるが、ここに至って私たちの「知」の責任についても考えなければなるまい。タレスによる知の学のスタートから二六〇〇年、今私たちは重苦しい不安と接して生きている。その不安の実態は、すでに述べたように人体・大気・水・食物汚染あるいはオゾン層消失などの環境破壊であり、遺伝子工学などによる人工超人誕生の脅威であり、AI支配であり、地球近傍での宇宙戦争や核兵器・AI兵器等々の恐怖である。これらの持つ真の恐ろしさは、ここには人間がその生誕以来克服しようとしてきた、自然からの圧迫を原因とするものが皆無《かいむ》で、ひたすら人の脳――知と技術――が生み出してしまった夢魔のような存在ばかりだからである。つまり、十八世紀半ばの産業革命以降二五〇年余、ひたすらマネー拡大を夢見る資本主義に駆動され、科学を投入し技術をフル稼働《かどう》させ、巨大スケールでの生産と破壊に突き進んだ、人の手によってもたらされたものばかりなのだ。

知の罪。それは私たちの胸を苦しくさせる。戦争という、人類スタート以来の業とも言えるものはともかく、おびただしい知的な発明発見は、その多くが純粋な動機から生まれたものだと信じているからである。艱難辛苦《かんなんしんく》の中で、妖精のような光を放つラジウム放射能を発見したキュリー夫妻。質量とエネルギーの相互変換を見抜いた不遇の若き天才アインシュタイン。そうした場所から核物理学が育まれ、ついには悪魔の兵器という魔神が誕生するに至ったことは、彼らの罪なのだろうか。

勿論彼らに直接の咎《とが》があるはずもなく、その尊い人間性は誰もが認めるところである。アインシュタインは、のちに平和運動に協力もしている。しかし私たちは、こうした誠実な研究者たちの清新な試みの中から知のブレイクスルーが生まれたことは認めるとしても、そのようにして生まれた「青白い美しい光」から、やがて身震いする閃光《せんこう》と数百万度の火球が生まれ出てしまったことをも認めなければならない。

そうした人間の知の矛盾の検証のため、現在の私たちのごく身近にある三つの深刻な問題を取り上げてみよう。それは「プラスチック」、「気候温暖化」そして「核・原発」問題である。

まず、スーパーのレジ袋やストローまで槍玉《やりだま》に挙げられ、誰もが意識せざるを得なくなっているのがプラスチック問題である。安く、軽く、清潔な上に丈夫で、しかも腐食しない、そしてどんな形にも成型できるプラスチックは、「夢の素材」として二十世紀に急速に普及し、私たちの日常生活の隅々にまで浸透した。しかし、石油を精製したナフサを加熱・加圧し、膨大な分子を結合させて造り出された強靱な物質であるがゆえに、プラスチックは分解されることに強く抵抗し、元の元素に戻るまでには千年近い時間を必要するとされる。このためプラスチックは小片となっても自らを保ち、最初期以来製造されたものは膨大な量に上るが、焼却されたものを除きそのことごとくが地球上に残存している。マイクロプラスチックとなったものでは、すでに人体内部にも浮遊しているのである。二十一世紀半ばには、海洋中に漂うその総量は全魚類の総量を越えてしまうとまで推測されている。このような、自然に還帰しない不可逆的な技術の商業ベースでの導入は、明らかに誤っていたと言わざるを得ない。しかしこの「夢の素材」は、その呪われた存在が判明した現在もなお、日々おびただしい量が市場に送り出されているのだ。

同じような事情が、地球温暖化問題にも見られる。今なお消費エネルギーのほとんどを占めている化石燃料の使用と森林の減少により、大気中の二酸化炭素濃度は現在、産業革命以前と比べ四〇パーセント以上も増加しているとされる。これら温室効果ガスによる高温さらには高湿のため、海面上昇、豪雨、洪水、巨大台風発生などの災害が頻発するようになった。ここでも行われていることは、利益を目的とした生産や快適な生活の追求のために、地質的な時間にわたり蓄積されてきたエネルギーを、人間的なスケールの極々短時間のうちに消費することによる、地球に対する不可逆的なコミットメントである。人間は地球から無制限にその乳を吸い、一方的に恩恵を得ているだけで、それを返そうとはしない。しかしこの無限収奪思考は、先に述べたように人間の身長の総和が地球のサイズをはるかに越えてしまった現在では、幼児的な甘えそのものでしかないであろう。しかも、地球は、異常な大食漢となった現世代や、産業革命以降の（一世代を二五年として）僅か十一世代のためだけのものではない。少なくとも現に地球に生を享《う》けている三〇〇万種以上の生物たちのものでもある。さらに、ヒト族に限っても過去約七〇〇万年、二八万以上の世代のものであったし、私たちの今後の子々《しし》孫々《そんそん》、未来のおびただしい世代の揺りかごの地でもある。現在を生きる私たちは、本当は僅かな期間限定で使用を許可された単なる借家人なのである。借家人が借りている家屋敷を崩壊させてよいはずがない。であるとすれば私たちは基本的に、現在の太陽ないし地球内部から受け取るエネルギー以上のものを消費すべきではないであろう。親から引き継いだ家業を次代に譲るとき、かつて託された資産を少なくとも減らすことなく引き渡すことが暗黙の「仁義」とされていることと同じである。

原子力についても同様である。放射能発見の研究や、質量とエネルギーの相互変換の原理がどれほど純粋で無欲な場所から生まれたとしても、そこから星の生成レベルの巨大エネルギーを引き出すというシナリオに導く冒険は、おぞましい大量虐殺をもたらす爆弾を生み、事故が起きれば子々孫々まで居住を不可能にする放射能汚染を引き起こすと判明した時点で、それは知に潜む「罠」だったと判断せざるを得ない。半減期が数十年から数万年に及ぶ放射性物質を、人間の手が扱うという選択肢はないのである。

このように、便利さを求めて今では不気味な存在となったプラスチック、豊かさと快適を求めて不幸を招いた地球温暖化、絶対の力を求めて死を招き寄せてしまった原子力は、いずれも結果からみて知が呼び寄せたハニー・トラップ以外のものではなかったのであり、それはこれら三例以外の多くのフロンティアにも伏在しているであろう。それらは人々がおびき出されようとしている魔神からの甘美な呪いと言うべきである。

こうした私たちが今、果てしなく永い知の歴史から思い起こすべき「知」の一つは、二四〇〇年ほど前のギリシア本土哲学の始祖、ソクラテスの言葉であろう。不当な罪のかどで囚われ、死刑を宣告されたソクラテスに対し、老友クリトンは脱獄を勧め、手筈《てはず》はすでに整っていると告げる。しかしこの篤い友情に対し、ソクラテスはこう答えてその慫慂《しょうよう》を断るのだ。

それはつまり、大切にしなければならないのは、ただ生きるということではなくて、善く生きるということなのだ……。

（『クリトン』田中美知太郎訳、『世界の名著6　プラトンⅠ』中央公論社、一九六六年、四七三頁）

このシーンの背景には、ペロポネソス戦争によるギリシア世界の腐敗、人々の心の退廃というものがある。この場合、「善く生きる」とは、プラトンの言葉によれば「正しく、美しく生きる」ということであった。つまりは、「良心に悖《もと》らぬよう生きる」ということになる。私たちの「知」もまた、「ただ知り」、「ただ考える」だけではなく、こうしたペロポネソス戦争時代にも似て、欲にまみれ、モラルを失った紀元後二十一世紀にあって、人間としての良心に悖《もと》らぬよう、「善く知り」「善く考える」ことが必要なのではなかろうか。そして、甘い罠と知った時点で引き返す勇気もまた。

但しそうであるにしても、正しく美しく生きようとしていたソクラテスが、ギリシア大衆の無知の暴力の前に殺されてしまった厳しい史実が物語っているように、我欲にまみれ、資本のトラップに人々が狂奔《きょうほん》する時代に、こうした倫理的な精神がどこまで立ち行くかは予断を許さぬものがある。恐らく「良心に悖らぬよう生きる」とは、「駱駝《らくだ》が針の穴を通るよりも難しい」ことなのかもしれない。しかしながら、たとえ自らの欲望に背《そむ》くことであっても、すべての存在のために、誰もが守るべき規範を作り、誰もがそれに従うという行為は実践されるべきであり、されなければ私たちには未来《あと》がないのである。幼児の教育とは、人間として必要な知を手渡すとともに、必要最低限のモラルを伝達するためにこそある。

現在のような無限収奪システムが始まった産業革命から二五〇年余、僅か十一世代を閲《けみ》しただけで、加速度的な資源浪費、環境汚染によって地球に危険信号が灯ってしまった。これらの汚染は静かなストレスとして、私たちの遺伝子にも大きな影響を与えているであろう。「種」は永遠ではない。地球上に現れたおびただしい種は、その九九パーセント以上、つまりはほぼすべてが絶滅していった。種はいつか死滅するものなのである。原因は隕石《いんせき》衝突など天変地異によるものが多いが、遺伝子の劣化という種自体の老化によることもまたある。人間の場合、すでに大量の化学物質による大気・水質・食物汚染などが激しく、放射能の影響も少なからずある。私たち内部の遺伝子への大量のストレスは明らかであり、劣化が促進されていることに疑いはない。

地球文明が暗黒の宇宙の中で一瞬の光芒《こうぼう》を放って消えていった「宇宙の美しい夜店」であったと、「宇宙誌」の中に何者かによってしたためられる日があまりにも早くやってこないよう、私たちは理性の本義たる「広い知のもと、思慮深く理非曲直《りひきょくちょく》を判断する力」を鍛《きた》え直すべきではなかろうか。

私たちホモ・サピエンスがこの世に生い立っておよそ三〇万年が経った。それはヒト族が生まれて以来の年月からすれば、まだ四パーセントを少し越えただけの時間である。さらにサピエンスたちが現代人と同じ能力を得てからは、まだ三万年にしかならず、以来これまでに恐らく千二百世代ほどしか経過していないのである。そうしたサピエンスは、現在のように好き勝手に資源を消費し、自分の視点を絶対視した上、感情に駆られて戦いを引き起こしている間は、いまだ大人になっているとは言い難いだろう。思えば一人の人間は、子供から大人になる過程のどこかで、つらい我慢をしながら自分を抑えるすべを身につける。それはどれほど美味《おい》しい食べ物であっても、食べすぎれば苦しむし、どれほど楽しい遊びであっても、いつまでも冷たい風の中で遊び続ければ、高い熱に苦しめられることを経験するからだ。しかしこのような賢明な知が成り立つためには、ホモ・サピエンスは過酷になる一方の気候にもがき苦しみ、プラスチックの残骸で溢れかえる放射線の飛び交う荒野をさまよわなければならないのだろうか。

怖るべき永久運動としての知の「無限性」(Plus Ultra)と、独善と背中合わせの知の「内部性」。業のようにこれらを抱え込みつつ、にも拘らず人間はそれらと対話しながら、「善く生きる」べく厳粛な綱渡りをこれからも続けなければならない。

ヒト族誕生後約七〇〇万年、ホモ族誕生後約二五〇万年、ホモ・サピエンス誕生後約三〇万年。ホモ・サピエンスは、絶滅兵器を手にしたまま、なお幼い日々を送っている。大きくなりすぎた体を、地球という乳母車《うばぐるま》に無理やりに引かせて。知はいまだ十分ならず、私たちはなお幾多《いくた》のつらい経験を耐え忍び、大人になる手立てを探り続けなければならない。

4 知の未来

本書を終えるにあたり、その守備範囲を越えるものではあるが、「知の未来」についてこれまでの論点をまとめながらここで考えておきたい。

知の混迷については本章ですでに三節にわたり述べているが、この問題の本質はまた、次のように整理することができるであろう。即ち、

① 原初以来、意識が構造的に持つ「内部性」に付きまとわれ、しばしば「影絵の世界」をしか見ることのできない人間が、

② 神の業とも見紛うほどの力をすでに獲得し、

③ しかもなお足元の有限な地球を、Plus Ultra という凄まじい駆動力で、無限に収奪し続けている

——矛盾である、と。

「内部性」という業病《ごうびょう》を抱えた人間が、弁証法を駆使する理性のもと、どんな障害をも乗り越えていくPlus Ultra の力によって築き上げた現代文明。それが本質的に危ういものを持っていたことは当然だったのかもしれない。そして、地球上で現在進行中のこのドラマの色彩がどう見てもダークなのは、勿論このドラマが悲劇として終わる可能性が十分にあるからである。例えば、

——見渡す限り無彩色の原野を、人と動物の屍体《したい》が埋め尽くす。廃墟を吹きすさぶ荒々しい風。凍《い》

て切った大地。海面に漂うおびただしい魚。熱線と放射線を免れた人々をもまた、巨大な爆発で巻き上がった粉塵が、何年も何年も厚く空を覆い、食料が絶たれてしまう「核の冬」……。このような悪夢を現実のものとしないために、今「理性」や「知」が果たすべき役割とは、それぞれが力を振り絞って、自分たちにもその責がある地球瓦解《がかい》の到来を、何としても回避することであろう。

確かに知の未来として、多くの夢も語られている。極大世界では地球外移住、惑星間旅行。極小世界では、ナノテクノロジーによる医学の劇的発展などのほか、人工光合成、新エネルギー開発などの華やかな希望も視野に入っている。知は当然のことながら現実世界を初め、そのあらゆる前線にわたってPlus Ultra の前進を続けるであろう。しかし今ここで検討すべき「知の未来」は、最もクリティカルな問題に焦点を当て、華やかなすべての夢、あらゆる努力を水泡に帰しかねない、私たちの頭上にのしかかる巨大なダモクレスの剣の脅威から逃れる方法を考えることであろう。

そうした危機のうち最も深刻、また焦眉《しょうび》の急と言えるものは、地球環境の崩壊と核戦争であることは間違いあるまい。そしてこの危機の本質に、上記の①から③の三つの要素が深く絡《から》んでいることもまた確かだと思われる。

このうち、「内部性という壁」の問題は、人間に関するほとんどあらゆる難問の中核に潜んでいる。即ちそれは、意識が対象を自分の内側からのみ――つねに「こちら側」からしか、見ることも知ることもできないという宿命なのであるが、これが他者に対して「独善」「自己本位」を生み、さらには自己の論理を相手に押しつけ、聞かなければ「暴力」に訴え、果ては「戦争」まで引き起こしていくことになってしまう。

国際政治の舞台では、そうした無謀な争いが大規模に延々と繰り返されているが、二十一世紀に入ってからの例では、ロシア連邦大統領プーチンのウクライナ侵攻にその典型を見ることができよう。プーチンにとってみれば、ウクライナは西欧に魂を売った裏切り者であり、この戦争の責任は挙げてウクライナにあるという「論理」になる。しかし世界の多くの良識ある人々から見れば、まさにその認識は真実とは似ても似つかぬ「影絵の世界」であるのだが、当人にとっては、目の前の障子《しょうじ》に映った奇怪なウクライナ像こそが真実であるのだ。

この「内部性」の歪みは、人間が引き起こす多くの問題に付いて回る。戦争、核戦争の起こる原因も、大方は自国の障子に映った歪んだ影絵を、相手の真実の姿として怒りをつのらせることから生じ、温暖化＝気候崩壊や全球汚染問題の核心にもまた、自分さえよければ他人はどうでもよいという、自己内部からしか物事を考えられない欠陥がそこに居座っている。

しかし人間は他者なしには生きられない社会的動物であり、もっと正確に言えば、地球の生態系の中でだけ生を全《まっと》うできる生物である。その人間のこうした「内部からの視線の歪み」は、これから人間がなお一〇〇年先、一〇〇〇年先にも自らの子孫たちを生き永らえさせるためには、あらゆる方策をとって克服していかなければならない負荷である。

他を知ること、他の立場に想像力を及ぼせるスキルは、技術とその使用においてはすでに〈全球人〉化している人間にとってどうしても必要な能力であり、それは、八〇億人、二〇〇国家地域の人間が、協力し合わなければ対処できない「地球の危機」が頭上や足元にある時代、その中を生きている私たちとしては当然のことであろう。

思えば国際連盟、国際連合は「平和のための超国家組織」であるが、その誕生は永い人間の歴史の中でもようやく二十世紀に入ってからのことであった。これらの組織はつねに「無力なもの」という烙印《らくいん》を押されてきたが、そもそもこうしたグローバルな組織ができたこと自体が、恐らく七〇〇万年も戦いばかり繰り返してきた人間にとっては、革命的なことであったと言わねばならない。現在の国連が不完全なものであるにしても、またその改組がどうしても必要であるとしても、環境危機や核戦争を乗り越えるためには、全地球的な協力が必要であり、こうした組織の主導なしにはあり得ないのである。

これら二つの組織は、第一次、二次世界大戦という未曽有《みぞう》の死傷者を出した悲劇ののち、その深い後悔から生まれている。この例に倣《なら》えば、次の世界大戦後にこそより強力な国際組織を生み出すことは可能であろうが、その前に人間自体が死滅してしまう可能性が十分にあり、そこまで待つことはできない。

勿論、組織的な効率からすれば、最終的には「地球政府」を作ることがゴールとなるであろう。現在のように世界が二〇〇ものピースに細分され、それぞれが「内部」を志向して愛国心を競い合い、ロイヤリティを発揮し合っていたのでは、ついに地球に平和が訪れることはない。「外部」をなくし、地球全体が「内部」であるという認識に達すれば、原理的に戦いは終息の方向に向かうだろう。地球に対するロイヤリティをもって倫理とし、それを目指す教育を施していけば、虚しい競争は下火になり、温暖化や汚染の危機などの問題を乗り越えることも可能になるはずである。

しかしながら、「地球政府」への道は、EUの例を見ても至難の業であり、そうした理想の将来へ向けて、当面は改組国連などの国際組織を育て、現在の二〇〇ピースの利害調整に心血を注ぐしかないであろう。核戦争について言えば、現実にその抑止となっていることは、核のボタンを押す人間が、「死なないことを選択する」ことがもはやできないということである。つまりより早くボタンを押しても、相手からの陸海空にわたる核報復を必ず招き、「よりあとに死ぬことを選択する」ことにしかならないのである。その残酷な事実と環境崩壊の切迫とを考え合わせ、私たちが掲げるキー・コンセプトは、「このままでは、地球は人の住めない星になる」ということ、そして「一〇〇年先、一〇〇〇年先に我々の子孫を生き永らえさせる」ことになるであろう。

ここでは、主として「理性」の役割になるはずの危機回避のプロジェクトを支えるために、「知」が支援できることを挙げておきたい。改めて、苦悩する地球世界の矛盾をもう一度別様に表現すれば、〈人間の持つ技術とそれを使いこなす行動では、すでに全球時代に相応《ふさわ》しいステージに到達しているにも拘らず、感情面及びそれが表現される政治面では、「国家」と言うより「族」のレベルにとどまっているギャップ〉ということになるだろう。

そこで予め、この問題に正面から取り組むためには、「兎の耳」と「亀の足」とが必要になることを掲げておきたい。即ち、危機を知覚する兎のセンシティブな感覚と、その一方、危機を回避するためには遅鈍《ちどん》も厭《いと》わぬ亀の着実な歩み、とである。

まず、この危機が最近降って湧いた驚天動地の悲劇なのではなく、二世紀半も前の産業革命以来、そしてまた一世紀近く前の核開発以来膨れ上がり、ついには天にまで達した魔神の姿なのだという認識が必要である。私たちはひたすら嵩《かさ》を増していく巨大な恐怖をただ手をこまぬいて見ていただけなのであり、今こそ魔神の呪いで地球全体を瓦解に追い込まぬよう、兎の繊細な耳をもって見張りを続けなければならない――そのことがまず大前提である。

勿論、危機回避に「知」が果たせる役割とは、「理性」による鮮やかな政治的決断や頭脳明晰な判断といった華々しいものではない。しかしながら「知」においてもまた、間接的ではあってもより根源的な場所から、人間が生き延びていくためのスキルをさまざまに提供することができるのではなかろうか。それはつまり現在の悲劇の源が、人間の意識が構造的に持つ「内部性の牢獄」にあることに着目し、そこからの離脱を目指して、亀のように遅い歩みながら、着実に歩を進めて解決を目指すための方策群である。

その初めとしてまず、問題となっている「人間」という存在の「内側」を見詰め直し、「人間自身の研究」を深化させることを挙げたい。哲学の今後の仕事としてすでに触れていることではあるが、意識が外界との間で作り上げている「現実」世界をさらに深部まで探り、それがどんな構造を持ち、どんな偏差を含んでいるかを明らかにすることである。つまり、奇怪な「影絵」の世界はどのように形成され、その虚構から逃れるにはどうすればよいのか。それは人間がどのように物を見ているかという最深部にまで碇《いかり》を下すことで、人間の持つ客観的な存在を浮かび上がらせ、人間と世界の根本的な理解につなげることである。

これと関連して、人間の脳の研究への期待も大きい。脳の神経細胞の活動は、化学物質を介して単純な信号の入出力をしているだけであるのに、全体として「我思う」という不可思議な現象が立ち現れる。この「創発《そうはつ》」というシステムの解明が期待され、またそれに基づく意識の研究が、人間の根源に光をあて、他者との関わりの解明にも資するものとして期待できよう。勿論哲学、脳科学とは別に、従来からなされている他者理解――歴史学、地理学、文化人類学などによる国、民族、文化のより詳しい理解は、世界知の基本を提供するものとして全球把握に欠かせないであろう。

こうした一方、人間の「外側」の研究もまた必要である。地球は人間だけでなく多くの生物の棲《す》み処《か》でもある。その多くの彼らとの関わりの中でこそ、実は私たち人間の存在がある。そこで必要とされるのは「地球とその生物たちの研究」である。現在地球上の総種数はおよそ三〇〇万種とも言われているが、それは既知の種の概算であって、このほか知られていないものを含めれば、その数倍ともそれ以上とも言われる。こうした膨大な地球の住人の身元調査が、これから地球のネットワーク――生態系を把握するための基礎作業としてまず必要になるであろう。

さらにはこれらの生物によって、どのような生態上のシステムが地球上に展開しているのか、またそれらの生物の知覚やコミュニケーションはどのように行われているのかを理解していくことで、地球という巨大な生態系が把握でき、さらには私たちの知らない、私たち自身の客観的な姿も露わになってくるのではないか。私たち人間の間で「自己の真理が他者にある」のであれば、「私たち人間の真理もまた、ともに生きる地球の生物たちにある」かもしれないのである。

現在は、実際にはすでに「全球時代」に入っている。私たち自身のため、地球全体をこれまで通り快適な環境のまま保つためには、八〇億人と二〇〇ピース国家地域の全面的な理解と協力が必要である。今後は今述べたように、人間の意識が外界との間で作り上げている現実世界の解明から、全地球規模の生物同士の関係性までが、詳細に解き明かされねばならないだろう。私たちは、さまざまな手段を通じて「内部性の牢獄」からその身を引き離し、同じ他の人間、さらには地球の他の多くの生物と共存していく道を、知の力に頼りながら歩まねばならない。それが知がプライオリティ高くなすべきこと、知が優先的に提示すべき未来であり、またそれこそが全球時代に私たちが「善く生きる」こと、「大人になる」ことではないかと思われる。

そして、現在を折り返し点として、私たちヒト族が辿った過去と同じほど永い、翻って今度ははるかな未来を想像すれば——あるいはそれよりもずっと近い未来に、果てしなく進む私たちの「知」の力によって、地球全体の生命たちの間で、何らかの形の対話が可能となる日もやってくるのではなかろうか。脳科学を中心とする先端科学の力による多種間の対話は、もしそれが実現されれば恐らく驚くべき内容をもつ会話となるはずである。

「世界共和国」も「国際連合」も、すでにカントが『永遠平和のために』の中で、説いていたところであった。しかしながら今から二〇〇年以上前のカントの時代に、「地球環境の破壊」と「人類殲《せん》滅《めつ》戦争」の脅威は存在していなかった。今兎の耳が聞くべきなのは、迫りくる全面的な崩壊と絶滅の足音なのである。私たちは今そこにある危機を、それがどれほど厳しく難しい利害調整交渉であるとしても、妥協に次ぐ妥協の末の末であったとしても、亀の着実な歩みをもって何としてもこれを乗り越えていかなければならない。そして人と人、人と地球、さらにその上の全生物との関わりを詳《つまび》らかにしながら、共に生きることを選択し、一〇〇年後、一〇〇〇年後の子孫たちに、遠い過去からこう申し伝えねばならない、「Good luck!」と。

エピローグ

〈私が、少しでも遠くまでものを見ることができたのなら、それは巨人の肩の上に乗っていたからです〉。――これは一六七五年頃の若きニュートン（一六四二―一七二七）が、年長のライバル、フックへの手紙にしたためた言葉である。実はそれに似た言葉を、五〇〇年以上も遡る中世に聞くことができる。十二世紀に活躍したシャルトルのベルナルドゥス。ギリシアの知の巨人たちを、彼らが「異教徒」であるにも拘らず愛したフランス・シャルトル学派の総帥《そうすい》である。学芸論の著作『メタロギコン』の中に引用される形で、ベルナルドゥスの言葉がおよそ次のように伝わっている。〈我々が古《いにし》えの人よりもよく、かつ遠くまで見ることができるのは、我々の目がすぐれていたり、我々の背が高いからではない。巨人たちが我々を背負い、我々はその肩越しに見ることができるからである〉。

　巨人の肩に乗った子供。それは謙虚な言葉ではあるのだが、その子供の目に映った光景こそ真実の姿であることが前提されている。ニュートンやベルナルドゥスたちのこうした言葉の向こうには、「これほどまでに現代の我々は世界のすべてを見晴るかし、真理を掴み得ている」という自信が溢れているであろう。ゲーテも言う如く、「人はそのあらゆる成長段階で自らを完成したものと考える」。

人類の〈知の歴史〉でもまた然りである。

しかし現実はどうだろうか。人がその時代、時代に達成し得たものは、確かにそれまでと比べ驚異的なものがあるにしても、つまりは永い史的過程の一コマであることを強いられる。知は永久に続く「道」のように、いつもまた永遠に乗り越えられていく。宇宙の謎を完璧に解決したと考えられ、二世紀にわたって知の宇宙に君臨したニュートン力学に対しても、さまざまな疑問が呈されるようになったのは十九世紀後半のことだった。それを根本から解決するために、二十世紀に入った時点でアインシュタインによる知の革命が起こり、「相対性理論」によって、ニュートン力学が持つ構造が大きな視野から見直されることになった。ニュートンは間違っていたわけではないが、大きな世界の中の限定された真実だったのだ。プロローグで触れた、書斎に座った我々が超高速で宇宙空間を疾駆《しっく》しながら、微動だにしていないとしか感じ取れないなどの「慣性」の謎も、ガリレイ、ニュートン、そしてアインシュタインと続く「相対性」の知の精緻な深まりの中で、宇宙大のスケールで解かれるのである。

では二十一世紀の我々は、この果てしない〈知の歴史〉の中でどのような位置にいるのだろうか。学としての知が始まったタレス以来二六〇〇年が経過した。知の根源学たる哲学を中心に考えるならば、この間のピークは明らかにアリストテレスとヘーゲルであろう。タレスから二五〇〇年ほどで現れたアリストテレスは、肉眼と徒手とをフル稼働させ、その知の限りを尽くすことで、以降二〇〇〇年を生きる知のスタンダードを、それも万学にわたって成立させた。アリストテレスのこの知の宇宙を、人間の宇宙に変換する形で哲学史を変えた哲学者はデカルトであるが、アリストテレス以降の哲学の歴史をピークにまで高めたのは、やはりヘーゲルであろう。彼が発見した理法である弁証法。人間の認識をその発生から豊かな成熟へと導くキーワードであるが、また地球の相貌全体を塗り替える精力的な人間のダイナミズムをもこの理法が説明する。さらにヘーゲルは、人間の具体的な現実にもその思考の錘《おもり》を下ろし、意識同士の力学の考察をも怠《おこた》らなかった。

一方科学はというと、やはりアリストテレスによってその諸分野が総覧され、多くが学としてスタートする中で時代を下っていった。アリストテレスの重みはやはり二〇〇〇年を圧し、ニュートン力学を初めとする十七世紀科学革命によって、ようやくアリストテレス自然学は乗り越えられるのである。

ところで十七世紀以降の哲学と科学の動向は、その相貌を全く異にする。科学が宗教の呪縛から逃れながら着実に発展を始め、十九世紀以降は全分野にわたってほとんど指数曲線的なすさまじい進撃を遂げて現在に至っているのに対し、哲学はヘーゲルにおいて第二のピークを迎えたものの、その後は不振をかこつ、というのが言いすぎなら、その声望の長期低落から抜け出せないでいる。つまり、科学の世界で、十六世紀のコペルニクス、十七世紀のガリレイ、ニュートン、十八世紀のリンネ、十九世紀のダーウィン、二十世紀のアインシュタイン等々、歴史を塗り替えたキャラクターが引きも切らなかったのに対し、哲学の世界では、十七世紀のデカルト、ロック、十八世紀のカント、十九世紀のヘーゲルで止まってしまうのである。ようやく二十世紀に現れたフッサール、ハイデガーにしても、哲学史の流れを刷新するほどの力を持ったとは言い難い。

このように、哲学と科学とでは十九世紀以降、その差が歴然としていたにも拘らず、現在の地点から眺めれば、いずれも迷路の中で困惑していることは共通すると言わざるを得ない。これを皮肉として笑って済ませられればよいのであるが、混迷の深さがそれを許さないであろう。

混迷の原因は、これまで辿ってきた知の歴史が語っているように、倨傲《きょごう》――人間自身の知と力への過信が大きいであろう。ルネサンスあるいはデカルトによってスタートした「人間」に対する強い信頼は、あらゆる領域に理性の力を天翔けさせ、やがて地に海に空に、それまでの人間が想像もできなかった華麗な高度文明を展開させた。その知は、一切を知り尽くそうという勢いで広がり、その力は、地上を自由に造り変えるために、あらゆるものを動員した。太陽からのエネルギーについては木材のみならず、遠い過去に封じ込められていた物質までもが石炭・石油・天然ガスなどとして利用され、電気の発見によって夜が追放され、地上は商品の海や歓楽の園となって栄華を謳歌する。本来、天体レベルのエネルギーである原子力までもが利用された。しかし知と力が生み出した豊かさへの驕《おご》りは、自らが地球上の一生物たることを忘れさせ、母なる地球を奴隷のように酷使し、自らを神の如き存在であると錯覚するに至った。

思いみれば、ヘーゲル以降の哲学の不振あるいは懐疑の色彩の濃い哲学の続出、また二十世紀の自然科学の認識的な成果が私たちの日常生活にフィードバックされにくくなったことなどは、人間の知が本質的な限界に突き当たっていたことを示唆《しさ》している。全世界を呑み干したはずのヘーゲルの、その没後およそ二〇〇年が過ぎてみれば、私たちの現実世界を越えることおよそ一〇〇〇兆倍のマクロの世界では、私たちの二六〇〇年にもわたる文字通り夜を日に継いで紡《つむ》ぎ出した膨大な知見が、わずか五パーセントの真実に過ぎなかったことが判明することになった。また逆に、私たちの現実世界を去ることおよそ一〇〇〇兆分の一をさらにはるかに下回るミクロの世界では、無から有が生まれ、有が無に消滅するという、やはり私たちが古来信奉し続けてきたロゴスが全く通用しない現実が進行していたのである。つまりは、プロローグで触れた絶対静止幻想のように、私たちは必ずしも「真実」を見ているわけではないし、私たちが知覚するものだけが「真実」であるとはとても言えないことが、有無を言わせぬ形で突きつけられるようになった。

にも拘らず、科学の応用としての技術は、科学の逡巡《しゅんじゅん》を無視するかのように力への信奉に傾斜し、理論を駆《か》って無理やりにでも巨大な力を引き出し、さまざまな鬼子を生み出すに至った。結果として科学知は、十九世紀末の放射能の発見から僅か半世紀足らずで、一瞬のうちに一〇万人以上の生命を抹殺する核物理学を育ててしまう。それは世界最強の国家が、おびただしい国家予算を投じ、多くの有能な科学者たちを動員して生み出した目にもおぞましい魔神であったが、人間を殺すためだけに作られたこの恐ろしい存在は、今では全世界に拡散してしまっている。この究極の物質―エネルギー変換装置が、人間を益するためでなく、ただただ殺人のためにだけ造られたという過酷な事実に、我々は改めて思いを致す必要があると思われる。

さらに、人間の理性の内側に食い込むＡＩや人間を改造しようとする遺伝子工学の誘惑は、別の隠れた魔神の姿を垣間見《かいま》させる。しかも、呼び出した内外いずれの魔神をも収めることはもはやできない。今後の〈知の歴史〉では、我々はなおただひたすらその知を追い求めるだけではなく、この不気味な魔神たちとともに生きる知恵にも力を割《さ》かねばならないのである。それは困難な戦いである。なぜなら魔神たちとは、実は鏡に映った私たち自身の姿に他ならないのであるから。しかしそうであるがゆえに、魔神を押しとどめることができる者は、この広大にして無辺の宇宙の中で私たち以外、誰もどこにもいないことは確かなのである。

私たちは、人間の自然の本性としてなお知を求めることをやめないであろうが、それぞれの持ち場でこの困難と戦わねばならない。そしてその時切に想うべきは、Plus Ultra たる生の凝視、地球の一員としての倫理、そして知の絶対的な内部性という限界などのキーワードと合わせ、次のような切実で厳粛な事実であろうと思われる。

即ち私たちすべては、たとえどれほど憎しみ合う間柄だとしても、ことごとくあの無の揺らぎからふと現れた、芥子粒《けしつぶ》ほどの「全存在」の中から分かれ出た仲間であり、夜空に見える星の子供たちであるということ。そしてまた、私たちが心の底からの喜びを感じるときとは、他者に優越し、他者を打ち負かしたときでは決してなく、他の人間、他の存在、あえて言えば日月星辰山川草木とともに喜びを分かち合う時に他ならない、ということである。

〈主要参考文献〉

一、参考にさせていただいた文献は、本書の性質上たいへんに多く、そのすべてを挙げることはできないので、引用文献を中心とする主要なもののみにとどめた。特に各思想家についての研究文献は多数にわたり、原則として省略せざるを得なかった。ここで、挙げられなかった著書、著者、及びその制作に携わった方々に、篤い感謝の念をお伝えしておきたいと思う。

一、文献の刊行年は原則として初版出版年で統一し、同一ジャンルのものはまとめながら、その中で刊行順にまとめてある。

Ⅰ　全体にわたるもの

P. Edwards, *The Encyclopedia of Philosophy*, 8 vols., New York: Macmillan, 1967.

J. Ritter, *Historisches Wörterbuch der Philosophie*, 13Bde., Basel: Schwabe, 1971-2007.

A. Jacob, *Encyclopédie Philosophique Universelle*, 6 vol., Paris: Presses universitaires de France, 1989-1998.

E. Craig, *Routledge encyclopedia of philosophy*, 10 vols., London: Routledge, 1998.

＊

A. Schwegler, *Geschichte der Philosophie im Umriß*, Stuttgart: C.Conrad, 1887.

É. Gilson, *La philosophie au moyen âge*, 2 vol., Paris: Payot, 1922.

W. Windelband, *Lehrbuch der Geschichte der Philosophie*, Tübingen: J.C.B.Mohr, 1935.

B. Russell, *History of Western Philosophy*, London: Routledge, 1993.

C.V. Doren, *A History of knowledge*, New York: Ballantine Books, 1991.

＊

『岩波哲学・思想事典』、一九九八年
『岩波理化学辞典（第5版）』、一九九八年
『世界地図帳』昭文社、二〇〇三年
『世界史年表・地図』吉川弘文館、二〇〇四年
『新・天文学事典』講談社／ブルーバックス、二〇一三年
『地球全史スーパー年表――Supper Time Scale of the Earth』岩波書店、二〇一四年
『スクリブナー思想史大事典』全一〇巻、丸善出版、二〇一六年
『詳説世界史』山川出版社、二〇一七年
『詳説日本史』山川出版社、二〇二二年
『理科年表2023』丸善出版、二〇二二年

＊

『講談社大百科事典』全二八巻、講談社、一九七七年
『日本大百科全書』全二五巻、小学館、一九八四―八九年
『ブリタニカ国際大百科事典』全二〇巻、ティビーエス・ブリタニカ、一九九五年
『世界大百科事典』全三四巻、平凡社、二〇〇七年

＊

J・D・バナール『歴史における科学』全四巻、鎮目恭夫訳、みすず書房、一九六七年
H・バターフィールド『近代科学の誕生』全二巻、渡辺正雄訳、講談社学術文庫、一九七八年
坂本賢三『科学思想史』岩波全書、一九八四年
端山好和『自然科学史入門』東海大学出版会、一九九八年
伊東俊太郎／広重徹／村上陽一郎『思想史のなかの科学』平凡社ライブラリー、二〇〇二年
伊東俊太郎『近代科学の源流』中公文庫、二〇〇七年

中村士／岡村定矩『宇宙観5000年史――人類は宇宙をどうみてきたか』東京大学出版会、二〇一一年
森岡恭彦『医学の近代史』NHKブックス、二〇一五年
D・クリスチャン／C・S・ブラウン／C・ベンジャミン『ビッグヒストリー：われわれはどこから来て、どこへ行くのか――宇宙開闢から138億年の「人間」史』、長沼毅監修、石井克弥／竹田純子／中川泉訳、明石書店、二〇一六年

Ⅱ　プロローグ・知の前史

ゲーテ『ファウスト』全二巻、相良守峯訳、岩波文庫、一九五八年
アリストテレス『形而上学』全二巻、出隆訳、岩波文庫、一九五九―六一年
『マラルメ全集』全五巻、筑摩書房、一九八九―二〇一〇年

＊

P・ヤーデンフォシュ『ヒトはいかにして知恵者《サピエンス》となったのか――思考の進化論』井上逸兵訳、研究社、二〇〇五年
J・C・ゴメス『霊長類のこころ――適応戦略としての認知発達と進化』長谷川眞理子訳、新曜社、二〇〇五年
A・パーカー『眼の誕生――カンブリア紀大進化の謎を解く』渡辺政隆／今西康子訳、草思社、二〇〇六年
『シリーズ　現代の天文学』全一七巻、日本評論社、二〇〇七―〇八年
S・イングス『見る――眼の誕生はわたしたちをどう変えたか』吉田利子訳、早川書房、二〇〇九年
佐藤勝彦『インフレーション宇宙論――ビッグバンの前に何が起こったのか』講談社／ブルーバックス、二〇一〇年
岩堀修明『図解・感覚器の進化』講談社／ブルーバックス、二〇一一年
日本物理学会編『宇宙の物質はどのようにできたのか――素粒子から生命へ』日本評論社、二〇一五年
松原隆彦『宇宙の誕生と終焉　最新理論で解き明かす！　138億年の宇宙の歴史とその未来』SBクリエイティ

ブ／サイエンス・アイ新書、二〇一六年
T・E・ファインバーグ／J・M・マラット『意識の進化的起源――カンブリア爆発で心は生まれた』鈴木大地訳、勁草書房、二〇一七年
山田克哉『$E=mc^2$ のからくり』講談社／ブルーバックス、二〇一八年
J‐F・ドルティエ『ヒト、この奇妙な動物――言語、芸術、社会の起源』鈴木光太郎訳、新曜社、二〇一八年

＊

サルトル『恭しき娼婦』伊吹武彦他訳、人文書院、一九五二年
――『存在と無Ⅱ』松浪信三郎訳、人文書院、一九五八年
『ニーチェ全集八　悦ばしき知識』信太正三訳、理想社、一九八〇年

＊

岡田明子／小林登志子『シュメル神話の世界――粘土板に刻まれた最古のロマン』中公新書、一九七七年
G・ジャン『文字の歴史――ヒエログリフから未来の「世界文字」まで』矢島文夫監訳、創元社、一九九〇年
佐藤次高編『西アジア史Ⅰ――アラブ』山川出版社、二〇〇二年
S・R・フィッシャー『文字の歴史』鈴木晶訳、研究社、二〇〇五年
三井誠『人類進化の700万年――書き換えられる「ヒトの起源」』講談社現代新書、二〇〇五年
河合信和『ヒトの進化　七〇〇万年史』ちくま新書、二〇一〇年
Y・N・ハラリ『サピエンス全史――文明の構造と人類の幸福』全二巻、柴田裕之訳、河出書房新社、二〇一六年
山極寿一／諏訪元「プレ・ヒューマンへの想像力は何をもたらすか」『現代思想』二〇一六年五月号、青土社
中沢新一／山極寿一「『人類史』のその先へ」『現代思想』二〇一七年六月号、青土社

Ⅲ　古代の知

Early Greek philosophy, 9vols., Cambridge(Mass.): Harvard University Press, 2016.

Aristotle. Vol19, Cambridge(Mass.): Harvard University Press, 1968.

Diogenes Laertius, *Lives of eminent philosophers*, 2vols., Cambridge(Mass.): Harvard University Press, 1966.
（邦訳：ディオゲネス・ラエルティオス『ギリシア哲学者列伝』全三巻、加来彰俊訳、岩波文庫、一九八四―九四年）

山本光雄訳編『初期ギリシア哲学者断片集』岩波書店、一九五八年

田中美知太郎編『ギリシアの詩と哲学――思想の歴史1』平凡社、一九六五年

貝塚茂樹編『世界の名著3　孔子／孟子』中央公論社、一九六六年

長尾雅人編『世界の名著2　大乗仏典』中央公論社、一九六七年

小川環樹編『世界の名著4　老子／荘子』中央公論社、一九六八年

長尾雅人編『世界の名著1　バラモン経典／原始仏典』中央公論社、一九六九年

重田英世編『世界の大思想40　ヤスパース』河出書房新社、一九七三年

荒木見悟編『世界の名著続4　朱子／王陽明』中央公論社、一九七四年

柳田聖山編『世界の名著続3　禅語録』中央公論社、一九七四年

斎藤忍随『プラトン以前の哲学者たち――ギリシア哲学史講義』岩波書店、一九八七年

加藤信朗『ギリシア哲学史』東京大学出版会、一九九六年

『芥川龍之介全集　第十六巻』岩波書店、一九九七年

桜井万里子編『ギリシア史――新版世界各国史：17』山川出版社、二〇〇五年

T・ケイヒル『ギリシア人が来た道』森夏樹訳、青土社、二〇〇五年

G・S・カーク／J・E・レイヴン／M・スコフィールド『ソクラテス以前の哲学者たち（第二版）』内山勝利／木原志乃／國方栄二／三浦要／丸橋裕訳、京都大学学術出版会、二〇〇六年

内山勝利編『哲学の歴史（第1巻）哲学誕生――古代1』中央公論新社、二〇〇八年

D・セドレー『古代ギリシア・ローマの哲学――ケンブリッジ・コンパニオン』内山勝利監訳、京都大学学術出版会、二〇〇九年

F・シャムー『ギリシア文明』桐村泰次訳、論創社、二〇一〇年
手嶋兼輔『ギリシア文明とはなにか』講談社選書メチエ、二〇一〇年
＊
『プラトン全集』全一五巻別巻一、岩波書店、一九七五―七八年
田中美知太郎編『世界の名著6　プラトンⅠ』中央公論社、一九六六年
――『世界の名著7　プラトンⅡ』中央公論社、一九六九年
斎藤忍随『人類の知的遺産7　プラトン』講談社、一九八二年
Plato, *Republic*, 2vols., Cambridge(Mass.): Harvard University Press, 2013.
――, *Euthyphro; Apology; Crito; Phaedo*, Cambridge(Mass.): Harvard University Press, 2017.
内山勝利他編『エウテュプロン／ソクラテスの弁明／クリトン』京都大学学術出版会、二〇一七年
＊
内山勝利他編『アリストテレス全集』全一九巻、岩波書店、二〇一三―一八年
田中美知太郎編『世界の名著8　アリストテレス』中央公論社、一九七二年
今道友信『人類の知的遺産8　アリストテレス』講談社、一九八〇年
Aristotle, *Metaphysics*, 2 vols., Cambridge(Mass.): Harvard University Press, 1968-69.
――, *On the heavens*, Cambridge(Mass.): Harvard University Press, 1960.
＊
鹿野治助編『世界の名著13　キケロ／エピクテトス／マルクス・アウレリウス』中央公論社、一九六八年
岩崎允胤『人類の知的遺産10　ヘレニズムの思想家』講談社、一九八二年
内山勝利編『哲学の歴史（第2巻）帝国と賢者――古代2』中央公論新社、二〇〇七年
＊
田村松平編『世界の名著9　ギリシアの科学』中央公論社、一九七二年

G・E・R・ロイド『初期ギリシア科学――タレスからアリストテレスまで』山野耕治／山口義久訳、法政大学出版局、一九九四年
――『後期ギリシア科学――アリストテレス以後』法政大学出版局、二〇〇〇年
蜂屋邦夫『中国的思考――儒教・仏教・老荘の世界』講談社学術文庫、二〇〇一年
立川武蔵『仏教史』全二巻、西日本出版社、二〇二一年

Ⅳ　中世・ルネサンスの知

『中世思想原典集成』全二一巻、平凡社、一九九二―二〇〇二年
『アウグスティヌス著作集』全三〇巻別巻二、教文館、一九八九―二〇二三年
山田晶編『世界の名著14　アウグスティヌス』中央公論社、一九六八年
宮谷宣史『人類の知的遺産15　アウグスティヌス』講談社、一九八一年
山田晶編『世界の名著続5　トマス・アクィナス』中央公論社、一九七五年
稲垣良典『人類の知的遺産20　トマス・アクィナス』講談社、一九七九年
服部英次郎編『思想の歴史3　キリスト教会とイスラム』平凡社、一九六五年
中川純男編『哲学の歴史（第3巻）神との対話――中世　信仰と知の調和』中央公論新社、二〇〇八年

＊

野田又夫編『思想の歴史5　ルネサンスの人間像』平凡社、一九六五年
伊藤博明編『哲学の歴史（第4巻）ルネサンス――15・16世紀　世界と人間の再発見』中央公論新社、二〇〇七年
豊田利幸編『世界の名著21　ガリレオ』中央公論社、一九七三年
伊藤俊太郎『人類の知的遺産31　ガリレオ』講談社、一九八五年
渡辺一夫編『世界の名著17　エラスムス／トマス・モア』中央公論社、一九六九年

V　近代の知

『デカルト著作集』全四巻、白水社、一九七三年
野田又夫編『世界の名著22　デカルト』中央公論社、一九六七年
所雄章『人類の知的遺産32　デカルト』講談社、一九八一年
R. Descartes, *Le Discours de la méthode*, Paris: Gallimard, 1991.
———, *Méditations métaphysiques*, M. Beyssade (tr.), Paris : Librairie Générale Francaise, 1990.
下村寅太郎編『世界の名著25　スピノザ／ライプニッツ』中央公論社、一九六九年
工藤喜作『人類の知的遺産35　スピノザ』講談社、一九七九年
増永洋三『人類の知的遺産38　ライプニッツ』講談社、一九八一年
野田又夫編『思想の歴史7　市民社会の成立』平凡社、一九六五年
小林道夫編『哲学の歴史（第5巻）デカルト革命——17世紀　神・人間・自然』中央公論新社、二〇〇七年

＊

大槻春彦編『世界の名著27　ロック／ヒューム』中央公論社、一九六八年
野田又夫『人類の知的遺産36　ロック』講談社、一九八五年
J. Locke, *An Essay concerning Human Understanding*, London: Penguin Books,2004.
G. Berkeley, *A treatise concerning the principles of human knowledge*, Chicago: Open Court, 1901.
（邦訳：バークリー『人知原理論』宮武昭訳、ちくま学芸文庫、二〇一八年）
松永澄夫編『哲学の歴史（第6巻）知識・経験・啓蒙——8世紀　人間の科学に向かって』中央公論新社、二〇〇七年
河辺六男編『世界の名著26　ニュートン』中央公論社、一九七一年
荻原明男『人類の知的遺産37　ニュートン』講談社、一九八二年

I. Newton, *The Principia (The mathematical principles of natural philosophy)*, A. Motte(tr.), New York: Prometheus Books, 1995.
（邦訳：ニュートン『プリンシピア――自然哲学の数学的原理』中野猿人訳、講談社、一九七七年）

*

『カント全集』全二二巻別巻一、岩波書店、一九九九―二〇〇六年
野田又夫編『世界の名著32 カント』中央公論社、一九七二年
坂部恵『人類の知的遺産43 カント』講談社、一九七九年
I. Kant, *Kritik der reinen Vernunft*, Hamburg: Felix Meiner, 1956.
（邦訳：カント『純粋理性批判』全三巻、篠田英雄訳、岩波文庫、一九六一―六二年）
J・ブロノフスキー／B・マズリッシュ『ヨーロッパの知的伝統――レオナルドからヘーゲルへ』三田博雄／宮崎芳三／吉村毅／松本啓訳、みすず書房、一九六九年
岩崎武雄『カントからヘーゲルへ』東京大学出版会／UP選書、一九七七年
加藤尚武編『哲学の歴史（第7巻）理性の劇場――18・19世紀 カントとドイツ観念論』中央公論新社、二〇〇七年
村岡晋一『ドイツ観念論――カント・フィヒテ・シェリング・ヘーゲル』講談社選書メチエ、二〇一二年

*

『ヘーゲル全集』全二〇巻、岩波書店、一九九六―二〇〇一年
岩崎武雄編『世界の名著35 ヘーゲル』中央公論社、一九六七年
城塚登『人類の知的遺産46 ヘーゲル』講談社、一九八〇年
G.W.F. Hegel, *Phänomenologie des Geistes*, Hamburg: Felix Meiner, 1952.
（邦訳：ヘーゲル『精神現象学』樫山欽四郎訳、河出書房新社、一九六六年）
――, *Wissenschaft der Logik*, 2Bde, Hamburg: Felix Meiner, 1975.

――――, *Vorlesungen über die Philosophie der Geschichte*, Frankfurt am Main : Suhrkamp, 1970.
J.-P. Sartre, *Cahiers pour une morale*, Paris: Gallimard, 1983.
夏目漱石『三四郎』新潮文庫、一九四八年

＊

清水幾太郎編『思想の歴史8　近代合理主義の流れ』平凡社、一九六五年
河野健二編『思想の歴史9　マルクスと社会主義者』平凡社、一九六五年
須藤訓任編『哲学の歴史（第9巻）反哲学と世紀末――19・20世紀　マルクス・ニーチェ・フロイト』中央公論新社、二〇〇七年
M・マイ『50のドラマで知るドイツの歴史――祖国統一への道』小杉尅次訳、ミネルヴァ書房、二〇一三年
西尾幹二編『世界の名著続10　ショーペンハウアー』中央公論社、一九七五年
桝田啓三郎編『世界の名著40　キルケゴール』中央公論社、一九六六年
小川圭治『人類の知的遺産48　キルケゴール』講談社、一九七九年
S. Kirkegaard, *Die Krankheit zum Tode*, G. Perlet (tr.), Stuttgart: Reclam,1997.
フォイエルバッハ『キリスト教の本質』全二巻、船山信一訳、岩波文庫、一九三七年
鈴木鴻一郎編『世界の名著43　マルクス／エンゲルスⅠ』中央公論社、一九七三年
――――『世界の名著44　マルクス／エンゲルスⅡ』中央公論社、一九七四年
都留重人『人類の知的遺産50　マルクス』講談社、一九八二年
マルクス／エンゲルス『共産党宣言』大内兵衛／向坂逸郎訳、岩波文庫、一九五一年
エンゲルス『フォイエルバッハ論』松村一人訳、岩波文庫、一九六〇年

＊

『ニーチェ全集』全一六巻、理想社、一九六二―七五年
清水幾太郎編『思想の歴史10　ニーチェからサルトルへ』平凡社、一九六五年

手塚富雄編『世界の名著46　ニーチェ』中央公論社、一九六六年
山崎庸佑『人類の知的遺産54　ニーチェ』中央公論社、一九七八年
F. Nietzsche, *Also sprach Zarathustra*, Stuttgart: Reclam, 1969.
——, *Die fröhliche Wissenschaft*, Stuttgart: Reclam, 2000.
懸田克躬編『世界の名著49　フロイト』中央公論社、一九六六年
小此木啓吾『人類の知的遺産56　フロイト』講談社、一九七八年

Ⅵ　現代の知

今西錦司編『世界の名著39　ダーウィン』中央公論社、一九六七年
筑波常治『人類の知的遺産47　ダーウィン』講談社、一九八三年
C. Darwin, *On the origin of species*, New York: Sterling, 2008.
（邦訳、ダーウィン『種の起原』八杉竜一訳、岩波文庫、一九六三年）
湯川秀樹／井上健編『世界の名著65　現代の科学Ⅰ』中央公論社、一九七三年
——『世界の名著66　現代の科学Ⅱ』中央公論社、一九七〇年
里深文彦『人類の知的遺産80　現代の自然科学者』講談社、一九八四年
G・ゴオー『地質学の歴史』菅谷暁訳、みすず書房、一九九七年
西村三郎『リンネとその使徒たち——探検博物学の夜明け』人文書院、一九八九年
A・ウェゲナー『大陸と海洋の起源』全二巻、都城秋穂／紫藤文子訳、岩波文庫、一九八一年

＊

細谷恒夫編『世界の名著51　ブレンターノ　フッサール』中央公論社、一九七〇年
田島節夫『人類の知的遺産58　フッサール』講談社、一九八一年
フッサール『論理学研究』全四巻、立松弘孝他訳、みすず書房、一九六八—一九七六年

E. Husserl, *Ideen zu einer reinen phänomenologie und phänomenologischen philosophie*, 4 Bde., Den Haag: Martinus Nijhoff, 1952-76.
（邦訳：フッサール『イデーン——純粋現象学と現象学的哲学のための諸構想』全五巻、渡辺二郎他訳、みすず書房、一九七九—二〇一〇年）
『ハイデッガー全集』全一〇〇余巻、創文社、一九八五年—
原佑編『世界の名著62 ハイデガー』中央公論社、一九七一年
茅野良男『人類の知的遺産75 ハイデッガー』講談社、一九八四年
高田珠樹『ハイデガー——存在の歴史（現代思想の冒険者たち 第8巻）』講談社、一九九六年
M. Heidegger, *Sein und Zeit*, Tübingen: Max Niemeyer, 1984.
——, *Der Feldweg*, Frankfurt am Main: V. Klostermann, 2006.
（邦訳、ハイデッガー『野の道／ヘーベル——家の友』高坂正顕／辻村公一訳、理想社、一九六〇年）
ハイデガー『技術とは何だろうか——三つの講演』森一郎訳、講談社学術文庫、二〇一九年
野家啓一編『哲学の歴史（第10巻）危機の時代の哲学——20世紀1』中央公論新社、二〇〇八年

*

『サルトル全集』全三七巻、人文書院、一九五〇—一九七七年
加藤周一『人類の知的遺産77 サルトル』講談社、一九八〇年
J.-P. Sartre, *L'Être et le Néant*, Paris: Gallimard, 1943.
S. de Beauvoir, *La force de l'age*, Paris: Gallimard, 1960.
（邦訳、ボーヴォワール『女ざかり——ある女の回想』全二巻、朝吹登水子／二宮フサ訳、紀伊國屋書店、一九六三年）
渡部佳延『サルトル、存在と自由の思想家』トランスビュー、二〇一三年
A・コーエン＝ソラル『サルトル伝』全二巻、石崎晴己訳、藤原書店、二〇一五年
鷲田清一『現代思想の冒険者たち18 メルロ＝ポンティ』講談社、一九九七年

メルロ＝ポンティ『知覚の現象学』全二巻、竹内芳郎／小木貞孝／木田元／宮本忠雄訳、みすず書房、一九六七—七四年
泉靖一編『世界の名著59　マリノフスキー／レヴィ＝ストロース』中央公論社、一九六七年
渡辺公三『現代思想の冒険者たち20　レヴィ＝ストロース』講談社、一九九六年
レヴィ＝ストロース『野生の思考』大橋保夫訳、みすず書房、一九七六年
飯田隆『現代思想の冒険者たち7　ウィトゲンシュタイン』講談社、一九九七年
桜井哲夫『現代思想の冒険者たち26　フーコー』講談社、一九九六年
篠原資明『現代思想の冒険者たち25　ドゥルーズ』講談社、一九九七年
高橋哲哉『現代思想の冒険者たち28　デリダ』講談社、一九九八年
F・ドッス『構造主義の歴史』全二巻、清水正／佐山一訳、国文社、一九九九年

＊

C・セーガン『エデンの恐竜——知能の源流をたずねて』長野敬訳、秀潤社、一九七八年
カント『永遠平和のために』宇都宮芳明訳、岩波文庫、一九八五年
池内了『科学は、どこまで進化しているか』祥伝社新書、二〇一五年
青野由利『ゲノム編集の光と闇——人類の未来に何をもたらすか』ちくま新書、二〇一九年
吉成真由美編『嘘と孤独とテクノロジー——知の巨人に聞く』集英社／インターナショナル新書、二〇二〇年
山内一也『新版　ウイルスと人間』岩波科学ライブラリー、二〇二〇年
高橋瑞樹『大絶滅は、また起きるのか？』岩波ジュニア新書、二〇二二年
D・クリスチャン『「未来」とは何か——1秒先から宇宙の終わりまでを見通すビッグ・クエスチョン』水谷淳／鍛原多惠子訳、ニューズピックス、二〇二二年
古東哲明『沈黙を生きる哲学』夕日書房、二〇二二年

あとがき

かつて、果てることのない大地であった地球が、たった一枚の地図に収められたように、人間が築き上げた壮大な知を、一枚の「地図」に収めてみたかった。

そもそも知の根源学であった哲学は、人間を取り巻くあらゆる存在への、単純素朴にして広く深い関心から発している。この私自身や、私の目の前にある一個の石から、私を囲む人間たち、世界全体、さらには広大にして無辺の宇宙――。そのような、私たちの目に映り込んでくる「すべて」は、どのようなもので、何からできていて、いかに作動し、関係し、そして全体としてどんな姿をとっているのか？　その底で統べている何ものかはあるのか？

「万物は水からできている」。このタレスの単純明快な回答は、無限に多様で、取りまとめようもなく、尽きることのない世界に、最初にザックリと切り込まれた鋭利なナイフであった。切り「分ける」ことは「分かる」ことにつながり、ここからすべての知が出発したとされて不思議ではない。ここからこそ、世界のすべてを鮮明に精密に解読しようとする試みが、連綿と続いていくことになる。

哲学が始めたこの斬新な知の試みは、純粋思考の中でだけ回転し続けた哲学の枠をやがて越え、実験という外部への働きかけを通して、物の内部に潜む数的法則性を発見する自然科学を生み、さらにそれを応用して世界を人間に見事に奉仕させる巨大システムを構築するところまで発展する。

タレスから現在までこの間約二六〇〇年。このオーソドックスな知の歴史を中心に、およそ知のプロトタイプからエピソードまでも含め、はるかな歴史を素描してみようとしたものが本書である。一三八億年前の宇宙誕生から始まって、知のスタート、人類の誕生、そして現代、近未来まで。その試みがどこまで成果を上げることができているのか、その判定はここまでお読みいただいた読者諸賢のご判断に委ねるほかはない。

しかし、ともかくもここに描き出された地図が示しているものは、なかなかに厳しい見通しである。知は、恐るべき先端科学技術という形をとって、鋭利な切っ先を私たち人類自身と、母なる地球とに突きつけ、快適さをひたすら追求していたはずの肝心の生活環境の劣化や、生命の存続自体の危機まで招来させている。「地球政府」が完成し、旧各国が安心して核兵器を廃絶できるまで、そしてまた競争を煽り立てる物質的 Plus Ultra が留保されて、人間のエネルギーがすぐれて精神的なものに大きく向かう時代まで、この危機は延々と続くと思われる。しかしその危険な峠を、人類は何としても越え切らねばならない。

ところで、まとまった一枚地図の前で私たちが持つ感想はもう一つ、この一三八億年にわたる宇宙史の中で、私たちは一体どのような存在なのかという疑問ではあるまいか。天文学者のカール・セーガン（一九三四―一九九六）に『エデンの恐竜』（長野敬訳、秀潤社、一九七八年）という著作があり、その中に「コズミック・カレンダー」（宇宙のカレンダー）という卓抜なアイディアが出てくる。これは今ではどなたでも一度はお目にかかったはずの、宇宙の全時間を我々の一年間に縮めてみる試みなのだが、そうすると逆に私たちの一生は、どれほどのサイズの時間になるのだろうか。まずこのセーガンのカレンダーは当時、宇宙の年齢を一五〇億年としていたので多少古くはあるのだが、それによると、ビッグバンが一月一日にスタートし、地球の誕生は九月一四日、恐竜の出現はクリスマス・イヴとなる。人間が登場するのは、大みそかの午後一〇時三〇分である。そこで筆者などは、私たち一人ひとりの一生など、〇・〇〇〇〇〇〇〇〇〇……秒といった、須臾《しゅゆ》の間にもならないほどの無に等しい一瞬ではないかと思っていた。

ところが、宇宙の全時間が一三八億年と算定された現在、日本人の平均寿命を八五歳として改めて計算してみると、宇宙のカレンダーでは人の一生は〇・一九四二秒余り、つまり〇・二秒近くはあるということになる。この長さをどのように感じるかは人によって異なるであろうが、筆者自身は「そんなに生きられるのか」というのが率直な感想だった。この永遠を思わせる一三八億年という宇宙全史を一年に縮めてみると、筆者のほんの小さな、それこそ無にも等しい芥子粒ほどの人生が、それでも〇・二秒近く、一秒のあの「カチッ！」という音の最初の「カ」くらいは、この広大にして無辺の宇宙の中に存続し、生きた印をつけられるのか、という驚きである。人の一生もそう捨てたものではないな、というのが計算をした素朴な思いであった。つまり、この宇宙一三八億年の中で、人の一生は確かにほんの小さなものであるとしても、何事かを成し遂げることのできる程度には長いものではあるまいか。勿論そこで何をなすかは、各人の裁量によるものであるとしても。

本書の刊行にあたっては、現代書館の菊地泰博社長のお世話になった。菊地さんはお忙しい中、八〇〇枚を優に越す原稿をお読みくださり、刊行の快諾をしていただいたばかりでなく、本書がより広い読者の方々に受け容れられるよう、さまざまなアドバイスをしてくださったことを深謝したい。担当をされた編集部の新鋭重留遥さんには、筆者の思い至らぬところをいろいろと助けていただいた。また、永く図書館司書を務めた妻の千代は、多くの情報を供給してくれたほか、最初に草稿を読み、哲学と科学との関係をより明確にするように、などの助言をしてくれた。心から感謝をしている。

本書は著者の非力ゆえに粗く貧しい一枚の地図ではあるが、こうした本が出来上がるについては、恐るべく多くの先哲、著者、著書、版元、諸機関等々のおかげを被っている。そうした人々、著書、機関の助けによって、ようやくここに小さな新しい本が生まれることになったことを報告し、感謝の微意をお伝えしたいと思う。

二〇二三年八月一日

東京・三鷹の寓居にて

渡部佳延

【ワ行】

【マ行】

【ヤ行】

【ラ行】

【ハ行】

【タ行】

【ナ行】

【サ行】

ヴェサリウス（Andreas Vesalius, 1514-64） 249, **251**, 263, 353
ウェルナー（Abraham Gottlob Werner, 1749-1817） **260-261**
ヴォルフ（Christian Wolff, 1679-1754） 272
ウォーレス（Alfred Russel Wallace, 1823-1913） 349
栄西（1141-1215） 176
エウクレイデス（ユークリッド, Eukleidēs, 前 300 頃） 156, **164**, 201, 228
エウドクソス（Eudoxos, 前 400 頃 -347 頃） 119
エウリピデス（Euripidēs, 前 485 頃 -406 頃） 72
エピクテトス（Epiktētos, 55 頃 -135 頃） 151, 154
エピクロス（Epikouros, 前 341 頃 -270 頃） 106, 145, **147-150**, 154
エラシストラトス（Erasistratos, 前 315 頃 -240 頃） **167**
エラスムス（Desiderius Erasmus, 1469 頃 -1536） **203**
エラトステネス（Eratosthenēs, 前 276 頃 -196 頃） 78, 156, **165-166**, 348
エリーザベト（公女, Elisabeth von der Pfalz, 1618-1680） 222, 226
エンゲルス（Friedrich Engels, 1820-95） 314, **315**
エンペドクレス（Empedoklēs, 前 493 頃 -433 頃） 86, **99-101**, 102, 103, 134, 261
エンリケ（航海王子, Henrique o Navegador, 1394-1460） 203
王陽明（1472-1528） 198

【カ行】

カエサル（Gaius Julius Caesar, 前 100-44） 153
カッシーラー（Ernst Cassirer, 1874-1945） 303
ガモフ（George Gamow, 1904-68） **343**
ガリレイ（Galileo Galilei, 1564-1642） 92, 159, 178-179, **208-212**, 218, 220, 221, 234, 242, 250, 251, 253, 254, 257, 263, 278, 439, 440
カール（大帝, シャルルマーニュ, Karl der Grosse, Charlemagne, 在位 768-814） 185
カルロス 1 世（Carlos Ⅰ, 在位 1516-56） 420
ガレノス（Galēnos, 130 頃 -200 頃） 156, **169**, 171, 189, 190, 200, 251, 252, 263, 353
カント（Immanuel Kant, 1724-1804） 21, 35, 207, 215, 232, 237, 247-248, 256, 257, 266, **268-276**, 278, 279,280, 285, 286, 299, 301, 305, 307, 325, 331, 336, 379, 387, 392, 403, 406, 410, 436-437, 440
キケロ（Marcus Tullius Cicero, 前 106-43） 183, 201
北里柴三郎（1852-1931） 301, 354
キュリー（夫妻, Marie Curie, 1867-1934; Pierre Curie, 1859-1906） 422
キルケゴール（Søren Aabye Kierkegaard, 1813-55） 293, 297, 302, 306, **308-312**, 317, 368, 379
空海（774-835） 176
九鬼周造（1888-1941） 376
クセノクラテス（Xenokratēs, 前 396/395-314） 128
クセノファネス（Xenophanēs, 前 6 世紀頃） **89-91**

人名索引

渡部佳延（わたべ よしのぶ）

1948年、東京・台東区生まれ。早稲田大学第一文学部人文学科卒業。

1972年、講談社に入社。『英文日本大百科事典（Encyclopedia of Japan, 9 vols）』associate managing editor、「講談社現代新書」編集次長を経て、「講談社選書メチエ」編集長、「講談社学術文庫」編集長を歴任。

2003年退社後、昭和薬科大学・神奈川大学非常勤講師、日本学術振興会専門委員などを務めた。

専門は、西洋思想史、20世紀文学。

著書に、『サルトル　知の帝王の誕生』（筆名・朝西柾、新評論）、『サルトル、存在と自由の思想家』『サルトル、世界をつかむ言葉』（ともにトランスビュー）がある。

知《ち》の歴史《れきし》
——哲学《てつがく》と科学《かがく》で読《よ》む138億年《おくねん》

二〇二三年九月二十日　第一版第一刷発行

著者　渡部佳延
発行者　菊地泰博
発行所　株式会社現代書館
東京都千代田区飯田橋三―二―五
郵便番号　102-0072
電話　03（3221）1321
FAX　03（3262）5906
振替　00120-3-83725
組版　具羅夢
印刷所　平河工業社（本文）
東光印刷所（カバー・帯・表紙・扉）
製本所　鶴亀製本
装幀　大森裕二

 ISBN978-4-7684-5941-6
定価はカバーに表示してあります。乱丁・落丁本はおとりかえいたします。
http://www.gendaishokan.co.jp/